Sebastian Leitner

So lernt man lernen

HERDER / SPEKTRUM
Band 4354

Das Buch

Möchten Sie in 120 Stunden Italienisch, Französisch oder eine andere Sprache lernen? Der Autor dieses Buches hat es geschafft – nicht aufgrund einer außergewöhnlichen Begabung, sondern mit Hilfe seines besonders zeit- und energiesparenden Lernsystems, das sich jeder aneignen kann. Die von Leitner entwickelte Lernmethode, die in diesem Buch ausführlich erklärt wird, gehört auch im Zeitalter des computerunterstützten Lernens nachweislich zu den erfolgreichsten. Es gibt nach Leitner keine schlechten Schüler, keine dummen Menschen; es gibt nur miserable Lernmethoden, die Menschen an ihrer Intelligenzentwicklung hindern. Intelligenz und Erfolg sind also nicht Schicksal oder Veranlagung, sondern Ergebnis der richtigen oder falschen Vorgehensweise. Dieses Buch vermittelt dem Leser – gleichgültig, ob Kind, Jugendlicher oder Erwachsener – eine Fülle von Techniken, mit denen er rationeller und damit erfolgreicher lernen kann. Das heißt, der Leser lernt in kurzer Zeit intensiv und effektiv zu lernen. Die damit erzielten Erfolge erhöhen den Spaß am Lernen -, eine Erfolgsspirale wird in Gang gesetzt. Die Verwendung dieser rationellen Methode hilft Zeit sparen und ermöglicht auch in Phasen besonderer Leistungsanforderungen Freizeit und gesellige Kontakte und hilft damit, eine ganz neue Lebensqualität zu schaffen. Schon allein die Lektüre dieses originell, amüsant und lebendig geschriebenen Buches ist ein Genuß besonderer Art. Humorvolle Zeichnungen holen das Lernen aus der finsteren Ecke frustrierender Paukanstrengung und machen es zu einem abwechslungsreichen Freizeitvergnügen. „Leitner will nicht helfen, Genies zu züchten, sondern dazu beitragen, daß aus Lebewesen endlich Menschen werden. Gäbe es einen Literaturpreis für angewandte Humanität, hier wäre er am Platze!“ (DIE WELT)

Der Autor

Sebastian Leitner, Jahrgang 1919, studierte Jura in Wien und Frankfurt/Main. Journalist mit Schwerpunkt zunächst auf juristischen und soziologischen Fragen, später wachsendes Interesse für medizinische und psychologische Probleme.

Sebastian Leitner

So lernt man lernen

Der Weg zum Erfolg

Herder

Freiburg · Basel · Wien

Gedruckt auf umweltfreundlichem,
chlorfrei gebleichtem Papier

5. Auflage

Verlag Herder 1995

Herstellung: Freiburger Graphische Betriebe 1997
Umschlaggestaltung: Joseph Pölzelbauer
Umschlagmotiv: Focus Bildagentur, Hamburg 1994
ISBN 3-451-04354-8

Für

SEBASTIAN BENJAMIN EDER

Vorwort

Dieses Buch ist im Zorn entstanden – im Zorn über den selbstherrlichen, selbstgefälligen Hochmut, mit dem in aller Welt und auf allen Schulen angeblich untalentierte, unbegabte, „dumme" oder „faule" Schüler diskriminiert, gedemütigt und ihrer Hoffnungen beraubt werden, als wären sie von Natur aus unverbesserliche Fehlkonstruktionen, der Abfall der Menschheit. Das erste und höchste Ziel dieses Buches ist es, solch menschenfeindliches Vorurteil zu bekämpfen, vor allem in den Herzen und Hirnen jener, die selbst davon betroffen sind.

Das Buch soll ihnen Mut geben, und eine Fülle von Hinweisen, wie sie sich selber lernend weiterhelfen können – auch ohne fremden Beistand, den ihnen die Umwelt aus Voreingenommenheit oder Unvermögen versagt.

Es ist für Männer und Frauen geschrieben, für jung und alt, für klein und groß – für jeden, der immerhin schon so gut lesen kann, daß er eine zusammenhängende Darstellung versteht, für Schüler und Studenten, aber auch für berufstätige Erwachsene, die kein Schulzwang mehr drückt; für all die Mühseligen und Beladenen, die an Lernschwierigkeiten zu scheitern drohen, und ebenso für all die interessierten und aufgeweckten Leute, die schneller und systematischer lernen wollen als bisher.

Es ist jenen gewidmet, denen die Vorgänge des schulischen Lernens bisher wie das Gerichtsverfahren in Kafkas „Prozeß" anmuten mußten, eines vom Anfang zum Ende sinnlosen und unverständlichen Verfahrens – mit wirrer Anklage und unbegreiflichem Urteil; eines unheimlichen Verfahrens, in dem sie selbst die Rolle des armen Sünders spielen mußten.

Die Frauen und die Mädchen unter den Lesern bitte ich vorweg um Verzeihung. Das Buch ist so abgefaßt, als sei das Lernen eine überwiegend maskuline Angelegenheit, und „der Schüler" ist darin zumeist männlichen Geschlechts. Vielleicht war das ein Fehler meinerseits. Er ist nur aus Gründen sprachlicher Vereinfachung geschehen, aus denselben Motiven sprachlicher Leicht-Fertigkeit, die eine Indira Gandhi oder eine Golda Meïr als „Ministerpräsidenten" und nicht als „Ministerpräsidentinnen" bezeichnet.

Deshalb schon hier, mit allem Ernst und Nachdruck, mein Appell an die Frauen: Macht euch frei von dem jahrtausendealten Aberglauben, daß ihr unverständiger, weniger intelligent, minder lernfähig, kurz: dümmer seid als die Männer und nur zu dienendem Beruf geboren. Daß ihr in mancher Hinsicht anders seid, ist kein Beweis für geistige Unterlegenheit, und daß ihr vielleicht in vieler Hinsicht weniger gelernt habt, beweist nur Mangel an Lern-Übung.

Trotzdem wird die Rolle der Frau im Lernprozeß der Hochzivilisationen von Jahr zu Jahr wichtiger. Die Mütter sind es zumeist, die mit den Kindern die Hausaufgaben machen, und schon jetzt gibt es wesentlich mehr Lehrerinnen als Lehrer. Der Lehrberuf wird in Zukunft vorwiegend Frauenarbeit sein.

So glaube ich fest daran, daß gerade Frauen aus diesem Buch am meisten lernen können, auch wenn sie „nur" Hausfrauen sind. Eine Hausfrau hat, bei aller ihrer Plage, doch täglich irgendwann ein stilles und sonst vielleicht langweiliges Stündchen, das ihr systematisches und zielbewußtes Lernen erlaubt – sie sollte es regelmäßig nützen. Mein Buch kann ihr zeigen, wie sie das tun kann, ohne das Haus zu verlassen und teure Kurse besuchen zu müssen – und ohne an der Größe der selbstgewählten Aufgabe verzweifeln zu müssen.

Das Buch macht keinen Unterschied zwischen

Kindern, Jugendlichen und Erwachsenen, es nennt alle „Schüler". Das ist Absicht, denn einen solchen Unterschied gibt es in Wahrheit nicht. Der Lehrling und der Gymnasiast, der Hochschüler und der fertige Doktor, der plötzlich ein neues und ihm unbekanntes Fach studieren muß, unterscheiden sich voneinander im Grunde sehr wenig, nur durch die Art und Fülle dessen, was sie bisher gelernt haben. Wenn sie sich völlig fremde Informationen merken wollen, ist der Vorgang des Lernens, den sie bewältigen müssen, im wesentlichen derselbe wie bei einem Knaben, der sich um die Anfangskenntnisse der Mathematik oder einer fremden Sprache bemüht.

Deshalb nenne ich sie alle nur „Schüler", und ich bitte die Vierzig- oder Fünfzigjährigen, mir darob nicht gram zu sein.

An einigen Stellen wird das Buch den Anschein erwecken, als sei es ein Angriff auf die Lehrerschaft, auf den Lehrstand als ganzen. Das ist nicht der Fall. Ich kenne eine übergroße Zahl von Lehrern an hohen und weniger hohen Schulen, die nach bestem Wissen und Gewissen versuchen, ihren großen und kleinen Schülern nicht nur Lehrstoff, sondern auch das Lernen beizubringen.

Zweien davon schulde ich besonderen Dank – Herrn Professor Dr. Giselher Guttmann und seinem Assistenten Dr. Werner Herkner vom Psychologischen Institut der Wiener Universität. Sie haben mir durch unzählige wertvolle Hinweise weitergeholfen und, so hoffe ich, meine Arbeit von den vielen Denkfehler-Teufelchen befreit, die einem Laien zwanghaft unterlaufen müssen.

Vom Verlag bin ich gebeten worden, im Vorwort eine Art „Gebrauchsanweisung" für das Buch mitzuliefern. Doch kann ich keine geben, die nicht schon im Buch selbst enthalten wäre – es sei denn die eine, einzige: es nicht nur zu lesen, sondern auch danach zu handeln.

Wer das Buch nur eben so liest wie andere Bücher auch, wird wenig daraus gewinnen. Seine Kernstücke sind die im Kapitel II beschriebene „Lernkartei", die „Lernpatience" in Kapitel IV und die Anweisungen zur Programmierung der Karteizettel, die im Kapitel VII gefunden werden können.

Die Mühe, sich eine solche Kartei zu basteln, die Kärtchen richtig zu beschriften und dann danach zu lernen, kann ich leider keinem Leser ersparen, sowenig wie die Mühe des Lernens überhaupt.

Wenn das von all den Lesern nur ein paar hundert tun und wenn ebenso viele die Irrmeinung abstreifen, daß man zum Lernen zu faul, zu dumm oder zu alt sein kann, dann bin ich zufrieden und glücklich.

Wien, Februar 1972 Sebastian Leitner

Inhalt

Gelernt ist gelernt

Die Einsamkeit des Lernens

Der junge Mann saß in einem Kaffeehausgarten in der Sonne. Er las.

Das Kaffeehaus war eines der vielen rund um die Wiener Universität, in denen Assistenten und Studenten Erholung suchen, allenfalls ein Rendezvous oder die Lektüre einer Zeitung.

Der junge Mann war zu Höherem hergekommen. Er las ein hektographiertes Heft. Ein flüchtiger Beobachter hätte ihn für einen Theologiestudenten halten können. Denn wenn er jeweils einige Minuten gelesen hatte, hob er die Augen zum Himmel und bewegte die Lippen, lautlos, wie im Gebet.

Doch hielt er nicht mit den Letzten Dingen Zwiesprache. Die Schrift vor ihm auf dem Kaffeehaustisch war nicht heilig. Sie war das Skriptum eines juristischen Paukkurses und, wie der Umschlag verriet, eine Darstellung der österreichischen Konkursordnung.

Der junge Mann lernte. Er glaubte zumindest, auf diese Weise lernen zu können.

Beim Lernen kommt es darauf an, das Wichtigste besonders gut zu behalten. Um es sich leichter zu machen, hatte der junge Mann in seinem Skriptum deshalb jene Worte angestrichen, die er für wichtig hielt.

Nun liegt es in der Natur der Dinge, daß sich berufsmäßige Pauker beim Schreiben solcher Skrip-

„Lernen" mit dem Blicke himmelwärts ...

ten möglichst kurz fassen. Sie nehmen darin nur Informationen auf, die für die angepeilte Prüfung notwendig scheinen.

Daher waren alle Worte wichtig, und der Student hatte fast alle unterstreichen müssen.

Doch weil es, auch in den Regeln des Konkursverfahrens, eine Rangreihe der Wichtigkeit gibt, hatte er verschiedenfarbige Stifte verwendet: für die wichtigsten Worte einen roten, für weniger wichtige einen grünen und schließlich sicherheitshalber noch einen schwarzen Stift.

Quer über das Skriptum hatte der junge Mann ein Löschblatt liegen, das er, nach jedem Blick zum Himmel, ein paar Zeilen weiter nach unten rückte, um dann den ganzen Vorgang neuerlich zu wiederholen.

Wir können widerstrebend davon überzeugt sein, daß dieser fleißige Jüngling dereinst ein „Doktor" wird, was zu deutsch „Gelehrter" heißt, wenngleich wahrscheinlich erst nach einigen verpfuschten Prüfungen.

Er dürfte ein leidlicher Jurist werden, ein mittelmäßiger Anwalt, ein braver Richter oder ein treuer Beamter. Aber daß ihm und Tausenden anderen dieser Höhenflug tatsächlich gelingt, ist mehr dem Zufall als seiner Lernanstrengung zuzuschreiben. Daß er auch nur einige Vorschriften der Konkursordnung im Kopf behält, grenzt an ein Wunder. Es ist einer der vortrefflichsten Beweise für die fast unbegrenzte Leistungskraft des menschlichen Gehirns – ein ähnliches Mirakel wie etwa ein Benzinmotor, der mit Zuckerwasser im Tank und mit Teer in der Ölwanne zu laufen imstande wäre.

Man kann strebsame Studenten wie diesen in allen Städten und Ländern der Erde antreffen.

Sie sitzen in Bibliotheken und Untermietzimmern, am Äquator und am Polarkreis, im Hyde Park, im Kibbuz und auf den Bänken der Moskauer Stadtgartenverwaltung, in der Sonne oder im Schein einer Schreibtischlampe, und alle lernen, lernen, lernen.

Sie lernen Geschichtsdaten, althochdeutsche oder hebräische Vokabeln, die Verfassungen ihrer Vaterländer, die Geheimnisse der Mathematik und der Weltraumfahrt, wie man Häuser und Brücken

... ein weltweiter Jammer

baut, wie man Menschen oder Tiere heilt und Ungläubige bekehrt; die Schriften Lenins, die goldenen Worte Maos, die Rede Lincolns bei Gettisburg, die Feinheiten der Quantenphysik, der Radartechnik und des Raketenmotors.

Es kommt nicht darauf an, *was* sie lernen, sondern *wie* sie es tun.

Die Pädagogik versagt: wir lernen noch wie im Altertum

Manche lernen, das muß besonders verwundern, sogar Pädagogik und Psychologie, wobei sie die unschätzbare Gelegenheit hätten, das Lernen selbst zu lernen.

Leider tun sie es nicht. Auch diese Wissenschaft lernen sie ebenso, wie unser junger Mann die Konkursordnung lernte, mit intermittierenden Blicken zum Himmel und lautlosen, fruchtlos gemurmelten Gebeten.

Sie bestellen den Acker ihres Geistes, wie indische Bauern nur noch in den abgelegensten Landstrichen mit hölzernen Pflügen ihre Felder bearbeiten, mit Lernmethoden des Altertums und des Mittelalters, mit Eifer und ohne Verstand, mit Ausdauer, aber hirnlos.

Sie lernen dermaßen unrationell, daß die ganze gelehrte Welt unseres Jahrhunderts vor Wut und vor Verzweiflung aufheulen müßte – aber niemand sagt ein Wort.

Sie schuften wie die Fellachen. Sie vergeuden ihre Zeit und unser Geld. Sie verderben ihre Zukunft und damit unsere, die eine Zukunft des Geistes wäre, nüchterner: eine Zukunft des rationellen Lernens.

Die Zukunft des Geistes liegt im rationellen Lernen

Wertlose „Studienanleitung"

Das liegt nicht oder nicht nur daran, daß unsere Schulen ihren Stoff schlecht oder altmodisch präsentieren. Es gibt eine Fülle moderner und praktischer Hilfsinstitute, Pauk- und Fernkurse, die den Lehrstoff tatsächlich praktischer und faßlicher darbieten. Aber in dem einen wesentlichen Punkte versagen auch sie.

Vor mir liegt der Prospekt eines Fernkurs-Institutes, dessen Skriptum (in diesem Fall eines über Betriebsbuchführung) ein lobenswertes Musterbeispiel anschaulicher Darstellung ist. Es ist unbestreitbar gut.

Was aber das Lernen betrifft, bietet die „Studienanleitung" zu diesem Skriptum gleichfalls nur leere, nichtssagende Phrasen.

„Frisch ans Werk" – mit leeren Floskeln

„Frisch ans Werk!" – sagt der Autor dieser Anleitung. Damit meint er offenkundig das Lernen.

Die folgenden Ratschläge sind kaum das Papier wert, auf dem sie gedruckt wurden:

„Stellen Sie sich einen Plan auf, wie Sie die Zeit einteilen wollen." Der Student weiß deshalb noch lange nicht genau, was er in dieser, nunmehr eingeteilten Zeit tun muß. Lernen? Natürlich. Aber wie, wird verschwiegen.

„Regelmäßiges Studium ist das Wichtigste." – Das ist eine Halbwahrheit, zur Hälfte unwahr: selbstverständlich ist es gut, wenn einer regelmäßig studiert; doch alle Regelmäßigkeit bleibt fruchtlos, wenn die Übung, die da so brav und regelmäßig vollführt wird, ohne Überlegung und System vor sich geht. Wer schwimmen lernt, muß gleichfalls nicht nur regelmäßig üben. Er muß auch wissen, welche Bewegungen er dabei zu machen hat.

„Lieber kleinere Abschnitte durchnehmen als zu viel auf einmal" – stimmt. Aber was heißt „durchnehmen"? Die Studienanleitung schweigt dazu.

„Durcharbeiten" – aber wie macht man das?

„Arbeiten Sie die Hefte genau in der Reihenfolge durch, wie Sie sie erhalten" – siehe oben: auch für das Wort „durcharbeiten" gilt dasselbe.

„Sie arbeiten am besten dort, wo Sie in Ruhe, bei guter Beleuchtung und ohne Störung studieren können" – welch vortreffliche Weisheit! Oder meint der Anleitungs-Autor, daß manche Studenten ohne besonderen Grund Unruhe, schlechte Beleuchtung und Störungen beim Lernen vorziehen könnten!

„Konzentriert" – bitte, was heißt denn das eigentlich?

„Dann aber lesen Sie die einzelnen Abschnitte *konzentriert* mehrmals durch." – Jetzt wissen wir es ganz genau, mit einigen wesentlichen Einschränkungen: „mehrmals", wie oft ist das? Dreimal? Fünfmal? Zehnmal? Und „konzentriert", was soll das heißen? In strammer Haltung, mit eingezogenem Bauch, Augen geradeaus? Oder im „Asana", in der Sitzart der Jogis, die durch völlige

Herrschaft über den Körper den Geist befreien wollen?

Studienanleitungen sollten schon mehr bieten.

Kopfarbeit ist nicht Kopfweh

Lernen müssen – das klingt immer noch wie eine Strafe, eine Verurteilung zu bedrückender Zwangsarbeit. Strafverschärfend ist, daß diese Plage in aller Verlassenheit ausgestanden werden muß, ohne fremde Hilfe und ohne Anleitung, wie sie leichter zu bewältigen wäre.

Da helfen auch die aufmunternden Sprüche nicht, die uns weismachen wollen, wie spannend und abwechslungsreich das „Lernen" bei einem guten, modernen Lehrer oder in der Gemeinschaft einer Gruppe sei, im „Team", wie das heute heißt.

Gerade darin liegt der Denkfehler, der so viele Menschen lernunfähig macht: daß sie glauben, vom Lehrer lernen zu können.

Vom Lehrer lernt man, unter den herrschenden Umständen, nur verschwindend wenig, man wird bestenfalls von ihm belehrt.

Auch die vortrefflichsten Lehr-Methoden dürfen mit dem eigentlichen Lernen nicht verwechselt werden. Selbst der fähigste Lehrer kann das Material, das da gelernt werden soll, nur herzeigen, darstellen, präsentieren.

„Lernen müssen" – eine Strafe?

Natürlich kann der Lehrer den Stoff auch wiederholen. Aber diese Wiederholungen sind im wesentlichen nur Kontrollen, ob inzwischen auch brav und fleißig genug gelernt wurde. Das Lernen selbst, der Vorgang des Einprägens und Merkens, bleibt dem Schüler überlassen, seiner einsamen Heimarbeit, seiner ratlosen, oft verzweifelten Mühe, dem Spürsinn des Verirrten in einer weglosen Wüste.

Man muß den Mut bestaunen, mit dem es so viele Schüler dennoch versuchen – und die verkrampften Anstrengungen, mit denen sie ihrem Ziel näher kommen wollen.

Sie raffen sich auf und setzen sich an einen Tisch. Sie schlagen die Quelle auf, aus der sie lernen, ein Buch, einen Fernkurs, ihr Kollegheft. Sie

„konzentrieren" sich – aber was Konzentration wirklich ist, davon haben sie keine Ahnung.

Dann lesen sie, und versuchen, sich das Gelesene einzuprägen. Nach welchen Gesetzen sich irgend etwas irgendeinem Kopfe einprägen kann, ist ihnen dabei nicht bewußt, obwohl diese Gesetze längst hinreichend erforscht wurden.

Sie glauben, das Lernen habe etwas mit Anstrengung zu tun. Weil sie Anstrengung für Muskelarbeit halten, verkrampfen sie die Muskeln ihrer Kopfhaut, ihres Nackens, ihrer Schultern. Kopfarbeit muß Kopfweh machen.

Manche greifen sich dabei an die Stirn. Manche rollen mit den Augen. Manche raufen sich die Haare. Besonders schwierige Fälle geraten in Atemnot oder knirschen mit den Zähnen. Dann sind sie der Labung bedürftig, gewöhnen sich das Rauchen an oder trinken zuviel Kaffee. Manche schreiten wie eingesperrte Raubtiere auf und ab und strapazieren auch die Beinmuskeln. Dieser Vorgang wird dann als „Memorieren" oder gar als „Nachdenken" bezeichnet, kurz als „geistige Arbeit".

Geistige Arbeit vollbringen manche mit – den Beinmuskeln

Das Nachdenken scheint ihnen besonders wichtig. Statt einfach nachzuschlagen, starren manche minutenlang auf eine fremde und feindselige Vokabel, als könnten sie diese hypnotisieren.

Aufgeklärte Schüler wissen, daß zum dauerhaften Behalten des Lernstoffes Wiederholungen nötig sind. Manche haben sogar gehört, daß man sieben bis fünfzehn Wiederholungen braucht, je nach Intelligenz und Gedächtnis.

So wiederholen sie denn. Wenn einer naiv genug ist, plappert er sich die sieben oder fünfzehn Wiederholungen gleich hintereinander vor und glaubt, nun habe er es geschafft,

Wenn der Inhalt von Büchern oder Skripten wiederholt wird, dann nimmt das „Nachdenken" zuweilen besonders absurde Formen an. Der Schüler schlägt eine Seite auf, liest den ersten Satz, versucht dann krampfhaft, sich an den zweiten zu erinnern, der diesem ersten folgen könnte, und so fort.

Wer „systematisch" vorgehen will, der wiederholt auch die Lektionen des Vortags; am nächsten Tag auch die von vorgestern; am übernächsten auch die vor-vorgestrigen.

Nach spätestens drei Wochen bleibt nicht einmal mehr für alle Wiederholungen Zeit, geschweige für neuen Stoff. Dann endlich bricht dieses systemlose System in sich zusammen, zum Glück für den Schüler, der andernfalls in der Psychiatrie Zuflucht suchen müßte.

Der hauptberufliche Schüler lernt dann nur noch, zum Vorteil seiner geistigen Gesundheit, wenn eine Prüfung unmittelbar vor der Tür steht.

Warum viele glauben, sie seien zum Lernen zu alt

Der nebenberufliche Autodidakt aber gibt auf und meint, er sei zum Lernen eben doch schon zu alt geworden.

„Faul, dumm, unkonzentriert . . .“

Der Fisch stinkt vom Kopf. Schuld daran ist die Unfähigkeit der wissenschaftlichen Pädagogik, die Wissenschaft des Lernens sich selbst und jenen beizubringen, die sie am meisten brauchen, den Lehrern und den Schülern.

Das Lernen wird nicht gelehrt und kaum erforscht, obwohl es ein Hauptfach sein müßte, und das wichtigste von allen.

Das Versäumnis rächt sich schon an unseren höheren Schulen. Da werden sechs oder sieben oder acht Jahre für eine Fremdsprache aufgewendet. Aber wenn der Schüler zum erstenmal das fremde Land besucht, versteht er kaum ein Wort.

Wer in der Schule acht Jahre lang eine Sprache paukt, kann sie meist noch immer nicht!

Da wird, durch viele Jahre, Mathematik, Physik, Chemie gedrillt, und was bleibt übrig?

Da ist Deutsch ein Hauptfach, vom zehnten bis zum achtzehnten Lebensjahr. Trotzdem können die meisten Achtzehnjährigen, in ihrer eigenen Muttersprache, nicht einmal eine kleine Hochzeitsrede halten, ohne zu stottern und zu schwitzen.

Was das Lernen betrifft, geht es an den Hochschulen noch schändlicher zu.

An Schulen und Hochschulen wird nicht gelehrt, wie man Lernen lernt – leider!

Da gibt es „Vorlesungen“ wie im grauen Mittelalter, bevor die Buchdruckkunst erfunden war und ein Buch für jeden Schüler zu teuer gekommen

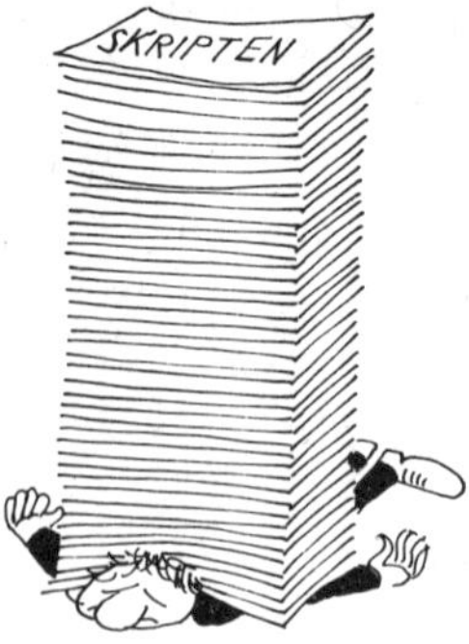

Hochschul-Misere: Vorlesungen wie im Mittelalter und Berge teurer Skripten

wäre. Die Studenten sitzen da und schreiben mit. Wie sie die Aufzeichnungen verdauen sollen, hat ihnen niemand verraten.

Oder sie schwänzen die Vorlesungen, was sich meist als nützliche Zeitersparnis erweist. Statt dessen werfen sie Geld für teure Paukkurse hinaus, kaufen Skripten. Dann verkriechen sie sich daheim und „lernen", so gut sie können.

Sie können es natürlich nicht.

Die Verantwortung trifft nicht die Lehrer, die es selbst nicht besser wissen. Sie trifft die geistige Führungsspitze unserer Lehrhierarchie, die Männer auf den Lehrkanzeln und in den Forschungsinstituten der Pädagogik, der „Knabenführung", was das im Griechischen heißt.

Sie forscht mit Feuereifer und verbohrter Betriebsblindheit nach immer neuen Lehrmitteln, Lehrmethoden, Lehrbehelfen. Daß das Lernen die letzte und einzige Existenzberechtigung jedes Lehrens ist, scheint dabei fast ganz in Vergessenheit geraten zu sein.

Diese Pädagogik hat es, nach Jahrhunderten zugegebenermaßen ehrlicher Mühe, nun endlich so weit gebracht, daß eine Menge Lehrer einigermaßen annehmbar unterrichten. Ihre didaktischen und pädagogischen Methoden sind – manchmal – sogar modern geworden.

Sie wissen nun, soweit sie es wissen, wie man anschaulich, einsichtig, prägnant, verständnisfördernd, rationell lehren kann, mit Filmen und Lichtbildern, mit leidlich logischem Aufbau, mit guten und mit schlechten Witzen.

Die pädagogische Wissenschaft gibt sich damit zufrieden. Sie bürstet ihre weiße Weste sauber und schickt den Schüler frohgemut nach Hause, und sie meint, nach besten Kräften das Ihre getan zu haben.

Aber das geistige Wiederkäuen und Verdauen, ohne das es kein Merken und kein sicheres Wissen gibt, bleibt dem armen Kerl überlassen, dem Zufall und dem Glück, den eingerosteten Anstrengungen der Eltern, dem farbig angestrichenen Skriptum, der labyrinthischen Suche in handgeschriebenen Notizen und Schulheften, dem Blick zum Himmel.

Nur selten geschieht das Wunder, daß solch ein Wissenschaftler auch für das Lernen Ratschläge gibt. Die sind dann dünn und manchmal direkt lächerlich.

Die Pädagogik bürstet ihre Weste sauber ...

Der Lehrer wird ermahnt, den Schüler zu ermahnen, er möge seinen Schreibtisch gut beleuchten und darauf die Schreibrequisiten praktisch verteilen.

Man sagt ihm, daß wohltemperierte Stimmung dem Lernen zuträglich sei, weshalb die Lernstube weder zu kalt noch überheizt sein dürfe. Auch sei für ungestörte Ruhe zu sorgen, weil sonst die nötige Konzentration ausbleibe.

Ein ganzes Bündel von Ratschlägen bezieht sich auf die Tageszeit, zu der am besten gelernt werden könne, doch das sei individuell verschieden; es gebe Frühmenschen und solche, die am besten nachts arbeiten.

Eine besonders witzige Empfehlung schlägt vor, unmittelbar vor dem Einschlafen zu lernen, da behalte man am meisten.

Natürlich müsse der Schüler, heißt es da weiter, zum Lernen ausgeruht sein. Was er tun soll, wenn ihn die Arbeit bald ermüdet, wird verschwiegen.

Der Schüler soll, selbstverständlich, beim Lernen nicht hungrig sein; aber ein voller Magen sei dem Lernprozeß gleichfalls nicht förderlich.

Einige dieser Lehrkanzel-Vorstellungen vom guten Lernen gebärden sich gar, als seien sie wissenschaftlich.

Da wird der Schüler davor gewarnt, nicht allzuviel auf einmal zu lernen; schon eine geringfügige Erhöhung des Lernmaterials über einen gewissen Punkt hinaus führe zu einem starken Ansteigen der Vergessensquote.

Dem Schüler wird statt dessen „verteiltes" Lernen ans Herz gelegt, damit erreiche er am meisten.

Der Schaden falscher Ratschläge

Wer alle diese Ratschläge befolgen wollte, käme überhaupt nicht mehr zum Lernen. Und wenn der Lernerfolg ausbleibt, ist die Pädagogik mit Urteilen von mangelndem Fleiß und Talentlosigkeit, von schlechter Konzentration und schwacher Intelligenz leichtfertig rasch zur Hand.

Nur wenige Schüler finden, vielfach zufällig und unbewußt, einige von den vielen Lerntricks, die rationelles Lernen überhaupt erst möglich machen. Sie tun, was der amerikanische Psychologe Burrhus F. Skinner für die Voraussetzung jedes erfolgreichen Lernens hält: sie bauen sich in ihrem Kopf ihr eigenes Lernprogramm.

Wem das gelingt, der wird dann zur Begabung, zum Talent, ja zum Genie emporgelobt. Dem wird lehramtlich bescheinigt, daß er ein besserer Mensch ist.

Die anderen lernen weiter, solange sie noch Hoffnung haben. Aber ihre Bemühungen verlieren bald jedes System. Sie sind dann nichts mehr als krampfartige Zuckungen, das Umsichschlagen eines Ertrinkenden, der nicht schwimmen kann, eine Abfolge von Panik und Lethargieanfällen – den Schießübungen eines alkoholisierten Cowboys zu vergleichen, der in finsterer Nacht einen schwarzen Sombrero zu treffen versucht.

Manche Schüler gleichen Schwimmern, die nicht schwimmen können

Es ist wahrhaft wundersam, wie oft trotz alledem noch Treffer erzielt werden. Das erklärt sich nur durch die Gesetze der großen Zahl, mit dem ungeheuren und total unwirtschaftlichen Aufwand an geistiger Munition.

Lernen bis ins hohe Alter

Das alles geschieht in einer Epoche, in der sich das menschliche Wissen ungefähr jedes Jahrzehnt von neuem verdoppelt, und in der sich die Welt immer schneller verändert, politisch, sozial und wirtschaftlich.

Das wird in Zukunft immer schlimmer: wer nicht bis an sein Lebensende lernt, wird schließlich „degradiert"

Wahrscheinlich schon in der nächsten Generation wird jedermann gezwungen sein, im Laufe seines Lebens zumindest einmal den Beruf zu wechseln, bei Strafe sonstiger Degradierung zum geistlosen Handlanger, zum Fürsorgeempfänger oder zu einem Schmarotzerdasein, das mit humanen Rücksichten nur notdürftig getarnt werden kann.

Schon heute hat nur noch die Jugend Chancen. Ihr Vorteil ist, daß sie noch lernt, wenngleich mit ungeheurer Mühe. Das ist nicht ihr Verdienst. Sie wird dafür bezahlt und dazu gezwungen, mit dem subtilen Zwang, den die Neue Linke „Manipulation" nennt.

Aber wer fragt nach Verdiensten? Nur die Tatsachen zählen. Es ist unbestreitbare Tatsache, daß ältere Menschen schwerer lernen und umlernen, daß sie nicht imstande sind, sich total und radikal umzustellen – aber warum? Weil sie es nicht gelernt haben.

Der Zwang wird auch für sie kommen, und er wird um so bitterer sein. Dann wird nicht mehr genügen, was heute als beschauliche, erbauliche „Erwachsenenbildung" freizeitgestaltend vor sich hinplätschert. Dann wird auch für Vierzig- und Fünfzigjährige das Lernen zur Lebensnotwendigkeit werden.

Beschauliche „Erwachsenenbildung" ist zuwenig

Die Forderung nach lebenslanger Weiterbildung, nach der „long live education", nach einer „éducation permanente" geistern durch die Festreden aller Pädagogen.

Aber die Vorstellung derselben Festredner, man könne das Problem mit einer „explosion scolaire", mit einer „Schulexplosion" lösen, mit eigenen Schulen für Erwachsene, mit einer Verlängerung der (zumindest moralischen) Schulpflicht bis etwa ins fünfzigste Lebensjahr, diese Einbildung ist naiv und illusionär.

Dann müßte die Hälfte aller Erwachsenen zu Lehrern werden, um die andere Erwachsenenhälfte und die Kinder und die dazu nötigen Lehrer zu belehren. Dann gäbe es, neben Lehrern und Schülern, bald niemanden für andere Arbeit mehr, und statt Fabriken und Büros gäbe es nur noch Schulen.

Das alles wäre zu vermeiden, wenn man den Kindern, den Erwachsenen und auch (damit sie die Kunst weitergeben) den Lehrern das Lernen beibrächte – das wirkliche Lernen; nicht die masochistische Selbstquälerei, die jetzt dafür gehalten wird.

Lernen soll nicht Selbstquälerei sein

Jeder kann zehn Sprachen lernen

Dabei sind, zumindest für den praktischen Gebrauch, die wesentlichsten Probleme des Lernens schon gelöst.

Wir kennen die Prinzipien und Gesetze, die diesen seltsamen und vor kurzem noch mysteriösen Vorgang beherrschen.

Zwar wissen wir noch nicht genau, was sich dabei im menschlichen Gehirn abspielt. Aber wir wissen, was ein Mensch tun muß, um nach relativ kurzer Zeit eine fremde Sprache sprechen, mit unbenannten Zahlen rechnen, unbekannte Verbindungen analysieren, richtige Diagnosen stellen zu können.

Begabung und Talent sind nur zum geringsten Teil ererbt

Wir wissen heute mit hoher Wahrscheinlichkeit, daß es Dinge wie angeborene Begabung, ererbtes Talent, naturgegebene Intelligenz nur in sehr beschränktem Maße gibt, wenn überhaupt.

Wir können mit gutem Grund sagen, daß all diese Eigenschaften erworben sind, somit lehr- und lernbar; wahrscheinlich werden sie schon in früher Kindheit gelernt, in zufälligem Spiel. Aber es gibt keinen Anlaß, zu glauben, daß sie nicht auch später noch gebildet werden können.

Der Kaufmann und Troja-Entdecker Heinrich Schliemann erlernte im Lauf seines Lebens Dutzende von Sprachen und wurde deshalb für ein Genie gehalten. Aber wir können die Wette halten, daß jeder normalsinnige und angeblich nur mittelmäßig begabte Mensch dasselbe leistet, wenn er sich rationeller Lernmethoden bedient.

Genies und Dutzendmenschen haben die gleichen Gehirne!

Es gibt keinen Grund für die Annahme, daß die Gehirne talentierter oder sogar genialer Leute grundsätzlich anders sind als die von durchschnittlichen Dutzendmenschen.

Natürlich gibt es Unterschiede. Es gibt ein wenig größere und kleinere Gehirne oder solche, die besser, und andere, die schlechter durchblutet sind, und das mag auch bei der geistigen Leistung eine Rolle spielen. Es gibt Menschen mit kürzerer und solche mit längerer Reaktionszeit. Aber diese Differenzen können nicht erklären, warum der eine ein Analphabet und der andere ein Schriftgelehrter ist, warum jener überhaupt nicht rechnen kann und dieser die kompliziertesten Gleichungen im Handumdrehen löst.

Die Unterschiede zwischen der angeborenen Geisteskraft verschiedener Menschen beschränken sich, solange diese gesund sind, sicherlich nur auf Größenordnungen, die auch den Körperbau von kräftigeren und weniger kräftigen Leuten unterscheiden.

Die Leistungsdifferenz dürfte demnach nicht größer sein: ein Olympionike im 100-Meter-Lauf kann höchstens zweimal schneller sprinten als, sagen wir, irgendein gesunder Briefträger; ein Höchstleistungsschwimmer kommt im Wasser nur zweimal so schnell vorwärts wie ein leidlich trainierter Playboy; sogar ein todesmutiger Rennfahrer wie Jochen Rindt könnte die Strecke in Monza höchstens doppelt so schnell zurücklegen wie, mit demselben Rennauto, ein biederer Familienvater, wenn er gesund ist, ein paar Tage trainiert hat und überhaupt einigermaßen Auto fahren kann.

Wer nicht reiten kann, kommt auf dem Pferd nicht rascher vorwärts als auf einer Schnecke – nämlich gar nicht

Die Leistungsunterschiede werden erst dann sprunghaft größer, wenn einer der Konkurrenten die Tätigkeit, auf die es ankommt, nicht gelernt und geübt hat. Wer das Gehen und das Laufen nicht lernte, wird nicht einmal zehn Meter laufen können. Ein Nichtschwimmer geht gleich an der Stelle unter, wo er ins Wasser fällt. Und wer nicht Auto fahren kann, der bringt den Motor erst gar nicht in Gang.

Zehn Sprachen gelernt – na und?

Das Erlernen von zwanzig Sprachen mag vielleicht beweisen, daß ein Gehirn besonders gut durchblutet ist. Das Erlernen von zehn fremden Sprachen aber ist für einen gesunden Menschen kein Beweis angeborener Spezialbegabung, elitärer Konstitution oder magischen Gottesgnadentums. Es zeigt nur, daß er das Erlernen von Sprachen gelernt hat.

Das aber ist eine Frage seiner Lernmethoden und seiner Motivation.

Die größte Revolution

Wenn diese Erkenntnis erst einmal Allgemeingut wird, dann beginnt eine der größten Revolutionen der Menschheitsgeschichte.

Sie wird nicht eine Revolution der politischen Gewalt sein, auch nicht eine der technisch-wirtschaftlichen Entwicklung, wie die Erfindung des Rades, der Dampfmaschine oder der Atomkraft.

Sie wird eine geistige Revolution sein, die größte seit der Erfindung der Sprache und der Schrift; dennoch wird sie, mit einem Schlag, das Antlitz der Welt verändern, stärker und nachhaltiger als alle anderen Revolutionen vorher.

Wenn erst das Lernen gelernt werden kann, wenn die verworrenen, unfruchtbaren und verschwenderischen Anstrengungen aufhören, die heute fälschlich diesen Namen tragen, dann wird jeder zumindest ein halber Schliemann werden können, und nicht nur ein vorwiegend reproduktives Talent wie dieser deutsche Autodidakt: auch das schöpferische Denken ist offenkundig ein lernbarer Prozeß, wenngleich dessen Regeln bisher nur wenig durchforscht wurden.

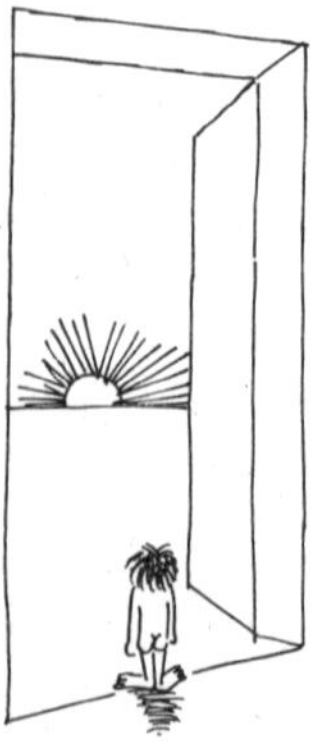

Das Tor zur Zukunft ist offen: Schüler von heute können das, was vor Jahrhunderten Gelehrten vorbehalten war

Das alles mag utopisch und ein wenig abenteuerlich klingen. Doch dürfen wir nicht vergessen, was erst vor tausend Jahren geschehen ist, vor einer in der Geschichte der Menschheit verschwindend kurzen Zeitspanne.

Die simple Fähigkeit des Lesens und Schreibens war damals als Beweis für überragende geistige Qualitäten angesehen worden, die nur Auserwählte besitzen könnten, heute besitzt sie jeder Grundschüler. Kaiser und Könige waren oft Analphabeten. Und einfache Rechenoperationen, wie sie heute jeder durchschnittliche Gymnasiast bewältigt, hätten die brillantesten Gelehrten in Erstaunen versetzt.

Die Tür zur Zukunft ist jetzt schon aufgestoßen. Wir müssen sie nur durchschreiten und die Gesetze des Lernens, die längst gefunden und theoretisch erprobt wurden, entschlossen auf die Praxis anwenden.

Das ist bisher nur unzureichend oder gar nicht geschehen. Noch immer werden die Möglichkeiten, die Chancen übersehen, die jetzt schon klarliegen. Daran ist nicht zuletzt der Zustand unserer Lernwissenschaft schuld.

Die Lernwissenschaft steckt noch in den Kinderschuhen, verschiedene „Schulen" bekämpfen sich

Sie ist eine Wissenschaft in den Kinderschuhen. Sie gleicht mehr einem Kriegsschauplatz als einer festgefügten Theorie. Sie ist in Dutzende Schulen gespalten, die einander bis auf das Messer befehden. Sie verwendet, für dieselben Erscheinungen, die verschiedensten Ausdrücke, und dieselben

Begriffe für eine Vielfalt verschiedenster Tatsachen. Ihre Experimente, so präzise sie angelegt seien, sind miteinander kaum vergleichbar.

Sie ist ein Tummelplatz für Ideologien, für Vorurteile aller möglichen Schattierungen.

Trotzdem sind, im Schoße dieser Wissenschaft, Erkenntnisse herangereift, die das Gesicht der Menschheit verändern werden.

Wir werden uns in diesem Buch mit ihnen beschäftigen müssen.

Wir werden das freilich nur soweit tun, wie es notwendig ist, um die Zusammenhänge zu begreifen, um eigensüchtig einige von den Schätzen auszubeuten, die bisher brach liegen.

Dieses Buch soll keine Übersicht der modernen Lerntheorien geben, nicht einmal eine kursorische. Es soll kein Lehr-, es soll ein Lern-Buch sein, und seine Absicht ist die Plünderung einer Wissenschaft zu dem Zweck, dem Leser das Lernen leichter zu machen.

Wir plündern eine ganze Wissenschaft

Der Hund des Professor Pawlow

Die Wissenschaft vom Lernen wird im allgemeinen als ein Zweigfach der „Psychologie" angesehen. Der Ausdruck „psyche" ist griechisch und kann etwa mit „Seele" übersetzt werden. Demnach wäre Psychologie die Lehre von den Gesetzmäßigkeiten, von der Logik der Seele.

Einer der Väter der modernen Lernpsychologie war der Russe Iwan Petrowitsch Pawlow, ein Mann freilich, dem der Ausdruck „Seele" aus tiefster Seele zuwider war. Für ihn gab es nur Organismen, Reize und Reaktionen, Erregung und Hemmung.

Für seine Untersuchung über „Die Arbeit der Verdauungsdrüsen" erhielt er 1904 den Nobelpreis. Für seine verhaltenspsychologischen Forschungen hätte er ein Dutzend mehr solcher Auszeichnungen verdient, und sein klassisches Experiment mit dem „Pawlowschen Hund" hat inzwischen Weltruhm errungen.

Pawlow bereitete dieses Experiment damit vor, daß er seinem Versuchstier durch eine kleine

Operation die Speicheldrüse anzapfte und das Sekret durch einen Schlauch ableitete.

Der Speichel tropfte nun nicht mehr in die Rachenhöhle, sondern nach außen in ein geeichtes Meßglas.

Die weiteren Phasen des Versuches waren folgende:

● Pawlow ließ neben dem Hund eine Glocke läuten. Das Tier richtete sich auf und starrte die Quelle des ungewohnten Geräusches interessiert an. Dieser Ton war somit, zumindest für seine Speicheldrüsen, ein gleichgültiger, bedeutungsloser, ein „indifferenter" Reiz. Die Reaktion darauf, das Ohrenspitzen, war damit auch für Pawlow bedeutungslos. Trotzdem gab er ihr einen Namen. Er bezeichnete sie als den „Was ist das?"-Reflex.

● Im zweiten Stadium des Experiments wurde dem Hund ein Stück Fleisch hingehalten. Die Glocke schwieg dabei. Beim Anblick des Fleisches begann der Hund zu speicheln, die ins Glas abrinnende Speichelmenge wurde gemessen.

Das Definieren ist für den Wissenschaftler genauso wichtig wie ein Versuch selbst. Pawlow definierte nun das Fleischstück als „unbedingten Reiz", das darauf folgende Speicheln als „unbedingten Reflex" (die Psychologie spricht heute von einer „unbedingten Reaktion", der Ausdruck „Reflex" gilt für andere Erscheinungen).

Mit dem Wort „unbedingt" wollte Pawlow sagen, daß diese Verbindung zwischen Reiz und Reaktion, zwischen Fleisch und Speicheln, dem Hund von Natur aus angeboren sei; daß dem Anblick und Geruch eines Fleischbrockens das Speicheltriefen folgen müsse, auf Grund unveränderlicher und ererbter Anlagen.

● In der dritten Phase des Versuchs wurde das Erscheinen des Fleischbrockens dem Hund gleichzeitig mit dem Läuten der Glocke angekündigt. Der Hund speichelte wie in Phase eins. Dieser Vorgang – Fleisch plus Glockenton – wurde etwa 25mal wiederholt.

● Im vierten Stadium des Experiments ließ Pawlow dann nur noch die Glocke läuten, das Fleisch blieb aus. Der Hund, dessen Speicheldrüsen in der ersten Phase des Versuchs auf den

So „lernte" Pawlows weltberühmter Hund

Glockenton überhaupt nicht reagiert hatten, speichelte nun beinahe so, als habe sich die Glocke in saftiges Fleisch verwandelt.

Eine neue, bisher nicht vorhandene Verbindung zwischen einem (ursprünglich indifferenten) Reiz und einer Reaktion war geschaffen worden. Die Vorbedingung für diesen Wandel war gewesen, daß der zunächst gleichgültige Glockenton mehrmals hintereinander ein Signal für das Futter darstellte.

Pawlow definierte dementsprechend das Glokkenläuten in seiner neuen, die Speicheldrüse reizenden Rolle als „bedingten Reiz", das Speicheln als Folgewirkung dieses Reizes als „bedingten Reflex" (heute sagt man „bedingte Reaktion").

Die Ausdrücke müssen wir uns merken: „bedingter Reiz" und „bedingte Reaktion"

Ich kann mich noch deutlich erinnern, wie mir und meinen Mitschülern dieses klassische Experiment im Gymnasium zum erstenmal erklärt wurde, wenngleich nur auf einer Wandtafel.

Wir hatten damals nicht das Gefühl, daß uns überwältigende Erkenntnisse zuteil wurden.

Jeder Zehnjährige weiß, daß der Mund zu wässern anfängt, wenn die Mutter den Braten auf den Tisch stellt – und daß bald auch das verheißungsvolle Klappern von Töpfen und Tellern in der Küche denselben Effekt auslösen kann, selbst dann, wenn anschließend das Essen ausbleibt.

Doch eine Wissenschaft besteht nicht nur aus ihren Experimenten und deren Ergebnissen.

Noch wichtiger sind die Worte, mit denen der Wissenschaftler die Vorgänge seiner Versuche beschreibt, und das System, die Theorie, die Welt-Anschauung, die er verallgemeinernd daraus ableitet.

Wissenschaftler sind fanatische Theoretiker, oft fanatischer als Ideologen und Religionsgründer.

Pawlows wissenschaftliche Leistung ist demnach nicht so sehr in den banalen Wechselwirkungen von Glocke, Fleisch und hündischer Speicheldrüse zu suchen. Seine theoretische Großtat liegt in den Worten und Begriffen, die er dafür erfand, und in den Erkenntnissen, die er dahinter zu finden glaubte.

Die Leistung Pawlows liegt nicht in seinem Experiment, sondern in den Erkenntnissen, die er daraus ableitete. Das gilt für jeden Wissenschaftler

Pawlow fand, daß

→ein unbedingter Reiz (wie beim Hund das

Fleisch) immer, bedingungslos, ohne weitere Vorbedingung eine unbedingte Reaktion auslöst, daher ihr Name;

→ daß sich ein ursprünglich indifferenter, reaktionsloser Reiz, wie der Glockenton, in einen wirksamen verwandeln kann, der dann eine Reaktion (das Speicheln) auslöst; aber nur unter der Bedingung, daß dieser Reiz vorher mehrmals gemeinsam mit einem unbedingten auftrat – deshalb „bedingter" Reiz und „bedingte" Reaktion.

Reiz und Reaktion

Der Leser möge verzeihen, wenn ein Buch, das der Praxis des Lernens gewidmet ist, soviel von seiner Geduld für theoretische Erörterungen beansprucht.

Doch diese Erklärungen sind zum Verständnis der Sache nötig.

Die Begriffe „Reiz" und „Reaktion" sind unerläßlich, wenn man die moderne Wissenschaft vom Lernen begreifen will.

Ebenso wichtig ist es, den Prozeß des „Bedingens" zu verstehen; er allein macht das Lernen überhaupt erst möglich. Deshalb, und weil „Bedingung" auf lateinisch „conditio" heißt, wird dieser Vorgang heute von den Lernwissenschaftlern „Konditionieren" oder „Konditionierung" genannt. Der Begriff kommt immer wieder vor, wenn ein Lernprozeß theoretisch dargestellt wird.

Ein Hund tat, was wir tun sollten: er lernte

Im Verlauf von Pawlows berühmtem Experiment tut nämlich der Hund genau das, was wir alle täglich tun oder doch tun sollten – er bringt einen Lernvorgang hinter sich.

Er lernt nach einigen Versuchen, daß der Glokkenton ein Signal für das Erscheinen des Fleischbrockens ist, und er handelt danach, wenngleich nur mit den Speicheldrüsen.

Er verbindet damit, in seinem Kopf, ein bisher gleichgültiges Ereignis mit einem anderen, das für Hunde große Bedeutung hat. Der Hund wird, mit anderen Worten, auf den Glockenton „konditioniert".

Diese Verknüpfung von Reizen und Reaktionen,

die ursprünglich nicht zusammengehören, diese Aneignung neuer Verhaltensformen auf Umweltreize, die zuvor nicht oder anders beantwortet wurden – eben diese Veränderung und „Konditionierung" unserer Reaktionen ist es, was auch beim Menschen das Lernen ausmacht.

Aneignung neuer Verhaltensformen auf Umweltreize – das ist auch beim Menschen das Wesentliche des Lernens

Wenn uns jemand fragt, was das italienische Wort „madre" auf deutsch heißt, und wir können nicht Italienisch, dann gleicht unsere Reaktion jener des Pawlowschen Hundes, als er zum erstenmal die Glocke hörte. Wir spitzen die Ohren, wir hören das Wort, aber wir wissen nicht, was es bedeutet.

Doch wenn wir es endlich wissen und wenn wir richtig „Mutter" sagen, dann haben wir das gelernt.

Wir haben dann letzten Endes dasselbe getan wie Pawlows Hund, wenngleich auf höherer Ebene.

Wir haben einen Reiz mit einer Reaktion gekoppelt, die bisher in unserem Kopf nicht miteinander verbunden waren. Der Reiz ist das italienische Wort „madre", die (richtige) Reaktion darauf ist das deutsche Wort „Mutter".

So lernen wir immer, wenn wir richtig lernen, auf bestimmte Reize die richtigen Reaktionen.

Dabei ist es gleichgültig, ob der Reiz eine Prüfungsfrage ist, das Klingeln des Telefons, das Rot einer Verkehrsampel, und die Reaktion darauf die richtige Antwort, das Abheben des Hörers oder der Tritt auf die Autobremse. In allen Fällen können wir nur dann richtig reagieren, wenn wir, um den Fachausdruck zu verwenden, auch entsprechend „konditioniert" wurden.

Nur wer richtig „konditioniert" ist, „reagiert" auch richtig

Alle Lernkunst ist somit nichts anderes als die Fähigkeit, auf bestimmte Reize neue, bisher nicht beherrschte Reaktionen hervorzubringen.

Das gilt auch dann, wenn der „Reiz" in der Aufforderung des Operndirektors an einen Tenor besteht, zum erstenmal die Rolle des Othello zu singen, oder im Auftrag des Herder-Verlages an den Autor, ein Buch über das Lernen zu schreiben.

Daß die Kompliziertheit solcher Leistungen vom Speicheln des Pawlowschen Hundes sternenweit entfernt sind, ändert nichts am Grund-

Die Wurzeln allen Lernens wurden bloßgelegt

sätzlichen. Da wie dort müssen die Reaktionen erlernt werden, damit sie ausgeführt werden können.

Das unvergängliche Verdienst des Russen Pawlow ist es, daß er die Wurzeln des Lernens, wenngleich nur in dessen primitivster Form, experimentell und theoretisch klarlegen konnte. Ohne ihn wäre die heutige Lernwissenschaft kaum denkbar.

Doch mehr als seine Theorie war es Pawlows Methode, die in der modernen Psychologie Schule machte.

Er verabscheute alles, was nur entfernt nach Spekulation roch.

Er mißtraute jedem Versuch, Selbsterkenntnisse durch sogenannte Introspektion zu gewinnen, also durch die Selbstbeobachtung des menschlichen Geistes. Er war fest davon überzeugt, daß damit nur Selbsttäuschung erzeugt werden könnte.

Gedanken, Überlegungen, Vorstellungen, Vorsätze, Wünsche, Einsichten, Meinungen, Entschlüsse, Sehnsucht und Wille, Liebe, Scham und Schüchternheit – das alles war für ihn gewissermaßen nur halluzinatorische Einbildung, weil es sich nicht messen und wägen ließ wie die Speicheltropfen seines Hundes; gut genug für Dichter, Träumer und Scharlatane – für Wissenschaftler nichts.

Auch Schmerz wird „gelernt"

Pawlow war ein ehrlicher, ehrgeiziger, kompromißloser Fachmann, der sein Fach zu einer exakten Wissenschaft machen wollte wie die Physik oder die Chemie, ein Unbestechlicher, der nur Bewiesenes gelten ließ.

Doch leider tat er des Guten ein wenig zuviel, und er beging, vorwiegend beim Definieren seiner Begriffe, eine Reihe von Irrtümern, die wie Erbsünden heute noch seine Wissenschaft plagen.–

So wissen wir jetzt, daß seine streng dogmatische Unterscheidung zwischen „unbedingten", also ererbten, und „bedingten" Reflexen (Reaktionen) sicherlich nicht ganz stimmt. Ohne Zweifel ist viel mehr vom tierischen (und menschlichen) Verhalten erlernt und damit „bedingt", als Pawlow sich träumen ließ.

Selbst Schmerzen müssen „gelernt" werden

So gibt es Tierversuche, die allen Ernstes vermuten lassen, daß selbst eine anscheinend so fundamentale Reaktion wie die Schmerzempfindung erlernt werden muß: Affen und Hunde, die der Amerikaner R. Melzack 1960 in völliger Isolierung aufzog, waren überraschenderweise gegen Schmerzen unempfindlich.

Pawlows Unterscheidung zwischen dem Reiz als Umweltereignis und dem Reflex, der Reaktion als Antwortverhalten des Organismus dürfte ebenso abwegig sein.

Viele Reize kommen von innen. Sie steuern dabei tierisches – und menschliches – Verhalten oft mehr, als das äußere Reize je tun könnten.

Um das vereinfacht, aber anschaulicher zu erklären: Pawlow hätte, wie auch heute noch manch simpler Tugendschützer, die Pornographie für den äußeren Reiz und damit für die Ursache des Geschlechtstriebes gehalten, und die Triebregung selbst für die Folgewirkung, für den darauf folgenden „Reflex", für die Reaktion.

Nur ganz am Rande: Pornographie ist Wirkung, nicht Ursache

Natürlich ist das Gegenteil der Fall. Zuerst muß der (möglicherweise fehlgeleitete) Trieb vorhanden sein. Dann erst, von diesem Trieb motiviert, machen Menschen pornographische Bilder oder Schriften. Die Pornographie ist eine der Wirkungen, nicht die Ursache.

Pawlows elementarer Fehler kommt am deutlichsten in seinem Begriff „Re-Flex" zum Ausdruck, der später, ebenso falsch, vom Begriff „Re-Aktion" abgelöst wurde. Schon die Worte enthalten eine Behauptung, und eine falsche. Sie sagen aus, daß alles tierische (und menschliche) Verhalten *nur* die Folge von äußeren Reizen sei, *nur* die Antwort auf Umweltereignisse.

Die Wirklichkeit verhält sich umgekehrt. Die spontane Aktion des Tieres (und des Menschen) ist häufiger als irgendeine Re-Aktion. Zunächst ist immer der Hunger da, dann erst der „Reiz" des Fressens, und bestenfalls sind es Wechselwirkungen, die hier ineinanderspielen.

„Reaktion" ist ein veraltetes, überholtes Wort – eine Regimentsfahne ohne Regiment

Trotzdem wird, gegen alle Erfahrung und Vernunft, das Wort „Reaktion" auch heute noch von der Psychologie mitgeschleppt, wie eine alte Regimentsfahne, für die es längst kein Regiment mehr gibt.

Da war schließlich Pawlows Abneigung gegen die wissenschaftliche Spekulation. Sie verbietet dem Forscher, mit bloßen Vermutungen zu arbeiten, und sie schränkt die Bildung von Hypothesen auf ein Mindestmaß ein.

Sie ist verständlich, wenn man die tollkühnen Hirngespinste betrachtet, mit denen zu Pawlows Zeit von sogenannten Psychologen „Wissenschaft" vorgetäuscht wurde.

Doch ist, in den Händen und Köpfen von Pawlows Nachfolgern, dieses Spekulierverbot inzwischen zu einem quasi-ideologischen Tabu geworden, das wie Indiens Kühe heiliggehalten wird.

Es hat die Wissenschaft in zwei Parteien geteilt, die einander wie feindliche Religionen bekämpfen.

Wissenschaftlicher Streit zwischen „dickköpfigen Bauern" und „romantischen Rittern"

Auf der einen Seite stehen, wie ein englischer Gelehrter sich ausdrückte, dickköpfige Bauernschädel, die es entschieden ablehnen, mit Ideen zu flirten oder gar tanzen zu gehen; auf der anderen Seite romantische Ritter, die auf den Flügelrossen ihrer Phantasie hoch über der Erde und der Wirklichkeit Scheinturniere ausfechten.

Die Bauernschädel, vor allem die Theoretiker des angelsächsischen „Behaviorismus" („behavior = Benehmen, Verhalten), starren gebannt auf die künstlichen Labyrinthe, in denen ihre Ratten und Mäuse umherirren, auf die Tauben in ihren Experimentierkäfigen, auf Diagramme und Tabellen mit Versuchsergebnissen.

Um den Menschen kümmern sie sich, mit wenigen und berühmten Ausnahmen, kaum. Das wäre schon verbotene Spekulation, Tierexperimente für den Menschen auszuwerten.

Die träumerisch verspielte Ritterschaft hingegen schart sich um die vorwiegend deutschstämmige „Gestaltpsychologie", die im Überschwang spekulierenden Gedankenexperiments eine Reihe luftiger und unbewiesener Ideen hervorbrachte, von denen sich erst jetzt, und in ganz anderer Form, einige wenige als brauchbar erweisen, und das mag einfach ein Zufall sein.

Beide Parteien übersehen, daß sie vorwiegend um Worte streiten. Den Schaden hat der Laie, der Schüler, der Autodidakt. Der Hader der Psychologen hindert uns, das Lernen zu lernen, soweit das heute schon möglich ist.

Alles oder Nichts

Ein zweiter großer Wissenschaftler, dessen Gedanken aus der Lernforschung nicht mehr weggedacht werden können, ist der Amerikaner Edwin R. Guthrie.

Er wurde 1935 als Vater einer (anfangs sehr umstrittenen) Theorie berühmt, der er den Namen „Alles-oder-nichts-Gesetz" gab.

Das berühmte „Alles-oder-nichts-Gesetz" des Amerikaners Guthrie

Seine These ist: Wenn ein Reiz und eine Reaktion auch nur ein einziges Mal zugleich kurz hintereinander auftreten, dann wird die Verbindung zwischen beiden sofort in voller Stärke hergestellt. Führt der Reiz hingegen nicht zur Reaktion, dann ist zwischen beiden überhaupt keine Verbindung entstanden. Die Verknüpfung Reiz-Reaktion ist also entweder ganz da oder gar nicht.

Um diese Behauptung Guthries verständlich zu machen, kann man sie etwa mit der Aussage über eine Schwangerschaft vergleichen: entweder ist eine Frau schwanger, oder sie ist es nicht. Eine „stärkere" oder eine „schwächere" Schwangerschaft, „ein bißchen schwanger" – das gibt es nicht.

Ein bißchen schwanger – das ist ganz unmöglich ...

In anderen Worten, und auf die Bedürfnisse des menschlichen Lernens übertragen, sagt Guthries Theorie somit folgendes: Wer etwas lernt, der lernt es sofort und ganz, oder er lernt es gar nicht.

Dieses „Alles-oder-nichts-Gesetz" stieß sofort auf heftigen Widerspruch, denn anscheinend steht es in offenkundigem Gegensatz zur täglichen Erfahrung und zahllosen Tierversuchen.

Auch Pawlows Hund mußte mehrmals „üben", bis seine Speicheldrüsen die Glocke als Futtersignal kennen-„gelernt" hatten. Menschen lernen gleichfalls nicht auf einen Schlag, sondern langsam, schrittweise, durch kontinuierliche Anstrengung und wiederholte Versuche.

... ein bißchen lernen – das gibt es allerdings oft

Wenngleich niemand nur „halbwegs" schwanger sein kann, so haben doch viele Leute vieles nur halb gelernt.

Lassen wir die Erklärung, mit der sich Guthrie dem Feuer dieser Kritik entzog, vorerst beiseite (wir werden im nächsten Kapitel darauf zurückkommen). Für uns ist zunächst die Tatsache wichtig, daß einige von den letzten Erkenntnissen der Gehirnphysiologie, der Wissenschaft vom zentralen Nervensystem, ihm recht zu geben scheinen.

Gleichfalls eine überholte Fehlvorstellung: Im Gehirn des Menschen läuft ein Tonfilm...

Lernen ist Gehirnarbeit.

Irgendwo und irgendwie muß sich, wenn Reaktionen gelernt und Informationen gemerkt werden, im menschlichen (und im tierischen) Gehirn ein Speicherungsvorgang vollziehen.

Wie diese Speicherung vor sich geht, darüber gab es lange Zeit eine Fülle verzweifelt spekulativer Hypothesen. Sie konnten nur notdürftig darüber hinwegtäuschen, daß die Wissenschaft von den tatsächlichen Vorgängen im Gehirn damals rein gar nichts wußte. Alle diese Versuche, das Lernen und Merken zu erklären, haben das menschliche Gehirn immer wieder mit Maschinen oder Apparaten verglichen, die von Menschenhand gebaut worden waren.

Da wurde beispielsweise angenommen, der Speicherungsvorgang sei elektrischer oder elektromagnetischer Natur – die Nervenzellen des Gehirns würden, wie etwa winzigkleine Batterien oder Kondensatoren, mit den gelernten Informationen aufgeladen.

Da wurde vermutet, das Gehirn funktioniere ähnlich wie ein Tonfilm, der alles Gesehene und Gehörte unablässig aufzeichnet.

Das zentrale Nervensystem ist auch, nach der Erfindung der Computer, sehr oft mit Datenverarbeitungsmaschinen auf eine Stufe gesetzt worden, die man aus demselben Grund auch „Elektronenhirne" nannte. Wann immer der Mensch ein neues Gerät zur Aufzeichnung von Informationen entdeckt hatte, erlag er sogleich der Versuchung, die Arbeitsweise seines persönlichen Denkapparats durch eine Analogie mit der neuen Maschine zu erklären.

Vorsichtige Wissenschaftler begnügten sich mit unverbindlicheren Behauptungen, so etwa, die gemerkten Informationen hinterließen im Hirn „Spuren" und „Spurenfelder".

Aber was ist eine „Spur" – Hufe im Gras, Bärentatzen im Schnee, oder die Fußabdrücke von winzigkleinen Gedanken-Ameisen, die über die Zellwände des Gehirns krabbeln?

Und: müssen diese Ameisen wiederholt in ihre Fußtapfen steigen, damit diese tief genug eingeprägt werden, und in welchem Humus – und welcher Wind kann diese Spuren verwehen?

Gefressenes Wissen

Strudelwürmer halfen, das Geheimnis des Gedächtnisses zu erforschen

Im Jahre 1963 lüftete der Forscher McConnel mit einem sensationellen Experiment den ersten Zipfel dieses Geheimnisses. Seine Versuchstiere waren Strudelwürmer, sogenannte „Planarien", eine primitive Wurmart, die bereits ein einigermaßen entwickeltes Nervensystem besitzt.

Im ersten Stadium dieses Versuches wurde einer Gruppe von Planarien beigebracht, daß sie vor Licht flüchten müßten, weil ihnen dort Stromstöße versetzt wurden.

Nachdem sie ihre Lektion gelernt hatten, wurden sie zerkleinert und anderen Planarien zum Fraß vorgeworfen, für die das Licht bis dahin eine bedeutungslose, mit Gefahr in keinem Zusammenhang stehende Sache war, in der Sprache der Wissenschaft demnach ein „indifferenter Reiz".

Das Experiment endete mit einem Knalleffekt. Die Würmer der zweiten Gruppe hatten, mit den zerriebenen Überbleibseln ihrer „gescheiteren" Artgenossen, auch deren „Wissen" in sich aufgenommen. Sie bewegten sich nun, ohne das je gelernt zu haben, gleichfalls von der Lichtquelle fort.

Ein weiterer Versuch, der noch mehr Aufsehen erregte, wurde erst 1970 vom amerikanischen Forscher Georges Ungar in Houston, Texas, zu Ende geführt.

So lernen lichtscheue Ratten die Helligkeit lieben

Seine Versuchstiere waren Ratten und Mäuse, von Natur aus lichtscheue Geschöpfe. Ungar teilte die Experimentier-Box, in der die Ratten eingesperrt waren, in eine völlig dunkle und in eine grell beleuchtete Kammer. Dann jagte er die Tiere durch Stromstöße immer wieder aus dem Dunkeln ans Licht, so lange, bis sie gelernt hatten, daß sie nur im hellen Abteil in Frieden leben konnten.

Die Tiere, die nun die Finsternis scheuten, wurden anschließend getötet. Ungar injizierte ihren Hirnextrakt in die Gehirne von Mäusen, die nicht konditioniert und daher, wie die Ratten vor ihrer „Spezialbehandlung", naturgemäß noch lichtscheu waren.

Der Erfolg dieses Experiments wurde in allen Tageszeitungen breitgetreten. Die Mäuse, die mit der Dunkelheit noch nie schmerzhafte Erfahrungen gemacht hatten, verhielten sich nun plötzlich genauso wie die leidgeprüften, durch Elektroschocks ans Licht getriebenen Ratten. Sie fürchteten die Dunkelheit und blieben im Hellen.

Das Experiment erinnert an die Geschichte vom Nürnberger Trichter. Es ist dermaßen phantastisch, daß sein Ergebnis alsbald in der utopischen Literatur Niederschlag finden dürfte, wo dann schurkische Gangster den Hirnextrakt genialer Nobel- und Literaturpreisträger rauben und an geistig minderbemittelte Wallstreethyänen verscheuern werden.

Die Fortsetzung des Versuches brachte weitere Erkenntnisse zutage, die solche schriftstellerischen Phantastereien vielleicht noch übertreffen.

Das Team Ungars analysierte den Wirkstoff, der die Angst vor der Dunkelheit aus den Hirnen der Ratten in das Seelenleben der Mäuse übertragen hatte. Es gelang, diesen Stoff synthetisch herzustellen.

Und siehe da: dieser im Labor erzeugte Stoff, der niemals mit einer Ratte in Berührung gekommen war, weder mit einer licht- noch mit einer dunkelscheuen, diese von Menschen künstlich fabrizierte Chemikalie war ebenso wirksam.

Sie brachte, in den Kopf von „unbefangenen" Versuchstieren eingespritzt, denselben Effekt hervor, als wäre auch ihnen der Aufenthalt in der

Dunkelheit durch Stromstöße ausgetrieben worden.

Wir wollen es den Literaten der Utopie überlassen, aus diesen Tatsachen Zukunftsvisionen abzuleiten – daß Lehrstoffe in der Retorte erzeugt, daß Lehrkurse für Latein und Mathematik synthetisch hergestellt, in Flaschen abgefüllt, verschickt und durch Tropfinfusion „gelernt" werden könnten.

Latein und Mathematik aus der Flasche – das bleibt vorerst noch blanke Utopie

Ein chemischer Prozeß im Hirn

Für unsere Zwecke genügt die Einsicht, daß das Lernen und alles, was wir als „Übung", „Konditionierung", „Gedächtnis" und „Erinnerung" ansehen, ganz offenkundig ein chemischer Prozeß ist.

Die „Spuren", von denen die Psychologie noch vor kurzem so vage und nichtssagend dahinplauderte, und der „Boden", in dem sie zurückbleiben, sind nun schon viel genauer bestimmbar.

Es sind zweifellos molekulare Veränderungen in der Struktur der Gehirnzellen.

Eine Zeitlang waren einige bedeutende und anerkannte Forscher sogar ernsthaft der Meinung, daß die von uns im Laufe des Lebens erlernten Informationen in den Gehirnzellen an derselben Stelle und auf dieselbe Weise niedergeschrieben werden wie die Informationen unserer Erbmasse – daß sich also Lateinvokabeln und Mathematikformeln auf demselben Schreibmaterial notieren, auf dem schon die Farbe unserer Augen, die Struktur unserer Knochen, die Form unserer Nase und Ohren verewigt sind.

In der letzten Zeit ist die Wissenschaft von dieser Hypothese allerdings wieder abgerückt. Sie läßt sich vorerst nicht beweisen.

Erbmerkmale – in Riesenmoleküle getanzt

Die Informationen des genetischen Codes, also die Erbmerkmale der Arten und Individuen, sind etwa wie die gestanzten Löcher eines Fernschreiberbandes auf den spiralenförmigen Riesenmolekülen der Desoxyribonukleinsäure (kurz DNS) eingeprägt, einer Substanz, die sich durch besondere Widerstandsfähigkeit gegen äußere Einwirkungen auszeichnet.

Aber gerade diese enorme Haltbarkeit – die DNS kann nur durch gröbste Gewalt, durch Überhitzung oder etwa durch Bombardement mit radioaktiven Strahlen, zerstört oder verändert werden – macht es schwer vorstellbar, daß so subtile Einflüsse wie Sinnesempfindungen, Lernvorgänge oder Gedanken dort dauernde Spuren hinterlassen könnten.

Das „Erbgedächtnis" könnte auch das Merk-Gedächtnis sein . . .

Trotzdem ist die Hypothese, daß die DNS nicht nur das Gedächtnis des Erbguts, sondern ebenso des individuellen Lernens sei, auch jetzt noch nicht ganz von der Hand zu weisen.

Für diese Annahme sprechen, nach wie vor, recht schwerwiegende entwicklungsgeschichtliche Gründe.

Zunächst ist es völlig unglaubhaft, daß ein so verfeinerter, überaus komplizierter Mechanismus wie der des Lernens und der individuellen Anpassung entwicklungsgeschichtlich von einem Tag auf den anderen entstanden sein könnte, gewissermaßen „über Nacht", wenn man die enormen Zeiträume in Betracht zieht, die zur Entstehung höherer Lebewesen nötig waren.

Also kann auch das Gedächtnis des Menschen, der Apparat seines Fühlens, Denkens und Lernens, wohl kaum sprunghaft aus dem Nichts entstanden sein. Es ist weitaus wahrscheinlicher, daß unser Erinnerungsvermögen eine Fortbildung und Verfeinerung eines bereits zuvor existierenden „Gedächtnisses" darstellt.

Jahrtausende von Entwicklung liegen zwischen dem Neandertal-Menschen und dem Menschen des 20. Jahrhunderts

Von der Urzelle bis hinauf zu den Tierarten, die sich anpassen und individuell lernen können, gibt es aber nur eine einzige Art, Informationen zu übernehmen, zu speichern und später wieder zu reproduzieren: eben das Erbgedächtnis, den genetischen Code.

Schreibmaterial und Schrift sind also schon seit Urzeiten vorhanden, und nur in dieser einzigen Form. Daraus ergibt sich mit beinahe zwingender Notwendigkeit die Schlußfolgerung, daß sich die Natur bei der Aufzeichnung gelernter und gemerkter Daten desselben „Schreibpapiers" bedient, wenngleich vielleicht anderer Schriftzeichen.

Dazu kommt noch ein weiterer und gleichfalls sehr deutlicher Hinweis: Je niedriger eine Tierart ist, desto mehr wird ihr Verhalten durch Instinkte gesteuert; erst in höheren Entwicklungsstufen weicht der Instinkt Schritt für Schritt zurück und macht der Anpassung durch individuelle Lernvorgänge Platz, und seien diese so einfach wie das Speicheln von Pawlows Hund.

Beim Menschen schließlich sind Instinkte im eigentlichen Sinn fast überhaupt nicht mehr vorhanden oder jedenfalls nicht nachweisbar.

Instinkte aber sind ererbt, somit Aufzeichnungen im Notizblock der DNS-Ketten, im genetischen Material, im Erbgedächtnis.

Wenn nun an die Stelle solch vererblicher Aufzeichnungen Stück für Stück andere, erst zu Lebzeiten des Individuums niedergeschriebene, eben erlernte Informationen treten – spricht das nicht auch dafür, daß hier derselbe Notar am Werk ist?

Wie dem auch sei, die Hypothese läßt sich nicht beweisen – noch nicht.

Doch jetzt schon steht außer Zweifel, daß Eintragungen in das Langzeit-Gedächtnis des Menschen chemische Veränderungen in den Gehirnzellen sind, und zwar überaus dauerhafte, und alles spricht dafür, daß sie gegen äußere Einflüsse gleich (oder fast gleich) resistent sind wie die Erbinformationen.

Solange eine Gehirnzelle lebt, ist auch ihr „Gedächtnis" unsterblich

Was einmal dort zu den Akten genommen wurde, das vergeht nicht mehr, solange die Gehirnzelle lebt.

Diese Tatsache ist für das Verständnis jedes Lernens wichtiger, als das auf den ersten Blick scheinen mag.

Sie stützt das umstrittene „Alles-oder-nichts-Gesetz" des Amerikaners Guthrie. Sie macht seine These glaubhaft, daß entweder sofort und ganz oder gar nicht gelernt wird.

Sie macht es notwendig, für das Vergessen eine andere Erklärung zu suchen, als daß die Erinnerung von der Zeit fortgewaschen werde wie Zeichen im Sand.

Im Augenblick muß nur noch eines hervorgehoben werden: Das biochemische Schreibmaterial unseres Gedächtnisses, dieser Notar unserer Erinnerungen ist kein Schulmeister, und er ist auch kein Moralist.

Er schreibt nicht nur Vokabeln, Formeln, Geschichtsdaten und ähnlichen nützlichen Lehrstoff auf, der uns in der Schule eingetrichtert wird.

Er notiert nicht nur, wie wir Tanzen, Radfahren, Schnurspringen oder Scheibenschießen lernten.

Wir lernen, durch die Vermerke in den Büchern desselben Notars, den Mut ebenso und das Fürchten, Witz und Charme, Anstand, Höflichkeit oder Grobheit.

Der „Notar" in unserem Gehirn registriert einfach alles: Gewohnheiten und Vokabeln, Tanzen und Tugend, Radfahren und Rudern, Nägelbeißen und Nasenbohren

Die alte, so oft verspottete Weisheit des griechischen Philosophen Sokrates, daß Tugend lehrbar sei, sie hat durch die Biochemie der jüngsten Tage neue und überraschende Bestätigung erfahren.

Gleich wie das Einmaleins und die Grammatikregeln lernen wir die Liebe zur Heimat oder zu einer Frau, aber auch widerliche Gewohnheiten wie das Nägelbeißen oder das Nasenbohren, die Jagdleidenschaft oder die Trunksucht, Geldgier, Ticks, Geiz, Verschwendung, Hoffart, Perversionen – alles Schlechte wie alles Gute, die Begabung, die wir besitzen mögen, und sogar das, was noch vor kurzem als die „Intelligenz" eines Menschen für unveränderliches Schicksal gehalten wurde.

Das meiste lernen wir durch Zufall, weil wir noch immer nicht genau wissen, wie die Zufälle solchen Lernens gelenkt werden können.

Doch lernen wir unter anderem, was wir zu lernen beschließen.

Das hängt von unserem persönlichen Willen ab.

Was aber kann das sein, der Wille?

Wenn unsere Sprache von einem willensstarken Manne redet, dann sagt sie: Der weiß, was er will.

„Wollen" ist eine besondere Art des Wissens

Damit verrät sie, was das Wollen ausmacht. Es ist eine besondere Art des Wissens; des Menschen Wille ist nicht zuletzt seine Fähigkeit, sich dessen, was er will, rechtzeitig und stark genug zu erinnern. Dann und nur dann weiß er, was er tut.

Wissen ist Macht?

Wissen kann viel mehr sein – Charakter.

Der Fluch des Vergessens

Wir wollen eine fremde Sprache lernen, etwa Italienisch. Es wird an unseren Schulen kaum unterrichtet, wiewohl Italien von Deutschen und Österreichern weit häufiger heimgesucht ist als England oder Frankreich.

Wir sehen also nicht ein, was unser Unterrichtsministerium gegen diese nützliche Sprache einzuwenden hat, und fangen frohgemut zu lernen an.

Das könne nicht so schwer sein, glauben wir. Wir schreiben uns in einen Kurs ein, wir kaufen ein Lehrbuch und einige Vokabelhefte.

Die richtige Aussprache, die Phonetik des Italienischen, lernen wir am besten bei einem guten Lehrer – das wissen wir. Aber eine Sprache besteht vorwiegend aus Wörtern und Sätzen. Wir werden also, mehr als alles andere, Vokabeln und Redewendungen lernen müssen. Der Lehrer kann sie uns nur vorsprechen und erklären, einprägen müssen wir sie uns selbst.

So sind wir wieder einmal in der mißlichen Situation des einsamen Schülers, der den wichtigsten Arbeitsgang des Lernens für sich allein bewältigen muß.

Wir rechnen, daß wir täglich so an die 30 Vokabeln spielend schaffen könnten.

Wir rechnen weiter: täglich 30 Wörter und Redewendungen, das gäbe in 30 Tagen immerhin schon 900 gut gelernte italienische Ausdrücke.

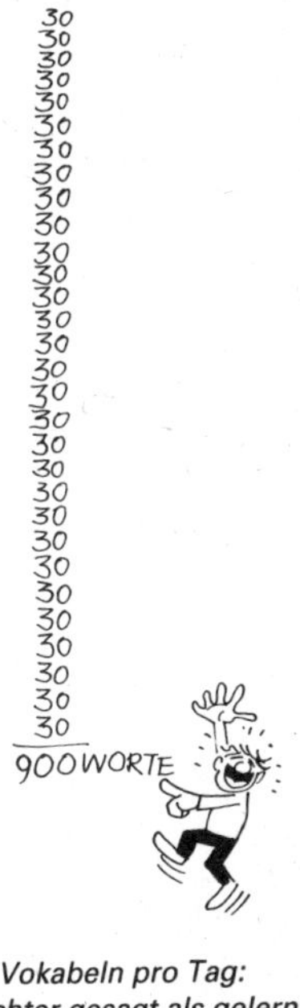

30 Vokabeln pro Tag: leichter gesagt als gelernt

Nach einem Jahr Dante lesen? So geht es nicht!

Ein recht gutes Grundgerüst für das Alltagsanliegen eines Touristen, der Kilometer fressen, fotografieren, speisen, trinken und schlafen möchte. *Dov' è un albergo? Quanto ho da pagare?* In hundert Tagen hätten wir schon 3000 Vokabeln und Redewendungen vereinnahmt, in einem Jahr, nach 365 Tagen, genau 10.950, genug, um in Dantes „Divina Commedia" schmökern zu können.

Bitte rechnen Sie nach!

Aber wer diese Methode des Sprachenlernens schon einmal selbst ausprobiert hat, der weiß, wieweit man damit kommt.

Spätestens nach ein paar Wochen stellt sich heraus, daß der Schüler all die fremden Ausdrücke und Sprachregeln nicht nur lernen, sondern auch wiederholen muß. Sonst vergißt er sie. Nicht nur „sonst". Er vergißt den Großteil auf jeden Fall, wenn er sie nicht immer wieder durchackert.

Nur um festzustellen, *was* er vergessen hat, muß er bereits nach zehn Tagen 270 alte Vokabeln durchgehen, zu den 30 neuen, die er zu lernen hätte.

Am hundertsten Tag seiner Lernanstrengung muß er gar schon 2970 alte wiederkäuen, nur um die Lücken zu finden, welche die Vergeßlichkeit in seinen Sprachschatz gerissen.

Wem die Vokabeln über den Kopf wachsen, der bleibt lieber bei „Nudeln mit Tunke"

Er muß dann auch den Gedanken vergessen, daß er unter diesen Umständen noch Zeit zum Lernen weiterer neuer Wörter hätte. Und so vergißt er denn auch seine Absicht, überhaupt Italienisch zu lernen, und bevorzugt bei künftigen Südlandreisen Restaurants, in denen *pasta asciutta* als „Nudeln mit Tunke" angepriesen wird.

Dasselbe widerfährt jedem, der irgendeinen Stoff lernen (und wiederholen) muß, welcher sich nicht in zwanglos dahinplätschernden Plauderstündchen bewältigen läßt. Das sind leider die meisten Lernstoffe.

Als Ausweg wird die Methode gepriesen, gewissermaßen spielerisch und unter lustbetonter Motivation zu lernen.

Im Film „Sonntags nie" fragt jemand die Hafendirne Melina Mercouri, wo sie sich so viele Sprachen angeeignet habe.

„Im Bett", ist ihre Antwort, und das lachende Publikum neigt dazu, ihr Glauben zu schenken.

Dennoch ist diese Lernmethode umwegig, strapaziös, unrationell und erfolgsarm. Die Sprachschätze der Studentinnen, die sie anzuwenden pflegen, enthalten nur dürftige und stereotype Aussageformen. Es ist weiterhin kein Fall bekannt, daß solcherart im Umgang mit Kapitänen, Werftingenieuren und Scheuerleuten etwa nennenswerte Kenntnisse des Schiffsbaus, der Navigation oder auch nur im Beladen von Wasserfahrzeugen gewonnen wurden.

Im Bett wird nie perfekt gelernt

Trotzdem haben sich, scheint es, die meisten sogenannt modernen Pädagogen dem Argument der schönen Melina wenigstens im Prinzip angeschlossen.

Sie wollen, wenngleich nicht im Bett, ihre Schüler doch womöglich im Spiel lernen lassen, weshalb sogar die BBC ihr Programm um einen Striptease-Sprachkurs erweiterte.

Kampf gegen die Vergeßlichkeit

All das sind Methoden, die das Lernen nicht meistern. Sie weichen vielmehr dem Lernen aus.

Denn das Kernstück, die Hauptmühe, die Schwerarbeit des Lernens ist nicht (was allenfalls spielerisch erledigt werden kann) die erste Besichtigung des Lernstoffs, sondern der unermüdliche Kampf gegen menschliche Vergeßlichkeit.

Was ist das – „vergessen"?

Dieselbe Vergeßlichkeit ist von der Wissenschaft auch schon an Tieren wie dem Pawlowschen Hund registriert, analysiert und definiert worden.

Der Hund, der nach seiner Konditionierung, nach erfolgreichem Lernprozeß also, den Glockenton zunächst mit Speichelströmen begrüßt, dieser gelehrige Köter hört alsbald wieder zu speicheln auf, wenn mehrmals hintereinander *nur* die Glocke läutet und dann kein Fleisch erscheint.

Die Psychologie nennt diese Erscheinung „Extinktion", „Auslöschung".

Sie ist gleichbedeutend mit dem, was die Umgangssprache als „Vergessen" oder „Verlernen" bezeichnet. Der Hund „verlernt" es, beim Läuten der Glocke zu speicheln, er „vergißt", daß der Glockenton einmal das Signal für das Fressen war.

Nichts, was einmal gelernt wurde, wird je ganz vergessen

Trotzdem ist der Ausdruck „Extinktion" hier sicherlich fehl am Platz. In Wahrheit wird nichts „ausgelöscht", und nichts, was einmal gelernt wurde, je ganz vergessen.

Jeder Mensch weiß aus eigener Erfahrung, daß Dinge, Namen, Gesichter und Erlebnisse oft ganz plötzlich wieder ins Bewußtsein treten, die er längst vergessen glaubte. Mit einemmal sind sie wieder da, und anscheinend ohne besondere Ursache.

Es ist ebenso bekannt, daß derlei „vergessene" Erinnerungen auch künstlich wiederbelebt werden können, etwa durch Hypnose – oder durch die prosaischeren Methoden eines intensiven Polizeiverhörs.

Manchmal vollführt das menschliche Gedächtnis die seltsamsten Zauberkunststücke, wie etwa an einem Verkehrsopfer, das vor einigen Jahren an einer Wiener Unfallklinik behandelt wurde.

Dieser Mann, an Knochenbrüchen und einer Schädelverletzung darniederliegend, hatte die Sprache verloren.

Nach einigen Tagen besserte sich sein Zustand. Er konnte wieder sprechen.

Der Mann, der plötzlich eine fremde Sprache konnte

Aber die Worte und Satzfetzen, die er nun von sich gab, entstammten offenbar fremdsprachigem Vokabular.

Die Frau des Patienten wurde herbeigeholt. Sie versicherte glaubhaft, ihr Mann habe nie eine andere Sprache als Deutsch reden können.

Ein Sprachwissenschaftler kam. Er meinte, es handle sich um eine slawische Sprache, konnte sie aber nicht genau bestimmen. Erst eine alte Putzfrau, die des Patienten Zimmer aufräumte, löste das Geheimnis. „Der red't so wie bei uns dahaim!" – Die Frau war eine Ruthenin aus Galizien.

Nachforschungen bei der Familie des Mannes brachten schließlich zutage, daß er als kleines Kind einmal, vorübergehend, von einer ruthenischen Kinderfrau beaufsichtigt worden war.

Inzwischen war der Patient genesen. Er sprach wieder deutsch.

Man fragte ihn nun selbst, ob er Ruthenisch könne, und er verneinte – nicht ein Wort. Die fremde Sprache aus seiner Kindheit, die Jahrzehnte im Urgrund seines Gedächtnisses geschlummert hatte, war wieder vergessen.

Wirklich vergessen?

Die Wissenschaft ist dem Phänomen des Vergessens, den Gesetzen der Extinktion, durch zahllose Tierexperimente nachgegangen. Dabei zeigte sich, daß die Extinktion nie vollständig ist.

Selbst ein Hund, dem das Glockensignal schon Monate oder Jahre keinen Speicheltropfen mehr ablockt, fängt ab und zu, anscheinend ohne jeden vernünftigen Grund, doch wieder zu speicheln an, wenn er die Glocke hört.

Die Psychologie nennt diesen Vorgang „spontane Erholung". Er ist ein Beweis dafür, daß eine totale Tilgung, eine echte Extinktion nicht möglich ist.

Verschüttetes Wissen

Das alles stimmt mit der Theorie überein, daß unsere Erinnerungen molekulare Aufzeichnungen in unverwüstlichem Material sind, unauslöschlich wie Runen im Stein.

Wir müssen den Schurken, die Ursache für den Fluch unserer Vergeßlichkeit, also anderswo suchen. Die Zellen, die unsere Erinnerung aufbewahren, werden nicht undicht wie lecke Konservendosen. Was wir in sie aufgenommen haben, das läuft nicht mehr aus.

Das Phänomen der Vergeßlichkeit ist somit keine Folge mangelhafter Speicherung. Es ist vielmehr ein Problem der Ordnung, einer brauchbaren und handlichen Registratur.

Die entscheidende Frage ist nicht, ob das Gelernte sicher abgelegt wird – das wird es; sondern ob wir es rasch und zuverlässig hervorholen können, ohne durch die Überfülle anderen Materials, das wir im Augenblick nicht benötigen, daran gehindert zu werden.

Das Geheimnis des Merkens: mehr Ordnung im Gehirn!

Wenn wir, was einmal eingeprägt wurde, in unserem Kopfe suchen und nicht finden, sind wir in der gleichen mißlichen Situation wie ein unordentlicher Kaufmann, der auf seinem Schreibtisch unter tausend Briefen, Bestellungen und Steuerbelegen den Zettel mit der Telefonnummer eines Vertreters suchen muß, die er gerade heute braucht.

Der Zettel existiert natürlich, niemand kann ihn fortgenommen haben – aber wo ist er bloß?

Stellen wir uns eine Bibliothek vor, in der über Nacht die Karteien gestohlen und alle Bücher auf einen anderen Platz gestellt würden. Die Bücherei wäre unbrauchbar geworden, als hätte sie ein Feuer verwüstet.

Zu Ende des Zweiten Weltkrieges wollte die SS die Juden von Florenz deportieren. Sie gab dem Meldeamt Befehl, Listen von allen Einwohnern mosaischen Glaubens herzustellen.

Der Leiter des Meldeamtes aber, obzwar Faschist, ließ alle Karteikarten derart durcheinandermischen, daß jeder geordnete Zusammenhang zwischen Person und Wohnort verlorenging.

Die Juden von Florenz waren gerettet, doch das Meldeamt der Stadt soll heute noch an den Folgen der humanen Tat laborieren.

Ähnliches vollzieht sich, Tag für Tag, in den Registraturkarteien unseres Gehirns.

Das tägliche Durcheinander in der Registratur unseres Gehirns

Jede Stunde, jede Minute wird gemischt. Immer neue Kärtchen kommen hinzu, werden zwischen die schon vorhandenen gestreut, gehen unter, verstecken sich, tauchen überraschend wieder auf, verschwinden anscheinend spurlos. Trotzdem sind stets alle Karteikarten da. Nur griffbereit sind sie eben nicht.

Was wir vergessen, wird also keineswegs „ausgelöscht", sondern nur verschüttet. Wenn wir es nicht – oder nicht gleich – wiederfinden, dann nur deshalb, weil wir es am falschen Ort suchen, im falschen Buch, auf einem falschen Zettel, in einer falschen Gehirnzelle; weil wir uns, auf der Suche nach der vermißten Information, im Labyrinth unserer ungeordneten und doch so reichen Bibliothek verirrt haben.

Die wissenschaftliche Psychologie hat auch

diese Mißlichkeiten genau erforscht und beschrieben.

So wurde durch präzise Experimente untermauert, was strebsame Schüler schon lange verdrießt – daß zweimal soviel lernen nicht unbedingt zweimal soviel behalten heißt.

Nehmen wir an, ein Schüler lerne an einem Tag nicht nur eine, sondern zwei Lektionen hintereinander.

Dann stellt sich heraus, daß das Lernmaterial der zweiten Lektion den Stoff der ersten zumindest teilweise verdrängt. Die erste Lektion wäre besser im Gedächtnis haftengeblieben, hätte der Schüler sie (und sich selbst) in Frieden ruhen lassen, statt sie mit den Informationen der zweiten Lektion zu überschütten.

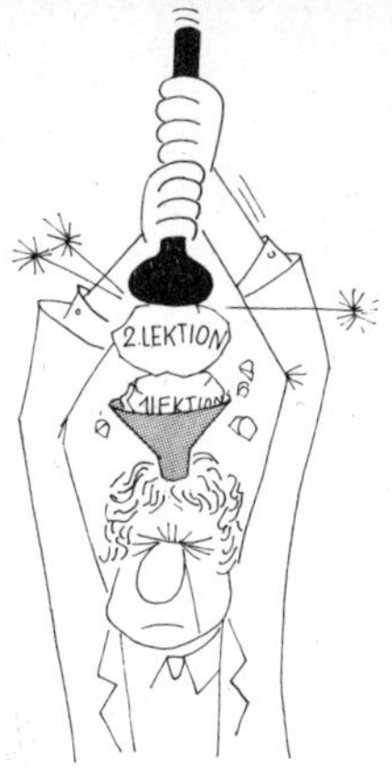

Zweimal soviel lernen heißt nicht zweimal soviel wissen

Die Wissenschaft nennt das „retroaktive Hemmung", deshalb, weil das neue Lernmaterial die Erinnerung an das alte rückwirkend hemmt.

Dasselbe ist auch umgekehrt der Fall.

Die zweite Lektion wird, wenn nach der ersten eingepaukt, bei weitem schlechter behalten, als wäre sie die erste und einzige des Tages gewesen.

Die Psychologen nennen das „proaktive Hemmung", weil das vorher gelernte Material die Einprägung dessen verhindert, was hinterher gelernt wird.

Je ähnlicher die beiden gelernten Lektionen sind, desto stärker wird die „Interferenz", die wechselweise Beeinträchtigung, um so schlimmer die Hemmung. Ist die erste Lektion eine Mathematik- und die zweite eine Lateinstunde, dann ist der Schaden bei weitem geringer, als wenn beide Lateinlektionen oder Mathematiklektionen sind.

Die Psychologie spricht deshalb auch von einer „Ähnlichkeitshemmung".

Besonders schwierig wird das Lernen, wenn sich der Schüler falsche Informationen angelernt hat. Dann muß er, um sich die richtigen beizubringen, zuerst die falschen wieder weg-lernen; das gibt mehr als doppelte Arbeit. Die Wissenschaft nennt das „assoziative Hemmung", weil eine falsche Assoziation die richtige verdrängt.

Ein wichtiger Lerntip: Niemals zwei Lektionen hintereinander zu lernen versuchen! Lernen Sie zwischendurch etwas anderes, oder gehen Sie spazieren!

Eine häßliche Kreuzung zwischen assoziativer

und Ähnlichkeitshemmung tritt auf, wenn Deutsche das italienische Wort „caldo" lernen. Obwohl „caldo" nicht „kalt", sondern „heiß" bedeutet, ist die Ähnlichkeit mit „kalt" doch so groß, daß die falsche Bedeutung nur durch langes Üben weggebracht werden kann.

Schließlich gibt es noch eine weitere Erinnerungssperre, die sogenannte „affektive Hemmung".

Viele Hemmungen und Sperren stehen dem Lernen und Erinnern im Wege. Nur wer sie kennt, kann sie vermeiden und überwinden

Sie tritt auf, wenn ein Mensch unter starker Affektspannung steht, wenn ihn Zorn oder Schmerz, Angst und Schrecken beherrschen oder auch übermäßige Freude.

„Blockierung" im Hirn

Wer einmal einen Autounfall hatte, kennt diesen Schockzustand. Selbst gescheite Leute wissen dann nicht, bei welcher Autoversicherung sie sind, und manche können sich nur mit Mühe der eigenen Telefonnummer entsinnen.

Neben anderen modernen Lerntheoretikern führte schon der amerikanische Psychologe Guthrie, den wir im letzten Kapitel als Vater des „Alles-oder-Nichts-Gesetzes" kennengelernt haben, praktisch jedes Vergessen auf derartige Hemmungen, auf die wechselweise Verdrängung und Blockierung verschiedener Lerninhalte zurück.

Guthrie meint, daß es ohne Interferenz, ohne die feindliche Konfrontation von Gelerntem mit früher Gelerntem, überhaupt kein Vergessen gäbe.

Wir können ihm recht geben, wenn wir die (für strenggläubige Positivisten unzulässige) Methode der Introspektion anwenden und ein wenig in uns hineinlauschen.

Das Gedränge unserer Gedanken spüren wir manchmal körperlich

Manchmal spüren wir das Gedränge zwischen Gedanken und Erinnerungen direkt körperlich, etwa wenn wir versuchen, uns an einen Namen zu erinnern, der von einem ähnlichen, aber falschen „blockiert" wird.

Wir fühlen dann förmlich, wie der falsche Name sich vorgedrängt hat, breitbeinig auf einer Nervenbahn steht und dem richtigen den Weg zur Zunge versperrt.

Die Unsicherheit, die solch ein Erlebnis begleitet, kann empfindliche Menschen ziemlich nervös machen, und nicht nur Menschen.

Unsicherheit und Nervosität stehen richtigem Lernen und Handeln im Wege

Schon der berühmte Pawlow hat Hunde künstlich neurotisch gemacht, indem er sie dem peinigenden Zustand dieser Unschlüssigkeit aussetzte.

Dem Hund wurden zwei verschiedene, miteinander unvereinbare Reaktionen beigebracht – auf einen hohen Glockenton das Näherkommen, auf einen tiefen das Davonlaufen.

Das kann leicht geschehen, wenn man beispielsweise den hohen Glockenton mit Futter, den tiefen mit Schlägen koppelt, und anschließend Futter wie Schläge wegläßt und nur noch die Glocken läutet.

Dann nähert der Experimentator, Schritt für Schritt, den hohen und den tiefen Ton einander immer mehr an, so lange, bis der Hund die beiden Töne nicht mehr unterscheiden kann. Das Tier weiß nun nicht mehr, was tun, hinlaufen oder flüchten.

Es könnte ruhig sitzen bleiben. Statt dessen gerät es in Panik und reagiert wie unter äußerster Gefährdung.

Wahrscheinlich sind die häufigen Verhaltensstörungen junger Männer fremden Mädchen gegenüber auf ähnliche Psycho-Mechanik zurückzuführen: es ist ein und derselbe Reiz, eine Kombination eben von weiblichen Reizen, die den Jüngling zu zwei völlig verschiedenen Reaktionsweisen herausfordert – der Dame näherzutreten oder ihr auszuweichen.

Die Reaktionsweise des Nähertretens hat er vielleicht bei einigen freundlichen Exemplaren der weiblichen Kategorie gelernt, die der Flucht bei anderen, weniger freundlichen. Aber wenn er nun einer Fremden gegenübersteht, kann er bei bestem Willen noch nicht wissen, welche Reaktion die richtige ist.

Jüngling im Dilemma: soll er der Dame nähertreten oder ihr ausweichen?

So wird er nervös, und das nennt man dann Schüchternheit.

Der Mensch kann freilich, anders als der in einer Versuchsapparatur eingesperrte Hund, irgendeine dritte Reaktion ausführen, die ihn dieser Qual enthebt.

Dann geht er hin, schreibt Liebesbriefe, wird ein Dichter oder stürzt sich in seine Arbeit; oder er kommt auf Abwege.

Ein Zwiespalt kann ein Genie erzeugen – oder einen Kriminellen

Es kann vermutet werden, daß viele Talente und Genies auf diese Weise entstanden sind, aber auch viele Kriminelle.

Wenn das erstere eintritt, wird das von der Psychoanalyse als „Trieb-Sublimierung" bezeichnet. Für die Fälle der zweiten Gruppe gibt es keine so duftigen Namen.

„Gehäuftes" und „verteiltes" Lernen

All das bringt uns vorerst nur eine entmutigende Einsicht: daß ein Mensch, der mehr zu lernen versucht, schon deshalb auch sehr viel mehr vergessen müßte.

Lernfehler lassen sich vermeiden!

Unser Student, der sich etwa auf eine Anatomieprüfung vorbereitet, weiß also nun mit wissenschaftlicher Sicherheit, daß es falsch ist, an einem Tag mehr als eine oder höchstens zwei Stunden zu lernen, weil dann (retroaktive Hemmung!) das später Gebüffelte mit dem vorher Eingepaukten „interferiert".

Er weiß nun weiter, daß er einen Lern-Fehler begeht, wenn er *nur* seine Anatomie lernt, weil auch das (Ähnlichkeits-)Hemmungen und Vergeßlichkeit hervorrufen muß. Aber solche Überlegungen helfen ihm nicht aus der Schlinge. Sie beeinflussen weder den Prüfungstermin noch Art und Menge des Stoffes.

Was soll er tun? Neben der Anatomie auch noch andersartige, unähnliche Fächer studieren, die nicht bei der Prüfung verlangt werden? Vielleicht chinesische Syntax oder die Eigenheiten der Zwölftonmusik? Oder überhaupt möglichst wenig lernen, damit er das Wenige sicher behält?

Lernen – ein ständiger Hindernislauf über die Hürden des Vergessens

Die Beschäftigung mit den Gesetzen des Lernens beschert uns somit zunächst eine vorwiegend negative Weisheit: daß alles Lernen nichts anderes ist als der Kampf gegen die Hindernisse, die dem Lernen entgegenstehen.

Die Frage ist also nicht, wie wir am besten lernen, sondern wie wir, möglichst rationell und zeitsparend, das ärgerliche Vergessen verhindern können.

Wir wissen aus praktischer Erfahrung, daß das nur durch Übung, durch Wiederholung geschehen kann.

Der amerikanische Alt-Psychologe Edward L. Thorndike (1874–1949), ein Zeitgenosse Pawlows, formulierte diese Weisheit nach zahlreichen Experimenten mit Katzen als das sogenannte „Gesetz der Übung (law of exercise)", das er dann wiederum in das „Gesetz des Gebrauches (law of use)" und das „Gesetz des Nichtgebrauchs (law of disuse)" unterteilte.

Diese Gesetze sagen, daß eine Reiz-Reaktions-Verbindung um so besser hält, je öfter sie geübt wird, und desto schlechter, wenn das Versuchstier (oder der Mensch) sie nur selten oder gar nicht übt.

Für unsere Zwecke würde das heißen, daß wir beispielsweise die Italienisch-Vokabeln, die wir uns sicher merken wollen, möglichst oft wiederholen müssen; eine sehr banale Weisheit.

Wiederholen ist äußerst wichtig ...

Dabei ist sie nicht einmal weise.

Denn zwanzig oder dreißig Wiederholungen ein und derselben Vokabel, von einem Thorndike-Jünger in einem einzigen begeisterten Schwung hinter sich gebracht, nageln das attackierte Wort auch nicht besser im Gedächtnis fest als nur sechs oder sieben Wiederholungen auf einen Streich.

Schon um die Jahrhundertwende hingegen haben gelehrte Psychologen (Ebbinghaus, Jost, Meumann) durch exakte Experimente festgestellt, daß Wiederholungen, die über einen längeren Zeitraum verteilt werden, den Lernstoff leichter und besser behalten lassen als sogenanntes „gehäuftes Lernen".

Wieviel Wiederholungen, und in welchen Zeiträumen?

... die Frage ist nur: wie oft?

Auf diese fürwitzige, aber berechtigte Schülerfrage gibt die bestallte Wissenschaft keine oder nur nichtssagende Antworten. Wer die Frage stellt, wird überdies sogleich in den Gelehrtenstreit um die Zweckmäßigkeit des sogenannten „Überlernens" hineingezogen.

Wenn sich ein Schüler, sagen wir, dreißig Lateinvokabeln einverleiben will, und er memoriert sie so lange und *nur* so lange, bis er sie fehlerfrei kann, dann nennt man das Lernen.

Pro und kontra „Überlernen"

Wenn er sich aber damit nicht zufriedengibt, wenn er ganz sicher sein will und weiter fortfährt, dieselben bereits gelernten Vokabeln immer wieder von neuem zu wiederholen, dann spricht man von „Überlernen".

Dieses Überlernen, der bis zum Überdruß fortgesetzte Drill, galt lange Zeit als die beste und einzige Methode, wirklich solides Wissen zu erwerben. Die Schulmeister vergangener Generationen vertrauten ihr ebenso sicher wie dem Rohrstock.

Heute gibt es Pädagogen, die das Überlernen für gleich sinnlos halten, als würde leeres Stroh gedroschen.

Der Streit ist noch nicht ganz entschieden.

Immerhin steht fest, daß einmaliges Überlernen gar keinen Gewinn bringt. Nur wenn derselbe Stoff auf dieselbe Weise in größeren Zeitabständen mehrmals gebüffelt wird, bleibt allenfalls auch mehr hängen.

Das Überlernen braucht auf jeden Fall viel Zeit und Nerven. Es nützt daher höchstens beim Einprägen besonders wichtigen Lernmaterials. Es ist daher sicherlich kein Mittel, das Lernen zu rationalisieren, eher das Gegenteil.

Ein langweiliges System

Also was tun? Lernen, lernen und wieder lernen? Lernen ohne jedes System, unermüdlich und unsinnig draufloslernen in der vagen Hoffnung, daß irgendwie irgend etwas vielleicht doch hängenbleibt?

Nun gibt es ein paar – mehr oder minder gute – Ratschläge, die das Lernen systematischer gestalten wollen.

Jeder Lernstoff muß wiederholt werden ...

Sie alle gehen davon aus, daß der Lernstoff nach einem fixen Zeitplan in bestimmten Abständen wiederholt werden soll.

Für das Vokabellernen wird etwa vorgeschrieben, daß der Schüler jede Woche die letzten zehn Seiten seines Vokabelheftes, jeden Monat die letzten 40 Seiten und nach je drei Monaten *alle* seine Vokabelhefte durchzugehen habe.

... aber muß wirklich alles wiederholt werden?

Alle Wörter, die er bei diesen Wiederholungen nicht sicher beherrscht, muß er auf der letzten Seite seines letzten Vokabelheftes neu eintragen und nochmals genauso lernen, als wären sie unbekannte aus einer neuen Lektion.

Hat der Schüler eine Seite seiner Hefte auf diese Weise fünfmal ohne Fehler wiederholt, darf er sie durchstreichen. Die Seite scheidet dann aus dem Wiederholungszyklus aus. Dieselbe Methode läßt sich ebenso für mathematische Formelsammlungen, Geschichtsdaten, Definitionen und anderes verwenden.

Das System kann tatsächlich funktionieren, wenn der Schüler den Zeitplan eisern einhält. Doch braucht er dazu mehr Stehvermögen, als sich bei der Schilderung des Vorgangs vermuten läßt.

Es ist nicht so sehr der Zeitaufwand, der dabei zu schaffen macht, sondern die Langeweile, die nervenlähmende Eintönigkeit und die Ungeduld, die besonders junge Menschen befällt, wenn sie in immer wiederkehrender Reihenfolge dieselben Wörter, dieselben Schriftbilder, dieselben Seiten alten Materials wiederkäuen müssen.

Psychologisch ist diese Methode etwa so vorteilhaft, als würde man den Lernenden beim Lernen der chinesischen Wasserstrafe aussetzen.

Man muß sich vorstellen, was da geschieht:

Der Schüler sucht also in altem, bereits gelerntem Material.

Vokabeln wiederkäuen – eine widerliche Sache

Eben weil dieser Stoff alt ist, kann er die Neugier, das wichtigste Triebmotiv des Lernens, nicht befriedigen. Mit den Vokabeln, die er gut gelernt und nicht vergessen hat, vermag er nichts anzufangen. Er müßte sie freudig wie alte Bekannte begrüßen, mit ihnen ein Schwätzchen halten, irgend etwas mit ihnen tun können, aber nein.

Sie bleiben ihm im Magen liegen wie tote, kalte Steine, sie öden ihn nur an und bestärken seine Meinung, daß das gräßliche Wiederholen sinnlos sei.

In diesem Schotterhaufen nun sucht der Schüler, und das ist der Zweck seiner Anstrengung, nach Wörtern, die er bereits wieder vergessen hat.

Falsches Wiederholen ist Unsinn: der Schüler muß sich selbst bestrafen!

Doch wenn er welche findet, wird er dafür bestraft, schlimmer noch: er muß sich selbst dafür bestrafen.

Er muß zusätzliche Schreibarbeit tun, die ihn aufhält, die ein Umblättern auf die letzte Seite des letzten Heftes nötig macht, die ihn den Faden verlieren läßt, selbst wenn es nur ein Faden endloser Langeweile ist.

Und schließlich muß er, was er so mühsam ausgegraben und neu eingeschrieben, zum Überdruß auch nochmals lernen – das alles in der traurigen Gewißheit, daß ihm spätestens in einer Woche eine ähnliche Orgie der Selbstquälerei bevorsteht . . .

Schulmeister vom alten Schlag werden jetzt verächtlich die Nase rümpfen und von Faulheit zu räsonieren beginnen, von mangelndem Lerneifer und Charakterschwäche.

Von der Stirne heiß rinnen muß der Schweiß. – Ohne Fleiß kein Preis . . .

Die Schulmeister werden sagen, daß eben solcher Fleiß den guten Schüler vom schlechten unterscheide, den ernsthaften geistigen Arbeiter vom leichtfertigen, wehleidigen Tunichtgut.

Womit wieder einmal der Lerneifer zu einer tugendhaften Abart des Masochismus erklärt und das Versagen der wissenschaftlichen Pädagogik jenen Schülern in die Schuhe geschoben wird, die solcher Perversion nicht fähig sind.

Nicht der Schüler ist am Versagen schuld: die Lern-Methode hat schwere Mängel

Im übrigen ist diese Methode, wie einige ähnliche Abarten davon, nicht nur motivationsfeindlich. Sie hat auch schwere sachliche Mängel.

Denn wenn der Schüler glaubt, er habe sich die derart gelernten Vokabeln endlich ganz fest eingeprägt, dann stellt sich überraschenderweise oft heraus, daß viele davon doch nur sehr unsicher haften, trotz fehlerfreier und fünffacher Wiederholung.

Wer seine Vokabeln immer nur der Reihe nach lernt ...

Das ist leicht zu erklären. Die Vokabeln sind in einer ganz bestimmten Reihenfolge ins Heft eingetragen. In dieser Reihenfolge werden sie gelernt und immer wieder durchgegangen, und niemand braucht sich zu wundern, daß sie schließlich im selben gedanklichen Gänsemarsch verhältnismäßig leicht reproduziert werden können.

Aber wenn der Schüler diese Wörter in anderem Zusammenhang benötigt, außerhalb des altgewohnten Trotts, dann sind ihm plötzlich viele abhanden gekommen, und manchmal die wichtigsten.

... beginnt oft zu stottern, wenn der Zusammenhang sich geändert hat

Es ist wie bei den Soldaten. Wer nur in Reih und Glied zu marschieren gelernt hat, geht, auf sich selbst gestellt, verloren.

Sonst noch gute Ratschläge?

Fortschrittliche Pädagogen werden jetzt sagen, der Drill sei nicht so wichtig, und als beste Lernmethode die Einsicht und das Verständnis lobpreisen.

Dabei sehen sie, oft geflissentlich, darüber hinweg, daß nur die wenigsten Dinge mit Verstand allein gelernt werden können und daß Einsicht noch lange kein gutes Gedächtnis macht, weder im allgemeinen noch für einzelne Wörter, Daten und Formeln – doch davon etwas später.

Verstand allein macht noch lange kein gutes Gedächtnis

Vielleicht wird der progressive Pädagoge dann noch die letzte Errungenschaft der Lerntechnik rühmen, die Lernmaschine. Aber das ist Zukunftsmusik, und noch dazu eine teure Melodie.

Wenn einer von uns plötzlich Lust hätte, Spanisch oder Italienisch oder Kisuaheli zu lernen, oder auch nur das große Einmaleins, kann er getrost seinen Kopf verwetten, daß er an keine einschlägig programmierte Lernmaschine herankommt.

Er käme rascher und leichter zu einem Totogewinn oder zu einem arbeitslosen Prinzenerzieher.

Gedächtnisschwund ist meßbar

Somit sind uns die beiden spröden Lehrerinnen, die Psychologie und die Pädagogik, bisher eine klare Information schuldig geblieben, wie wir das Vergessen hintanhalten, anders ausgedrückt: wie wir die notwendigen Wiederholungen machen können, ohne dabei Unnötiges wiederholen zu müssen.

Aber es gibt immerhin Anhaltspunkte für die Beantwortung dieser Frage.

Die besten finden wir bei einem Altmeister des

Lernens, bei dem deutschen Psychologen Hermann Ebbinghaus (1850–1909). Dieser große Mann begann ungefähr zur selben Zeit wie sein russischer Kollege Pawlow in die Geheimnisse des Lernens einzudringen, aber auf seine Weise.

Der lehrreiche Selbstversuch eines deutschen Professors

Er experimentierte nicht mit Tieren, sondern an Menschen, vorwiegend an sich selbst.

Weil seine Versuche für die Praxis des Lernens so wichtig sind, müssen wir hier ein wenig auf seine Methoden eingehen.

Ebbinghaus verbrachte ungezählte Stunden seines Lebens damit, Reihen von sinnlosen Silben („fap", „fep", „jis", „mib" und ähnliches) auswendig zu lernen und dann zu erproben, wie lange sie im Gedächtnis haften bleiben.

Daß er sich damit abquälte und nicht mit sinnvollem, nützlichem Lernstoff, hatte guten Grund: das menschliche Erinnerungsvermögen ist sinnlosem Material gegenüber unparteiischer.

Wenn eine Aneinanderreihung von Buchstaben oder Ziffern auch nur einen Funken Sinn ergibt, bleibt sie sofort ungleich besser im Kopfe haften – bis zu zehnmal leichter und länger, wie Ebbinghaus herausfand.

Wenn er also sinnvolles Material gelernt hätte, dann wäre dadurch nicht die Kraft des menschlichen Gedächtnisses geprüft worden, sondern fast nur noch der Sinn, die Bedeutung, die solcher Stoff für den lernenden Menschen in sich hat.

Was Sinn hat, merkt sich leichter

Allein das war bereits eine lernwissenschaftlich hochinteressante Erkenntnis: was Bedeutung hat, was Sinn ergibt und verstanden werden kann, das wird im Gedächtnis schneller und fester verankert als alles andere – aber davon später.

Im einzelnen ging Ebbinghaus folgendermaßen vor:

Er lernte eine seiner sinnlosen Silbenreihen und ließ sie anschließend ruhen, eine halbe Stunde, einen Tag, eine Woche, einen Monat lang. Dann versuchte er, sich die Reihe vollständig ins Gedächtnis zurückzurufen.

Wenn das mißlang, und es mißlang regelmäßig, dann lernte Ebbinghaus mit der Uhr in der Hand dieselben Silben nochmals, so lange, bis er sie wieder fehlerfrei hersagen konnte.

Jedes Wiederlernen kostet weniger Zeit

Dabei zeigte sich, daß er für diesen zweiten Lern-Durchgang weniger Zeit benötigte als für das erste Auswendiglernen der Silben. Das Wiederlernen war also mit einer Zeitersparnis verbunden. Die Größe dieser Ersparnis drückte Ebbinghaus in Prozenten jener Zeitspanne aus, die zum ersten Lernen der Silbenreihe notwendig gewesen war.

Brauchte er beispielsweise zum erstmaligen Auswendiglernen der Silbenreihe eine Stunde, und zum Wiederlernen nur 30 Minuten, dann betrug diese „Lernersparnis" 50 Prozent.

Wenn er hingegen zum Wiederlernen derselben Silbenreihe dreiviertel Stunden benötigte, dann machte die „Lernersparnis" nur noch 25 Prozent aus.

Man kann den Gedächtnisschwund des Menschen natürlich auch anders messen, etwa indem man prüft, wieviel vom gelernten Stoff nach welcher Zeit immer noch da ist, und wieviel nicht. Doch die Methode von Professor Ebbinghaus hat sich zumindest bei seinem Material dieser anderen „Treffermethode" überlegen gezeigt.

Was man erspart hat, das besitzt man noch.

So läßt sich die Ebbinghaussche Lernersparnis mit dem gleichsetzen, was dem Lernenden im Gedächtnis geblieben ist, was er noch nicht vergessen hat.

Nun halten wir uns alle, wenigstens in dieser Hinsicht, für leidlich gute Sparer. Nur die wenigsten Menschen geben unumwunden zu, daß sie ein schlechtes Gedächtnis haben.

Die Selbstversuche des Professors Ebbinghaus aber entlarven unser Gehirn als einen Sparstrumpf, der mehr Löcher als dichte Stellen hat.

Schon nach 20 Minuten sind 42 Prozent unseres angelernten Kapitals verschwunden, vergessen, nur noch 58 Prozent „lernerspart".

Schon nach einer Stunde macht die Ersparnis nicht mehr als 44 Prozent aus.

Nach einem Tag hat der famose Sparstrumpf bereits 66 Prozent durch die Löcher fallen lassen, nur noch 34 Prozent sind übrig.

Nach sechs Tagen bleiben uns gar nur 25 Prozent, drei Viertel sind vergessen. Nur 20 Prozent behalten wir anscheinend für immer.

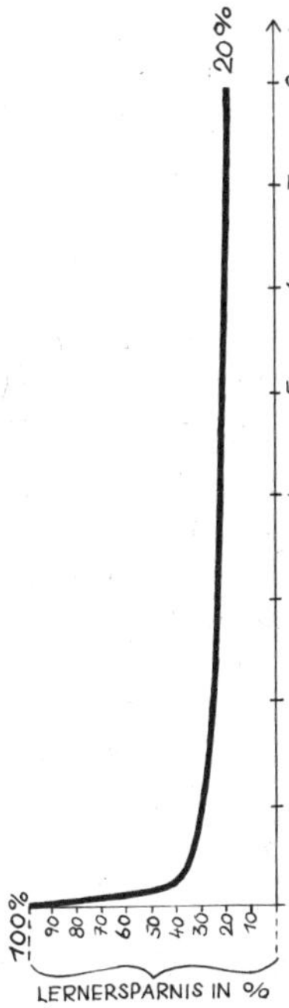

Die Ebbinghaus'sche Kurve: so wird der Gedächtnisschwund gemessen

Die Abbildung zeigt Ebbinghausens Versuchsergebnisse als Diagramm, die Kurve der menschlichen Vergeßlichkeit:

Auf den ersten Blick scheint diese Bilanz dermaßen betrüblich, daß wir das Lernen am liebsten für immer lassen möchten, wie fleißige Sparer in Inflationszeiten das Sparen.

Besonders bestürzend sind dabei die Verluste der ersten Stunden. Da kommen wir uns vor wie Aktienkäufer, die einem betrügerischen Börsenmanöver aufgesessen sind.

Nur etwa 20 % des Lernstoffes werden auch nach längerer Zeit nicht vergessen

Auch das Endresultat ist niederschmetternd. Nur 20 Prozent des Materials, das wir so mühevoll lernen, bleibt uns länger als einige Wochen.

Zum Trost muß nochmals wiederholt werden, daß diese tristen Bilanzziffern nur für sinnloses Material gelten, daß vernünftiger und sinnvoller Lernstoff jedoch nicht so leicht durch die Löcher rutscht. Er kann sich viel länger halten.

Doch das ist nur ein schwacher Trost.

Die „Ebbinghaussche Vergessenskurve" gilt nämlich, modifiziert und in die Länge gestreckt, ebenso auch für sinnvolles Lernmaterial. Wir vergessen Dinge, die Inhalt und Bedeutung haben, auf dieselbe vertrackte Weise, nur braucht das mehr Zeit.

Leider, leider wird auch sinnvolles Material im Laufe der Zeit vergessen

Wenn wir, unten in der Beschriftung unseres Diagramms, Wochen statt Tage hinschreiben, dann haben wir ungefähr ein Bild davon, in welchem Tempo auch anschaulicher und interessantester Lernstoff durch die Löcher in unserem Gedächtnis ins Nichts zerfließt.

Das muß erst gar nicht bewiesen werden. Wenn ein erwachsener Mensch vor die Aufgabe gestellt wird, nochmals das Abitur zu machen, das er vor Jahrzehnten glanzvoll bestand, fallen ihm vom damals beherrschten Stoff bestimmt nicht mehr als spärliche 20 Prozent ein.

Welches Fünftel wird behalten?

Nachdem wir jetzt den ersten Schock überstanden haben, sollten wir überlegen, was wir aus der Konkursmasse unseres Erinnerungsvermögens retten können, und mit welchen Methoden das möglich ist.

Die Quote, die uns bleibt, macht also ganze 20 Prozent aus. Wie der Konkursverwalter Ebbinghaus herausbekam, ist das sogar eine sichere Quote. Die Vergessenskurve sinkt nie, auch nicht nach Jahren, unter diese 20 Prozent ab.

Immerhin etwas.

Wenn wir nur wüßten, *welche* 20 Prozent es sind, die uns von den gelernten Informationen sicher erhalten bleiben!

Wir könnten sie getrost beiseite legen wie sichere Pfandbriefe und anschließend die restlichen 80 Prozent, die nicht so felsenfest angelegt waren, einfach nochmals lernen.

Von diesen 80 Prozent müßten sich dann abermals 20 Hundertstel endgültig sichern lassen. Würden wir diesen Vorgang mehrmals wiederholen, das Behaltene beiseite legend und das Vergessene immer von neuem lernend, könnten wir uns schrittweise einer fast hundertprozentigen Berrschung unses Lernstoffes annähern.

Leider hat die Sache einen Haken.

Um sicher zu wissen, welche von den gelernten Informationen zu dem glücklichen Fünftel gehört, das nicht mehr vergessen wird, müßten wir nämlich bei sinnlosem Material wochenlang, bei sinnvollem Monate oder Jahre lang warten.

Wer will schon Jahre warten, bis er sicher weiß, was er sicher weiß?

Denn dann erst kann durch Überprüfung festgestellt werden, welche Informationen endgültig sitzen und welche nicht. Auf diese Weise würde ein Student, um seinen Doktor zu machen, nicht nur Jahre, sondern Jahrzehnte benötigen.

Wir müssen uns daher eine Methode ersinnen, die ein Kompromiß zwischen beiden Extremen darstellt – zwischen dem nerventötenden System, den ganzen Lernstoff stur immer wieder durchzunehmen, und der unendlich zeitraubenden, aber arbeitsparenden Möglichkeit, etwa nur jedes halbe Jahr die 20 sicheren von den 80 Prozent unsicheren Lerninformationen zu trennen.

Eine solche Methode bietet sich an, wenn wir Ebbinghausens Vergessenskurve nochmals genau besehen.

Die Kurve fällt bei sinnlosem Material in den ersten Stunden, bei sinnvollem – und wir wollen nur Sinnvolles lernen – in den ersten Tagen besonders steil ab.

Das zeigt, daß in den ersten Tagen häufige Wiederholungen des Stoffes notwendig sind.

Später wird die Kurve immer flacher.

Das zeigt, daß in den folgenden Wochen und Monaten der Stoff immer seltener wiederholt werden muß, bis er schließlich endgültig zur Seite gelegt werden kann.

Trotzdem werden wir, falls das möglich ist, weder in den ersten Tagen noch später den ganzen Stoff gleich oft wiederholen. Wir würden damit in denselben Fehler verfallen, der die auf Seite 56 demonstrierte Methode des Vokabelheft-Lernens so widerwärtig macht. Wir werden versuchen, nur Informationen öfters zu wiederholen, die schlechter in unserem Gedächtnis haften, die anderen aber womöglich ganz selten und nur zur unumgänglichen Kontrolle.

Das Kunststück wird durch ein System ermöglicht, das ich hier als „Lernkartei" bezeichnen möchte, eine Art „Lernmaschine für jedermann".

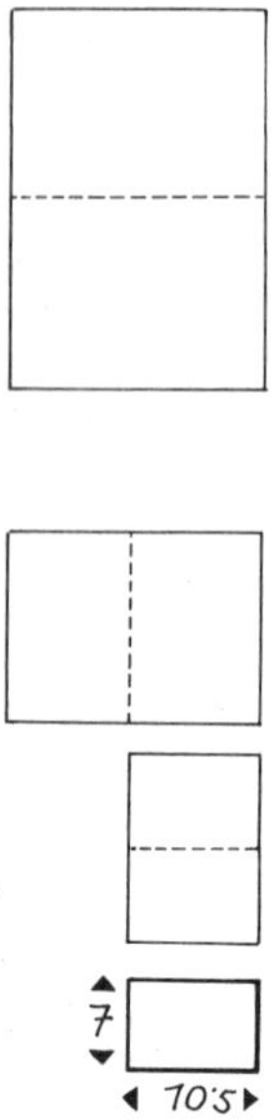

So baut man eine Lernkartei

Dafür kaufen wir zunächst einen Packen Papier vom Format Din A 4, demselben Format, das im allgemeinen für Briefe verwendet wird. Das Papier sollte nicht zu dünn sein. Es muß allerhand Strapazen über sich ergehen lassen.

Nun falten wir so ein Blatt (am besten zugleich mehrere Blätter) einmal, zweimal, dreimal zusammen und schneiden es mit einem scharfen Messer zu Zetteln auseinander, die dann etwa 7 cm hoch und 10,5 cm breit sind.

Diese Zettel dienen uns fortan als Karteikarten. Auf ihnen werden wir später die Lerninformationen des Stoffes eintragen, den wir uns einprägen wollen.

Dann basteln wir einen Karteikasten, in den diese Zettel hineinpassen.

Dieser Kasten muß etwa 30 cm lang und 11 cm breit sein. Seine Seitenwände machen wir etwa 5 cm hoch, damit die Karteikarten oben herausschauen können.

Wir müssen diesen Karteikasten beileibe nicht aus Holz herstellen oder sorgsam kleben. Es genügt dünne, aber feste Pappe, und die Seitenwände können leicht mit einer kleinen Heftmaschine zusammengeheftet werden.

Wenn der Kasten fertig ist, versehen wir ihn, ebenso und aus demselben Material, mit Fächern.

Das erste Fach (Fach 1) ist das schmalste und, von der Seite des Kastens her gesehen, nur einen Zentimeter breit. Das zweite soll etwa 2 cm breit sein, das dritte 5 cm, das vierte etwa 8 cm.

Das letzte und hinterste Fach (Fach 5) wäre dann ungefähr 14 cm breit.

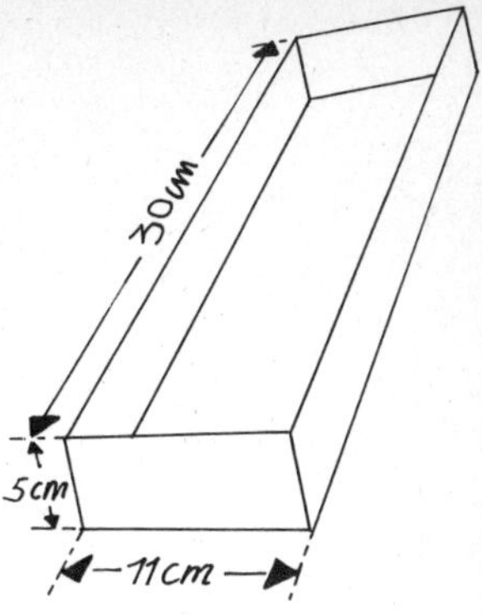

Die Grundform des Lernkarteikastens...

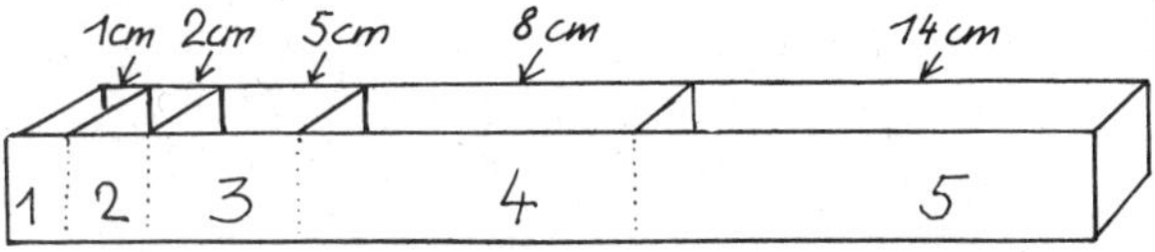

... und so wird der Kasten eingeteilt

Wir haben damit eine Art geistigen Verdauungskanal mit fünf verschieden großen Mägen gebaut.

Nun fängt die eigentliche Arbeit an.

Wir lernen, sagen wir, Italienisch. Wir haben uns dazu ein Lehrbuch gekauft.

Wir tragen nun die Worte und Redewendungen, die in der ersten Lektion unseres Lehrbuches vorkommen, auf unseren Karteikarten ein. Dabei verwenden wir für jedes Wort, für jeden Satz eine eigene Karte.

Den deutschen Ausdruck schreiben wir auf die Vorderseite der Karte, den italienischen auf die Rückseite:

Vorderseite:	Vorderseite:	Vorderseite:
DIE MUTTER	GEHEN	ICH GEHE INS KINO
Rückseite:	**Rückseite:**	**Rückseite:**
LA MADRE	ANDARE	VADO AL CINEMA

Wenn wir so an die 30 oder 40 Kärtchen beschrieben haben, stecken wir den ganzen Stoß in

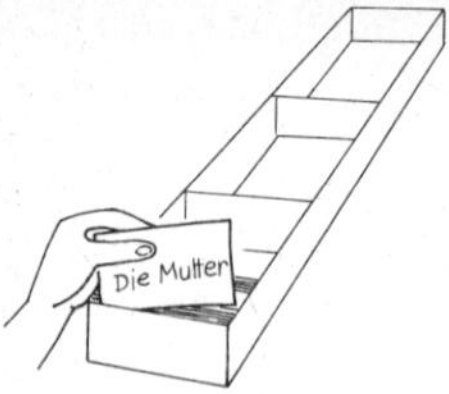

Die erste Karte im ersten Fach wird herausgenommen: so beginnt ein neuer Lernprozeß, der Sie ohne schmerzhafte Schwerarbeit ans Ziel bringt

das erste und schmalste Fach unseres Kastens, und zwar so, daß die Vorderseite der Zettel mit den deutschen Ausdrücken uns zugewendet ist.

Dann nehmen wir die vorderste Karte heraus. Wir sehen uns das deutsche Wort an und versuchen, ob wir dazu das italienische wissen.

Nun sind wir schon mitten drin im Lernprozeß.

Doch darf uns dieses Bewußtsein nicht verleiten, alle die Dummheiten für wahr zu halten, die uns vielleicht einmal von mißlaunigen Lern-Muffeln eingetrichtert worden sind: daß Lernen Arbeit sei, womöglich Schwerarbeit; daß der Lernerfolg vorwiegend von der Mühe abhänge, die dafür aufgewendet wird; oder daß man beim Lernen intensiv, ja schmerzhaft, nachdenken müsse.

Solche Sprüche sind ebenso unsinnig wie die Meinung mancher sächsischer Großmütter, man dürfe Kartoffeln nur im Stehen schälen, und Arbeit müsse weh tun.

Wir wollen uns nicht weh tun, keine Gewichte stemmen und keine geistigen Kniebeugen machen. Ein Muskeltraining mag notgedrungen schmerzhaft sein, aber das Gehirn hat keine Muskeln und kann ohne Kopfweh trainiert werden.

Nur nicht krampfhaft lernen!

Und natürlich denken wir *nicht* krampfhaft nach.

Auch das ist ein weitverbreiteter Aberglaube, daß der Schüler sein Hirn selbstquälerisch zerfleischen muß, wenn ihm eine Vokabel, oder sonst was, nicht einfällt.

Die Vokabel fällt Ihnen nicht ein? Aber das ist doch kein Beinbruch

Wir tun nichts dergleichen. Wir sehen das deutsche Wort an und warten zwei oder drei Sekunden, ob uns dazu das italienische einfällt. Keine Aufregung, keine Anstrengung, keine Verrenkung ist dazu nötig.

Wenn es uns nicht einfällt, brechen wir uns deshalb kein Bein.

Wir drehen einfach die Karte um und lesen es. Nun wissen wir's – wozu hätten wir uns quälen sollen?

Und dann stecken wir die Karte mit dem Wort,

das wir erst vor kurzem darauf geschrieben und doch schon wieder vergessen haben, in dasselbe Fach 1 unseres Zettelkastens zurück, nur diesmal an die Hinterseite des Kärtchenstoßes.

Wir tun das ohne Enttäuschung, ohne Ärger oder Selbstzerknirschung.

Ein wichtiger Grundsatz: nur nicht ärgern!

Statt dessen nehmen wir die zweite Karte heraus, die nun die vorderste geworden ist. Wir besehen abermals das deutsche Wort auf der Vorderseite, wir versuchen wieder, ob uns das italienische einfällt.

Diesmal fällt es uns ein. Wir drehen die Karte um, wir sehen, daß wir uns korrekt erinnert haben. Worauf wir diese zweite Karte nicht in das Fach 1, sondern in das Fach 2 des Karteikastens zurückstecken.

Diese Vokabel sind wir nun für eine Weile los.

So gehen wir, Karte für Karte, den ganzen Stoß in Fach 1 durch: Alle Vokabeln, die wir wissen, werden hinten ins Fach 2 gesteckt. Alle aber, die wir nicht wissen, kommen auf die Rückseite des Stoßes in Fach 1.

Mit der Lernkartei können Sie Zeitverschwendung und die Lernmühe, die sonst so ärgerlich war, entscheidend verringern

Damit befreien wir uns, bis auf weiteres, sofort von all jenen Vokabeln, die wir uns noch vom Aufschreiben her gemerkt haben. Sie werden in Fach 2 stillgelegt und müssen vorerst nicht wiederholt werden. Denn genau das ist unsere Absicht – unnötige Wiederholungen radikal einzuschränken.

Schließlich bleiben in Fach 1 nur die Vokabeln übrig, die wir uns *nicht* gemerkt haben, weshalb sie beim ersten Durchgang hinten ins selbe Fach zurückgesteckt wurden.

Nun kommen sie wieder nach vorn, und dieselbe Prozedur wie oben wiederholt sich von neuem: können wir diese Vokabeln jetzt, dann werden sie in Fach 2 abgeschoben; können wir sie

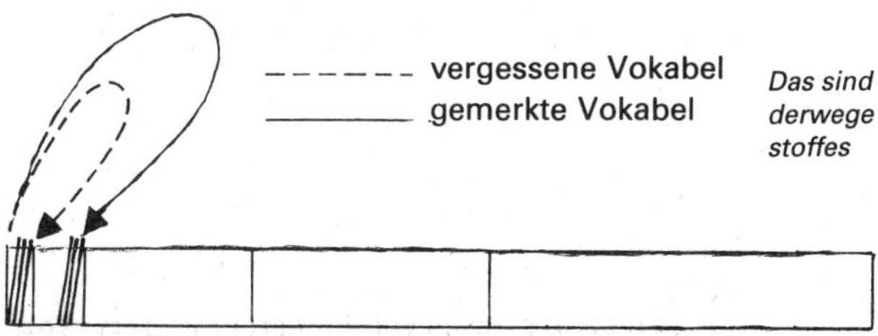

Das sind die ersten „Wanderwege" unseres Lernstoffes

noch immer nicht, dann stecken wir sie wiederum auf die Rückseite des Stoßes in Fach 1.

Wir können jetzt schon deutlich sehen, welche beiden Vorteile unsere Methode mit sich bringt.

Der erste ist, daß wir uns unnötige Wiederholungen ersparen. Der zweite, daß jene Vokabeln oder Redewendungen, die wir uns nicht gleich merken, mehrmals wiederholt werden müssen, und zwar so oft, bis auch sie sich endlich eingeprägt haben.

Harte Lern-Brocken werden automatisch mehrmals wiederholt

Die harten Brocken wiederholen wir auf diese Weise vielleicht drei- oder fünfmal, ja vielleicht sogar zehnmal oder öfter, die leichten Bissen hingegen, die wir schnell verdauen, nur ein- oder zweimal.

Wir setzen diesen Vorgang so lange fort, bis in Fach 1 von den 30 oder 40 Vokabeln unserer ersten Lektion nur noch drei übrig sind.

Das müssen besonders zähe, böse, besserungsunwillige Burschen sein. Die haben sich keine Früh-Rente in Fach 2 verdient, die lassen wir im ersten Fach weiterschmachten.

Am nächsten Tag, oder wann wir eben wieder Zeit haben, können wir dann mit der zweiten Lektion beginnen, neue Kärtchen schreiben, sie ins Fach 1 stecken, von neuen – wie oben geschildert – zu lernen anfangen.

Auch die harten Brocken vom Vortag werden dabei nochmals durch die Mangel gedreht. Erst wenn sie weich sind, dürfen sie gleichfalls in das 2. Fach unserer Kartei.

„Die guten ins Töpfchen . . .“

Wenn wir solcherart drei oder vier Lektionen durchgearbeitet haben, wird nun mit einemmal in Fach 2, bisher friedlicher Urlaubsort für willige und einprägsame Vokabeln, der Platz zu eng. Es läßt sich kaum noch ein Zettelchen hineinstecken.

Das ist beabsichtigt.

Denn damit, daß sich diese italienischen Wörter *einmal* eingeprägt haben, sind sie dem Fluch des Vergessens noch lange nicht entkommen. Sie sind dagegen ein wenig resistenter geworden, aber beileibe nicht immun. Wir können sie immer noch vergessen.

Wir wissen aus den Experimenten des Professors Ebbinghaus, daß sich der Prozeß des Vergessens durch lange Zeit fortsetzt. Wir haben inzwischen überdies andere Vokabeln derselben Sprache gelernt, und wir wissen jetzt, was das bedeutet; daß nämlich dadurch retroaktive Hemmungen entstehen und weitere Teile des bereits gelernten Stoffes vergessen werden müssen.

Angriff auf das Fach Nummer 2

Deshalb haben wir das Fach 2 unserer Lernkartei nur zwei Zentimeter breit gemacht. Die darin auftretende Drängelei zwingt uns nun, Platz zu schaffen – und gleichzeitig zu überprüfen, *welche* von den dort schlummernden Vokabeln inzwischen in Vergessenheit geraten sind.

Wir tun das, indem wir – diesmal aus dem zweiten Fach – die erste Karte hervorziehen und überprüfen, ob wir die betreffende Vokabel noch sicher können.

Wenn ja, wird diese Karte nun ins Fach 3 gesteckt. Es ist weitaus größer als Fach 2. Die einmal dort gelandete Karte kann deshalb länger auf ihren Lorbeern ausruhen, vielleicht sogar wochenlang, das hängt von unserem Lerntempo ab.

Wenn wir die betreffende Vokabel jedoch nicht oder nicht mehr sicher beherrschen, kommt die Karte ins Fach 1 zurück, wieder an die Rückseite des dort ruhenden Päckchens, denn offenbar enthält auch sie, obwohl als fügsamer Unschuldsengel getarnt, einen von den bösen Lernteufeln.

So wird nun, von vorn nach hinten, auch Fach 2 durchgeackert, doch nur so lange, bis etwa eine Fingerbreite von den dort steckenden Karten ausgeräumt ist. Die übrigen lassen wir in Ruhe, bis das Fach wieder voll geworden ist.

Perfektionismus ist jetzt fehl am Platze

In einem Anfall von Perfektionismus das ganze Fach restlos zu räumen, wäre falsch, weil dadurch der kontinuierliche Ablauf der Überprüfung gestört würde.

Noch einmal, denn das ist wichtig:

- Fach 2 wird erst dann gelichtet, wenn dort kein Platz mehr ist.
- Fach 2 wird dabei, von vorn nach hinten, nur etwa einen Finger breit geräumt.

- Die Vokabeln aus dem Fach 2, die wir noch immer gut können, kommen nach hinten in Fach 3.
- Jene Vokabeln, die inzwischen wieder unsicher geworden sind, werden aus Fach 2 zurück ins Fach 1 gesteckt.

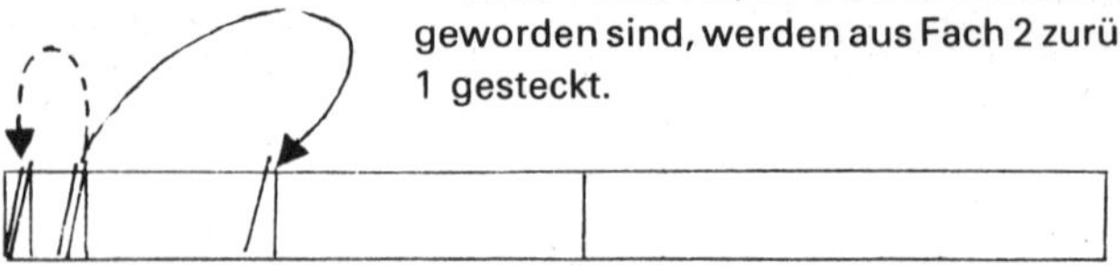

Die Lernkarten wandern weiter: die gemerkten Vokabeln vorwärts, die vergessenen zurück

Wenn im Fach 2 wieder Raum genug ist, können wir fortfahren, das Fach 1 mit neuen Vokabeln zu füttern und wie vorher weiter durchzuarbeiten.

Wird Fach 2 dabei abermals zu voll, schaffen wir dort, wie oben beschrieben, neuerdings Platz.

Nach einiger Zeit, wahrscheinlich (das hängt von unserem Lernfortschritt ab) erst nach einer Woche oder länger, wird dann auch das Fach 3 überfüllt.

Dasselbe nochmal: wir machen nun auch dort Platz, nach den gleichen Regeln wie für Fach 2. Die Kärtchen mit den Vokabeln, die wir wieder vergessen haben, müssen ins Fach 1 zurück, die anderen, die wir nach wie vor können, dürfen ins Fach 4 weiter.

Dabei gilt abermals, daß wir auch im Fach 3 nur eine Fingerbreite Platz ausräumen.

Wenn später, das dauert dann schon Monate, auch Fach 4 und 5 voll werden, wird ebenso vorgegangen. Die Regeln des Spiels sind jetzt wohl schon klar:

- Alle Vokabeln, die wir sicher können, werden ein Fach weiter nach hinten gesteckt.
- Alle Vokabeln, die wir nicht oder nicht sicher können, bleiben in Fach 1 oder müssen dorthin zurück.

Nicht gemerkte Vokabeln – marsch zurück ins erste Fach!

Eine Merkregel, die den Vorgang veranschaulichen kann: „Die guten ins Töpfchen, die schlechten ins Kröpfchen!"

Das „Töpfchen" ist dabei regelmäßig das nächste Fach, das „Kröpfchen" immer das Fach 1, wo die harten Brocken neuerlich wiedergekäut werden.

Das Spiel ähnelt bis zu einem gewissen Grad dem „Mensch ärgere dich nicht", nur daß die Regeln für die Bedienung unserer Lernkartei einfacher sind: Bei einem Fehler kommt die betreffende Karte immer ins Fach 1 zurück, bei fehlerloser Überprüfung darf sie einen Schritt weiter vorrükken, ins nächste Fach.

Formeln und Jahreszahlen, Krankheitssymptome und Verkehrsregeln – fast alles läßt sich mit Hilfe der Kartei erlernen

Wenn das letzte und fünfte Fach zu voll wird und (wieder höchstens einen kleinen Finger breit) ausgeräumt werden muß, können darin steckende Karten mit Vokabeln oder Redewendungen, die dann noch fehlerfrei im Gedächtnis haften, ohne Sorge weggeworfen oder verbrannt werden.

Sie haben in einem Zeitraum, der nun schon Monate dauert, fünfmal hintereinander in immer größeren Abständen ihre Prüfungen gut bestanden. Sie können nicht mehr so leicht vergessen werden.

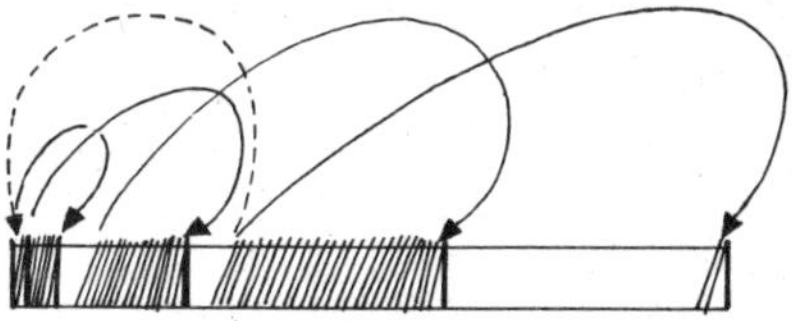

Dies ist der Wander-Weg einer gemerkten (→)und einer vergessenen (← – –) Vokabel

Die Vorteile der Lernkartei

Die Lernkartei ist natürlich nicht imstande, direkt und unmittelbar die korrekte Aussprache und die Nuancen des Tonfalls von fremden Wörtern zu vermitteln. Die Anfangsgründe der Phonetik einer Sprache lernt man eben nicht durch Lesen, sondern durch Hören und Sprechen.

Dazu braucht man Lehrer, Schallplatten oder Tonbänder.

Wenn aber jemand erst einmal den Ton einer Sprache im Ohr und auf der Zunge hat, wenn er oft genug gehört hat, wie er sprechen soll, dann kann ihm die Lernkartei sehr wohl dabei helfen, sich auch die richtige Aussprache einzelner Wörter einzuprägen. Sie findet sich in phonetischer Schrift in jedem guten Wörterbuch, und sie kann neben dem fremden Wort auf der Hinterseite der

Karteikarte eingetragen werden, wenn das notwendig sein sollte.

Vokabeln, die das 5. Fach erreicht haben, sind fest im Gedächtnis

Vielleicht werden jetzt einige eifrige Schulmeister den Zeigefinger heben und tadelnd bemerken, daß in der bisherigen Beschreibung unserer Lernkartei so ganz und gar die Grammatik vergessen wurde.

Nun kann man mit dem Zettelkasten natürlich nicht nur Vokabeln lernen, sondern alle Informationen, die sich als schriftliche Antworten auf schriftliche Fragen formulieren lassen – chemische und mathematische Formeln, die Symptome von Krankheiten, die Jahreszahlen von Schlachten und Königsmorden, die Verkehrsregeln, die Bestandteile einer Mondrakete sowie Art und Zahl der Glieder eines Maikäfers.

Ebenso auch Grammatikregeln. Sie sind gleichfalls Antworten auf bestimmte Fragen. Andernfalls wären unsere Lehrer außerstande, ihre Schüler in Grammatik zu prüfen.

Trotzdem soll hier vor einem Übermaß an Grammatik gewarnt werden. Ihre Regeln sind nicht Selbstzweck. Sie haben nur dann Sinn, wenn man mit ihrer Hilfe die richtigen Worte und Sätze leichter und rascher findet.

Der Umweg über Grammatikregeln ist dabei oft mehr ein Hindernis, und es gibt eine Menge sehr gebildeter Leute, die fremde Sprachen vorzüglich sprechen, ohne von der formalen Grammatik eine Ahnung zu haben. Wenn jemand genug Worte und Sätze lernt, hat er mit ihnen unbewußt auch die Grammatik aufgenommen. Wenn aber einer die Grammatik kann, hat er damit noch lange nicht genug Worte und Sätze in seinen Besitz gebracht.

Dennoch kann Grammatik umwerfend wichtig sein, in der Schule und besonders bei Prüfungen.

Grammatik ist das halbe (Schul)-Leben

Dort spielt sie den Wachtposten der Autorität – als wäre sie nachgerade dazu erfunden, die Inferiorität des Schülers zu beweisen.

Das zeigt sich in aller Lächerlichkeit, wenn junge Menschen, die Jahre ihrer Kindheit etwa in England zubrachten, zurück in deutsche Lande und hier in den Englisch-Unterricht geraten. Sie sprechen flüssig Englisch und schneiden doch nur mittelmäßig ab, weil ihnen die Grammatik fehlt.

Auch Schülern in solcher Lage ist die Lernkartei bestens zu empfehlen. Der Kartei ist es gleichgültig, *was* mit ihrer Hilfe gelernt wird, ob nun das Hexeneinmaleins, die Ausdrücke einer frei erfundenen Traumsprache oder eben – vielleicht gar nicht so wichtige – Grammatikregeln.

Wir haben diese Kartei eingangs als „Lernmaschine für jedermann" bezeichnet. Tatsächlich besitzt sie viele von den Vorteilen, die ein mit Lernstoff programmierter Computer an sich hat, und einige mehr:

Hier finden Sie noch einmal alle Vorteile unserer simplen „Lernmaschine" auf einen Blick

- Sie macht es möglich, den Stoff in kleinste Teile zu zerlegen.
- Diese kleinsten Lerneinheiten, in der Sprache der Lernmaschinen „frames" genannt, können mit Hilfe eines guten Lehrbuches sachlich und logisch richtig aufeinander aufbauen.
- Das Tempo des Lernens und die Zahl der Wiederholungen passen sich der Intelligenz und dem Fleiß des Schülers an.
- Die Kontrollwiederholungen sicher behaltenen Stoffes beschränken sich auf höchstens fünf.
- Trotzdem wird vergessener Stoff so oft wiederholt, wie es nötig ist.
- Dem Schüler bleibt damit die ärgste Belastung des Lernens erspart, die langweilige Wiederholung von Material, das er zum Großteil ohnedies schon kann und das daher nur sein Interesse lähmt.
- Der Schüler kann den Lernprozeß (was bei der Lernmaschine nicht so leicht möglich ist) ohne weiteres unterbrechen, selbst wochenlang, ohne mühsam nach einem neuen Anfang suchen zu müssen: die Lerneinheiten bleiben im Zettelkasten in genau jener Reihenfolge geordnet, in der sie dann von neuem durchgegangen werden müssen.
- Jeder kann seine Lernkartei selbst herstellen, was bei einem Computer nur selten gelingt.
- Die Lernkartei ist billig, der Computer enorm teuer.

Das alles wird die Lernkartei nicht vor Anfeindungen schützen, wie sie seinerzeit schon gegen die Lernmaschine vorgebracht wurden: daß sie ein Instrument rein mechanischen Lernens sei;

daß dabei das Verständnis zu kurz komme; und daß die Einsicht, die lebendige Einfühlung in den Stoff, nur durch lebendigen Unterricht und von einem lebenden Menschen vermittelt werden könne – vom Lehrer eben.

Vorurteile gegen das Auswendiglernen

Hinter alledem steckt die Abneigung gegen das sogenannte „Auswendiglernen".

Wir haben es hier mit einem Vorurteil zu tun, diesmal mit einem „fortschrittlichen", auch das gibt es; mit einer emotionellen Haltung, deren Wurzeln mehr in der Psyche des Pädagogen liegen als in seinen vernünftigen Überlegungen – mit einer Art Haßliebe.

Manche (konservative) Lehrer schwören auf das Auswendiglernen, als wäre es die alleinseligmachende Lernmethode.

Ist das Auswendiglernen wirklich eine überflüssige Quälerei?

Andere und, wie sie selbst meinen, progressive Lehrer glauben ebenso dogmatisch an das Lernen durch Verständnis, Einsicht und Anschaulichkeit, als müßten sie damit ein Gebot der allmächtigen Göttin Vernunft befolgen, und sind „deshalb" dem Auswendiglernen feind.

In Wahrheit streiten, wieder einmal, beide Parteien um Worte, um ein Scheinproblem.

Es geht nämlich gar nicht darum, ob der Schüler seinen Stoff „einsichtig" oder „auswendig" lernt. Die Frage ist, ob und wie gut er ihn lernt, und ob er ihn nachher auch wirklich beherrscht.

Denn etwas „auswendig" können, was heißt das?

Wenn der Schüler geprüft wird oder wenn er sich selber prüft, dann gibt es verschiedene Möglichkeiten. Er kann den Stoff, er kann ihn leidlich, er kann ihn schlecht, oder er kann ihn gar nicht.

Etwas „auswendig" können heißt zweifellos, daß es ganz oder zumindest gut gekonnt wird, nichts anderes.

Ziel jeden Lernens ist es, daß der Stoff beherrscht wird ...

Nun ist es das Ziel jedes Lernens, daß der Schüler den Stoff nachher ganz oder gut könne. Wenn dem so ist, was darf dann ernsthaft gegen das

Auswendig-Lernen, und damit gegen das Auswendig-Können, eingewendet werden?

Ein Einwand lautet: die Methode.

Der Drill des Auswendiglernens, sagt dieser Einwand, sei seelenlos und barbarisch hart, er belaste den Schüler über Gebühr, er zerstöre sein zartes Gemüt mit stumpfsinniger Schwerarbeit.

... nur über die Lernmethode streitet man sich

Die Lehrer in allen Ehren, die dieses Argument vertreten. Sie haben sich zu Anwälten ihrer Schüler gemacht, gewissermaßen zu deren Gewerkschaftsvertretern. Sie fordern Arbeitszeitverkürzung, leichtere Arbeitsbedingungen und höheren Lohn (sprich: bessere Noten) für gleiche oder geringere Leistung.

Aber sie bringen die Beweisgründe durcheinander. In Wahrheit erregen sie sich darüber, daß ein Großteil des Stoffes, der etwa in unseren höheren Schulen eingebläut wird, nutzlos sei, und da mögen sie recht haben. Doch wenn sie deshalb gegen das Auswendiglernen wettern, prügeln sie den falschen Hund. Dann müßten sie, wenn sie konsequent bleiben wollen, das Lernen ganz vom Lehrplan streichen.

Auch „Einsicht" wird vergessen

Ihr zweiter Einwand lautet, das Auswendiglernen könne weder Einsicht noch tieferes Verständnis vermitteln. Damit preisen sie zugleich die arbeitsparende Methode an, die der mühseligen Plackerei des Büffelns ein Ende setzen müßte: Verständnis und Einsicht, sagen sie, erleichtern den Lernprozeß so sehr, daß das Auswendiglernen überflüssig wird.

„Einsicht" allein macht nicht selig

Doch das stimmt nur zum Teil. So edel die Motive dieser Behauptung sind, sie enthält faktische Unrichtigkeiten und Denkfehler.

Zunächst zeigt die bittere, persönliche Erfahrung zahlloser Oberschüler, daß der lebendige Unterricht durch lebendige Studienräte vielfach kaum mehr Einsichten vermittelt als sture Büffelei, und manchmal sogar noch weniger.

Jeder Leser kann das mit einem einfachen Test überprüfen. Er frage einige Abiturienten seiner

Bekanntschaft, was ein dekadischer Logarithmus sei.

Die richtige Antwort: der Logarithmus ist jene Zahl, zu der man 10 erheben muß, um den Numerus zu bekommen.

Als Formel ausgedrückt: $n = 10^{\log n}$.

Und weil $10 = 10^1$ ist, und $100 = 10^2$, und $1000 = 10^3$, muß deshalb der Logarithmus von 10 gleich 1, der von 100 gleich 2 und der von 1000 gleich 3 sein.

Eine höchst einfache, einleuchtende Sache. Nun haben die befragten Abiturienten jahrelang flüssig mit der Logarithmentafel gerechnet. Aber der Leser, der diesen Test anstellt, kann jede Wette darauf eingehen, daß mehr als die Hälfte die richtige Antwort trotzdem nicht weiß.

Es ist kaum zu glauben, daß alle diese Abiturienten schlechte Mathematiklehrer hatten – sie haben nur vergessen

Nun kann wirklich kaum angenommen werden, die Mathematiklehrer all dieser Abiturienten seien allesamt so miserabel gewesen, daß sie ihren Schülern den Begriff des Logarithmus niemals einsichtig hätten machen können. Trotzdem ist diese Einsicht im Laufe der Jahre eben wieder in Vergessenheit geraten, wie jeder Lernstoff, der nicht ausreichend geübt wird. Der Schüler hat sicher einmal verstanden, was ein Logarithmus ist, aber er konnte es sich nicht merken.

Dieses einfache Beispiel beweist, was viele progressive Pädagogen vergessen; daß auch Einsichten nichts anderes sind als Lerninformationen, besonders sinnvolle Informationen zwar, damit besonders langlebige, aber trotzdem keine unvergeßlichen.

Auch „Einsichten" sind nichts anderes als Lerninformationen, und auch Einsichten gehen im Laufe der Jahre verloren

Auch Einsichten gehen verloren. Dem Schüler bleibt dann nur das trügerische Gefühl, irgendwann irgend etwas verstanden zu haben. Was aber, und wie, das weiß er nicht mehr.

Die Informationen solcher Einsicht aber lassen sich auch durch andere Medien übermitteln, nicht nur durch den Mund des lebendigen Lehrers, natürlich auch schriftlich oder durch Lernmaschinen.

Die (behauptete) Überlegenheit des lehrenden Menschen über das Buch beweist letzten Endes nichts anderes als die Unterlegenheit, die erschreckend inferiore Qualität vieler unserer Lehrbücher.

Und die (behauptete) Überlegenheit des Lehrers über die Lernmaschine kommt vor allem dann zum Tragen, wenn die Lernmaschine schlecht programmiert wurde.

Fassen wir zusammen:

- Das Auswendiglernen ist nichts Schlechtes, so schlecht es gemacht wird. Es unterscheidet sich von allem anderen Lernen durch seinen Erfolg, durch das Auswendig-Können. Schlecht kann nur die Methode sein, mit der dieses Ziel verfolgt wird, wenn sie zuviel Zeit, Nerven und Mühe braucht.
- Einsichtig gelernte Informationen halten länger, aber nicht ewig. Die Einsicht allein kann die Einprägung nicht ersetzen.
- Es ist einfach unwahr, daß das Auswendiglernen das Verständnis des Gelernten behindert. Das Gegenteil ist der Fall. Nichts kann wirklich verstanden werden, was zugleich vergessen wird.
- Auch Einsichten müssen, wie Jahreszahlen und Daten, gelernt und wiederholt, eben „auswendig" gelernt werden, sonst bleiben sie nicht sicher im Gedächtnis.

Man kommt nicht drum herum: gelernt werden muß auf jeden Fall ...

Was man so alles „mitlernt"

Lernen ist Wiederholungssache, das wissen wir jetzt.

Die nötigen Wiederholungen können rationell und sparsam gesetzt werden, so daß systematisches Lernen ohne Reibungsverluste möglich wird; das wissen wir jetzt auch.

... aber die Wiederholungen können vernünftig und sparsam eingesetzt werden

Der fleißige Schüler aber, der das Lernen verstehen will, steht nun ratlos vor zwei lernwissenschaftlichen Behauptungen, die dieser praktischen Erfahrung anscheinend grob widersprechen: vor dem „Alles-oder-Nichts-Gesetz" des Amerikaners Guthrie, daß jede Verbindung zwischen Reiz und Reaktion (also auch zwischen einer deutschen und einer italienischen Vokabel) entweder ganz oder gar nicht halte; und vor den letzten Erkenntnissen – oder zumindest Hypothesen – der Gehirnphysiologie, daß die Aufzeichnungen des Langzeitgedächtnisses dauerhafte molekulare Veränderungen und praktisch unvergeßlich sind.

Warum ist trotzdem wiederholtes, kontinuierliches Lernen nötig?

Edwin R. Guthrie hatte für seine Theorie eine Rechtfertigung bereit.

Jeder Reiz und jede dazugehörige, dazugelernte Reaktion, meinte er, besteht nicht aus einem Stück, sondern aus einer ganzen Menge von Einzelelementen. Nur diese Elemente werden, ganz oder gar nicht, mit einem Schlag gelernt, und nur für sie gilt daher sein „Alles-oder-Nichts-Gesetz".

Weil aber bei jedem Lernvorgang immer nur ein Teil der nötigen Elemente anwesend ist, muß so lange wiederholt werden, bis genügend Reiz- und Reaktionselemente zusammengefunden haben.

Soweit Guthrie. Aber was ist ein „Element"?

Sein Landsmann W. K. Estes entwickelte diese etwas vage Vorstellung zu einem schärfer durchdachten, wahrscheinlichkeitsmathematischen Denkmodell vom Lernen, dessen Formelsprache wir hier dem Leser ersparen wollen.

Auch Küchendüfte und Straßenlärm werden häufig „mitgelernt"

Doch einer seiner Grundgedanken läßt sich leicht erklären.

Estes nimmt an, daß bei jedem Lernvorgang eine Fülle von Reizen mitgelernt wird, welche eigentlich nicht zur Sache gehören.

Versuchen wir uns vorzustellen, wie sich das in der Praxis auswirkt, wenn etwa unser Schüler beim Italienisch-Lernen in der Lernkartei bis zum Wort „Messer – coltello" vorgedrungen ist.

Der Schüler sitzt also in seinem überheizten Arbeitszimmer.

Er hat die Schreibtischlampe eingeschaltet, sonst ist es rund um ihn dunkel.

Sein Kopf schmerzt, weil er zuviel geraucht hat, seine Zunge brennt. Er hat schon Hunger auf das Abendessen, aus der Küche riecht er den Duft eines bratenden Steaks. Draußen auf der Straße rumpelt ein Lastwagen vorbei. Nebenan hört er den Lärm eines Fernsehapparats.

In diesem Augenblick zieht er aus seinem Zettelkasten zum erstenmal jenes Kärtchen hervor, auf dessen Vorderseite das deutsche Wort „Messer" steht. Er dreht das Kärtchen um, liest das italienische Wort „coltello" und versucht, sich die Verbindung „Messer – coltello" einzuprägen.

Nach einigen Minuten, und nachdem er zwei Dutzend andere Vokabeln durchgenommen hat, kommt derselbe Zettel wieder nach vorn. Der Schüler erinnert sich richtig, was „Messer" auf italienisch heißt. Zufrieden steckt er die Karte in Fach 2.

Er denkt an das „Alles-oder-Nichts-Gesetz" Guthries und meint, daß er dieses Wort ganz und für immer gelernt habe.

Aber am nächsten Tag, im Italienisch-Kurs, fällt ihm das Wort nicht mehr ein . . .

Hier erfahren Sie genau, warum Ihnen am nächsten Tag oft nicht einfällt, was Sie noch am Vorabend so gut gekonnt haben

Was ist geschehen?

Als der Schüler versuchte, die Verbindung zwischen dem Reizwort „Messer" und dem Reaktionswort „coltello" zu lernen, waren im Augenblick dieser Bemühung auch noch eine ganze Fülle anderer Reize gegenwärtig. Sie alle wurden mitgelernt: die Hitze, das Zungenbrennen und der Hunger, die Kopfschmerzen, der Steakduft, das Lastwagenrumpeln und der Fernsehlärm.

Lauter zufällige und dennoch wirksame Reize, die nicht zur Sache gehörten.

Nur ein Reiz war nicht zufällig und belanglos, das deutsche Wort „Messer". Doch auch dieses Reizelement hatte eine bestimmte Gestalt, die Schriftzüge des Schülers auf einem ganz bestimmten rechteckigen Papierchen, mit einem ganz bestimmten Filzschreiber geschrieben, in einer ganz bestimmten Beleuchtung der Schreibtischlampe.

Am nächsten Tag aber, im Unterrichtsraum des Italienisch-Kurses, sind alle diese Reizelemente nicht mehr gegenwärtig, nicht einmal das Kärtchen mit dem Wort „Messer" ist da: der Kursleiter hat die Frage, was „Messer" auf italienisch heiße, mündlich gestellt.

Nur ein Auslöserreiz für die richtige Reaktion „coltello" mag vielleicht noch anwesend sein, die gedankliche Vorstellung nämlich, die sich der Schüler immer dann macht, wenn ihm ein Messer in den Sinn kommt – aber diese Brücke allein ist offenbar zu schmal. Die richtige Reaktion bleibt aus. Jede Reaktion ist eine Folge ihrer Reize – hier sind zu wenig von den ursprünglich mitgelernten Reiz-Elementen da.

Der bestürzte, von Guthrie enttäuschte Schüler muß nun nochmals und nochmals lernen, so lange, bis die Verbindung „Messer – coltello" richtig sitzt. Was geschieht bei diesen Wiederholungen?

Der griechische Philosoph Heraklit sagte, daß niemand zweimal in denselben Fluß steigen kann. So kann auch niemand zweimal in genau derselben Studierstube sitzen, nicht einmal in der eigenen Haut. Die jeweils anwesenden Reizkombinationen ändern sich fortwährend.

Die zufälligen Auslöserreize fallen Stück für Stück weg, die Vokabel bleibt übrig

Wenn der Schüler dieselbe Vokabel zum zweitenmal und zum drittenmal liest, fährt unter seinem Fenster wahrscheinlich kein Laster, er hat keinen Hunger mehr, sogar der Zettel mit dem Wort „Messer" liegt anders in seiner Hand und vor seinen Augen.

Nur eines bleibt fast unverändert – seine höchstpersönliche Vorstellung davon, was ein Messer ist, und dieses Vorstellungsbild wird mit jeder Wiederholung Schritt für Schritt von neuem mit dem Wort „Coltello" verknüpft.

Alle übrigen, nur zufälligen Auslöserreize hingegen werden „verlernt", fallen Stück für Stück ab. Es ist, als mache das Gedanken- und Wortpaar „Messer – coltello" bei diesen Wiederholungen Striptease, sich immer mehr von störendem Beiwerk entblößend, bis schließlich die letzte Verhüllung, Verschleierung gefallen ist.

Nur ganz nebenbei: Der Psychologie-Mathematiker Estes, wie sein geistiger Vorfahre Pawlow ein Feind jeder unbewiesenen Spekulation, würde sich wahrscheinlich gegen eine solche Auslegung seiner Theorie entrüstet zur Wehr setzen.

Denn „Vorstellungen", „Gemütsverfassungen", „Gedanken", das alles gibt es für ihn nicht, weil es nicht meßbar und nicht wägbar ist; was uns nicht hindern soll, aus *seinen* Gedanken und Vorstellungen vom Lernen zwei wertvolle Hinweise zu gewinnen:

Zwei wichtige Hinweise für richtiges Lernen

- Man soll nie lernen, ohne sich das Gelernte auch abstrakt, also von allen äußeren Reizen entkleidet, vorzustellen. Weg von der schriftlichen Unterlage und einige Augenblicke hinein in die gedankliche Vorstellungswelt! Der Blick zum Himmel ist hier ausnahmsweise gerechtfertigt: Vorstellungen halten besser als Schriftbilder.

- Wenn Lernstoff wiederholt wird, sollte das möglichst in veränderter Umgebung, in verschiedener Gemütsverfassung und zu verschiedenen Tageszeiten geschehen. Wenn wir die Reizsituationen verändern, trennen wir damit unerwünschte und nur die Vergeßlichkeit fördernde Auslöserreize von der Reaktion ab, die wir zu lernen wünschen.

Der Treibstoff Erfolg

Diese Beispiele beweisen es: wir gehen halb blind und halb taub durch die Welt

Die Szene wiederholt sich jeden Tag tausendmal, wenn auch in verschiedenen Ehen.

„Ein schönes Kleid – ist das neu?" – fragt der Mann die Frau, und er kommt sich damit besonders aufmerksam vor.

„Das? – Das habe ich schon ein halbes Jahr!" – sagt die Frau gekränkt, und sie sieht in dem Vorfall einen neuen Beweis für die lieblose Unaufmerksamkeit des Männergeschlechtes.

Polizisten können haarsträubende Geschichten von anscheinend halbblinden oder stumpfsinnigen Vätern erzählen, deren Kinder sich verlaufen haben, die aber dann auf der Wache außerstande sind, die Kleider ihrer Kleinen auch nur einigermaßen zu beschreiben.

Jeder von uns geht auf dem Weg zur Arbeit Tag für Tag, Jahr für Jahr durch dieselbe Straße. Aber nur sehr wenige können alle Geschäfte nennen, die sich dort befinden, und die Reihenfolge, in der sie hintereinanderliegen, und ihre Namen.

Und wenn eine Freundin ihren Freund in Verlegenheit setzen möchte, gibt es dafür ein fast immer wirksames Mittel: Sie hält die Hand über die Augen und fragt ihn überraschend, welche Augenfarbe sie habe. Falls ihre Äuglein nicht gerade wie die Blaulichter eines Streifenwagens strahlen, bringt es der Herr zumeist nicht fertig, die Farbtöne ihrer Iris korrekt anzugeben.

Das alles geschieht, obwohl jedermann die Kleider seiner Frau, die Augen der Freundin und die Geschäfte auf seinem Arbeitsweg schon viele dutzend Male gesehen hat.

In die Sprache der Lernspychologie übersetzt, heißt das nun nichts anderes, als daß hier ein bestimmter Lernstoff – Kleider, Farben, Geschäftsschilder – vielfach wiederholt, aber trotzdem nicht gemerkt und nicht gelernt wurde.

Wiederholungen allein sind für die Katz'

Ein gelehrter und frommer Amerikaner namens Sonford las in den täglichen Gottesdiensten der Episcopal Church immer wieder die Ordnung für die Morgenpredigt vor, alle 24 Stunden einmal, 20 Jahre lang, insgesamt öfter als 6000 Male hintereinander – und war dann doch nicht fähig, den Wortlaut einwandfrei aus dem Gedächtnis zu reproduzieren.

Ebbinghaus meinte, daß man nur durch Wiederholungen lerne. Das „Gesetz der Übung (law of exercise)" des Amerikaners Thorndike, wonach die Verbindung Reiz-Reaktion um so besser halte, je öfter sie geübt werde, haben wir im vorigen Kapitel (Seite 55) bereits kennengelernt. Es sagt dasselbe.

Doch stellt sich heraus, daß Wiederholungen allein nicht genügen, daß zum Lernen mehr nötig ist, ein gewisses Etwas, ein Treibstoff, ohne den es nicht vorwärtsgeht. Der Schüler muß zum Lernen einen Grund haben, er muß Sinn darin sehen, er braucht ein Motiv.

Zum Lernen braucht man ein Motiv

Der Schüler muß ausreichend motiviert sein, um erfolgreich lernen zu können

Damit sind wir mitten in einer Gelehrtendiskussion, die unzählige Folianten füllt und die mit ihren verschlungenen und wirren Argumenten vielfach den philosophischen Abhandlungen gleicht, mit denen der Mensch seit Jahrtausenden den Sinn des Lebens zu ergründen versucht.

Immerhin stimmen die meisten Lehrer und Pädagogen wenigstens in einem Punkt überein – daß nämlich der Schüler (und ebenso der Autodidakt) ausreichend motiviert sein muß, bevor er erfolgreich lernen kann.

Der Jammer ist dabei nur, daß eigentlich jedermann genug Motive zum Lernen hat und daß doch die wenigsten Leute lernen.

Es gibt so viele Lern-Motive ...

Obwohl er in seinem späteren Leben niemals ein Wort Latein sprechen wird, lernt mancher Junge fleißig die consecutio temporum. Sein „Motiv" dafür ist eine Prüfung, eine bevorstehende Klassenarbeit, eine gute Note oder ein Versetzungszeugnis.

Ebenso lernt er die Gesetze des Integrierens oder der Thermodynamik, „weil" er in Mathematik oder Physik durchkommen möchte.

Er lernt eine fremde Sprache, „um" sie schließlich verstehen und sprechen zu können. Er lernt einen Beruf, „um" ihn später auszuüben und damit Geld zu verdienen.

Motive sind immer genug vorhanden, auch wenn sie nur darin bestehen, häuslichen Szenen, dem Verdruß mit den Lehrern, den Verlust eines Stipendiums zu vermeiden oder einer Karriere als Hilfsarbeiter auszuweichen.

Wer lernt, der wird belohnt, wer nicht lernt, bestraft, und wenn nicht von einem erzürnten Vater, dann doch, und schwerer, vom Leben selbst.

Wenn solche Motivation der Treibstoff des Lernens wäre, müßten alle Schüler gleich gut lernen, mit gleichem Eifer und deshalb, innerhalb gewisser Grenzen, mit gleichem Erfolg.

Das aber ist offenkundig nicht der Fall.

Dieselben angeblichen Motive sind nur für einige wenige Antrieb genug, bei den meisten versagen sie.

Daraus kann nur ein einziger vernünftiger Schluß gezogen werden.

... doch leider sind die meisten nicht wirksam

Gleiche Ursachen müssen, wenn sie wirklich „Ursachen" sind, dieselben Wirkungen haben.

Wenn aber all diese sogenannten Beweg-„Gründe", die da für erfolgreiches Lernen maßgeblich sein wollen, in so vielen Fällen weder Bewegung noch Lernerfolg hervorrufen, dann *sind* sie keine Gründe; dann werden sie dafür nur fälschlich gehalten.

Dann haben unsere Vorzugsschüler, auch wenn sie das selbst nicht wissen, ihr Glück einem anderen Umstand zu danken, einem Ereignis, das mit dem Lernprozeß unmittelbar und in der Gegenwart zusammenhängt.

Nicht nur die Übung macht den Meister

Gute Pädagogen glauben dieses geheimnisvolle Etwas zu kennen. Sie nennen es das „Interesse an der Sache", die „Freude an der Arbeit".

Wen solches Interesse beseelt, der braucht keine weiteren Beweggründe mehr, nicht Lohn und Lob, nicht Strafe und Tadel. Wem Arbeit Freude macht, der arbeitet auch, und das ist ihm Belohnung genug.

Der Lehrer kann sich auf den Kopf stellen: manche Schüler bleiben trotzdem teilnahmslos

Jeder bessere Lehrer weiß, daß alles gewonnen werden kann, wenn es nur gelingt, den Schüler für den Lehrstoff zu interessieren. So müht er sich denn nach besten Kräften, diesen segensreichen Zustand herbeizuführen. Neun Zehntel aller Pädagogik hat kein anderes Ziel.

Interesse, Freude, Begeisterung, Faszination – in allen Steigerungsgraden wird deshalb das aktive Engagement des Schülers für das Lernen als pädagogische Zauberformel gepriesen, und dennoch läßt uns auch dieser Zauber im Stich.

Da wirkt er, dort wirkt er nicht, trotz Farbtafeln und Filmen und Demonstrationsmaterial und Diapositiven und brillanter Lehrerrhetorik. Der Herr Studienrat mag Witze erzählen und Possen reißen, auf dem Katheder Kopf stehen oder Striptease machen: es gibt Schüler, die trotzdem freudlos und uninteressiert bleiben, und meist ist es die Mehrzahl.

Wie kann „Freude an der Sache", die für jeden Lernerfolg wichtig ist, zuverlässig erzeugt werden?

So zeigt die bittere Erfahrung, daß die Zauberformel vom Interesse, von der Freude an der Sache, von der „Motivation" des Schülers doch auch eine sehr allgemeine und nichtssagende Redensart ist. Denn sie sagt nichts darüber aus, wie solches Interesse, solche Motivierung willkürlich und zuverlässig erzeugt werden kann.

Wieder war es der Amerikaner Thorndike, der in diese dunkle Angelegenheit etwas mehr Licht brachte. Er sah ein, daß Übung allein noch keinen Meister macht, daß bloße Wiederholungen den Lernerfolg nicht vorwärtsbringen. Er begann, an seinem ersten eigenen Gesetz, dem „Gesetz der Übung", zu zweifeln. Er korrigierte es und stellte ihm einen zweiten, ergänzenden Lehrsatz zur Seite, dem er den Namen „Effekt-Gesetz (law of effect)" gab.

Das „Effekt-Gesetz": Auf den Erfolg kommt es an

Danach entscheidet der Effekt, die Wirkung, die Rückwirkung einer Reaktion auf den Organismus darüber, ob die Reaktion verstärkt oder geschwächt wird.

Das klingt, in der verschlungenen Fachsprache der Psychologie, ein wenig kompliziert. Dennoch werden damit bloß allgemein bekannte Tatsachen ausgedrückt: eine „Reaktion" – damit ist jedwede Handlung gemeint – kann für den Handelnden angenehme oder unangenehme Folgen haben, schmerzliche oder erfreuliche. Der Effekt eines Verhaltens kann sich also, für Tier oder Mensch, als Erfolg oder Mißerfolg darstellen, positiv oder negativ.

Thorndike nennt ihn deshalb, je nachdem, den „positiven" oder den „negativen Nacheffekt", und sein Effekt-Gesetz lautet:

- Eine Verbindung zwischen Reiz und Reaktion wird *stärker,* wenn der Reaktion ein *positiver* Nacheffekt folgt;
- die Verbindung wird *schwächer,* wenn ein *negativer* Nacheffekt die Folge ist.

Den „negativen Nacheffekt" kennt jeder aus der bitteren Erfahrung des Alltagslebens

Für uns Alltagsmenschen ist das eine banale und selbstverständliche Sache.

Wer auch nur einmal mit bloßen Fingern einen stromführenden Draht berührt hat, kennt den negativen Nacheffekt aus eigener Erfahrung. Er tut es kaum noch ein zweites Mal.

Auch kein Kind greift mehrmals einen glühenden Ofen an, selbst wenn es ein schlimmes Kind wäre. Die erzieherische Wirkung des negativen Nacheffekts steht außer Zweifel.

Ein geschenktes Bonbon löst beim Kind einen „positiven Nacheffekt" aus. Großeltern wissen davon ein Lied zu singen

Positive Nacheffekte sind, in derselben Unmittelbarkeit, seltener. Aber Kinder und Katzen und Hunde lernen sehr rasch, um Süßigkeiten oder um Nahrung zu betteln, wenn ihnen dabei auch nur ein einziges Mal nachgegeben wird.

Also sind es, trotz allem, doch wieder Lohn und Strafe, diesmal als „Nacheffekte" verkleidet, die das Verhalten von Lebewesen formen, die am schnellsten lernen lassen, die eine Verbindung zwischen Reiz und Reaktion – für unsere Lernzwecke: Frage und Antwort – haltbar machen?

Richtig. Aber dann, und nur dann, wenn der „Lohn" oder die „Strafe" möglichst bald nach der Reaktion folgen, womöglich fast buchstäblich im selben Augenblick, nicht aber Stunden oder Tage oder Wochen später.

Lohn und Strafe müssen unmittelbar folgen – nicht erst Stunden später

Thorndikes „Nacheffekt" ist eine Sache der Gegenwart, nicht der Zukunft. Er muß, damit Tiere (oder auch Menschen) direkt und ohne Umwege lernen können, sofort nach der Handlung eintreten, die gelernt werden soll, und wenn es sich bloß um das Aussprechen der richtigen italienischen Vokabel handelt.

Kommt er später, dann ist seine Wirkung erheblich geschwächt, oder er ist völlig belanglos geworden.

Babys verhalten sich „operativ"

Die von Thorndike betretene Spur wurde von einer ganzen Heerschar von Psychologen in unzähligen Experimenten weiterverfolgt.

Der erfolgreichste davon ist Burrhus F. Skinner, der beste Tierbändiger, den es je gab, und zugleich auch der Mann, der mit einem der hartnäckigsten Tabus seiner Wissenschaft aufräumte – mit der eingefressenen Fehlvorstellung, alles tierische (und menschliche) Verhalten sei nichts als Re-Aktion, Antwortverhalten auf äußere Reize.

Vor Skinner hatte das beinahe als selbstverständlich gegolten. Dem Lebewesen bis hinauf zum Menschen war durch diese psychologische Weltanschauung nur eine sehr passive Rolle zugebilligt worden, die Rolle eines Reizempfängers und Reaktions-Produzenten, gewissermaßen eines Münzautomaten, der nur auf das richtige Geldstück reagiert.

Der Mensch ist doch kein Münz-Automat!

Skinners Theorie hingegen, die er freilich nur als „Beobachtung" oder „Beschreibung" bezeichnet, sieht das Verhalten von Tieren und Menschen grundsätzlich ganz anders.

Er meint, daß jedes höhere Lebewesen spontan

und von sich aus immer wieder irgend etwas tut, ohne daß dazu besondere äußere Reize nötig wären.

Diese Art des Tuns und Handelns, diese unausgesetzte und anfangs zufällige, ungeordnete Aktivität nennt er „operatives Verhalten".

Nach Skinners Ansicht geht das Lernen, beim Tier und beim Menschen, in seiner ersten, noch chaotischen Phase nun folgendermaßen vor sich:

Auch Babys lernen schon: zum Beispiel, daß Bonbons viel besser schmecken als andere Dinge

- Zunächst *tut* das Lebewesen etwas, es äußert ein spontanes, zufälliges, „operatives" Verhalten, etwa: ein Kleinkind lutscht, wie das alle Kinder tun, an allen erreichbaren Dingen herum. – Skinner nennt auch das noch immer „Reaktion", was „Rück-Handlung", „Folge-Handlung" heißt, obwohl hier eindeutig der Anfang, der Ausgangspunkt eines Lernprozesses gemeint ist; aber das ist des Forschers einziger Lippendienst an dieser heiligen Wort-Kuh seiner Wissenschaft.
- Dieses operative Verhalten wird nun in einem besonderen Fall von der Umwelt mit einem besonderen Reiz beantwortet, konkret: das Kind steckt unter anderem auch ein Bonbon in den Mund, es schmeckt ganz anders als alle anderen Dinge. – Auch hier wieder die Umkehrung der bisher von allen Psychologen angenommenen Reihenfolge: der Reiz löst die Reaktion nicht aus, er folgt ihr nach.
- Dieser Reiz kann nun die Reaktion verstärken, das heißt: er vergrößert die Wahrscheinlichkeit, daß dieselbe Reaktion wiederholt wird. Konkret: durch den besonderen Reiz, den das Bonbon auf die Geschmacksnerven des Kindes ausübt, wird das Kind veranlaßt, künftig häufiger nach Bonbons zu greifen als nach anderen Gegenständen, die nicht so schmecken. – Skinner nennt solche Reize dementsprechend „verstärkende Reize" oder kurz „Verstärker". Ein „Verstärker" ist somit ein *nach* der Reaktion auftretender Reiz, der die Reaktionshäufigkeit vermehrt und damit, anders ausgedrückt, einen Lernprozeß fördert: In unserem Fall ist der „Verstärker" der Geschmack des Bonbons. Das Kind hat dadurch gelernt, Bonbons zu essen.
- Wird hingegen eine Reaktion *nicht* von einem verstärkenden Reiz gefolgt, dann wird sie künftig

immer seltener, bis sie schließlich durch Extinktion erlischt. Konkret: Das Kind verlernt mit der Zeit, Dinge in den Mund zu nehmen, die nicht gut schmecken.

Skinners tanzende Tauben

Wir sehen jetzt deutlich, daß Skinners „verstärkende Reize" oder „Verstärker" im wesentlichen dasselbe sind wie Thorndikes „positiver Nacheffekt".

Gelernt wird immer durch Erfolg

Da wie dort wird durch den Erfolg gelernt, oder, wie Thorndike sich genauer ausdrückt: durch Versuch, Irrtum und zufälligen Erfolg.

Skinner hat die ungeheure Wirkung dieser Erfolge, seiner „Verstärker", durch frappierende Tierversuche bewiesen, und er vollführte dabei Dressurakte, um die ihn jeder Dompteur beneiden kann.

Seinen Tauben brachte er besonders überraschende Kunststücke bei.

So machte er eine Taube für die Fachwelt weltberühmt, indem er sie zusammen mit einer Fotografie in einen Käfig sperrte. Das Foto zeigte mehrere Menschen in einer Gruppe.

Durch Druck auf einen Hebel konnte Skinner in denselben Käfig Futterkörner einwerfen.

Die Taube, ein unruhiges Tier, machte vorerst alle möglichen Bewegungen in diese oder jene Richtung. Sie äußerte damit, was ihr Herr und Meister als „spontanes" oder „operatives Verhalten" bezeichnet.

Skinner wartete geduldig, die Hand am Futterhebel, bis der Vogel zufällig einen Schritt auf das Foto zu machte. Dann ließ er ein Futterkorn springen. Er setzte damit einen „Verstärker".

Dieselbe Bewegung, der Schritt auf das Gruppenbild zu, wurde danach vom Tier häufiger wiederholt. Die Reaktion war „verstärkt" worden.

Tat dann die Taube, ebenso zufällig, etwa eine Kopfbewegung in dieselbe Richtung, dann bekam sie ein weiteres Körnchen, und so fort.

Binnen eineinhalb Minuten hatte Skinner das Tier so weit, daß es ununterbrochen auf das Grup-

Gruppenbild mit Taube: ein berühmtes Experiment der Lernpsychologie

penfoto hinpickte, und zwar genau auf den Kopf einer ganz bestimmten dort abgebildeten Person.

Skinner hatte eine Bewegung der Taube nach der anderen schrittweise so geformt, daß schließlich der gewünschte Bewegungsablauf entstand.

Was Tauben alles lernen können ...

Mit derselben Methode der „graduellen Annäherung" ließ Skinner seine Tauben auch genau fixierte Tanzschritte, Verbeugungen und eine Art Parademarsch lernen, das alles innerhalb weniger Minuten und unter den Augen eines kritischen, ungläubig staunenden Publikums.

In all diesen verblüffenden Verhaltensänderungen der Taube sah Skinner ein „Mittel", ein „Instrument", mit dessen Hilfe das Tier Futterkörner ergatterte. Deshalb nannte er diese Methode des Lernens und der Dressur „instrumentelle Verstärkung" oder „instrumentelle Konditionierung".

Dieser Begriff ist inzwischen zu einer Welt- und Wertmarke geworden, zum Sammelnamen für das schrittweise Lernen komplizierter Abläufe durch kleine, auch zufällig auftretende, „verstärkende" Erfolge, und für das „shaping", wie die bewußte Verhaltensformung auf englisch heißt.

Verspätete Belohnungen

Tauben sind keine Menschen.

... aber wie funktioniert das beim Menschen?

Dennoch glaubt Skinner, daß auch die Menschen ähnlich lernen – daß auch sie zunächst ein spontanes, „operatives", chaotisches Verhalten hervorbringen, welches dann durch (bewußte oder zufällige) Belohnungen verstärkt wird oder, unbelohnt, mehr und mehr erlischt.

Es fragt sich nun, ob und wie Skinners instrumentelle Verstärkung auch unsere Lernanstrengungen verstärken und motivieren könnten.

Der Tauben-Trick scheitert bei uns daran, daß der Mensch in großen Portionen konsumiert, nicht krümelweise. Die Taube pickt auch in Freiheit den ganzen Tag nach ihrer Nahrung. Der Mensch jedoch ißt drei Mahlzeiten täglich, damit ist er satt.

Man könnte diese drei Mahlzeiten von seinem Arbeitseifer und seinem Lernfortschritt abhängig machen. Die Russen haben ähnliches an ihren Kriegsgefangenen versucht. Eine „Brigade", die etwa einen Kohlenwaggon rasch genug entlud, bekam einen Nachschlag in den Topf, Hirsebrei oder Fischsuppe.

Ein „Experiment" ging schief: die Fischsuppe kam einfach zu spät

Der Erfolg blieb aus, und die Arbeitsleistung der „Plennis" denkbar kümmerlich, vielleicht auch, weil die Gefangenen von Hunger geschwächt waren. Aber wären sie nicht hungrig gewesen, dann hätte das Essen sie gleichfalls nicht zur Arbeit reizen können.

In der Sprache Skinners ausgedrückt: der Nachschlag wirkte nicht als „Verstärker", und in der Sprache Thorndikes: die Fischsuppe war kein wirksamer „Nacheffekt". Denn Hirsebrei und Fischsuppe am Abend folgten nicht direkt und sofort der Handlung, die sie verstärken sollten. Sie gehörten somit, wie bestandene Prüfungen und gute Zeugnisse, zu jenen Belohnungen, die zu spät kommen.

Von dieser Regel gibt es eine sehr wichtige, bei geistig und emotionell „normalen" Menschen immerhin vorkommende Ausnahme. Sie soll hier nur kurz gestreift werden – später kommen wir genauer darauf zurück.

Es ist die (von keinem Tier geteilte) Fähigkeit des Menschen, sich schon in der Gegenwart Vorstellungen von der Zukunft zu machen.

Er kann – wenn er es kann – die „Bilder" solcher Vorstellungen in seinem Bewußtsein willkürlich wachrufen. Er kann das – wenn er es kann – in der Weise tun, daß Gedanken an schöne, freudvolle Zukunftsereignisse die tatsächlichen Erscheinungen einer widerwärtigen Gegenwart begleiten, mildern und versüßen.

Manche gute Schüler profitieren von einer freundlichen Fata Morgana

So kann sich der Schüler, der unwillig und zähneknirschend Vokabeln büffelt, nach jeder neu durchgenommenen, durchgekauten Seite den glückhaften Augenblick ausmalen, da er sein Dolmetsch-Diplom erhält. Der Medizinstudent kann sich vorstellen, wie er als Professor würdevoll durch die Säle seiner Klinik schreitet, und der steineklopfende Sträfling mag nach jedem Stein an die Stunde denken, da er wegen guter Führung vorzeitig entlassen wird.

So kann jeder – wenn er es kann – die „positiven Nacheffekte" geistig selbst erzeugen, in seinen Phantasiebildern von der Zukunft, auch wenn ihm die häßliche Gegenwart jedwede „instrumentelle Verstärkung" verweigert.

Doch leider ist diese Fähigkeit recht selten. Sie ist leichter zu entmutigen als jede andere. Sie ist das Produkt eines Lernprozesses, der komplizierter ist und mehr im Dunkeln liegt als alles sonstige Lernen. Wer sie besitzt, ist glücklich zu schätzen; er braucht keine Ratschläge und Anweisungen, wie er ein guter Schüler werden kann – er ist schon einer. Die Hoffnung auf ein fernes Ziel kann ihn durch Jahre vorwärtstreiben, oft ein Leben lang.

Noch einmal: Eine Belohnung hat als „Verstärker" oder „positiver Nacheffekt" für den Lernenden nur Sinn, wenn sie sofort erfolgt

Aber alle anderen, und das ist die überwiegende Zahl, benötigen schneller wirkenden Anreiz, „Nacheffekte" und „Verstärker", die ihren Handlungen auf der Stelle folgen.

Primäre und sekundäre Bedürfnisse

Das Problem ist nun schon ziemlich klargeworden: wir brauchen Belohnungen, die *nicht* zu spät eintreten, die wir unmittelbar nach jeder erfolgreichen Lernanstrengung verabreichen können, unseren Schülern oder, wenn wir uns selber das Lernen lehren wollen, uns selbst.

Wie die Taube ihre Körner, so benötigen auch wir einen Sack voll kleiner Annehmlichkeiten, die jeden Schritt auf das große Gesamtziel unseres Studiums verstärken, sonst bleiben wir unterwegs hängen.

Eines steht fest: Wir brauchen, um gut zu lernen, kleine Annehmlichkeiten und ein paar Lustbarkeiten ...

Diese winzigen Lustbarkeiten müssen, wie das Futter den Hunger von Skinners Vogel, eine Bedürfnisspannung stillen, aber welche?

Mit dieser Frage verwickeln wir uns abermals in ein Thema, dessentwegen sich die Psychologen seit Jahren und Jahrzehnten in den Haaren liegen. Es geht dabei um die Unterscheidung zwischen sogenannten primären und sekundären Bedürfnissen.

Als primäre Bedürfnisse werden im allgemeinen Hunger, Durst und Geschlechtstrieb angesehen, ferner das Bestreben, Kälte zu meiden und statt dessen wohltemperierte Örtlichkeiten aufzusuchen.

Skinners legendäre Taube ist auf dem Wege ihrer schrittweisen Verhaltensformung einem Primärtrieb gefolgt, dem Hunger; und theoretisch ließe sich vorstellen, daß auch ein Mensch auf dieselbe Art lernwillig gemacht werden könnte.

Man müßte ihm dazu die großen Mahlzeiten entziehen und sein Essen, und jede Befriedigung seiner Primärtriebe überhaupt, in winzig kleine Portionen einteilen.

Nach jeder brav gelernten Vokabel ein kleiner Leckerbissen?

Nach jedem bewältigten Lernschritt, nach jeder Vokabel, an die er sich erinnert, stünde ihm dann ein Scheibchen Wurst zu, eine Gabel mit Bratenfleisch, ein Löffelchen Kaviar, ein Zuckerplätzchen oder ein Brotkrümelchen, ein Küßchen vom Fräulein Braut oder ein Hauch Wärme im sonst eiskalten Zimmer.

Doch wäre die Voraussetzung, daß alle Schüler – und ebenso alle lernenden Erwachsenen – mitten im Frieden wie Gefangene gehalten werden müßten – und das Ergebnis kein Lernfortschritt, sondern eine gigantische Gefangenenrevolte.

Menschen sind keine Tauben. Vielleicht ist die Taube deshalb ein Symbol des Friedens, weil sie sich solche Konditionierung gefallen läßt. Die Methode wirkt nicht einmal bei Kindern. Wenn Kinder Hunger haben, werden sie aufsässig. Erwachsene erst recht.

Die Befriedigung von Hunger, Durst und Sex reicht nicht, um Lerneifer zu erzeugen

Die Primärtriebe Hunger, Durst und Sex scheiden somit aus.

Die sogenannten sekundären Bedürfnisse bleiben übrig. Die Psychologie sieht sie als Bedürfnisse aus zweiter Hand an, als angelernte und anerzogene Motivationen, die von den primären und angeborenen abgeleitet sind. Die einen können ohne die anderen nicht entstehen.

Als „sekundär" kann etwa das „Bedürfnis" von Pawlows Hund bezeichnet werden, beim Klang der Glocke Speichel zu lassen. Ohne die vorherige Koppelung des Glockentons mit dem Fressen wäre diese Regung nie zustande gekommen.

Ebenso sekundär ist etwa das menschliche Bedürfnis nach Geld. Das Geld kann Hunger und Durst stillen. Es kann, auf dem Umweg über den

Kohlenhändler, die Stube wärmen. Es kann auch Frauen verführen. Es kann ein überaus kräftiger Verstärker sein (s. Seite 88). Aber für sich allein ist es wertlos.

Geld für sich allein ist völlig wertlos

Als ein weiteres Sekundär-Bedürfnis wird der Wunsch nach sozialem Prestige angesehen, die Sehnsucht, gelobt und anerkannt zu werden – angeblich, weil ein geachteter Mensch eher satt wird als ein verfemter Außenseiter; oder die Jagdleidenschaft, weil auch sie ursprünglich der Nahrungsbeschaffung diente; oder die körperliche Eitelkeit, weil ein schöner Mensch beim anderen Geschlecht mehr Erfolg habe als ein häßlicher.

Das Verhältnis zwischen primären und sekundären Motivationen wird von der Psychologie ähnlich dargestellt wie die Beziehung zwischen einer Rangierlokomotive und einem Zug oder die zwischen einem Netzanschluß und einem Akkumulator.

Auch Motive, die den Lerneifer fördern, nutzen sich ab

Wenn die Waggons von der Lok einmal in Schwung gebracht sind, bewegen sie sich eine Zeitlang von selbst weiter. Wenn der Akkumulator am Netzanschluß aufgeladen wurde, kann er eine Weile selbst Strom abgeben. Aber beides dauert nicht ewig. Die Waggons rollen aus, die Batterie entlädt sich, bis ihnen von außen wieder neue Kraft zugeführt wird.

Lob als Verstärker

Lob im Unterricht vermag selbst einen Faulpelz aufzuwecken, verstärkt aber oft nur das Sich-wichtig-Machen

Die moderne Pädagogik macht sich nun hauptsächlich ein (angeblich sekundäres) Bedürfnis zunutze, das nach sozialer Anerkennung.

Ein guter Lehrer wird einen Großteil seines Unterrichts dem Wechselgespräch mit seinen Schülern widmen, und das nicht nur, um ihren Fortschritt zu prüfen. Er weiß, daß seine Anerkennung, sein Lob, und sei es nur ein Kopfnicken, sein Lächeln nach jeder richtigen Antwort ebenso „verstärkend" wirken wie ein Schluck Wasser für einen Durstenden oder ein Bissen Brot für den Hungrigen.

Aber wieder stehen wir vor demselben Dilemma: solche Verstärkungen durch den Lehrer helfen nur innerhalb des Klassenzimmers, während seiner Stunde, und verstärkt wird damit nur das Sich-Melden und manchmal das Sich-wichtig-Machen, nicht aber die einsame Heimarbeit des Lernens.

Diese verlassene, von allen sozialen Belohnungen und Belobigungen weit abgelegene Tätigkeit muß durch ein anderes Moment belohnt werden, durch ihren eigenen und unmittelbaren Erfolg.

Der Erfolg genügt sich selbst

Das Streben nach Erfolg, gleichgültig bei welcher Tätigkeit, der Wunsch nach Selbstbestätigung, die Freude am Bewältigen von Schwierigkeiten ist bei fast jedem Menschen vorhanden – das braucht keine Beweise.

Wir haben es hier mit einer menschlichen Ursehnsucht zu tun, die oft stärker ist als Hunger, Durst und Geschlechtstrieb. Ob sie ein „primäres", angeborenes, oder ein angelernt „sekundäres" Motiv ist, hat keine Bedeutung. Sie wirkt, und sie wirkt immer – und wo sie außer Kraft gesetzt ist, kann man wahrscheinlich eher von „Krankheit" sprechen als bei einem Versagen des menschlichen Sexualtriebs.

Der Wunsch nach Erfolg treibt sich ebenso selbst an wie alle Einzeltriebe, und ohne ihn könnten wahrscheinlich auch diese nie richtig funktionieren.

Der Wunsch nach Erfolg ist sein eigener Motor

Um bei unserem Bild zu bleiben: der Waggon unseres Erfolgsstrebens hat von vornherein seinen eigenen Motor, er braucht keine Hilfslokomotive.

Durch das Erlebnis des Erfolges muß kein Magen gefüllt, keine Paarung vollzogen werden. Der Erfolg genügt sich selbst, und dabei kommt es nicht so sehr darauf an, was sich der Mensch gerade eben vorgenommen hat; das mag sich aus den Zufälligkeiten des Augenblickes ergeben. Wichtig ist für ihn vor allem, daß seine Versuche Erfolg haben, und zwar auf der Stelle, und seien diese auch winzig klein.

Diese eminente Bedeutung des Erfolges als Elementarantrieb ist längst auch von der Pädagogik erkannt worden. Daß „nichts erfolgreicher ist als der Erfolg", hört man von Lehrern heute schon recht oft. Nur denken sie dabei manchmal an das, was *sie* für Erfolge halten, an Prüfungen, Noten, Zeugnisse, akademische Grade, Titel, Doktorhüte, Habilitationen.

Aber der Erfolg, der das Lernen verstärkt, der muß beim Lernen selbst gegeben werden, und in jeder Minute des Lernvorgangs von neuem, und nicht der Lehrer kann ihn geben – denn der ist nicht dabei.

Damit wird mit einemmal klar, welcher Art die Belohnung sein muß, die allein das Lernen vorwärtstreiben kann, bei Menschen und nicht bei Tauben. Es ist die immer wiederkehrende Befriedigung, die das Gelingen möglichst vieler und kleiner Lernschritte hervorbringt.

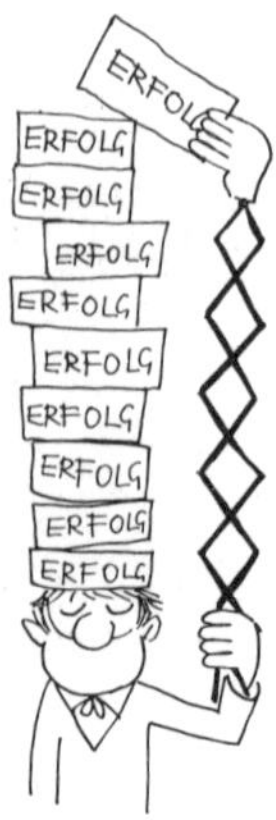

Das Lernen muß sich durch viele, rasche Erfolge selbst belohnen

Der Erfolg, auf den es beispielsweise beim Lernen einer italienischen Vokabel ankommt, ist also, daß der Schüler sie kann, wenn er sie wiederholt – nichts anderes, das und nur das: nicht das Bestehen eines Examens, nicht ein Dolmetsch-Diplom, auch nicht das verspätete Bewußtsein, eine Sprache erlernt zu haben.

Das Lernen muß sich demnach, in kurzen und dicht aufeinanderfolgenden Abständen, unablässig durch seine eigenen Erfolge selbst belohnen. Nur dann kann es Freude machen. Nur dadurch wird das gewisse Etwas, der mysteriöse Treibstoff, erzeugt, das „Interesse an der Sache", die Begeisterung am Lernen, die Faszination der Arbeit. Und diese kann dann noch mehr erzeugen – Talente, Begabungen und manchmal sogar ein Genie.

Lob aus der Lernkartei

Sehen wir uns nun, vom Standpunkt dieser neugewonnenen Einsicht, nochmals die Arbeitsmethode eines Schülers an, der eine fremde Sprache aus dem Vokabelheft zu erlernen versucht, und vergleichen wir sie mit den Lernerlebnissen eines anderen, der dazu unsere Lernkartei benützt.

Da wie dort ist der Stoff, und das ist immerhin schon etwas, in kleinste Einzelteile zerlegt, in Wörter und Redensarten.

Im Vokabelheft liegen diese Einzelinformationen starr und statisch fest, während sie in der Lernkartei beweglich angeordnet sind und damit Bestandteile eines dynamischen Prozesses werden können.

Die Lernkartei vermittelt ein unmittelbares Erfolgserlebnis

Erinnern wir uns nun: Nur von der Bewältigung dieser Einzelinformationen, von jeder einzelnen Vokabel und Redensart also, kann der verstärkende Reiz ausgehen, den wir brauchen, der positive Nacheffekt, auf den es ankommt. Dieses Erfolgserlebnis kann weiter nur dann wirksam werden, wenn der Schüler es spürt. Sonst ist es reiz- und effektlos.

Doch eben dieses Bewußtsein, dieser Akt lernender Landnahme, ist beim Durchgehen eines Vokabelheftes kaum je wirklich spürbar, auch wenn sich der Schüler bereits eine ganze Menge Vokabeln gemerkt hätte.

Dann hat er zwar Erfolge, aber der Jammer ist, daß er sie nicht bemerkt. Er wischt bestenfalls mit dem Finger darüber, ohne etwas Besonderes zu fühlen, er liest über sie hinweg, er über-sieht sie, und nichts, buchstäblich nichts geschieht, was ihm augenfällig, greifbar, begreiflich machen könnte, daß er in diesem Augenblick dem Wichtigsten begegnet ist, das er zum Lernen braucht, dem Erfolg.

Kein Signal erscheint, keine Glocke läutet, nichts wird in Bewegung gesetzt außer vielleicht ein flüchtiger Gedanke, und das ist zuwenig.

Das stumme, leblose Vokabelheft ist gleichgültig wie ein mürrischer Lehrer, der richtige Antworten nicht einmal mit einem Augenzwinkern ermutigt. Das verdrießliche Heft betrügt den Schüler um sein Erfolgserlebnis; denn ein Erfolg, der nichts verändert, kann natürlich nicht registriert werden. Der verstärkende Reiz bleibt aus.

Nur jene Vokabeln, die sich der Schüler *nicht* gemerkt hat, die machen sich bemerkbar. Die lassen in seinem Kopf die Glocke läuten; aber die falsche, die auf Alarm geschaltet ist. Ihr Ton ist schrill und unangenehm, und er verkündet, daß der

Das stumme, mürrische Vokabelheft betrügt den Schüler um sein Erfolgserlebnis

Schüler wieder etwas falsch gemacht, wieder schlecht gelernt, wieder etwas vergessen hat.

Das Vokabelheft verweigert somit dem Lernenden die positiven Nacheffekte und verabreicht statt dessen nur negative, Tadel, Ärger, Verdruß, Frustrierung.

Die Lernkartei verhält sich entschieden menschenfreundlicher.

Für jede Vokabel, die er sich gemerkt hat, gibt sie dem Schüler auf der Stelle eine deutliche Belohnung. Sie bietet für jeden erfolgreichen Lernschritt ein Erfolgserlebnis, noch dazu eines, das er selbst vollziehen darf: er kann den Zettel mit dem Wort, an das er sich richtig erinnert, mit eigener Hand ins nächsthöhere und bessere Fach stecken, wie man eine Banknote in die Brieftasche steckt. Er kann damit, buchstäblich und körperlich, von einer weiteren Lerninformation Besitz ergreifen. Der Schüler sieht, wie die kleinen Erfolge sich zu großen addieren, wie die vorderen Fächer sich leeren und die hinteren mehr und mehr voll werden, wie die Besitztümer seines Wissens wachsen.

Der kleinste Erfolg ist mit einemmal greifbar geworden, er kann gesammelt werden.

Daß er nicht jedesmal eintritt, daß viele von den Karteikärtchen ins Idiotenfach 1 zurückgesteckt werden müssen, das schadet nichts. Das hält nur die Spannung aufrecht, den Spielcharakter des Vorgangs: auch ein Kartenspiel kann nicht fesseln, wenn jede einzelne Karte sticht.

Spannend wie ein Kartenspiel und Ansporn zum Lernen: unsere Lernkartei

Der Küchenwecker als Lernhilfe

Wer schlecht lernt, steht auf dem Kriegsfuß mit der Zeit.

Die Zeit kann, und das wird vielfach übersehen, in hohem Maße motivationsfeindlich sein. Da mag einer noch so gute Gründe zum Lernen haben, und vielleicht auch den festen Willen – der Zeitaufwand dafür kann Grund genug sein, daß er das Lernen alsbald ganz bleiben läßt.

Das gilt ebenso für jede andere und vor allem geistige Arbeit, die allein und selbständig vollbracht werden muß.

Täglich nur eine Stunde Italienisch, oder was sonst gelernt werden soll: das sagt sich so leicht.

Aber die eine kurze Stunde hat ebenso abschreckende Wirkung wie eine Begegnung mit der Polizei, einem drängenden Gläubiger oder dem Finanzamt. Sie wird immer wieder verschoben, mit Hilfe der absonderlichsten und fadenscheinigsten Ausreden, die von angeblich dringlicheren Verpflichtungen bis zur augenblicklichen Indisposition reichen: „Ich habe heute wirklich nicht den Kopf dazu!"

Die mannigfachen Ausreden, sich vom Lernen zu drücken

Bis der schlechte Schüler das Schreckgespenst dieser einen Lernstunde mit heuchlerischer Resignation schließlich ganz verdrängt: „Ich habe eben zuwenig Zeit!"

Wenn man aber so einem armen, durch Zeitnot schier zur Verzweiflung gedrängten Menschen vorrechnet, wieviel Stunden – nicht nur eine! – er täglich für sinnlosen Leerlauf verschwendet, ist er erstaunt und deprimiert.

Er kann sich nicht erklären, warum er seine Vorsätze verraten und lieber Stumpfsinn getrieben hat.

Er ist schließlich sogar bereit, Beschimpfungen hinzunehmen und sich sagen zu lassen, daß er ein stinkfaules Subjekt sei, ein verkommenes Individuum ohne Ausdauer, Arbeitsmoral und sittlichen Ernst.

Dabei ist die Erklärung ganz einfach.

Der Betreffende hat sich, für seine Verhältnisse, überfordert. Er hat sich für das Lernen zu große Zeit-Portionen vorgenommen.

Denn auch die Fähigkeit, eine Stunde lang konzentriert bei einer Sache zu bleiben, muß gelernt und geübt werden. Was uns so oft als Fleiß, sittliche Haltung und moralische Qualität angepriesen wird, ist in Wahrheit ebenso lehr- und lernbar wie die Kunststücke von Skinners Taube: durch Annäherung in kleinen Schritten. Eine ganze Stunde ist nämlich, wenn sich der Lernende mit voller Aufmerksamkeit nur einem Thema widmen will, eine sehr lange Durststrecke, und es gehört allerhand dazu, sie von Anfang bis zu Ende unbeirrt durchzuhalten.

Eine volle Lern-Stunde ist für viele unterträglich

Das angemessene, leicht erträgliche Lern-Zeit-

Eine Viertelstunde intensiven Lernens – das ist schon sehr viel

maß liegt bei den meisten Menschen wesentlich darunter. Für intensives Studium ist im allgemeinen eine Viertelstunde gerade richtig. Längere Anstrengungen, ohne ausreichende Konditionierung versucht, müssen die Motivation, die Freude an der Sache also, verderben.

Aber auch das ist individuell verschieden.

Das beste Instrument, mit dem jeder die für ihn passende Zeit-Portion des Lernens selbst ausmessen kann, ist ein einfacher Küchenwecker. Gleichgültig was gelernt wird, ob Latein, Mathematik, Geschichtsdaten oder die Anatomie von Maikäfern: man beginne jeden Lernvorgang zunächst damit, daß man diesen Wecker auf 15 Minuten einstellt.

Dann lerne man drauflos, ohne weiter an die Zeit zu denken.

Wenn das Sitzfleisch und die Nerven unruhig werden, bevor diese Viertelstunde vergangen ist, wenn die Beine davonlaufen wollen, noch ehe der Wecker läutet, dann muß man sich als etwas schwierigeren Fall einstufen. Dann sind auch schon 15 Minuten eine zu große und deshalb motivationsfeindliche Zeitportion.

Aber das ist kein Grund zum Verzagen. Solche Fälle von Konzentrationsschwäche, denn darum handelt es sich hier, beweisen weder Unmoral noch Unintelligenz, sondern nur mangelnde Übung, und sie sind leicht zu heilen – sogar durch Eigentherapie.

Dazu ist kein Psychiater nötig, sondern auch nur wieder der Küchenwecker.

Der schlimmste Fehler wäre, die auftauchenden Unlustgefühle krampfhaft zu überwinden, sich zum Weiterlernen zu zwingen, sich selbst Gewalt anzutun. Ebensogut könnte jemand versuchen, Skinners Taube durch Prügel zu dressieren.

Das Rezept ist ganz einfach. Der Schüler, der die Viertelstunde nicht durchgehalten hat, stellt beim nächsten Versuch seinen Küchenwecker auf nur zehn Minuten ein. Ist auch das noch zuviel, dann versucht er es mit einer Einstellung von fünf Minuten.

In kleinen Zeitportionen wird das Lernen zum Vergnügen

Am Münchner Psychologischen Institut wurde unter anderem ein Fall von extremer Konzentrationsschwäche behandelt, ein junger Mann, der es nicht fertig brachte, länger als einige Minuten zu lesen. Dann mußte er vom Text aufsehen, an etwas anderes denken, und er vergaß, was er bisher gelesen hatte.

Eine ganz einfache Methode konzentriertes Lesen zu erlernen

Die Behandlung begann damit, daß man den jungen Mann mit Absicht zunächst nur eine Minute lang lesen ließ. Dann gab man ihm die Weisung, aufzuhören, aufzustehen, umherzugehen, aufzuatmen, an etwas anderes zu denken. Anschließend *konnte, durfte* er weiterlesen, wenn er das wollte. Er wollte es stets.

Schritt für Schritt wurden dann, durch Tage und Wochen, diese winzig kleinen Leseportionen verlängert, zunächst um Sekunden, dann um Minuten, so lange, bis der junge Mann imstande war, länger als eine Stunde intensiv und ohne Unterbrechung in einem Zug fortzulesen.

Auch dieser Versuch, und es gibt zahllose ähnliche, beruht auf denselben Prinzipien des „Lernens durch Erfolg", die Thorndike und Skinner formuliert haben.

Die künstlich und zwangsweise eingeschaltete Pause ist ein „positiver Nacheffekt", eine Belohnung des eben bewältigten Lesevorgangs. Die Tätigkeit des Lesens wird dadurch verstärkt und als solche positiv motiviert, so lange, bis sie selbst Freude macht, oder zumindest keine Schwierigkeiten mehr.

Mit Hilfe des Küchenweckers kann jeder dieselbe Therapie an sich selbst vornehmen. Er muß die Zeit-Portionen seines Lernens nur so lange verkürzen, bis die Symptome der Platzangst, des Flüchten-Wollens, der Beklemmung und der Bedrängung verschwunden sind.

Umgekehrt kann jeder, der diese Gefühle der Unlust und des Aus-der-Haut-Fahren-Wollens beim ersten Test mit 15 Minuten Versuchszeit *nicht* verspürt, den Wecker beim nächsten Mal auf 20 und, wenn sich der Stachel der Ungeduld noch immer nicht rührt, auf 25 Minuten oder mehr einstellen.

Er darf sich dann getrost zu den Glücklichen rechnen, die ein recht gutes und breites Sitzfleisch haben.

Wohl dem, der ein solides Sitzfleisch hat

Fassen wir zusammen:

- Jeder, den eine Stunde Lernen schreckt, kann auf diese Weise die zeitlichen Toleranzgrenzen seiner Lernanstrengung rasch und ziemlich genau feststellen. Er muß zunächst seine Lernportionen zeitlich so verkleinern, daß er sie ohne Beunruhigung durchhält.
- Solche Portionen, und nicht mehr, kann er sich fürs erste ohne weiteres als Pensum vornehmen. Sie werden ihn dann nicht abschrecken können. Werden sie klein genug gewählt, dann bleibt ihre lernhemmende, motivationsfeindliche Wirkung aus.

Je kleiner die Lernportionen, desto geringer werden Überdruß und Fluchtgedanken

- Wenn er eine solche Portion bewältigt hat und sein Küchenwecker klingelt, dann darf er Pause machen oder ganz aufhören. Nur wenn er Lust dazu spürt, soll er nach der Pause weitermachen, aber wieder nicht länger, als sein individuelles Lernzeitmaß erlaubt.
- Nur langsam und schrittweise soll er versuchen, dieses für ihn angemessene Lernzeitmaß zu verlängern. Wenn dabei erneut Fluchtgefühle und Überdruß auftreten, soll er sofort wieder kürzertreten.

Lernportionen und Lerndauer sollten nur schrittweise vergrößert werden

Gefahr von Hunden und Familienmitgliedern

Es gibt keine Statistik darüber, wie viele Schüler und Autodidakten daran gescheitert sind, daß sie ihr richtiges Zeitmaß nicht kannten. Wahrscheinlich ist es der Großteil der sogenannten Versager.

Das richtige Zeitmaß ist entscheidend für den Lernerfolg

Nun aber scheint es manchmal unmöglich, in fünf, zehn oder fünfzehn Minuten (wenn das Zeitmaß des Schülers so kurz ist) überhaupt irgend etwas Nennenswertes zu lernen. Schwierigerer Lernstoff benötigt anscheinend eine längere Anlaufzeit.

Wird etwa aus einem normalen Lehrbuch, aus einem Skriptum oder aus persönlichen Aufzeichnungen gelernt, dann braucht der Schüler, bis er Anfang und roten Faden findet, in extremen Fällen das ihm angepaßte Lern-Zeitmaß auf, bevor er überhaupt zum Lernen kommt.

Auch diesem Problem gegenüber bewährt sich unsere Lernkartei. Sie zwingt uns, den Stoff in ganz kleine Teile zu zerlegen, weil er sonst nicht auf die Karteizettel paßt (s. auch Seite 64).

Dann gibt es die lästigen Anlaufzeiten nicht mehr.

Wer mit dem Zettelkasten lernt, kann aufhören, wann und wo er will. Er kann ebenso ohne Umstände wieder zu lernen beginnen, ohne das Umherirren in Lernmaterial und Papier, ohne die Orientierungsschwierigkeiten, die den Lernanfang sonst so widerwärtig machen.

Die Lernkartei selbst hält genau die Stelle fest, wo der Schüler unterbrochen hat, und sie hält alle bisher durchgenommenen Lerninformationen in jener Reihenfolge geordnet, in der sie nochmals wiederholt werden müssen.

So hilft sie auch das individuelle Lern-Zeitmaß einhalten, indem sie Zeit spart – und Nerven: ein ungeduldiger Mensch wird leicht nervös, wenn er in Büchern und Blättern herumsuchen muß, bevor er zum eigentlichen Lernen kommt.

Das alles vermag die Lernkartei freilich nur, wenn nicht andere Leute darin herumstöbern, Eltern oder Kinder oder Geschwister, Hausgenossen oder Freunde oder Hunde.

Ein Buch darf man herleihen, die Lernkartei nie. Sie ist dann nicht mehr dieselbe. Wir sollten sie bewahren wie unsere Intimsphäre.

Wer sie offen stehen läßt, hat damit die sicherste Methode gewählt, dieses segensreiche Instrument der Lern-Rationalisierung in eine Quelle des Ärgers und der Verzweiflung zu verwandeln.

Die Karteizettel, durch den bisherigen Lernprozeß sinnvoll gereiht und angeordnet, werden dann mit teuflischer Zuverlässigkeit vertauscht, vermischt, in falsche Fächer getan.

Sie ordnen sich zwar im Laufe der Zeit wieder von selbst, wenn der Schüler trotzdem, als wäre nichts geschehen, mit der Kartei weiterlernt. Die Vokabeln etwa, die zu Unrecht in gute, „fortgeschrittene" Fächer geraten sind, müssen bei der ersten Überprüfung doch wieder ins Tölpelfach 1 zurück; und jene, die von dem fremden Störenfried degradiert und fälschlich in eine schlechte

Für Eltern, Freunde und andere Hausgenossen hat die Lernkartei tabu zu sein

Abteilung gesteckt worden sind, machen dennoch wieder ihren Weg. Aber das geschieht eher später als früher, und kostbare Zeit geht verloren.

Dagegen hilft nur eines: wegschließen, einsperren, verstecken.

Minikartei überbrückt Wartezeiten

Die Lernkartei kann sogar, und das ist einer ihrer größten Vorteile, die toten Wartezeiten fruchtbar machen, die der Mensch ansonsten hoffnungslos verlorengeben muß.

„Die Hälfte seines Lebens, wartet der Soldat vergebens", sagte ein Landsersprichwort.

Es gilt nicht nur für Soldaten.

Die großen Tiere dieser Welt, und auch schon die mittelgroßen, haben es sich zur lieben Gewohnheit gemacht, das mindere menschliche Viehzeug in ihren Vorzimmern warten zu lassen.

So verfährt der Kassenarzt mit seinen Patienten, der Rechtsanwalt mit seiner Klientel, der Beamte mit den Bürgern und Vorgesetzte mit ihren Untergebenen.

Sie tun das beileibe nicht aus Bosheit, sondern um ihre Zeit möglichst rationell auszunützen. Sie wollen keinen Leerlauf dulden, und deshalb bürden sie den Leerlauf ihren Kontrahenten auf; ein System, dem schließlich jedermann zum Opfer fällt, denn es gibt immer noch wichtigere Persönlichkeiten, deren Zeit kostbarer ist als die eigene.

Die große Lernkartei ist beim Zahnarzt fehl am Platz

Die Lernkartei wäre ein vorzügliches Mittel, die Landplage dieser Wartezeiten nutzbringend zu verwerten.

Aber dafür ist die Kartei selbst zu unhandlich. Wer sie im Wartezimmer eines Zahnarztes aus der Aktentasche zöge, um darin zu lernen, gäbe sich ungebührlicher Neugier oder dem Verdacht geistiger Absonderlichkeit preis.

Doch läßt sich ein Teil der Lernkartei in der Brusttasche mitführen und auch in Gegenwart anderer ganz unauffällig benützen. Man braucht dazu nur eine Brieftasche mit zwei oder drei leeren Fächern.

Zwei Fächer werden benötigt, wenn der Schüler

beispielsweise nur italienische Vokabeln aus dem Fach 1 seiner Kartei lernen will. Bevor er sich zum Zahnarzt begibt, entnimmt er diesem Fach eine ausreichende Zahl, etwa 30 bis 40, Karteikarten und steckt sie in das eine der beiden freigemachten Brieftaschenfächer.

Wenn dann die obligate Wartezeit beginnt, zieht er seine Brieftasche hervor und beginnt, die eingesteckten Zettel Stück für Stück durchzugehen, genauso, als entnähme er sie direkt seiner Lernkartei.

Der Vorgang ist da wie dort derselbe: die Zettel mit den Vokabeln, an die er sich richtig erinnert, steckt er ins zweite, freie Fach seiner Brieftasche. Die Zettel mit den Wörtern, die ihm entfallen sind, kommen in das erste Brieftaschenfach zurück, nur diesmal auf die Rückseite des darin befindlichen Stoßes.

Dieser Tätigkeit wird, unter den übrigen wartenden Patienten, anfangs wohl auch mißtrauische Verwunderung hervorrufen. Aber weil es die Brieftasche ist, aus der der Lernende Zettel hervorzaubert, und weil er sie ebendorthin zurücksteckt, wird sich die öffentliche Meinung im Wartezimmer mit dem Gedanken beruhigen, hier zähle ein ehrenwerter und erfolgreicher Kaufmann seine Tageseinnahmen durch.

Eine Mini-Kartei überbrückt lästige Wartezeiten (und kann den Mitpatienten ein bißchen imponieren)

Wenn der Schüler auf diese Weise nicht Vokabeln aus dem Fach 1 seiner Kartei lernen, sondern etwa solche aus dem Fach 4 überprüfen will, dann muß er in seiner Brieftasche insgesamt drei Fächer freimachen.

Das erste bleibt vorerst leer. Es repräsentiert das Karteifach 1, das Idiotenfach also, in das die vergessenen Vokabeln zurückwandern sollen.

Das zweite und mittlere Brieftaschenfach wird mit der Ladung gefüllt, die er dem Fach 4 seiner Kartei zur Überprüfung entnimmt. Es ist dann auch in der Brieftasche mit Fach 4 gleich.

Das dritte und letzte Brieftaschenfach, auf dem Wege zum Zahnarzt vorerst ebenfalls noch leer, repräsentiert das Fach 5 der Kartei – eben jenes, in das einwandfrei gemerkte Vokabeln aus dem Fach 4 weiterwandern dürfen.

Im Wartezimmer wird nun ebenso vorgegangen, als hätte der Schüler die Lernkartei selbst vor sich. Er geht das Brieftaschenfach, das dem Karteifach 4 entspricht, Stück für Stück durch. Erfolgreich erinnerte Wörter kommen in jenes Fach der Brieftasche, welches dort das Karteifach 5 repräsentiert. Vergessene Vokabeln aber wandern in das Brieftaschenabteil, das für Fach 1 der Kartei stellvertretend ist.

Die Übung vertreibt die Zeit und verleiht dem Lernenden einen durchgeistigten Gesichtsausdruck, der im Vorhof einer Marterstätte Bewunderung erwecken muß.

Der Vorgang kann sofort abgebrochen werden, wenn die Sprechstundenhilfe zum Eintreten auffordert. Der Herr steckt dann seine Brieftasche ein und schreitet gelassen seinem Schicksal entgegen. Er hat wenigstens eine Weile nicht an seine Schmerzen denken müssen.

Wieder daheim, steckt er dann die Zettel aus der Brieftasche in den Karteikasten zurück, in die Fächer, wo sie hingehören.

So vertreibt man sich auf nützliche Weise die Zeit, wenn sie (er) unpünktlich zum Rendezvous erscheint

Die Zettelkartei in der Brieftasche (oder Handtasche) ist auch für andere Geduldsproben zu empfehlen, etwa für Verabredungen mit unpünktlichen Personen des anderen Geschlechts. Denn sie läßt sich auch unter einer Normaluhr handhaben.

Wenn die Dame (oder der Herr) zu spät kommt, hat der Herr (oder die Dame) trotzdem keine Zeit vergeudet.

Wenn sie ihn versetzt oder wenn er ihr untreu geworden ist, kann der hinterbliebene Partner dennoch den Nutzen für sich buchen, seinen Wissensschatz um 20 bis 40 neue Vokabeln bereichert zu haben – oder um entsprechend viele Formeln, Daten, Definitionen, was immer er gerade lernen mag.

Sein Warten ist auf jeden Fall belohnt worden.

Eigenlob stinkt nicht

Wir haben gezeigt, wie jeder an sich selbst sein Lerninteresse in Gang setzen und „motivieren" kann, durch viele kleine Lernerfolge in kurzen Zeitabständen; und wie es gelingt, Konzentrationsschwäche und Arbeitshemmung zu überwinden, die sonst unter dem schimpflichen Namen „Faulheit" mit allen möglichen anderen Charaktermängeln in einen Topf geworfen werden.

Wir haben hier nichts oder nur wenig von anderen Prozessen der Schülermotivation gesprochen und kaum etwas von den sogenannten „sozialen Verstärkern".

Zu ihnen zählen Lob und Liebe, Anerkennung und Zuspruch, das gute Beispiel und die Faszination durch eine hervorragende Lehrerpersönlichkeit.

Das alles gehört nicht in dieses Buch. Hier soll dem Lernenden geraten werden, wie er sich selbst am besten helfen kann.

Trotzdem verdient das Lob als einer der wichtigsten verstärkenden Reize auch in diesem Rahmen noch einige Worte der Erörterung – nicht das fremde Lob, das nur andere uns spenden können, sondern das vielgelästerte Eigenlob.

Es stinkt, sagt ein Sprichwort.

Wir sollten uns von diesem Vorurteil frei machen.

Das Eigenlob stinkt sicher nicht, wenn es dazu verwendet wird, die eigene Lernanstrengung systematisch zu verstärken. Es ist die einzige wirkliche Belohnung, die wir uns selber geben können, und wir sollten damit nicht sparen. Wenn wir erfolgreich lernen wollen, dann geben wir sie uns – mit jedem kleinen und erfolgreichen Lernschritt.

Die Welt neigt dazu, Menschen lächerlich zu machen, die sich selber auf die Schulter klopfen. Aber die Erfolgreichen dieser Welt tun eben das fast ohne Unterbrechung, wenngleich sie es heuchlerisch bestreiten.

Sie können nur deshalb erfolgreich sein, weil sie sich loben.

Die Handbewegung, mit der wir eine bewältigte Vokabel ins nächste, bessere Fach unserer Lernkartei befördern; das Aufatmen, die kleine Pause, womit wir unser Lern-Zeitmaß beenden; die Befriedigung, die wir empfinden, wenn wir unsere Lern-Portion wieder ein kleines Stück vergrößern können – das alles sind, genaugenommen, Manifestationen des Eigenlobs.

Lernen Sie von den Großen dieser Welt: klopfen Sie sich regelmäßig selbst auf die Schulter

Ohne Preis kein Fleiß, und ohne Eigenlob keine Eigenverstärkung.

Nur wer sich selbst ausreichend lobt, kann zuversichtlich und seiner Entscheidungen sicher sein.

Eigenlob ist nur dann häßlich und unvernünftig, wenn es als Lock- und Reizmittel verwendet wird, um Fremde zum Mitloben des eigenen, unsicheren, wankelmütigen Ichs zu verleiten. Wer sich allzulaut lobt, lobt sich nicht selber. Das könnte er auch im stillen tun. Er bettelt darum, von anderen gelobt zu werden. Er ist von fremdem Lob ebenso abhängig wie ein Süchtiger von der Droge.

Alles läßt sich lernen: Freude an der Arbeit, Fleiß, Selbstbewußtsein und persönlicher Stolz

Wie eine Wissenschaft oder eine fremde Sprache, so kann auch das Interesse an der Sache, die Freude an der Arbeit gelernt werden. Ebenso wie Fleiß oder Ausdauer gelernt wird, lernen wir auch Haltungen und Gefühle: die Übung durch viele kleine erfolgreiche Schritte „generalisiert", wie die Psychologen sagen, schließlich zu einer eigenen und neuen Motivation, die stärker sein kann als die sogenannten Primärtriebe.

Arbeit ist vorerst und an sich eine unangenehme Sache, sonst ließen wir uns nicht dafür bezahlen. Aber durch stetes und immer wieder erfolgreiches, „verstärktes" Arbeiten baut sich ein neuer, selbständiger Antrieb auf, wie immer wir ihn nennen wollen: Arbeitsgeist, Fleiß, Emsigkeit, Sorgfalt, Werkstreue.

Beim Sport dasselbe – eine an sich muskelschmerzende, schweißtreibende, mühselige Angelegenheit, bis die ständigen Verstärkungen des Erfolgs, so bescheiden er sein mag, einen Sportler hervorbringen.

Und wer nicht nachläßt, sich bei jedem Lernerfolg beharrlich selbst zu loben, auch wenn das niemand anderer tut, der wird schließlich in sich das beste Gefühl, die wertvollste Haltung hervorbringen, das Selbstbewußtsein und den persönlichen Stolz.

Eigenlob hat nichts Anrüchiges an sich. Es stinkt nur in den Nasen derer, die selbstbewußte und stolze Menschen nicht neben sich dulden wollen und die es am liebsten sähen, wenn alle Welt nach ihrem Lobe süchtig wäre.

Skinner hat seine Tauben mit Futterkörnern konditioniert, also mit positiven Verstärkern, mit Belohnungen.

Menschen aber, die andere Menschen konditionieren, versuchen das meist immer noch mit Tadel und Strafe.

Über die Wirksamkeit von negativen Nacheffekten, von Bestrafungen also, gibt es ungeheuer viel und widersprechende Literatur. In dieser Frage stehen nicht nur Forschungsergebnisse und Gelehrtenmeinungen gegeneinander, sondern Weltanschauungen und Emotionen, das „Auge um Auge, Zahn um Zahn" gegen die verzeihende Nächstenliebe, das Verlangen nach Rache gegen die Humanität, der Prügelinstinkt gegen pädagogische Theorien der „antiautoritären Erziehung".

Es ist schwer, in diesem Mahlstrom von Gefühlen unvoreingenommen zu bleiben. Trotzdem muß hier, weil sie immer noch als Erziehungs- und „Lehr"-Mittel gilt, zum Wesen der Strafe einiges klargestellt werden.

Aug' um Aug', Zahn um Zahn: Rache ist keine Erziehung

Zunächst steht außer Zweifel, daß Strafen, die der Tat nicht sofort und auf der Stelle folgen, als „negative Nacheffekte" keine Wirkung mehr haben. Sie kommen ebenso zu spät wie verspätete Belohnungen. Ein schlechtes Zeugnis, mit all den dazugehörigen Widrigkeiten, motiviert ebensowenig zum Lernen wie ein gutes. Auch Prügel am selben Abend können ein Kind, das vormittags Fensterscheiben eingeworfen hat, in dieser seiner destruktiven Verhaltensweise nicht nennenswert schwächen.

Ebenso wie das Lob muß auch die Strafe sofort erfolgen – sonst nützt sie nicht

Die Vorstellung, daß kriminelle Neigungen durch Gefängnisstrafen zu gutbürgerlicher Wohlanständigkeit verwandelt werden, ist ebenso primitiv.

Das zeigt sich, wenn man untersucht, welche Verhaltensformen bei der Begehung eines Verbrechens und der anschließenden Strafprozedur verstärkt oder geschwächt werden.

Ein Einbrecher raubt ein Geschäft aus. Er kann mit der Beute entkommen: das ist zunächst ein positiver Nacheffekt. Verstärkt wird die, vorerst erfolgreiche, Tätigkeit des Einbrechens und Sich-davon-Machens.

Er wird bei einer Razzia verhaftet: geschwächt wird, durch diesen negativen Nacheffekt, keineswegs die Habgier seiner Diebesseele, nur die Bereitschaft, Polizisten in die Nähe zu kommen.

Er wird verurteilt: das wieder schwächt nicht seine verbrecherischen Gewohnheiten, sondern gleichfalls nur seine der Verurteilung unmittelbar vorausgehende Verhaltensweise – wahrscheinlich die Art, wie er sich (ohne Erfolg) vor Gericht verteidigte.

Er wird nach Verbüßung der Strafe entlassen, ein lustbetontes Erlebnis: doch es verstärkt sicher nicht seine Gesetzestreue, nur die katzbuckelnde Untertänigkeit, mit der er die Abschiedsworte des Gefängnisdirektors entgegenzunehmen hatte. Tatsächlich führen sich Gewohnheitsverbrecher, die solchen „Besserungsversuchen" schon öfters ausgesetzt waren, in der Haft hervorragend. Nur sind sie kaum noch zu bessern.

Für schlechte Schüler, die ihrer „Faulheit" wegen mehrmals bestraft wurden, gilt fast dasselbe.

Nun aber gibt es Strafen, die *nicht* verspätet kommen, sondern blitzschnell nach der Tat, ohne dazwischenliegende Pause, Knall auf Fall. Sie sind im wahrsten Sinn des Wortes echte negative Nacheffekte. Sie schwächen die Verhaltensweise, der sie nachfolgen, sofort und drastisch.

Auch die Strafe, die der Tat auf dem Fuß folgt, hat nur manchmal ihr Gutes

Dazu gehört der elektrische Schlag beim Berühren einer blanken Leitung, die Brandblase, die beim Anfassen eines heißen Kochtopfs entsteht, ebenso die Ohrfeige, die ein ungezogenes Kind auf frischer Tat überrascht.

Alle Versuche, mit denen menschenfreundliche und kinderliebende Psychologen die Wirkung solcher negativen Nacheffekte entkräften wollten, haben einer genaueren Überprüfung bisher nicht standgehalten.

Das erklärt sich entwicklungsgeschichtlich, aus dem Überlebenswert solcher „Abschreckung" für die Art und ihre Individuen. Wenn ein Lebewesen nicht sofort aus Schaden klug wird, wenn es nicht sehr rasch lernt, den Schmerz – das Warnsignal des Todes – nach Kräften zu vermeiden, dann sind seine Überlebenschancen entscheidend verringert.

Soll das nun heißen, daß die Prügelanhänger, die Rohrstockapostel, die Ohrfeigenpädagogen recht haben, sobald nur rasch genug geprügelt und geohrfeigt wird?

Lassen sich Lerneifer und Wissensdurst durch Prügel und Ohrfeigen erwecken?

Wird also einem Kind oder, wenn er sich das gefallen ließe, auch einem Erwachsenen eine Wissenschaft, ein Sprachschatz, eine Summe wie immer gearteter Informationen dadurch am besten eingebleut, daß er für jede falsche Antwort einen Fußtritt oder Stromstoß erhält?

Durch eine seltsame, auf den ersten Blick paradox anmutende Eigenschaft dieser negativen Nacheffekte ist gerade das Gegenteil der Fall. Sie wirken, wenn es um subtilere Fertigkeiten geht, gerade deshalb nicht lernfördernd, weil sie *zu sehr* wirksam sind.

Zuviel Strafe hemmt jeden Lerneifer!

Das hat ebenfalls entwicklungsgeschichtliche Gründe.

Wenn ein Tier auch nur einmal in eine gefährliche Lage gerät, in der es schmerzhaft verletzt wird, dann wird es in Zukunft nicht nur diese spezielle Situation meiden, sondern auch den Ort, wo ihm die Schmerzen zugefügt wurden, den Geruch und die Geräusche, die sie begleiteten, und alle übrigen dazugehörigen Umstände.

Das Tier generalisiert, verallgemeinert die Gefahr. Es lernt durch den Schmerz, aber nicht die feine Unterscheidung, sondern nur Angst und Aggression, Flucht oder Wut.

Furcht oder Haß

Der Mensch reagiert auf Schmerz, auf Bestrafung, auf negative Nacheffekte ebenso und vielleicht noch stärker. In den Jahrmillionen unserer Entwicklung hat diese verallgemeinernde Übervorsicht oder diese gesteigerte Bereitschaft zur präventiven Feindseligkeit sicherlich die Überlebensmöglichkeiten der Art erhöht.

Sie war nützlich und notwendig – damals. Ohne sie gäbe es heute vielleicht keine Menschen mehr.

Wer aber glaubt, man könne einem Menschen

Grammatik oder Algebra mit Schlägen einpauken, wenn diese nur rasch genug den falschen Antworten folgen, der verkennt den Primitivmechanismus des negativen Nacheffekts.

Schläge und Beschimpfungen bewirken vor allem eines: der Schüler haßt Schule und Erzieher

Der Schüler lernt dann zwar, aber nicht den Lernstoff. Er lernt eine Fluchtreaktion, die jedesmal von ihm Besitz ergreift, wenn er des prügelnden Lehrers oder auch nur der Schule ansichtig wird, in der er die Prügel bezogen hat, und er überträgt diese Abneigung ebenso auf den Lernstoff, dessentwegen er geprügelt wurde.

Die Prügel müssen dabei nicht einmal körperlich verabreicht werden. Beschimpfungen und Demütigungen, Spott und Hohn genügen. Wie Pawlow sagte, ist die Sprache des Menschen zweites Signalsystem, und das Wort das Signal der Signale: ein Wort kann ebenso stark wirken wie die Tat, für die es steht – ein Wort der Liebe wie ein Kuß, und ein Schimpfwort wie ein Tritt in den Leib.

Wenn ein Erzieher die Fehler seiner Schüler mit Schlägen oder Schimpfworten ahndet, dann konditioniert er sie nicht zum Lernen, sondern zu einer neuen und möglicherweise bald alles andere erstickenden Emotion.

Dann wird nicht das Interesse verstärkt, nicht die Freude am Lernen, nicht Selbstvertrauen und Stolz, nur die Angst vor allem, was mit dem Lernen zusammenhängt – oder, schlimmer noch, der Haß und blindwütige Aggression.

Wieviel Versager und wieviel Kriminelle auf diese Weise künstlich erzeugt wurden, und das in bester pädagogischer Absicht, läßt sich nicht einmal ungefähr ahnen.

Sinn und Un-Sinn

Vom Elternsprechtag bringt die Mutter die Hiobsbotschaft, daß der Sohn in Mathematik versagt, daß sein französischer Wortschatz erbärmlich ist und daß er auch in Geographie als weltunkundiger Blindgänger angesehen werden muß.

Nun nimmt der strenge Herr Vater die Sache selbst in die Hand.

Nach dem Mittagessen wird der Knabe in sein Zimmer geschickt mit dem Auftrag, eine Stunde lang die Französisch-Vokabeln einer ganz bestimmten Lektion aus seinem Lehrbuch zu büffeln, eine weitere Stunde die Gleichungen für den Kreis, die Ellipse, die Parabel und Hyperbel, und eine dritte Stunde die wichtigsten australischen Städte und ihre Lage.

Der Vater, verkündet man ihm, werde den Erfolg am Abend persönlich überprüfen.

Das tut er denn dann auch.

Das Ergebnis ist deprimierend. Zwar hat der Junge, voll Eifer und Angst, tatsächlich drei Stunden lang ununterbrochen gelernt. Zwar hat ihn die Mutter gleich nachher den ganzen Stoff abgefragt, und er wußte ihn auswendig.

Vergeßlichkeit macht viele Väter wütend – ganz zu Unrecht

Aber bereits am Abend sind fünf von den dreißig französischen Vokabeln vergessen, ebenso die Formel für die Hyperbel und der Name von Australiens Hauptstadt.

Der Vater macht sich mit einem Wutanfall Luft.

Er nennt das Söhnchen einen Schwachkopf, einen Versager, der in der Gosse oder im Kriminal enden werde, bestenfalls als Bademeistergehilfe in einer Schwimmanstalt.

Warum viele Väter ihre Kinder für Schwachköpfe und Versager halten

Sein Entsetzen ist nicht gespielt. Er glaubt selbst, was er sagt. Er begreift nicht, wieso ein mit Hirn und normalen Sinnen ausgestatteter Mensch, der sein Pensum mit Erfolg gelernt hat, soviel davon schon in ein paar Stunden vergessen kann.

Er meint daraus den Schluß ziehen zu müssen, sein Sprößling sei geistig nicht ganz beisammen.

Solch kleine Tragödien, für das betroffene Kind oft auch große, ereignen sich tagtäglich. Tausende junger Menschen werden, wegen ihrer angeblich „hirnlosen" Vergeßlichkeit, beschimpft, gedemütigt, entmutigt und manchmal sogar bestraft, nach dem Prinzip, daß leichte Schläge auf den Hinterkopf die Denktätigkeit erhöhen.

Aber seit Ebbinghaus, also seit mehr als 70 Jahren, weiß die Lern-Wissenschaft, wie falsch diese Väter liegen, wie unrecht sie ihren Kindern tun, wie sehr ihre Befürchtungen und Vorwürfe allen Erkenntnissen vom Lernen widersprechen.

Erinnern wir uns: Ebbinghaus vergaß von dem Material, das er bei seinen Selbstversuchen auswendig lernte, schon in den ersten 20 Minuten mehr als 40 Prozent (s. Seite 60). Er war bestimmt kein hirnloser Versager.

Das teilweise Vergessen von vollständig gelerntem Material ist deshalb nicht nur eine allenfalls mögliche Panne. Es ist vielmehr eine regelmäßige und zwanghaft eintretende Erscheinung, die einem Naturgesetz gleichgestellt werden kann.

Wir wissen nun ebenso, daß der Prozentsatz des vergessenen Stoffes in den ersten Stunden nach dem Lernen am größten sein muß.

Leider ist Vergeßlichkeit die Regel und nicht die Ausnahme

Die Vergeßlichkeit unseres Schülers ist damit weder ein Symptom für Schwachsinn noch sonst irgendwie abnormal. Sie ist die Regel. Kein Vater dürfte erschrecken, weil sein Kind unmittelbar nach dem Lernen ein paar Vokabeln, Formeln oder Städtenamen wieder aus dem Gedächtnis verliert. Das Gegenteil wäre eher verwunderlich.

Künstliche Brücken und Krücken

Nun aber machte sich der Psychologieprofessor Ebbinghaus das Merken mit Absicht besonders schwer. Er lernte nicht normalen Lernstoff mit vernünftiger Bedeutung, sondern sinnlose Silben wie „fap", „fep", „mib" und ähnliches.

Das dürfte ebenso schwer und vielleicht noch schwerer sein, als wolle jemand chinesische Schriftzeichen lernen, ohne ihren Sinn und Zusammenhang zu verstehen.

Sinnlose Silben, chinesische Lettern für den Nichtchinesen, Spanisch für den Nicht-Spanier – das ist, wie die Psychologen sagen, „bezugsarmes Material".

Um solchen Stoff zu verdauen, braucht der Mensch bis zu zehnmal länger als für sinnvolle Informationen, und er vergißt sie zehnmal so rasch! Doch schon Ebbinghaus machte beim Lernen seiner Silben eine interessante und auch in allen späteren Versuchen wiederkehrende Erfahrung.

Er stellte fest, daß es gar nicht so einfach ist, total bedeutungslose Buchstabengruppen zu erfinden. Fast jede Versuchsperson entwickelt alsbald die bemerkenswerte Gabe, auch völlig unsinnigen Silben künstlich Sinn anzudichten.

So wird, in den Köpfen dieser Menschen, dann aus „fap" eine Abkürzung für FAulPelz, aus „fep" eine für „FEstPokal" und aus „mib" eine fürMilBe. Die Voraussetzung dafür ist freilich, daß der Betreffende die Ausdrücke „Faulpelz", „Festpokal" und „Milbe" kennt.

Wie man sich sinnlose Dinge merkbar macht

Anders ausgedrückt: Der Mensch lernt leichter und rascher, wenn er den Lernstoff zu bereits bekanntem und gelerntem Material in Beziehung setzen kann.

Deshalb fordert die Pädagogik, daß mit Verständnis und Einsicht gelernt werden soll, was nichts anderes heißt, als daß neuer Lernstoff in sinnvollem Zusammenhang mit altem und bereits bekanntem gebracht wird. Wo solcher Sinn bei bestem Willen nicht aufgefunden werden kann, helfen die Tricks der Mnemotechnik mit künstlichen Brücken und Krücken.

Die Quadratwurzel aus 4 ist gleich 2, *weil* 2 mal

2 gleich 4 ist: hier wird die Wurzel aus 2 durch ihr Verständnis, ihren Sinn, ihre mathematische Bedeutung gelernt.

Das Fräulein heißt Rank, sie ist jung und schlank: hier wird der Name „Rank" durch einen künstlichen, mnemotechnischen Trick gemerkt. Dazu ist gar nicht notwendig, daß die Dame tatsächlich jung oder schlank sei. Wichtig ist nur, daß der Name nicht vergessen wird.

Zahlen sind besonders widerspenstig

Manchmal lassen uns beide, Verständnis und mechanische Merktechnik, im Stich. Es gibt eben Informationen, die nicht oder nur sehr kompliziert mit anderen und schon bekannten Dingen verknüpft werden können.

Dazu gehören etwa die Worte einer dem Schüler neuen und völlig fremden Sprache oder Zifferngruppen, wie z. B. Telefonnummern.

Wer Ungarisch zu lernen beginnt, wird in seiner Erinnerung für das Wort „mozgóképszinház" (Kino) keine Gedächtnisstütze finden. Oder wer sich merken will, daß 521858 die Nummer des Wiener Patentamtes ist, kann zwar vielleicht zwischen den einzelnen Ziffern dieser Zahl gewisse künstliche Beziehungen herstellen. Die Nummer als ganze aber muß er lernen.

Wollen Sie vielleicht zufällig Telefonnummern auswendig lernen? Auch das ist keine Zauberei

Bleiben wir bei den Telefonnummern. Sie sind, für Menschen ohne besonders ausgebildetes Zahlengedächtnis, ebenso schwer zu lernen wie Ebbinghausens sinnlose Silben, und sie werden beinahe so rasch vergessen.

Nehmen wir an, daß jemand mit unserer Lernkartei Telefonnummern auswendig lernen will.

Er schreibt dazu, wie vom Vokabellernen gewohnt, die ersten 30 auf Karteizettel – vorn die Namen, hinten die Nummern – und steckt diesen Stoß in Fach 1 des Zettelkastens.

Dann geht er ebenso vor, als lerne er Vokabeln. Er nimmt den ersten Zettel hervor, sieht sich Name und Nummer an, wiederholt die Nummer im Kopf, steckt den Zettel an die Rückseite des Stoßes, holt den zweiten hervor, und so fort.

Er wird bald dahinterkommen, daß sechs- oder siebenstellige Zahlen ungleich schwerer zu merken sind als Wörter oder Redewendungen. Wenn er sich endlich durch den ganzen Stoß von 30 Karten durchgefressen hat, ist die erste Nummer, mit der sein Lernprozeß begann, längst wieder aus seinem Gedächtnis verschwunden, ebenso die zweite, die dritte und fast jede andere ebenfalls.

Zahlen merken sich ungleich schwerer als Worte ...

Daran wird sich auch nur wenig ändern, wenn er den Zettelstoß vier- oder fünfmal durchackert. Von 30 Telefonnummern werden ihm höchstens vier oder fünf im Gedächtnis bleiben, und die nur, weil sie besonders einfach sind oder Zifferngruppen enthalten, welche für ihn eine besondere Bedeutung haben.

Und er wird, beinahe körperlich schmerzhaft, die Phänomene der „retroaktiven" und „proaktiven" Hemmung zu spüren bekommen – die wechselweise Verdrängung kurz hintereinander gelernter und ähnlicher Informationen. Schließlich wird ihm vor lauter Zahlen schwindlig werden, und wenn er nicht eiserne Ausdauer besitzt, gibt er den Versuch auf.

Er glaubt dann, daß es eben unmöglich ist, eine so große Zahl so schwieriger und bezugsarmer, weil sinnloser Ziffernkombinationen in einem Anlauf zu behalten.

Aber dieser Schluß ist voreilig. Auch 30 Telefonnummern können auf einmal gelernt werden. Nur darf man dabei nicht so vorgehen, als handle es sich um Wörter einer schon einigermaßen vertrauten Sprache oder um anderes relativ sinnvolles Material.

Unser Schüler hat den Fehler gemacht, die ganze Portion von Telefonnummern auf einmal hinunterschlucken zu wollen. Aber so zähes Material muß in ganz kleine Stücke geschnitten und noch sorgfältiger gekaut werden.

... der Trick ist, daß man sie in kleinen Portionen lernt

Der Trick des Diplomaten

In unserem Fall ist die Portion dadurch unverdaulich, daß niemand außer ein Zahlengenie imstande sein kann, 30 kurz hintereinander auftauchende sechsstellige Zahlen auch nur einigermaßen auseinanderzuhalten, zu „differenzieren", wie die Psychologen sagen. Auch wenn er sie zehn- oder zwanzigmal hintereinander abhaspelt, sie werden ihm immer wieder durcheinanderkommen. Es geht ihm dann wie einem Diplomaten auf einem großen Empfang, dem 30 bisher unbekannte Leute vorgestellt werden. Er wird kaum imstande sein, sich von den 30 neuen Namen mehr als nur einige ganz wenige zu merken.

Auch Gesichter und Namen sind schwer zu behalten – es sei denn, man wendet den „Diplomaten-Kniff" an

Der Schüler – und der Diplomat – löst das Problem am leichtesten, indem er seine Lernportion auf ein Mindestmaß verkleinert. Erst dann darf er sie, Schritt für Schritt, wieder langsam erweitern.

Erfahrene Diplomaten gehen dabei so vor, daß sie zunächst einmal nur drei Personen in ein Gespräch verwickeln, in dessen Verlauf sie alle drei immer wieder mit Namen ansprechen.

Drei Gesichter, drei Namen, das kann man sich merken.

In diesem Gespräch lernt unser Diplomat nicht nur, welches Gesicht zu welchem Namen gehört. Er lernt auch, was in seiner Situation noch notwendiger ist: diese drei Leute, Gesichter *und* Namen, voneinander unverwechselbar abzugrenzen.

Das Zerlegen des Lernstoffes in kleine Einheiten ist wesentlich für den Lernerfolg

Das herkömmliche gesellschaftliche Ritual eines solchen Empfangs führt dann dazu, daß sich dieser Gruppe eine vierte und fünfte Person anschließt, während inzwischen andere abbröckeln.

Der Diplomat, der nun schon drei beim Namen nennen und voneinander unterscheiden kann, erweitert damit diesen Lernprozeß des Einprägens und Differenzierens um einen vierten und fünften. Er lernt damit, auch die Gesichter und Namen der neu hinzugekommenen Gäste von denen seiner bisherigen Gesprächspartner auseinanderzuhalten. Er lernt so im Laufe eines Abends *alle* Gäste des Empfangs kennen.

Er lernt, Stück für Stück, die Gemeinsamkeiten und die Unterschiede zwischen all diesen Personen. Lernpsychologisch ausgedrückt: er lernt die wechselweise Hemmung, Behinderung, Verdrängung, Verwechslung ausschalten, die bei einer so großen Anhäufung neuer und ähnlicher Informationen entstehen muß.

Das kann nur gelingen, wenn er *einzelne* miteinander vergleicht. Die Masse ist undifferenzierbar.

Im lernenden Zwiegespräch mit Telefonnummern oder gleich schwierigem Stoff geht der Schüler annähernd ebenso vor. Er zerlegt die Masse der Informationen, die er bewältigen soll, in möglichst kleine Bissen und kaut sie Stück für Stück.

Eine „Patience" für schwierigen Lernstoff

Die beste Methode dazu ist eine, die wir hier als „Lernpatience" bezeichnen wollen, weil sie einem Patiencespiel ähnelt. Sie ist eine systematische Verfeinerung des Tricks, mit dem auch unser Diplomat arbeitet.

Der Schüler beginnt diese „Patience" damit, daß er aus dem Fach 1 seiner Lernkartei, wo er sich mit ihnen vergeblich geplagt hat, die Karten mit den ersten 30 Telefonnummern herausnimmt.

Hier stellen wir die „Lernpatience" für Telefonnummern und alle anderen schwierigen Informationen vor

Dann legt er drei – *nur* drei! – Karten nebeneinander auf den Tisch, mit der Vorderseite, also mit den Namen der Telefoninhaber, nach oben. Die Rückseite mit den Telefonnummern ist verdeckt.

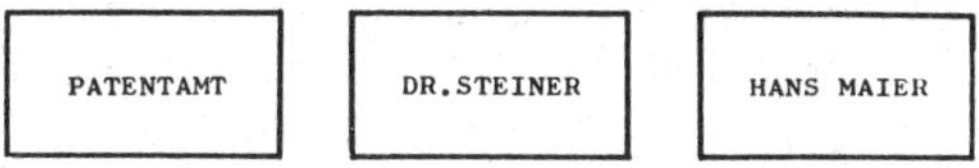

Nun denkt er (wieder nur einige Sekunden) nach, ob er die Telefonnummer auf jener Karte noch weiß, die ganz links in der Reihe liegt, in diesem Fall die des Patentamts. Er hat sie natürlich schon wieder vergessen. Er dreht die Karte um, liest die Nummer, versucht sie sich zu merken.

Dann legt er diese Karte nach rechts an das andere Ende der Reihe, und schiebt alle drei Karten einen Platz nach links, so daß sie wieder wie vorhin daliegen, nur in anderer Reihenfolge:

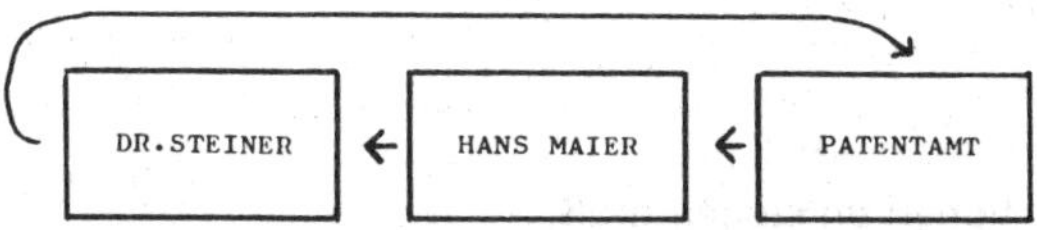

Der Schüler sieht sich nun ebenso die zweite – und jetzt ganz links liegende – Karte an, hier die des Dr. Steiner. Er hat auch dessen Telefonnummer vergessen. Er legt auch diese Karte wieder nach rechts, schiebt die ganze Reihe abermals nach links.

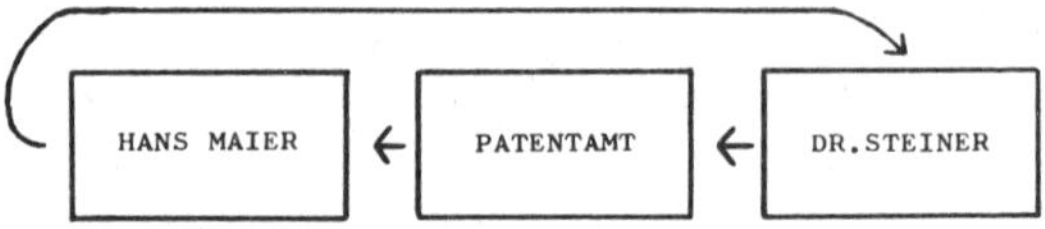

Er wiederholt diesen Vorgang so lange, bis er sich endlich an eine der drei Telefonnummern richtig erinnert, in diesem Fall an die Nummer seines Freundes Hans Maier. Diese Karte legt er dann nicht nach rechts in die Reihe zurück, sondern ein Stockwerk höher, als erstes Stück einer zweiten, neuzubildenden Reihe, mit der er sich vorerst nicht so intensiv beschäftigen muß.

An das rechte Ende der ersten, untersten Reihe kommt statt dessen nun eine vierte Karteikarte mit einer vierten Telefonnummer, die hier dem Fräulein Gerti Weisel gehört.

Nun liegen dort wieder drei Karten nebeneinander.

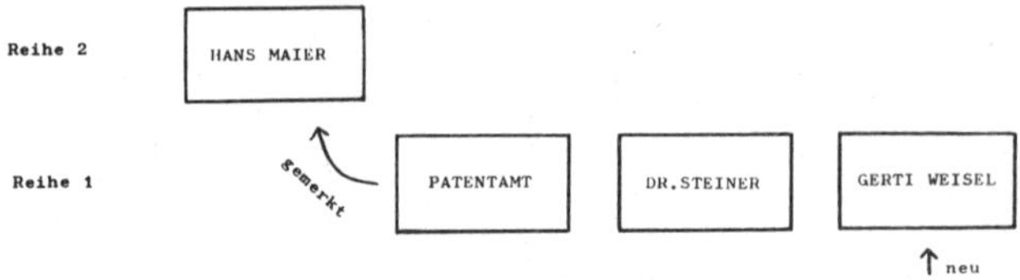

So geht das weiter. Wenn eine Telefonnummer in der Reihe 1 sich eingeprägt hat, wird sie sofort nach oben in die Reihe 2 gelegt, so lange, bis in dieser zweiten Reihe schließlich fünf Karten nebeneinanderliegen. Mehr gehören nicht hierher.

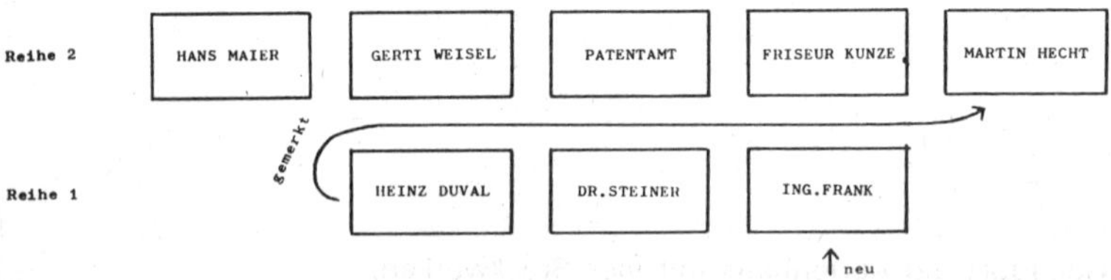

Wir sehen schon, worauf es ankommt: jene Telefonnummern, an die sich der Schüler auch nur einmal richtig erinnert hat, werden vorerst im „zweiten Stock" zur Ruhe gelegt. Andere aber, die ihm (wie hier die des Dr. Steiner) absolut nicht in den Kopf wollen, bleiben im „ersten Stock" und werden dort immer von neuem memoriert.

Hartnäckige Lernbrocken kommen automatisch immer wieder an die Reihe

Wenn nun, beim weiteren Umwälzen der Karten in Reihe 1, noch eine sechste Karte in die Reihe 2 hinaufkommt, muß der Schüler diesmal die erste, ganz links liegende Karte dieser zweiten Reihe überprüfen, um sie wegzubringen.

Er stellt fest, ob er die betreffende Telefonnummer noch immer weiß.

Wenn ja, dann legt er die Karte noch einen Stock höher, gewissermaßen als Grundstein für eine weitere und dritte Reihe. Wenn nein, kommt die Karte wieder rechts ans Ende der ersten Reihe zurück.

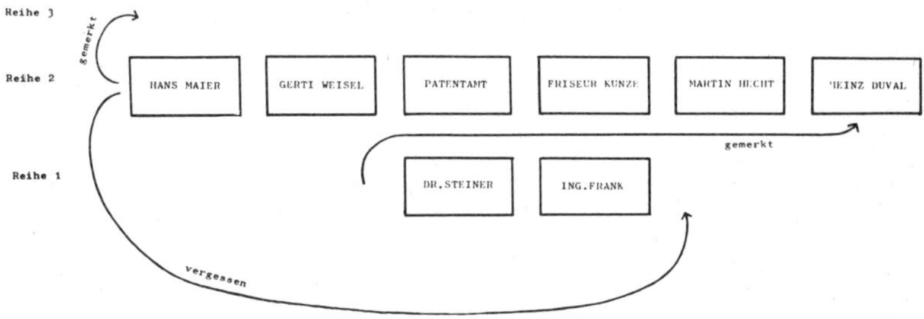

In unserem Fall enthält die sechste Karte, die von Reihe 1 in Reihe 2 aufsteigt, die vom Schüler gemerkte Telefonnummer des Herrn Heinz Duval. Nun sind schon sechs Karten im „zweiten Stock", eine mehr als vorgesehen. Der Schüler muß deshalb eine eliminieren, hier die von Hans Maier: fällt ihm dessen Telefonnummer noch ein, dann wandert diese Karte wieder ein Stockwerk höher in Reihe 3; hat er sie inzwischen wieder vergessen, dann muß Hans Maier in den „ersten Stock" zurück.

Auf diese Weise bildet der Schüler, Reihe für Reihe höher steigend, ein auf der Spitze stehendes Gebäude, ein Kartenhaus mit vier Stockwerken, dessen jedes aus einer Reihe von Karten besteht – das erste Stockwerk aus drei, das zweite und dritte aus fünf, das vierte aus sieben Karten nebeneinander, insgesamt also aus 20 Karten.

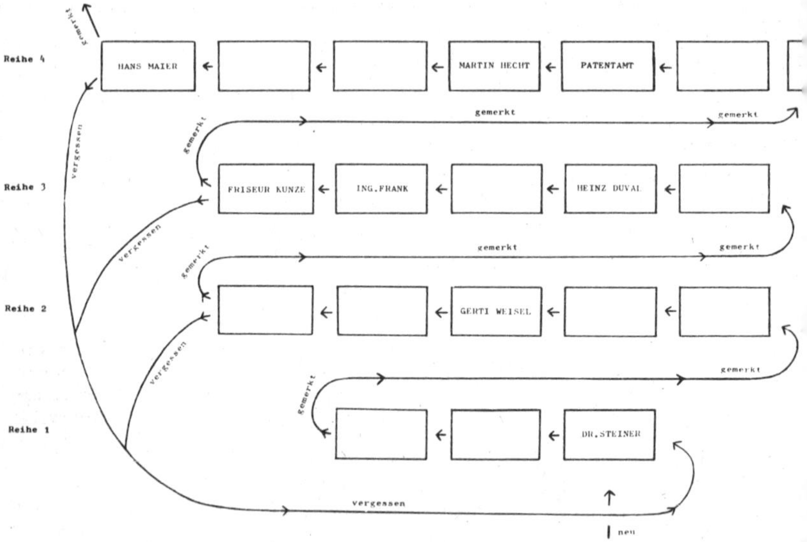

Keine Angst. Die komplette Lernpatience sieht nur auf den ersten Blick so kompliziert aus; tatsächlich ist sie nicht schwerer zu begreifen als ein simples Kartenspiel

Das hier ist das Bild der Lernpatience, wenn alle vier Stockwerke voll sind: jene Telefonnummern, die sich der Schüler leichter merkte, sind verhältnismäßig rascher nach oben gerutscht als die anderen. Jene, die unterwegs in Vergessenheit gerieten, mußten abermals zurück in den ersten Stock, um dort von neuem den Aufstieg zu beginnen.

Die Pfeile markieren jeweils den Weg der gemerkten und der vergessenen Telefonnummern.

Im vorliegenden Fall zeigt sich, daß von den drei Kärtchen („Hans Maier“, „Patentamt“, „Gerti Weisel“), mit denen der Schüler begonnen hat, die Telefonnummer seines Freundes Maier am leichtesten zu behalten war.

Sie liegt auf dem besten Platz ganz links in der Reihe 4.

Wenn zu den sieben Karten in dieser Reihe noch eine achte aufsteigt, dann muß die Karte „Hans

Maier" ihre letzte Prüfung machen. besteht sie diese, dann scheidet sie aus und wird, vorläufig, in Fach 1 der Lernkartei stillgelegt. Fällt sie dabei durch, muß sie nochmals in die Reihe 1 zurück.

Im Vergleich zur Spitzenposition von Freund Maier ist die Karte „Gerti Weisel", wie sie unser Bild in Reihe 2 zeigt, in recht ungünstiger Stellung. Die Dame dürfte unserem Schüler nicht sehr nahe stehen; er muß ihre Telefonnummer bereits mehrmals vergessen haben, sonst wäre sie nicht so weit hinter Maier zurückgefallen.

Am schlechtesten steht die Karte „Dr. Steiner". Sie ist entweder nie aus Reihe 1 aufgestiegen, das heißt: nie richtig gemerkt worden, oder sie mußte, weil sie vergessen wurde, immer wieder dorthin zurück.

20 Karten pro Lernpatience sind genug – sonst wird die Sache zu anstrengend

Wenn nun die Lernpatience voll ist, wenn also wie in unserem letzten Bild 20 Karten ausgebreitet auf dem Tisch liegen, dann ist es zweckmäßig, das Spiel auslaufen zu lassen, sonst wird es zu anstrengend.

Das geschieht, indem der Schüler keine neuen Karten mehr in die Reihe 1 einfüttert, auch dann nicht, wenn dort und später auch in anderen Fächern Platz wird, weil immer mehr Karten die letzte Prüfung links oben im „vierten Stock" gut bestehen.

Das Spiel wird nur noch mit den übrigbleibenden, immer weniger werdenden Karten zu Ende gespielt, so lange, bis schließlich auch die letzte Telefonnummer gemerkt und in die Lernkartei zurückgesteckt werden kann.

Hier nochmals, zusammengefaßt, die Spielregeln:

- Die Reihe 1 der Lernpatience, die unterste, besteht aus drei Karteikarten. Sie werden von links nach rechts immer wieder durchgegangen, wobei die Karten mit den Informationen, die sich der Schüler merken konnte, ins nächsthöhere Stockwerk, also in die Reihe 2, gelegt werden. Die Reihe 1 wird dann durch eine neue Karte ergänzt, so daß sie wieder aus drei Karteizetteln besteht.
- Die Reihe 2, das zweite Stockwerk der Patience, besteht aus fünf Karten. Kommt eine sechste dazu, dann muß die erste ganz links außen vom Schüler

überprüft werden. Hat er sich die darauf enthaltene Information gemerkt, dann wird diese Karte in die Reihe 3, ins dritte Stockwerk darüber gelegt. Hat er aber die Information – in unserem konkreten Fall die Telefonnummer – vergessen, dann muß diese Karte zurück in Reihe 1.

● Die Reihe 3 besteht gleichfalls aus fünf waagrecht nebeneinanderliegenden Karten. Sie sind vom zweiten Stock, aus Reihe 2, dorthin erfolgreich aufgestiegen. Bei Überfüllung dieser dritten Reihe ist ebenso vorzugehen wie in Reihe 2: die Karte ganz links außen wird überprüft, steigt entweder in die Reihe 4 auf oder kommt in die Reihe 1 zurück.

● Dasselbe geschieht mit den Karten im vierten Stock, in Reihe 4, die aus sieben nebeneinanderliegenden Karten besteht. Bei Überfüllung dieser Reihe werden nun aber Karten mit Informationen, die richtig behalten wurden, nicht in ein fünftes Stockwerk getan, sondern in das Fach 1 der Lernkartei zurückgesteckt.

● Wenn sich der Schüler auf diese Weise beharrlich durch alle Stockwerke durcharbeitet, verschwinden schließlich die Karten aus den unteren und schließlich auch aus der vierten, höchsten Reihe der Lernpatience alle in das Fach 1 der Lernkartei. Dem Schüler ist dann gelungen, was er zuerst für unmöglich gehalten hat: in einem Zug 20 Telefonnummern zu lernen . . .

20 Telefonnummern auf einmal lernen – sogar das geht!

Für diese Leistung wird er im allgemeinen ein bis zwei Stunden brauchen.

Die Lernpatience ist besonders geeignet für schwer merkbaren Lernstoff

Mit der Lernpatience können wir selbstverständlich nicht nur Telefonnummern lernen, sondern jede Art besonders schwer zu merkender Informationen – Geschichtsdaten, chemische und mathematische Formeln und vieles andere mehr.

Doch sollten wir uns vor dem Wunschglauben hüten, daß wir diese Informationen, wenn sie unsere „Patience" durchschritten haben, nun für immer und ewig können. Das ist natürlich nicht der Fall.

Die Lernpatience ist nämlich nichts anderes als eine Aufbereitung besonders schweren Materials für die anschließende Verarbeitung in der Lernkartei.

Sie beruht auf demselben Prinzip wie die Kartei selbst, und theoretisch wäre es ohne weiteres denkbar, daß die Karteikarten, statt in Patienceform auf den Tisch gelegt zu werden, gleichfalls in einem Karteikasten durchgearbeitet würden, dessen erstes Fach nur drei Kärtchen fassen kann, das zweite und das dritte nur fünf und das vierte nur sieben.

Die Lernpatience ist somit nichts anderes als eine extrem verkleinerte Lernkartei in etwas anderer räumlicher Anordnung. Da wie dort geht dasselbe vor sich: Widerspenstige Informationen, in unserem Fall Telefonnummern, werden immer von neuem wiederholt, zehn- oder zwanzigmal oder noch öfter, so lange, bis sie weich werden, bis unser Gedächtnis sie verdauen kann. Leichte Telefonnummern hingegen, die widerstandslos kapitulieren, werden nur viermal wiederholt.

Auch hier ist der springende Punkt: überflüssige, frustierende Wiederholungen werden vermieden

Die Grundsätze des Verarbeitens, Wiederholens und Merkens sind also die gleichen, nach denen auch unsere Lernkartei aufgebaut ist – daß überflüssige Wiederholungen vermieden, die notwendigen dadurch aber nicht beeinträchtigt werden.

Dennoch ist die Arbeit, die mit der Lernpatience bewältigt wird, ein wenig anders geartet. Sie ist gewissermaßen Rodung jungfräulichen Bodens, das Fußfassen auf völlig unbekanntem Gebiet, in dem es keine Orientierungspunkte gibt, die allererste Bekanntschaft mit völlig fremdem und beziehungslosem Material.

Das Unbekannte ist „sinnlos"

Untersuchen wir nun, was bei diesem Prozeß lernpsychologisch geschieht.

Zunächst einmal wird hier, durch besonders rasch hintereinander folgende Wiederholungen, die scharfe Spitze abgeschliffen und verflacht, mit der (s. Seite 61) die Ebbinghaussche Vergessenskurve beginnt.

Dieser scharfe und fast senkrechte Abfall der Merkleistung, dieser so rasante Gedächtnisschwund tritt nur bei sinnlosem Material auf, nur bei Stammel-Silben, wie sie Ebbinghaus zu lernen versuchte, oder etwa bei anderen bedeutungsarmen Informationen, wie unseren Telefonnummern.

Sinnvolles Material wird glücklicherweise wesentlich langsamer vergessen, weshalb so häufige Wiederholungen wie bei unserer Lernpatience nicht nötig sind.

Aber was ist sinnvoll und was sinnlos?

Wir dürfen diesen Worten hier nicht dieselbe Bedeutung geben wie sonst. Der lernpsychologische „Sinn" einer Information hat nicht oder nicht unbedingt etwas mit Wahrheit, Klarheit oder logischem Zusammenhang zu tun.

So wahr, klar und so logisch etwa die Formeln von Einsteins Theorien für den Physiker sein mögen, für den Laien sind sie, wenn er sie lernen soll, vorerst sinnloses Material, weil er von Physik nichts versteht.

Ein Mensch, der nicht Spanisch spricht, wird ein spanisches Gedicht nur mit äußerster Anstrengung im Kopf behalten können, weil er die Worte nicht gelernt hat, aus denen es sich zusammensetzt. Sie sind für ihn sinnlos.

Wenn er es überhaupt fertigbringt, ein solches Gedicht etwa aus einem Buch auswendig zu lernen, dann verdankt er das nur der Tatsache, daß er wenigstens die Buchstaben versteht, mit denen spanische Worte geschrieben werden, daß er also lesen gelernt hat. Die Buchstaben haben für ihn Sinn.

Mit einem in chinesischer Sprache geschriebenen Gedicht wird ihm das kaum oder gar nicht gelingen, denn er kennt nicht die Schriftzeichen.

Den Schaltplan eines neuen Radioapparates kann sich der Fachmann schon nach kurzem Studium merken, weil er die Details, die Elemente kennt, aus denen solche Schaltpläne bestehen. Sie sind für ihn sinnvolle Informationen. Für den Nichtfachmann ist der Plan wahrscheinlich überhaupt unlernbar, weil seine Elemente für ihn sinnlos sind. Er hat sie nie gelernt.

Der Unterschied zwischen lernpsychologisch sinnvollen und sinnlosen Informationen wird am deutlichsten in dem Märchen vom Kalifen beleuchtet, der sich in einen Storch verwandelte.

Um ein chinesischen Gedicht zu lernen, muß man zuerst Chinesisch können

Der Kalif mußte ein Storch bleiben, weil er das Zauberwort „mutabor" vergaß, das ihn wieder zum Menschen hätte machen können.

Natürlich, denn für ihn war dieses Wort eine sinnlose und daher besonders schwer merkbare Information. Er hatte nie Latein gelernt, und so wußte er nicht, daß „mutabor" nichts anderes heißt als „ich werde verwandelt werden".

Der Sinn einer Information ist sehr wichtig: das erfuhr schon „Kalif Storch"

Einem Gymnasiasten hätte das nicht so leicht passieren können. Für ihn wäre „mutabor" eine bereits vorgelernte, deshalb sinnvolle und leichter zu merkende Information gewesen.

Nehmen wir als Beispiel „montone", das italienische Wort für Hammel. Wer eben erst mit dem Italienischen angefangen hat und weder Latein noch Englisch kann, wird dieses Wort häufig memorieren müssen, bevor er es sich merkt.

Wer aber weiß, daß Berg lateinisch „mons" und italienisch „monte" heißt, und daß Schafe (somit auch Hammel) oft auf gebirgigen Weiden gehalten werden, der hat weniger Lernschwierigkeiten.

Wenn ihm schließlich auch noch das englische Wort für Hammel, „mutton", bekannt ist, das offenbar denselben Stamm hat, wird ihm „montone" wie Butter eingehen. Dieses Wort ist dann für ihn keine sinnlose Information mehr.

Was also lernpsychologisch sinnvolle von sinnlosen, leicht zu lernende von schwer merkbaren Informationen unterscheidet, ist nicht unbedingt – und manchmal überhaupt nicht – deren Logik oder Wahrheitsgehalt.

Für das Merken und Lernen ist vorerst entscheidend, ob und wie viele Elemente dieser Informationen bereits bekannt und vorgelernt sind, und möge es sich dabei um den absurdesten Stumpfsinn handeln.

„Sinnvolles" Material wurde bereits früher einmal gelernt

„Sinnvoll" und somit leichter zu merken ist demnach alles, was (ganz oder teilweise) schon einmal zur Kenntnis genommen wurde; und „sinnlos" das völlig Unbekannte.

So erweist sich die Meinung, daß beim Lernen von sinnvollem Material Zeit erspart werde, in Wirklichkeit als Trugschluß. Die Zeit ist eben schon vorher aufgewendet worden, mit dem Lernen von Daten, die dieses Material sinnvoll machen.

Wer solche Daten nicht gelernt hat, muß von vorne beginnen. Er braucht dementsprechend mehr Zeit.

Er muß durch mühevolle und langwierige Wiederholungen dem vorerst sinnlosen Stoff „Sinn" geben, indem er sich mit ihm bekannt macht und indem er ihn so lange memoriert, bis er ihn kennt.

So wird „sinnloses" Material „sinnvoll": man muß von vorn beginnen

Und genau das geschieht, wenn wir uns mit Hilfe der Lernpatience besonders schwierige Informationen, wie etwa Telefonnummern, einverleiben.

Je öfter und je schneller hintereinander wir sie wiederholen, desto mehr prägen sie sich ein, desto bekannter werden sie uns. Auf diese Weise verwandelt die Lernpatience sinnloses Material in sinnvolles, schwer merkbaren Stoff in leichter lernbaren, der dann in der Lernkartei weiter verarbeitet werden kann.

Des Lernens Anfang ist nicht schwer

All das könnte zu der voreiligen Ansicht verleiten, daß aller Anfang schwer ist, besonders der Anfang alles Lernens.

Aber das hängt davon ab, was wir unter „Lernen" verstehen. Wir meinen damit, in unserer Schüler-Mentalität befangen, zumeist das Lernen von bestimmten Antworten auf bestimmte Fragen.

Wenn wir ein deutsches Wort ins Italienische übersetzen, wenn wir auf die Frage nach der Formel des Kreisinhaltes $r^2\pi$ antworten können, dann, meinen wir, haben wir gelernt. Sonst nicht.

Für unsere Schulweisheit sind andere Formen des Lernens, die solche Antworten nicht möglich machen, bedeutungslos, weil wir mit ihnen keine Prüfungen bestehen können.

Doch damit lassen wir die erste, wichtigste und lernpsychologisch interessanteste Phase des Lernens außer acht – die des Wiedererkennens.

Am Anfang des Lernens steht das Wiedererkennen

Diese unterste Sprosse der Stufenleiter des Merkens nimmt der Mensch mit geradezu verblüffender Leichtigkeit. Das wurde durch eine Serie von Versuchen bewiesen, die der Amerikaner

Ralph Norman Haber an der Universität von Rochester unternahm.

Haber begann seine Experimente, indem er seinen Versuchspersonen in mehreren Sitzungen, die sich über einige Tage ausdehnten, insgesamt 2560 verschiedene Fotos zeigte, Bilder von Personen und Personengruppen, von Landschaften, Städten und Häusern.

Jedes Foto konnte je zehn Sekunden angesehen werden, nicht länger.

Anschließend zeigte Haber denselben Versuchspersonen 280 Bilderpaare. Die Bilder jedes Paares waren einander ähnlich. Aber nur jeweils ein Bild war mit einem der 2560 Fotos identisch, die Haber zuvor gezeigt hatte.

Die Versuchspersonen sollten nun von beiden Bildern jenes bezeichnen, das sie schon vorher gesehen hatten.

Das Ergebnis war überraschend. Es widerlegt die Annahme, daß die Anfangsphasen des Lernens besonders schwierig und mühevoll sei. In 85 bis 95 Prozent aller Fälle wählten die Versuchspersonen das richtige Foto, ein Bild also von den 2560, die ihnen im ersten Stadium des Experiments je zehn Sekunden lang gezeigt worden waren.

Die menschliche Fähigkeit des Wiedererkennens grenzt ans Wunderbare

Die menschliche Fähigkeit, einmal gesehene Gegenstände oder Bilder wiederzuerkennen, ist also beinahe unbeschränkt. Sie grenzt an ein Wunder.

Im zweiten Stadium seines Versuches zeigte Haber den Testpersonen *nur* solche Bilder, die sie bereits gesehen hatten. Aber aus jedem Bild war diesmal ein Teil herausgeschnitten. Die Aufgabe war nun, den fehlenden Teil des Bildes zu beschreiben und nachzuzeichnen.

Jetzt wurden die Ergebnisse bedeutend schlechter. Viele Versuchspersonen konnten diese Aufgabe bei einigen Bildern nicht mehr erfüllen, während es ihnen bei anderen mühelos gelang. Die Ergebnisse schienen mehr vom Zufall als von irgendeiner Gesetzmäßigkeit abhängig.

Trotzdem ist der Unterschied zwischen der fast perfekten Leistung im Wiedererkennen von ganzen Bildern und dem Versagen bei der Beschreibung fehlender Bildteile leicht zu erklären.

Ein Mensch ist nämlich nicht imstande, sich innerhalb von zehn Sekunden *alle* Details eines Bildes einzuprägen.

Er behält in dieser kurzen Zeit nur einige wenige im Gedächtnis.

Interesse an der Sache fördert den Lernerfolg

Welche das sind, hängt vom Zufall ab, aber auch von Aufmerksamkeit und Motivation des Betrachters, davon also, welche Einzelheiten ihn besonders interessieren. So wird ein Kunsthistoriker beim Betrachten eines Kunstbildes mehr Details bemerken als etwa ein Physiker, der sich wiederum bei einem Industriebild mehr merken wird.

Dennoch reichen diese Details aus, dasselbe Bild eindeutig zu identifizieren, wenn es ihm abermals gezeigt wird.

Wenn aber die Versuchsperson das Bild als ganzes aus dem Gedächtnis reproduzieren soll, gelingt das an Hand dieser spärlichen Einzelheiten selbstverständlich nicht. Sie müßte dazu ungemein mehr wissen und sich nicht nur an einige, sondern an alle Details erinnern können.

Das Wiedererkennen ist leicht, aber die Reproduktion schwerer Information schafft man nur durch zahlreiche Wiederholungen

Die Leichtigkeit des Wiedererkennens und die Schwierigkeiten der gedanklichen Rekonstruktion sind somit ein weiterer Beweis dafür, daß Guthrie und Estes mit ihrer Theorie von den „identischen Elementen" recht haben.

Von jedem Bild, jedem Wort, jedem Satz, jeder Zahl wird eben auf einmal nicht alles gelernt und gemerkt, sondern nur eine gewisse Anzahl von Teilelementen.

Die Zahl dieser Elemente wächst mit jeder Wiederholung. Zum Wiedererkennen genügen ganz wenige. Um eine kompliziertere Information aus dem Gedächtnis ganz zu rekonstruieren, sind schon sehr viele notwendig, und dementsprechend zahlreiche Wiederholungen.

Deshalb schreiben wir auch, wenn wir eine fremde Sprache lernen wollen, das deutsche Wort als „Frage" auf die Vorderseite unseres Kärtchens und das fremde als „Antwort" auf die Rückseite, nicht umgekehrt: andernfalls würden wir nur das Wiedererkennen fremder Wörter lernen, nicht aber, was wir lernen wollen – sie ganz und fehlerlos aus unserer Erinnerung hervorzubringen, wann immer wir sie brauchen.

Das Kürzest-Zeit-Gedächtnis

Es gibt drei Arten von Gedächtnis

Nun aber verändert sich im Laufe eines Lernprozesses nicht nur die Zahl der im Gedächtnis gespeicherten Informations-Elemente, sondern auch die Art ihrer Speicherung. Es gibt offenbar drei ganz verschiedene Speicherungsformen – das Kürzestzeit-Gedächtnis, das Kurzzeit- und das Langzeit-Gedächtnis.

Der Unterschied zwischen diesen Speicherformen wurde, weit gründlicher als bisher, vom Amerikaner Georg Sperling in den Laboratorien der „Bell Telephone Company" erforscht.

Mit einem besonders konstruierten Apparat, einem sogenannten „Tachistoskop", projizierte er vor seinen Testpersonen einen Buchstabenblock, der aus drei Reihen zu je drei Buchstaben bestand, etwa:

1. Reihe: G A T
2. Reihe: R B K
3. Reihe: M K T

Der Block blieb nur 15 Tausendstel Sekunden sichtbar, dann verschwanden die Buchstaben wieder.

Zuerst wurde versucht, ob es möglich sei, *alle* diese neun Buchstaben im Gedächtnis zu behalten und aufzuschreiben. Das mißlang.

Mister Sperlings lehrreiches Buchstabenspiel

Aber Sperling hatte den Verdacht, daß hier vielleicht ein Fehler in der Versuchsanordnung vorliege – daß nämlich das Aufschreiben zu lange dauere, so lange, daß inzwischen die Versuchspersonen einige von den Buchstaben vergessen müßten.

Der Verdacht bestätigte sich, als der Forscher seine Apparatur durch eine geniale Zusatzeinrichtung ergänzte: er koppelte sie mit einer akustischen Signalanlage, die kurz nach dem Verlöschen der Projektion, nach dem Verschwinden des Buchstabenblocks, einen hohen, einen mittleren oder einen tiefen Ton von sich gab.

Der hohe Ton war das Signal dafür, daß die Versuchsperson die oberste, erste Buchstabenreihe niederschreiben sollte, der mittlere Ton das Signal für die mittlere (zweite) und der tiefe Ton das Signal zum Niederschreiben der untersten und dritten Buchstabenreihe.

Dabei zeigte sich, daß fast jede Testperson imstande war, *alle* drei Buchstabenreihen, also den *ganzen* Block von neun Buchstaben, bis zu einer Sekunde lang visuell im Gedächtnis zu behalten, als sähen sie die Projektion noch immer vor Augen. Der Versuchsfehler, den der Zeitverlust durch das Schreiben verursacht hatte, war ausgeschaltet worden. Die Versuchspersonen erinnerten sich, freilich nur für eine Sekunde, an jede Buchstabenreihe, für die das Signal zum Niederschreiben gegeben wurde.

Kürzestzeit-Gedächtnis: man „sieht" etwas, das bereits verschwunden ist

Diese visuelle und ganz kurzfristige Form der Erinnerung ist das „Kürzestzeit-Gedächtnis": das „Sehen" eines Bildes, das in Wirklichkeit schon verschwunden ist.

Das Kurzzeit-Gedächtnis

Sperling erweiterte nun seinen Versuch dahin, daß er die Testpersonen die signalisierte Buchstabengruppe nicht sofort niederschreiben ließ. Sie mußten dazu auf ein zweites Signal warten, das erst später nachfolgte.

Das ging so vor sich: Zuerst wurden, 15 Tausendstel Sekunden lang, die drei Buchstabenreihen projiziert. Dann kam, binnen einer Sekunde, das hohe, mittlere oder tiefe Tonsignal, das anzeigte, welche Buchstabenreihe aufgeschrieben werden sollte. Aber erst 10 oder 20 Sekunden später ertönte das zweite Signal, das den Testpersonen das Niederschreiben der Reihe gestattete.

Dieser Versuch zeigte zweierlei: Zunächst, daß keine Versuchsperson imstande war, alle drei Buchstabenreihen so lange visuell im Gedächtnis zu behalten; zum zweiten aber, daß alle Testpersonen eine der signalisierten Reihen lange genug im Kopf halten konnten, um sie auch noch nach 20 Sekunden oder später zu Papier zu bringen – vorausgesetzt, daß sie dabei nicht gestört wurden.

Das Kurzzeit-Gedächtnis hält an, solange es nicht gestört wird

Diese zweite Form der Speicherung heißt „Kurzzeit-Gedächtnis".

Sie ist kein „sehendes" Gedächtnis mehr, sondern gewissermaßen ein „sprechendes": Die Testperson kann die Buchstabenreihe nur dadurch so lange speichern, daß sie sich die drei Buchstaben immer wieder vorsagt: RBK ... RBK ... RBK ... Das muß nicht laut vor sich gehen, das kann auch stimmlos, lautlos, subvokal geschehen.

Wir alle kennen diese Art des subvokalen Memorierens. Wir üben sie jedesmal, wenn wir im Telefonbuch nachsehen und dann mit einer Nummer im Kopf Ping-Pong spielen, bis wir endlich das Telefon erreichen, das im anderen Zimmer steht.

Zwischen Telefonbuch und Telefon: Ping-Pong-Spiel mit einer Nummer

Dieses Kurzzeitgedächtnis funktioniert nur, wenn es unausgesetzt vor sich hinmurmelt, und zwar immer wieder dasselbe.

Wird es gestört und unterbrochen, dann versagt es augenblicklich den Dienst. Auch das haben Sperlings Experimente gezeigt: Wird die Versuchsperson während dieser gewissermaßen auf Endlosband geschalteten Wiederholungen veranlaßt, zwischendurch etwa von 100 rückwärts zu zählen (99, 98, 97 ...), dann erlischt die Aufzeichnung im Kurzzeit-Gedächtnis. Die Buchstabenreihe ist vergessen.

Daß das Kurzzeit-Gedächtnis ein offenbar akustischer Speicher ist, wurde vom Briten Alan Baddeley an der Universität von Sussex demonstriert.

Er fand heraus, welche Worte in der Gebetsmühle dieser Speicheranlage am leichtesten verwechselt werden. Es sind nicht Wörter ähnlicher Schreibweise oder ähnlicher Bedeutung, sondern vorwiegend solche, die gleich oder ähnlich ausgesprochen werden.

Am ehesten verwechselt das Kurzzeit-Gedächtnis also Wörter wie „Pfanne", „Tanne", „Wanne", „Panne". Von diesen Wörtern können solche wie „Fahne" oder „Sahne" schon verhältnismäßig leicht auseinander gehalten werden, weil hier das „a" ganz anders ausgesprochen wird.

Das Langzeit-Gedächtnis

Die letzte und höchste Form des Erinnerungsvermögens, der Speicher, der ohne endloses Memorieren dicht hält, ist das Langzeit-Gedächtnis.

Was im Langzeit-Gedächtnis sitzt, das „sitzt für lange Zeit

Die Informationen, die aus dem Kurzzeit-Speicher dorthin aufsteigen, machen dabei noch eine weitere Formänderung mit.

Das Langzeit-Gedächtnis speichert Begriffe und Bedeutungen

Im Langzeit-Gedächtnis werden sie dann nicht mehr akustisch festgehalten, sondern nach ihrer begrifflichen Bedeutung.

In diesem wichtigsten und dauerhaftesten Speicher werden Wörter nicht mehr deshalb verwechselt, weil man sie gleich oder ähnlich spricht; Verwechslungen treten besonders dann auf, wenn die Wörter ähnlichen Inhalt haben, ohne Rücksicht auf ihre Schreibweise oder Phonetik.

Wir haben uns vorgenommen, die Wissenschaft der Lern-Psychologie zu plündern, um als Beute nützliche Ratschläge für das praktische Lernen nach Hause zu schleppen.

Hier sind wir nun auf einige theoretische Erkenntnisse gestoßen, welche uns die Stufenleiter des Lernens und Merkens deutlich machen:

Die drei verschiedenen Arten des menschlichen Gedächtnisses spiegeln die Stufenleiter des Lernens und Merkens

- daß das Kürzestzeit-Gedächtnis eine Art visuelles Nachbild ist, ähnlich dem sogenannten „negativen Nachbild" auf der Netzhaut, das wir sehen, wenn wir im Dunkeln in eine Kerzenflamme oder auf ein grell erleuchtetes Fenster gestarrt haben; ferner, daß dieses visuelle Kürzestzeit-Gedächtnis bei den meisten Menschen nicht länger als eine Sekunde anhält;
- daß das Kurzzeit-Gedächtnis ein Wort-Gedächtnis ist, das durch lautloses und ununterbrochenes Memorieren der darin gespeicherten Wörter funktioniert, also durch endlose und wörtliche Wiederholung von Informationen;
- daß das Langzeit-Gedächtnis nicht so sehr Bilder oder Worte als vielmehr Begriffe und Bedeutungen speichert.

Bilder in Worte fassen!

Das alles klingt, als habe es nur akademischen Wert, aber für uns keinen praktischen Sinn. Trotzdem liegen unter diesen anscheinend langweilig-wissenschaftlichen Erkenntnissen Schätze begraben.

Sie werden sichtbar, wenn wir uns überlegen, auf welche Weise Lernstoff aus dem Kürzestzeit- in das Kurzzeit-Gedächtnis und von dort in das Langzeit-Gedächtnis aufsteigen kann.

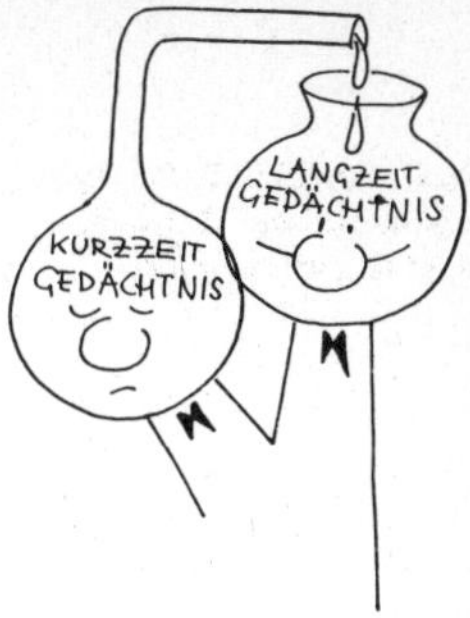

Für die Praxis ist es wichtig, wie der Übergang vom Kurzzeit- zum Langzeit-Gedächtnis funktioniert

Diese Übergänge sind für die Praxis des Lernens, und damit für uns, weit wichtiger als theoretische Vorstellungen von der Funktion dieser drei Formen des menschlichen Erinnerungsvermögens. Wenn wir sie durchschauen, können wir sie auch selbst leichter bewältigen.

Zunächst zum ersten Übergang, zum Sprung vom sekundenschnell verfliegenden visuellen Kürzestzeit-Gedächtnis zum akustischen, unablässig vor sich hinmurmelnden Kurzzeit-Gedächtnis: Wollen wir uns etwa ein Landschaftsbild merken, dann kann uns das am besten dann gelingen, wenn wir die Einzelheiten des Bildes und ihren Zusammenhang zuerst einmal aus der visuellen Anschauung in bild-beschreibende Worte übersetzen.

Wer sich einen Bildeindruck gleich mit Worten beschreibt, behält ihn viel besser im Gedächtnis

Tun wir das nicht, dann verschwindet das Bild, und nur wenige Einzelheiten davon bleiben uns im Kopf – nur genug, um es später wiederzuerkennen, nie genug, um es später zu beschreiben oder gar nachzuzeichnen.

Dieses Faktum ist schuld daran, daß Kriminalbeamte so oft in hilflose Verzweiflung geraten, wenn sie aus Augenzeugen eines Verbrechens die Personbeschreibung des Täters herauszuquetschen versuchen. Ein Mensch, der solch eine Beschreibung liefern kann, wird bestaunt und beinahe mit Ehrfurcht behandelt. Die Polizei ist geneigt, ihm kriminalistische Fähigkeiten zuzuschreiben.

Keine kriminalistischen Fähigkeiten – lediglich eine höchst nützliche Angewohnheit

Er hat sie natürlich nicht. Er hat nur, bewußt oder unbewußt, die Gewohnheit, alles bildlich Gesehene sofort in Worten zu formulieren.

Diese Gewohnheit kann nicht hoch genug eingeschätzt werden. Sie ist die Grundvoraussetzung für jedes Lernen ohne Lernbehelf. Sie ist eine der Eigenschaften, die Menschen mit gutem von solchen mit schlechtem Gedächtnis unterscheiden.

Hier haben wir eine Grundvoraussetzung für jedes Gedächtnistraining

Wenn so einer etwa ein Auto sieht, oder ein Haus, oder eine Frau, dann beläßt er es nicht beim Sehen.

Dann sagt er sich sofort und automatisch, noch ehe er die Augen abwendet: Auto ... Citroen ... Marseiller Zollnummer, oder: vier Stock ... Beton ... Fenster mit Stahlrahmen, oder: blond ... schlank ... Wollrock ... herrlich ...

Dieser Herr ist kein Gedächtnis-Genie; er beherrscht nur einen ebenso wichtigen wie nützlichen Kopf-Griff

Er merkt das vielleicht nicht einmal selbst, aber er tut es, blitzschnell – denn lautlos kann man viel schneller „sprechen" als laut.

Die Leute halten ihn dann, weil er korrekte Beschreibungen parat hat, für ein Gedächtnisgenie. Er ist keines. Er hat sich nur, durch Zufall oder Glück, einen „Kopf-Griff" angewöhnt, den er bei jeder Gelegenheit übt.

Der Trick des „Kopf-Lernens"

Damit sind wir bei einem Kernpunkt unseres Themas und zugleich bei der schwierigsten Schwierigkeit, die dem Lernen des Lernens im Wege steht.

Handfertigkeiten und Handgriffe, so kompliziert sie aussehen mögen, lernt man verhältnismäßig leicht.

Sie können vorgezeigt und nachgeahmt werden. Wenn es nötig ist, wird der Bewegungsablauf des Handgriffes verlangsamt und in kleinste Abschnitte zerlegt, damit ihn der Schüler besser beobachten kann. Wenn er ihn nach-macht, kann dann der Lehrer jeden Fehler korrigieren.

So lernt man Auto fahren und Skilaufen, Schwimmen und Tanzen, Fechten, Judo, Karate und, bis zu einem gewissen Grade, auch „geistige" Tätigkeiten, wie etwa Addieren, Multiplizieren, Dividieren oder das Übersetzen von Texten aus einer Sprache in die andere.

Rein gedankliche Arbeit kann nicht vorgezeigt und nachgeahmt werden

Aber je mehr „Geist", also rein gedankliche Arbeit, zu solch einer Tätigkeit nötig ist, desto schwieriger wird es für den Lehrer, die dazu nötigen Einzelschritte vorzumachen, und für den Schüler, sie durch Nachahmung einzuüben.

Der „Geist" ist etwas, was man nicht vorzeigen kann, und Tätigkeiten, die innerhalb des Gehirns ablaufen, also „geistige" Vorgänge, sind ebenso unsichtbar wie Gespenster am hellichten Tag.

Niemand kann durch das Schädeldach eines fremden Menschen sehen. Die Kniffe und Griffe des Lernens, die nicht zugleich auch Handgriffe darstellen, entziehen sich der direkten Demonstration.

Wir alle wissen, was „Kopf-Rechnen" ist – und daß die meisten Menschen gerade diese Art des Rechnens am schwersten oder gar nicht lernen. Das Kopfrechnen wird deshalb meist für eine Fertigkeit gehalten, die besondere Begabung verlangt.

Ein guter Kopfrechner hat so seine verborgenen Tricks

Tatsächlich liegt die Schwierigkeit bei dieser Rechenoperation ausschließlich darin, die dazugehörigen, nur im Kopf des Rechners ablaufenden und daher unsichtbaren Einzelschritte vorzuzeigen und nachzuahmen.

Sie sind eben nicht Handgriffe, sondern „Kopf-Griffe".

Dasselbe gilt für jedes Lernen überhaupt.

Wie Kopfrechner ihre Tricks haben, die Papier und Bleistift überflüssig machen, genauso können die zum Lernen notwendigen Manipulationen des Wiederholens, Einübens und Einprägens auch ohne physikalisch-mechanische Hilfsmittel vollzogen werden – eine Art des Lernens, die hier als „Kopf-Lernen" bezeichnet werden soll.

Wie der Kopfrechner kann auch der „Kopf-Lerner" Notizblock und Kollegheft beiseite lassen. Er erreicht trotzdem, was er erreichen will.

In Wien lebt ein Heilmasseur, der die Telefonnummern seiner zahlreichen Kunden auswendig weiß. Er ist blind.

In den Vereinigten Staaten hat ein Richter, der blind wurde und trotzdem seine Stellung behalten wollte, jahrelang mit Erfolg vorgetäuscht, daß er noch sehen könne, indem er sich jedes Prozeßdetail und jede Aussage merkte und nur zum Schein in den Protokollen blätterte.

Analphabeten haben ein besseres Gedächtnis

Es ist eine bekannte Tatsache, daß Analphabeten im allgemeinen ein besseres Gedächtnis haben als Leute, die lesen und schreiben können – weil es ihnen unmöglich ist, sich etwas aufzuschreiben.

Aber zu dieser Art des Lernens, und zu jedem erfolgreichen Lernen überhaupt, ist eine Reihe von

„Kopf-Griffen" nötig, die nur auf Umwegen erkannt und beschrieben werden können.

Die in der Schule geübte, oft stinklangweilige „Bildbeschreibung" ist tatsächlich eine vorzügliche Gedächtnisübung

Eben ein solcher „Kopf-Griff", durch Sperlings Experiment sichtbar gemacht, ist die sofortige Übersetzung visueller Eindrücke in Worte. Gute Lehrer lassen ihre Schüler diesen „Griff" schon seit langem durch eine Tätigkeit üben, die im Pädagogendeutsch „Beschreibung von Bildern" heißt.

Dabei wird dem Schüler ein Bild gezeigt. Er darf es eine Weile betrachten. Dann wird es ihm fortgenommen, und er muß es beschreiben.

Wie Sperling beweist, kann er das nur, wenn er die beschreibenden Worte schon während der Betrachtung wählt, oder spätestens eine Sekunde nachher, und wenn er sie dann bis zu dem Augenblick, da er sie laut aussprechen muß, subvokal memoriert – wenn er also das Endlosband seines verbalen Kurzzeit-Gedächtnisses in Bewegung setzt.

Durch das Beschreiben von Bildern wird das Erinnerungsvermögen somit tatsächlich sehr gut geübt; es zwingt zu einer gedanklichen Tätigkeit, die für die unterste Stufe, die erste Phase *jedes* Lernens, nötig ist, sofern der Lernstoff mit Worten zu tun hat.

Doch die meisten Lehrer, die ihre Schüler zu derart nützlichem Training verhalfen, haben davon, was hier wirklich geschieht, eine völlig falsche Vorstellung.

Viele glauben, daß damit das „eidetische Sehen" trainiert werde – die Fähigkeit also, Gesehenes mit einem Blick im Gehirn wie auf einer Fotoplatte zu speichern, von wo es dann später willkürlich und in allen Einzelheiten reproduziert werden kann, haarscharf wie eine Kopie vom Negativ.

Echte Eidetiker sind sehr selten

Der Eidetiker, so wird behauptet, sehe dann dasselbe Bild wieder genauso, als stünde es ihm nochmals körperlich vor Augen.

Zumeist aber liegt hier eine Selbsttäuschung vor.

Die Menschen, die sich als „Eidetiker" bezeichnen und von ihren Lehrern dafür gehalten werden, haben diese Eigenschaft kaum je.

So plastisch und detailliert ihre angeblich „fotografischen" Erinnerungsbilder auch scheinen mögen, sie sind doch nicht naturgetreu. Die Einzelheiten stimmen nicht, und die „Kopien", die sie aus ihrem Gedächtnis hervorholen, sind eher Produkte ihrer farbigen Phantasie als korrekte Reproduktionen.

Wenn sich diese sogenannten „Eidetiker" trotzdem mehr Einzelheiten merken als andere, dann liegt das zweifellos daran, daß sie die Technik des subvokalen Memorierens besser beherrschen – so gut, daß sie ihnen selbst nicht mehr zum Bewußtsein kommt.

Das normale menschliche Gehirn arbeitet eben nicht wie eine Kamera.

Daß es dennoch echte Eidetiker gibt, ist eine andere Sache. Sie sind außerordentlich selten und oft Abnormitäten wie die sogenannten „idiots savants", die „weisen Idioten", die etwa in wenigen Sekunden zwei sechsstellige Zahlen im Kopf miteinander multiplizieren können.

Von ihrer engen Spezialbegabung abgesehen, sind sie meist auffallend unintelligent oder sogar schwachsinnig.

Uns bleibt von Sperlings Experimenten zunächst ein „Kopf-Griff" als Lehre: wer sich visuelle Eindrücke und Bilder merken will, sollte sich angewöhnen, das Gesehene sofort in Worte zu übersetzen. Wenn er das ausreichend übt, wird sich sein Gedächtnis beachtlich verbessern.

Subvokales Memorieren

Überlegen wir nun weiter, auf welche Weise Informationen, die wir lernen wollen, den nächsten Sprung machen können – den aus dem Kurzzeit- ins Langzeit-Gedächtnis.

Die Lösung ergibt sich von selbst, und zwar aus den Speicherungs-Methoden, die diesen beiden Gedächtnisformen eigen sind.

Das Kurzzeit-Gedächtnis memoriert dieselben Informationen wie am laufenden Band – wie eine Schallplatte, die einen Sprung hat, immer wieder dieselben paar Takte Musik von sich gibt.

Leider hat das Kurzzeit-Gedächtnis ein recht beschränktes Fassungsvermögen

Es sind nur wenige Takte. Das Fassungsvermögen des Kurzzeit-Gedächtnisses ist sehr klein. Wir merken das, wenn wir auf einmal zwei oder drei Telefonnummern im Kopf behalten wollen, während wir vom Telefonbuch ins nächste Zimmer gehen. Wir werden zumeist zwei davon verlieren, wie ein ungeübter Jongleur, der so viele Kugeln nicht zugleich in der Luft halten kann.

Dabei gehen diese subvokalen, lautlosen, trotzdem aber sprachlichen Wiederholungen viel rascher vor sich, als wenn wir die memorierten Informationen laut aussprechen.

Wiederholungen: bei diesem Wort muß uns der Psychologie-Professor Ebbinghaus und seine Vergessenskurve einfallen, ebenso die Erfahrungen, die wir bisher mit Lernkartei und Lernpatience gemacht haben.

Ohne Wiederholung ist der menschliche Gedächtnisschwund enorm

Wir erinnern uns, daß Ebbinghausens Vergessenskurve in der ersten Stunde besonders scharf abfällt, beinahe senkrecht; daß in dieser Zeit, um den Gedächtnisschwund aufzuhalten, die meisten Wiederholungen nötig sind; und daß erst später immer seltener wiederholt werden muß.

Aber wieviel Wiederholungen, und in welch kurzen Zeitabständen, sind dann in den ersten Sekunden nach der ersten Bekanntschaft mit einer neuen, fremden Information nötig, wenn diese nicht gleich wieder in Vergessenheit geraten soll? Ebbinghaus hat das nicht erforscht. Aber es ergibt sich mit mathematischer Klarheit, daß in diesen Sekunden die Zahl der Wiederholungen, die den Informationsverlust hintanhalten kann, noch ungemein größer sein muß – so groß, daß praktisch nur noch einige wenige Worte oder Gedanken wiederholt werden können, denn für mehr ist keine Zeit.

Häufiges Wiederholen weniger Informationen stoppt den Gedächtnisschwund

Genau das ist es aber, was das Kurzzeit-Gedächtnis tut: es dreht sechs, sieben, acht Informationen ununterbrochen im Kreis. Dieser hektische Kreislauf ist offenbar die einzige Art, wie der Nadelspitze des Erinnerungsverlustes ganz zu Beginn der Vergessenskurve ihre Schärfe genommen werden kann.

Demnach gibt es zwischen Kurzzeit- und Langzeit-Gedächtnis wahrscheinlich überhaupt keinen sprunghaften Übergang. Es ist eher anzunehmen, daß diese beiden Gedächtnisformen kontinuierlich ineinander verfließen.

Je öfter eine Information im Kurzzeit-Gedächtnis wiederholt wurde, desto mehr geht sie, Element für Element, ins Langzeit-Gedächtnis über, desto seltener muß sie wiederholt werden, um vor dem Vergessen geschützt zu sein.

Der Übergang vom Kurzzeit- zum Langzeit-Gedächtnis kann gesteuert werden

Jeder kennt diesen Vorgang aus eigener Erfahrung.

Die Telefonnummer, die er sich merken will, muß er zuerst, wenigstens einige Sekunden lang, mehrmals hintereinander wiederholen. Dann genügt es, wenn er sie sich seltener ins Gedächtnis zurückruft.

Wir haben damit einen neuen „Kopf-Griff" entdeckt, der für das Lernen und Merken entscheidend wichtig ist: jede neue Information, die wir behalten wollen, muß gedanklich nicht nur sofort in Worte übersetzt werden; sie muß auch, in eben diesen Worten, auf der Stelle mehrmals wiederholt und subvokal memoriert werden.

Dann und nur dann hat sie eine faire Chance, in das Langzeitgedächtnis aufzusteigen.

Auch das ist eine Gewohnheit, die gelernt, ein Kopf-Griff, der geübt werden kann. Die Übung darin ist mit dem identisch, was Lehrer und Psychologen ein wenig verwaschen „Konzentration" nennen.

Hier erfahren sie endlich, was mit dem nebulosen Begriff „Konzentration" gemeint ist

„Konzentriert" kann nur der sein, der an nichts anderes als an die Informationen denkt, die für sein Lernen wichtig sind. Aber was sagt das? Daß er eben an das eine denkt, das er sich gerade merken möchte, und so lange, bis er es sich gemerkt hat.

Eigennutz ist sinnvoll

Das ist freilich noch nicht alles, was zum Übergang einer Information, eines Lernstoff-Teils aus dem Kurzzeit- in das Langzeit-Gedächtnis getan werden muß.

Der Stoff muß, wie Baddeley demonstriert hat, zugleich auch seine Gestalt verändern. Aus Wörtern oder Ziffern müssen Worte, Begriffe, Bedeutungen werden. Nur so bleiben sie dauerhaft in Erinnerung.

Wenn wir aber hier „Begriffe" sagen, sind damit nicht die papierenen Definitionen und Beschreibungen unserer Schulweisheit gemeint, wie etwa: ein Kreis ist der geometrische Ort aller Punkte, die von einem Punkt gleich weit entfernt sind.

Die „Begriffe" und „Bedeutungen", die in unserem Langzeit-Gedächtnis besser haften als Worte, sind auch nicht so sehr körperliche Dinge, die wir „greifen" oder auf die wir mit dem Finger „deuten" können, also auch nicht die subjektiv empfundenen Sinneseindrücke des Sehens, Hörens, Schmeckens, Riechens und Tastens.

Der Klebstoff, mit dem neue Informationen am besten im Dauerspeicher unserer Erinnerung festgehalten werden, ist deren „Sinn" im höchstpersönlichen Sinne, ihre Bedeutung für unsere ureigensten Absichten, für die Verwirklichung unserer Ziele, für die Befriedigung unserer Bedürfnisse, als Diener unserer Emotionen und unseres Willens.

Hier schließt sich der Kreis.

Wir sind damit wieder zur Erkenntnis zurückgekommen, daß die Motivation der Motor alles Lernens ist, ihr Treibstoff der möglichst unmittelbare Erfolg, der „positive Nacheffekt" Thorndikes und Skinners „verstärkender Reiz".

Und wir können daraus einen weiteren „Kopf-Griff" lernen, der den Übergang vom Kurzzeit- in das Langzeit-Gedächtnis leichter macht. Er besteht in der Gewohnheit, wenn möglich allen neuen Informationen schon beim ersten Anblick und in der ersten Phase des lautlosen Memorierens persönlichen Sinn zu geben, und wenn wir ihn willkürlich erfinden müßten.

Die kritische halbe Sekunde

Reaktion ohne Nachdenken

Wir alle kennen, aus Filmen und aus dem Fernsehen, das mörderische Ritual des Wilden Westens.

Da stehen sich zwei Männer gegenüber auf der staubigen Straße, vor dem Saloon und dem geschlossenen Amt des feigen Sheriffs, mit gespreizten Beinen und herabhängenden Armen, die Hände locker neben den Coltgriffen, Goodman und Badman, der Gute und der Böse.

Wer zuerst zieht, ist böse und hat die Regeln verletzt.

Wer als zweiter zieht und dennoch als erster trifft, der aber ist gut. Er hat in Notwehr geschossen und wird nicht gehängt.

Dazu aber muß seine Bewegung in Sekundenbruchteilen ablaufen, in möglichst kurzer Reaktionszeit.

Wildwestmanieren interessieren uns aus lernpsychologischen Gründen: wenn der böse Cowboy zum Colt greift, kommt's auf die halbe Sekunde an

Das Freisignal dafür ist gegeben, wenn die Hand des Gegners zum Colt fährt. Das ist, lernpsychologisch, der Reiz, auf den die Reaktion folgen muß, und der einzige, dem sie folgen darf. Dann aber muß sie so rasch sein, daß sie die Bewegung des Bösen einholt und überholt.

Dazu muß das „Ziehen" geübt werden, unbarmherzig gedrillt, Hunderte und Tausende Male, mit und ohne Schuß.

Am anderen Ende der Welt, im Fernen Osten, wurde in der Samurai-Tradition des „Ken-Do", des Schwertkampfs, ähnliche Konditionierung geübt.

Die automatische Reaktion geht ohne Nachdenken vor sich. Sie erfordert viel Übung ...

Eine alte japanische Geschichte erzählt von einem berühmten Samurai, der einen Lehrling aufnahm und in ein einsames Haus in den Bergen brachte. Dort ließ er ihn wochenlang niedrige Arbeit leisten, Holz hacken, Wasser holen, die Hütte reinigen, das Essen bereiten.

Bis der Schüler auf seinem Lern-Recht bestand. Von da an wurde er des Lebens nicht mehr froh.

Ein Schwert bekam er noch nicht in die Hand. Aber hinter jeder Ecke, im Freien und im Haus, zu jeder Tages- und Nachtzeit lauerte der Alte mit einem schweren Bambusstock, um den Jungen überraschend auf den Kopf zu schlagen – wenn er sich über den Brunnen beugte, den Pferden Futter gab, im Hof das Laub zusammenfegte.

Richtige Antwort genügt nicht: „Wie aus der Pistole geschossen" muß sie kommen

Nicht einmal im Schlaf war der Schüler sicher, bis er nach langen Wochen die erste Lektion des Schwertkampfs gelernt hatte: jeden Angriff mit sofortiger, blitzschneller Reaktion abzuwehren, in jeder Lage, bei jeder Tätigkeit und mit jedem Mittel, mit dem Besen, der Schuhbürste oder dem Deckel eines Kochtopfs.

Das Ziel solchen Trainings war, im Wilden Westen ebenso wie im alten Japan, die augenblickliche und automatische Reaktion, die keine Überlegung, kein bewußtes Denken mehr brauchte.

Es gibt selbst hierzulande noch Schulmeister, die solche Art der Konditionierung bevorzugen, wenngleich zu friedlichem Lernziel.

Sie sind nicht zufrieden, wenn ihre Schüler richtig antworten.

Sie verlangen, daß diese Antworten blitzschnell kommen, ohne Nachdenken, „wie aus der Pistole geschossen", wie das Revolverziehen des Wildwest-Helden oder die Parade des angegriffenen Samurai.

Sie fordern, daß der Lernstoff „im kleinen Finger" und „wie im Schlaf" sitzen müsse – ein anderer Ausdruck dafür, daß zur Reproduktion des gelernten Materials keine Zeit und vor allem kein Nachdenken benötigt werde.

... und wird deshalb als sinnlose Schikane oft abgelehnt

Schüler, Eltern und viele andere Pädagogen neigen heute dazu, solch ein Verlangen als unpädagogisch zu verurteilen, als sturen Drill, unnötige Belastung und sinnlose Schikane.

Wenn man ihre Methode im Licht moderner Lernpsychologie betrachtet, haben diese angeblich altmodischen Schulmeister dennoch in einem recht:

Die angeblich altmodischen Drill-Schulmeister haben diesmal vollkommen recht

Eine „Assoziation", das Band zwischen zwei mentalen Ereignissen, zwischen Signal und Handlung, Reiz und Reaktion, Frage und Antwort wird dann am schnellsten und besten geknüpft, wenn beide Assoziationsglieder einander im Abstand von einer halben Sekunde folgen.

Diese Erkenntnis wurde in unzähligen Versuchen gewonnen, an Tieren und an Menschen.

Niemand bestreitet sie, so viele Streitpunkte die Psychologie auch hervorgebracht haben mag.

Sie ist eines der wenigen felsenfesten Gesetze dieser Wissenschaft.

Der Angelpunkt alles Lebens

Diese halbe Sekunde scheint das Ur-Zeitmaß des Handelns und Denkens zu sein, das Zeit-Atom des Lernens.

Sie taucht immer wieder auf, als unveränderliche Konstante, wenn im Kopf eines Menschen oder eines höheren Tieres zwei Ereignisse oder Zeichen zu einem Ablauf verbunden, also „assoziiert" werden:

- Das gilt zunächst für die klassische Konditionierung, für die Verknüpfung eines bedingten mit einem unbedingten Reiz. Ein Hund, wie der Pawlows, lernt den (bedingten Reiz) Glockenton als Signal zum Speicheln dann am raschesten, wenn der unbedingte Reiz, das Fleischstück, dem Läuten der Glocke eine halbe Sekunde nachfolgt.

Auf den Augen-Blick kommt es an!

- Das gilt ebenso für die „instrumentelle" Konditionierung. Eine Taube wie die Skinners lernt die vom Experimentator beabsichtigte Bewegung dann am schnellsten, wenn diese eine halbe Sekunde später mit einem Futterkorn belohnt wird.
- Dieselbe halbe Sekunde wird in der Umgangssprache „Augenblick" genannt, weil der Mensch etwa soviel Zeit braucht, um einer Bewegung innerhalb seines Gesichtsfeldes mit den Augen zu folgen.

- Sie ist mit der sogenannten „Reaktionszeit" identisch, die beispielsweise ein Autofahrer braucht, um nach dem Auftauchen eines Hindernisses auf die Bremse zu steigen.

Der Augen-Blick: das ist das, war wir als Gegenwart empfinden

- Sie ist schließlich der Angelpunkt alles Lebens, der Zeitraum, den der Mensch als „Gegenwart" empfindet, der winzigkleine Lichtfleck zwischen dunkler Zukunft und verblassender Vergangenheit.

Der Begriff der Assoziation ist, wie vieles in der Psychologie, nicht eindeutig bestimmt und daher umstritten. Es läßt sich nur schwer sagen, was dabei genau verbunden, verknüpft wird – Inhalte, Gedanken, Vorstellungen oder gar Handlungen.

Fest steht nur, daß es sich um sofortige, direkte und kürzeste Verbindungen handelt – daß sie also in dieser kritischen halben Sekunde geschlagen werden oder daß sie gar nicht zustande kommen.

Das muß auch aus logischen Gründen einleuchten: ein Mensch kann nur denken, *während* er denkt, also in der Gegenwart, in der Sekundenhälfte, die für ihn das „Jetzt" ausmacht.

Und wenn er von einem Gedanken zum anderen übergeht, oder vom Gedanken zur Tat, oder vom Reiz zur Reaktion, kann er das gleichfalls nur *jetzt* tun, nicht vorher und nicht nachher, weder in der Vergangenheit noch in der Zukunft.

So können selbst die längsten und kompliziertesten Gedanken oder Handlungsabläufe nur Zusammenhang haben, wenn sie in Halbsekunden-Spannen wie die Glieder einer Kette oder die Maschen eines Netzes aneinanderhängen.

Für die wissenschaftliche Lernpsychologie ist diese kritische halbe Sekunde längst eine unumstößliche Tatsache geworden. Sie kehrt in allen Büchern, Abhandlungen und Experimenten wieder, und man forscht nur noch danach, ob man sie vielleicht nicht um ein paar Hundertstel zu groß oder zu klein bemessen habe. Ansonsten ist dieses Zeit-Atom eine lernpsychologische Selbstverständlichkeit: was nicht in einer halben Sekunde gelernt wird, das wird schlechter gelernt, nur auf Umwegen, oder gar nicht.

Was nicht in einer halben Sekunde gelernt wird, wird schlecht oder gar nicht gelernt

Das wäre, möchte man meinen, eine Erkenntnis von eminent praktischer Bedeutung. Aber auch die „altmodischen" Schulmeister, die blitzschnelle Antworten verlangen, haben sie nicht ganz begriffen. Die halbe Sekunde ist ihnen bloß beim Prüfen wichtig, keineswegs beim Lernen. Sie folgen nur der alten Tradition, nicht einer neuen Erkenntnis.

Die kritische halbe Sekunde ist beim Lernen weit wichtiger als beim Antwortgeben

Somit wird wieder eine Chance vertan, beim Lernen Zeit und Mühe zu sparen.

Wer das verkennt, verpaßt die Chance, beim Lernen Zeit und Mühe zu sparen

So werden, mit Hilfe dieser halben Sekunde, Hunde und Katzen konditioniert, Ratten und Tauben und andere Versuchstiere, frischfröhlich und mit bestem Erfolg – doch Menschen nie.

Verständnis und Drill

Daß die Praxis des Lehrens und Lernens eine so wichtige und aussichtsreiche Möglichkeit versäumt, hat seine Gründe.

Ein Grund ist die pädagogische Mode.

Weil Jahrhunderte lang stur, unvernünftig und seelenlos gelernt wurde, ist es jetzt große Mode geworden, durch Einsicht und Verständnis zu lernen, das heißt unter anderem: durch Ableitung einer neuen Information aus anderen, alten und bereits bekannten Daten.

Daher scheint alles Lernen unmodern, verstaubt, verknöchert, das nicht den ableitenden Verstand zu Hilfe nimmt.

Die Abneigung gegen das Auswendiglernen hat zwar viele Gründe, ist aber sich dumm

Daher auch die fast unüberwindliche Abneigung gegen das Auswendiglernen, den Drill und das Memorieren – nicht nur bei Schülern, sondern auch bei vielen Lehrern.

Ein weiterer Grund ist die Wissensexplosion.

Weil sich die Erkenntnisse einer unermüdlich expandierenden Forschung mit jedem Jahrzehnt von neuem verdoppeln, ist das Ideal universeller Bildung endgültig zertrümmert. Auch der Fleißigste kann keine Hoffnung mehr haben, im Laufe seines Lebens ein Alleswisser zu werden.

Es kann heutzutage keine universelle Bildung mehr geben

Daraus werden zwei Schlußfolgerungen gezogen.

- Die eine sagt, daß man den Kindern – und damit den Erwachsenen, die sie dann später werden – vor allem das Denken und Nachdenken beibringen

Die Existenz des Gesetzbuches allein nützt dem Studiosus wenig; er muß den Inhalt lernen

müsse, die Fähigkeit zu Einsicht und Verständnis, die Fertigkeit des Geistes, neuen und unbekannten Stoff zu organisieren, einzuordnen und zu überschauen.

● Die zweite meint, daß es überhaupt unnötig geworden sei, so wie bisher zu lernen – durch Aneignung möglichst vieler und möglichst aller wichtigen Informationen.

Wozu rechnen lernen, oder gar kopfrechnen, wenn man Rechenmaschinen und Computer hat?

Wozu Paragraphen lernen, wenn es Gesetzbücher gibt?

Solches Büffeln sei nur unnötige Belastung. Es genüge, wenn der Mensch, auch der gebildete, die Methoden beherrsche, mit denen die gesuchten Informationen in Büchern oder Archiven oder in den Speichern von Elektronen-Hirnen aufgefunden werden können. Der geschärfte Verstand sei dann fähig, Lücken zu füllen und Fehlendes zu rekonstruieren . . .

Die erste Schlußfolgerung ist richtig. Aber sie gilt natürlich nicht erst seit gestern.

Auch vor hundert oder dreihundert Jahren war der denkende, ordnende Verstand den alles fressenden und nichts verdauenden Bücherwürmern in Menschengestalt überlegen.

Die zweite Schlußfolgerung ist einfach falsch.

Sie geht von der völlig irrigen Voraussetzung aus, daß man erfolgreich denken, verstehen, einsehen könne, auch ohne viel zu wissen.

Der Irrtum wird deutlich, wenn man ihn an einer so einfachen Sache wie dem Erlernen einer Sprache auf die Probe stellt.

Natürlich genügt es, ein übersichtliches Lehrbuch mit allen Grammatikregeln dieser Sprache und ein Lexikon mit allen ihren Wörtern zu besitzen. Dann muß es dem Menschen, der die Handhabung dieser Hilfsmittel erlernt hat, tatsächlich auch gelingen können, fremde Texte ins Deutsche zu übersetzen, und umgekehrt.

Man kann auch ohne Vokabelkenntnisse „übersetzen" – aber das kostet sehr viel Zeit

Aber das wird so viel Zeit und Plage kosten, daß er darob verzweifelt. Die Methode mag alle Vorteile haben, nur einen hat sie nicht – den raschen Erfolg.

Sie gleicht den bemitleidenswerten Bemühungen eines ortsunkundigen Taxichauffeurs, der jedesmal, wenn er einen Fahrgast ans Ziel bringen will, Kompaß und Stadtplan und Straßenverzeichnis zu Hilfe nehmen wollte, und der zuerst, um seinen eigenen Standort zu bestimmen, zwecks Orientierung an den Himmelskörpern auch noch einen Sextanten braucht.

Ähnlich „verständig" würde ein Arzt verfahren, der es ablehnt, Symptome und Therapien von Krankheiten im Kopf zu behalten, weil all das ohnedies in Büchern steht, wo es jederzeit nachgeschlagen werden kann.

Würden sie sich einem Arzt anvertrauen, der alles in Büchern nachschlagen muß?

Bis er die Nachschlagarbeit bewältigt, wären die meisten seiner Patienten tot.

Nun noch einiges zum Verständnis als Hilfsmittel der Rekonstruktion.

Es ist wahr, daß mit Verstand und Einsicht fehlende Informationen aus anderen, bekannten abgeleitet werden können.

Aber das kann das Lernen nicht ersetzen.

Nichts kann das Lernen ersetzen

Sonst wäre es für einen selbständig denkenden Mathematiker unnötig, die Gesetze und Formeln seiner Wissenschaft zu merken – auch wenn er keine Formelsammlung besitzt, um darin nachzuschlagen: weil er ja alles das jederzeit selbst konstruieren und rekonstruieren kann.

Tatsächlich läßt sich, wie Bertrand Russell in seinen „Principia Mathematica" nachwies, alle Mathematik aus den Gesetzen der mathematischen Logik ableiten und alle diese Gesetze letzten Endes wieder aus einem einzigen, aus dem Gesetz der Exklusion: daß keine Behauptung zugleich wahr und unwahr sein könne.

Aber für all diese Ableitungen waren unzählige Generationen von genialen Mathematikern und Logikern notwendig.

Ein einzelnes Genie, das nicht auf ihren Schultern arbeiten, das heißt: *vorher* lernen und erst *nachher* denken wollte, käme bestenfalls in die verdrießliche Lage jenes italienischen Bergbauern-Buben, der vor einem Jahrzehnt in der Einsamkeit seines Dorfes und seiner Volksschulkenntnisse die Differentialrechnung neu ersann. Er schritt stolz zu Tal, um seine Errungenschaft der nächsten Universität anzubieten, wo er enttäuscht

Selbst für Genies heißt es: *zuerst* lernen und *nachher* denken

erfuhr, die Sache sei leider schon vor 300 Jahren entdeckt worden, von zwei Herren namens Leibniz und Newton.

„Mauerhaken" im Gedächtnis

Der schwerste Denkfehler der immer mehr Mode machenden Lern-Feindschaft wird im Gerede von der „überflüssigen Belastung" des Schülers durch Lernstoff sichtbar.

Freilich ist manches, vieles, das meiste überflüssig, was gegenwärtig die Lehrpläne der höheren Schulen füllt, das heißt: es dient keinem vernünftigen, erkennbaren Zweck, und im Leben ist nichts damit anzufangen. Aber darum geht es hier nicht. Der Kreuzzug gegen den „überflüssigen Lehrstoff" wendet sich nicht nur gegen die Überfülle von sinnlosem Material, sondern überhaupt dagegen, daß möglichst viele Informationen gelernt werden sollen, auch sinnvolle.

Der Kreuzzug gegen das „überflüssige Lernen" beruht auf einem Mißverständnis

Er beruht auf einem grandiosen Mißverständnis, auf einer Fehleinschätzung des psychischen Mechanismus, der das Lernen hemmt und das Vergessen fördert.

Wir haben (s. Seite 51) gezeigt, daß alles Vergessen nur durch retroaktive und proaktive Hemmung, also durch wechselweise Behinderung neugelernter Informationen zustande kommen kann.

Je mehr neue Informationen auf einmal gelernt werden, desto mehr davon also werden vergessen.

Die Kreuzritter gegen die „Lehrstoff-Überlastung" schließen daraus, vereinfachend und falsch, daß *alle* Informationen, die einer lernt oder gelernt hat, einander im Wege stehen müßten – daß also das Hirn des Menschen nur beschränkte Fassungskraft habe und daß es wie ein volles Faß überlaufen müsse, wenn ihm allzuviel eingetrichtert werde.

In Wahrheit ist das Gegenteil der Fall.

Nur gleichzeitig neugelernte Informationen, die noch nicht fest und dauerhaft verankert sind, können einander verwischen und verschütten.

Je länger und sicherer aber eine alte Information bereits im Gedächtnis haftet, desto weniger beeinträchtigt sie neuhinzukommenden Lernstoff.

Was einmal gut gelernt wurde und fest „sitzt", kann neuen Lehrstoff nicht behindern

Sie ruft dann weder Hemmung noch Verwechslung hervor. Sie wirkt vielmehr wie ein fester, gut eingeschlagener Mauerhaken, an dem der Schüler das neu Gelernte sicher aufhängen kann.

Denken wir an das Beispiel zurück, das wir auf Seite 127 im vierten Kapitel gebracht haben: Da hat sich unser Schüler das italienische Wort „montone" (Hammel) deshalb so leicht gemerkt, weil er bereits andere und ähnliche Worte beherrschte – das lateinische „mons" und das italienische „monte" für Berg, und „mutton", den englischen Ausdruck für Hammel.

Alle diese Worte waren für ihn, um bei unserem Bild zu bleiben, sichere Mauerhaken, an denen er „montone" in seinem Gedächtnis befestigen konnte.

Was aber wäre geschehen, hätte er diese Ausdrücke nicht gekannt? Wenn er sie alle, „mons" und „monte" und „mutton" und „montone", in einer Lektion und zur selben Stunde hätte lernen müssen?

Wir können jede Wette eingehen, daß es dann, wenigstens vorübergehend, zu argen Verwechslungen und Irrtümern gekommen wäre, zu allen Erscheinungen der gefürchteten Ähnlichkeitshemmung.

Je größer also der bereits erhärtete Wortschatz ist, den jemand in einer fremden Sprache besitzt, desto leichter kann er sich neue Worte derselben Sprache merken, und desto mehr.

Das gilt für alle Informationen und für jede Wissenschaft, nicht nur für Sprachen.

Es ist also grundfalsch, das menschliche Gedächtnis mit einem Faß zu vergleichen. Es gleicht eher einem System von Mauerhaken in einer glatten Felswand: je mehr Mauerhaken vorhanden sind, desto leichter fällt es dem Kletterer, sich daran festzuhalten und neue einzuschlagen.

Je größer der fremdsprachige Wortschatz, desto leichter lernt man neue Worte

Wer zehnmal soviel weiß, kann hundertmal mehr lernen. Wer erst einmal hundert Mauerhaken eingeschlagen hat, dem machen die nächsten tausend nur wenig Mühe, und so fort.

So gelang es dem legendären Mister Berlitz, 50 Sprachen zu erlernen – und auch zu behalten

Der Gründer der weltberühmten „Berlitz-Sprachschule", der Amerikaner Maximilian D. Berlitz, lernte bis zu seinem Tode im Jahre 1921 insgesamt 50 (in Worten: fünfzig) Sprachen. Sein Enkel Charles Berlitz brachte es bisher „nur" auf zwanzig. Aber er hofft, seinen Großvater einzuholen.

Wie die beiden das fertiggebracht haben?

Sicherlich nicht, indem sie sich der Vorstellung ergaben, daß zuviel Wissen „unnötig belastet".

Ihr Rezept war ganz einfach: Wer eine Fremdsprache kann, lernt eine zweite schon wesentlich leichter. Wer zwei kann, eignet sich leicht auch vier an. Wer vier Fremdsprachen spricht, für den sind auch acht kein Kunststück mehr.

Die Herren Berlitz, Großvater und Enkel, haben rechtzeitig genug Mauerhaken eingeschlagen. Deshalb fiel ihnen das Klettern so leicht.

Das menschliche Gedächtnis ist kein mageres Sparschwein, das nur eine Handvoll Groschen fassen kann. Es ist eher einem Bankkonto ähnlich, das sich jährlich mit 100 Prozent verzinst.

Kann zuviel Geld eine Belastung sein? Das sagen nur jene, die deshalb ein schlechtes Gewissen haben. Der Besitz von Wissen aber muß uns nicht drücken. Er ist Fundament und Traggestell, Gerüst und Stütze für weiteres Lernen, und mit dem Stoff, den einer gelernt hat, wächst seine Lernfähigkeit in geometrischer Progression.

Die Last des Lernens drückt nur den, der zu wenig weiß

Die Last des Lernens beschwert nur den, der nichts oder zu wenig weiß.

Ohne Bewegung kein Lernen

Der alte Maximilian Berlitz war einer der wenigen Lehrer, dessen Methode die kritische Halbsekunde fruchtbar machte, jenes Zeit-Atom, das optimale Konditionierung und damit wirksamstes Lernen verbürgt.

Er tat das sicher nicht wissenschaftlich genau, nur annähernd und wahrscheinlich unbewußt. Daß es ihm überhaupt gelang, zeugt von seiner genialen Intuition.

Es ist nämlich gar nicht so einfach, dieses ideale

Lern-Zeitmaß für das Merken von Schulwissen zu nützen. Die Reaktion muß dabei dem Reiz in einer halben Sekunde nachfolgen, das heißt für unsere Zwecke: die Antwort der Frage, oder beim Sprachenlernen: der fremdsprachige Ausdruck dem deutschen oder umgekehrt.

Die Antwort muß der Frage innerhalb einer halben Sekunde folgen

Überlegen wir uns nun, ob das auch im normalen, alltäglichen Unterricht geschieht:

Der Lehrer an der Tafel will den Schülern beibringen, daß „Ich gehe zum Fenster" auf Englisch „I go to the window" heißt. Mündlich tut er das, indem er die beiden Ausdrücke hintereinander ausspricht: „Ich gehe zum Fenster ... I go to the window."

Zwischen den beiden Sätzen, dem deutschen und dem englischen, fügen die meisten Lehrer eine Kunstpause ein. Sie sehen dabei die Schüler bedeutungsvoll an. Sie tun, als müßten sie die Spannung erhöhen. Sie zögern die Antwort, die sie ihrer eigenen Frage geben, absichtlich hinaus. Sie lassen die Reaktion, die dem Reiz folgen sollte, auf sich warten. Mit einer Stoppuhr können wir feststellen, wie lange diese Kunstpause in den meisten Fällen dauert – zwischen eineinhalb und drei Sekunden.

„Kunstpausen" im Unterricht schaden mehr als sie nützen

Sie ist fast immer länger als die kritische halbe Sekunde. Deshalb schadet sie, statt zu nützen. Je größer die Zeitspanne ist, die zwischen den beiden Sätzen liegt, desto schlechter wird die Verbindung, die Verknüpfung, die Assoziation, die hier gelernt werden soll.

Dasselbe gilt für die schriftliche Darstellung.

Der Lehrer schreibt zuerst den deutschen, dann den englischen Satz an die Tafel oder umgekehrt.

Die Pause zwischen den beiden Informationen ist hier naturgemäß noch länger. Wenn der Lehrer den deutschen Satz niedergeschrieben hat, muß er absetzen, mit Hand und Kreide zurück zur anderen Seite der Tafel. Aber auch diesen Vorgang verzögert er oft künstlich, indem er sich umwendet und einen Blick auf die Klasse wirft, ob diese auch aufmerksam mitlese. Dann erst schreibt er den englischen Satz.

Nun stehen zwar beide Sätze zugleich an der Tafel, und damit, anscheinend, weniger als eine halbe Sekunde voneinander entfernt – doch nur als statisches Bild, nicht mehr als dynamische Abfolge, die deutlich in zwei verschiedene Signale getrennt werden könnte.

Sie sind nur noch eine unbewegliche Sache, keine Ereignisse mehr. Sie haben damit den Charakter von Reiz und Reaktion verloren.

Menschen (und Tiere) lernen nie ohne Bewegung

Nun aber gilt für jeden Lernprozeß eine fundamentale Wahrheit: Menschen (und Tiere) lernen nie ohne Bewegung.

Die Veränderung, der Wechsel ist die Grundvoraussetzung dafür, daß irgend etwas, ein Gegenstand, eine Person oder gar eine Tat, überhaupt erst in unser Bewußtsein tritt.

Wenn wir in eine neue Umgebung kommen, etwa an einen Urlaubsort, den wir noch nicht kennen, wird unsere Aufmerksamkeit dort am ersten Tage von allen möglichen Gegenständen gefesselt, so tot und unbeweglich sie sein mögen; von Häusern, Palmen, Fernsehantennen und Parkschildern, von jedem Stein, jeder Stufe und jedem Blumentopf.

Nur im Urlaub, wenn wir selbst uns bewegen und der Reiz der Neuheit besteht, sind wir von unbewegten Dingen gefesselt

Es macht nichts aus, daß sie sich selbst nicht regen.

Die Bewegung ist etwas Relatives. Sie ist durch uns in diese Dinge geraten, durch unser Kommen.

Doch wenn wir länger verweilen, merken wir von alledem nur noch, was sich daran verändert.

Was noch am ersten Tag so interessant erschien – eben weil es anders als alles bisher Gesehene war –, hat nun, mit seiner Neuheit, auch sein Leben verloren. Es übt keinen „Reiz“ mehr aus, und das Wort „Reiz“ hat hier unmittelbar lernpsychologische Bedeutung.

Wenn Reize mit ihrer Neuheit auch ihren Reizcharakter verlieren, nennen die Psychologen das „Habituation – Gewöhnung“; und Dinge, die sich nicht von der Stelle rühren, werden dabei zuallererst übersehen und vergessen. Manche Leute halten nur deshalb Haustiere, Hunde, Katzen, Kanarienvögel: weil diese sich bewegen, unterbrechen sie die sonst reizlos gewordene Monotonie.

Es ist kein Zufall, daß der Totstellreflex zum Selbsterhaltungsmechanismus so vieler Tierarten gehört. Auch Menschen üben ihn, instinktiv und mit bewußter Überlegung. Die Sprache sagt, daß man „vor Schrecken erstarren" kann, und jeder Soldat weiß, daß er nachts, wenn eine feindliche Leuchtkugel zum Himmel steigt, am besten regungslos stehenbleibt.

Die mit Kreide hingeschriebenen Sätze „Ich gehe zum Fenster" und „I go to the window" üben ähnliche Wirkung aus, nämlich keine. Statt zu reizen, stellen sie sich tot. Sie sind damit lernpsychologisch wirkungslos geworden.

Geschriebene Sätze stellen sich tot

Sie hätten ihre assoziative, verknüpfende, einprägende Wirkung am besten ausüben können, als sie sich noch bewegten, während sie entstanden, in jenen Augenblicken, da sie der Lehrer hintereinander an die Tafel malte.

Aber diese Augenblicke waren zu lang. Die Stoppuhr beweist, daß zwischen dem Erscheinen dieser beiden Sätze an der Tafel eine Pause von etwa drei bis fünf Sekunden klafft, weit mehr als das optimale Lern-Zeitmaß von einer halben Sekunde.

Der alte Maximilian Berlitz aber brachte das Kunststück fertig, beide Elemente, Wort und Sinn, tatsächlich in der kritischen Sekundenhälfte einander folgen zu lassen.

Seine Lehrmethode verzichtet darauf, Worte und Sätze zweier Sprachen zum Lernen einander gegenüberzustellen, mündlich oder schriftlich. Sie läßt den Sinn eines fremdsprachigen Ausdrucks aus den Bewegungen und Gesten erkennen, die ihn unmittelbar begleiten.

Wenn der Berlitz-Lehrer „I go to the window" sagt, dann tut er das auch.

Wenn er den Satz „I take my hat off" ausspricht, nimmt er tatsächlich den Hut ab.

Wenn er sagt: „my left hand", und dann: „my right hand", hebt er wirklich die Hand, erst die linke und dann die rechte.

Alle diese Handlungen und Gebärden sind von den fremdsprachigen Worten, mit denen sie assoziiert werden sollen, nun *nicht* mehr länger als eine halbe Sekunde entfernt. Sie sind auch *nicht* mehr statisch und reiz-los.

Sie sind somit Elemente eines Lernprozesses geworden, der optimalen Erfolg verspricht.

Der Berlitz-Lehrer bewegt sich; das macht siene Methode so erfolgreich

Sprachen lernen – ohne Umweg

Ein zweiter Vorteil der Berlitz-Methode ist es, daß sie Umwege vermeidet.

Der landläufige Sprachunterricht ist leider manchmal ein komplizierter Eiertanz

Die sonst landesüblichen Gebräuche des Sprachenlernens nähern sich dem Lernstoff leider oft auf sehr verschlungenen Pfaden. Sie sind wie dazu geschaffen, jeden einfachen Lernschritt in einen komplizierten Eiertanz zu verwandeln.

Im normalen Sprachunterricht nämlich werden Vorstellungen und Gedanken nicht direkt in die fremde Sprache übertragen. Der Schüler formuliert sie, wenigstens im Kopf, zunächst einmal in deutschen Worten. Erst dann übersetzt er diese Worte in die Sprache, die er lernen will.

Der Vorstellung des Zum-Fenster-Gehens folgt also nicht sogleich der englische Satz: „I go to the window", sondern zuerst ein deutscher: „Ich gehe zum Fenster".

Aber auch dieser Satz wird nicht sofort ins Englische übersetzt. Das wäre zu einfach.

Denn ist der Schüler, wie zumeist, ausreichend lange mit Syntax und Grammatik geplagt worden, dann greift in seinem Kopf vorerst eine Fülle von Erörterungen Platz, die etwa die Prinzipien des englischen Satzbaus betreffen oder vielleicht die Frage, ob das englische „I" auch wirklich der Nominativ sei, der dem Subjekt eines Satzes zukommt, oder ob der Ausdruck „go", im Zusammenhang mit diesem „I", auch tatsächlich den Singular der ersten Person Präsens darstellt, und ob, und warum, auf englisch so einfach „to the window" gesagt werden kann.

Wie man beim Übersetzen eines ganz simplen Satzes in totale verwirrung gerät

Dazu können dann noch tiefsinnige Reflexionen über die Ausspracheregeln treten, beispielsweise darüber, daß und warum „I" als „ai" ausgesprochen wird und nicht, wie das „i" in „window", als gewöhnliches „i", und daß das „th" im Wort „the", anders als etwa in „than", stimmlos gesagt werden muß und daß das „ow" in „window" dem deutschen Laut „ou" ähnelt, aber nicht einem „au", und welche Regeln (oder Regel-Ausnahmen) das vorschreiben.

Wie man sieht, ist die herkömmliche Methode des Sprachenlernens mittels Satzanalyse, Grammatik- und Ausspracheregeln eine kurvenreiche und verwickelte Angelegenheit. Es spricht für die unbegrenzte Kapazität des menschlichen Geistes, daß auf diese Weise überhaupt etwas gelernt werden kann.

Der alte Berlitz hat auch mit diesem Unfug aufgeräumt. Zwar lehrte er gleichfalls Grammatik, aber nur als Neben- und Beiwerk, gewissermaßen als Alibi der lehr-beamteten Pädagogie gegenüber.

Sonst jedoch lehrte er seine Schüler, vom Gedanken zum fremden Satz nur einen Schritt zu tun – die nötige Assoziation in einem Augenblick zu vollziehen, in einem einzigen Augenblick, in dem sie direkt vollzogen werden kann: in einer halben Sekunde.

So ist die Berlitz-Methode, besonders für das Erlernen der Anfangsgründe einer Sprache, einprägsamer und wirkungsvoller als die der Übersetzung oder der grammatikalischen Konstruktion.

Sie ist ebenso effektiv, wie wenn der Schüler direkt im fremden Land sprechen lernt.

Eine Fremdsprache auf die gleiche Weise wie die eigene Muttersprache zu erlernen, das ist eine feine Sache; nur bei abstrakten und komplizierten Begriffen versagt die Methode, weil sie zu umständlich ist

So lernen auch Kinder ihre Muttersprache. Da wie dort werden Worte und Sätze in unmittelbarem Zusammenhang mit den dazugehörigen Dingen, Umständen und Handlungen gemerkt und innerhalb des psychologisch entscheidenden Zeit-Atoms.

Die Methode verliert jedoch ihre optimale Wirksamkeit, wenn später komplizierte und abstrakte Ausdrücke gelernt werden müssen, deren Bedeutung aus Gegenständen des alltäglichen Lebens oder aus Gebärden des Gesprächspartners allein nicht erkannt werden kann.

Stellen wir uns nur einmal vor, wieviel Umstände und Gesten notwendig sind, um auf diese Weise dem Schüler den englischen Ausdruck „stockbroker" (Börsenmakler) zu erklären. Es genügt keineswegs, wenn der Lehrer einen ehrenwerten Vertreter dieses Berufes in die Unterrichtsstunde mitnimmt. Dieser wird, wenn es sich um einen englischen Börsenmakler handelt, sogar der demonstrativen Definition widerstehen, weil er in seiner Berufskleidung wie jeder andere altmodische Gentleman aussieht. Der Berlitz-Lehrer wird auch damit nichts erreichen, daß er den Schülern eine Börse zeigt, den Ort also, an dem dieser Gentleman seinen Obliegenheiten nachgeht – sie sehen dann ein Haus wie andere Häuser auch, vielleicht etwas altmodischer und pompöser.

Besonders schlimm und schwierig wird das alles bei Worten ästhetischen oder gar philosophischen Inhalts. Dann zeigt sich nämlich, daß nicht nur die Worte gelernt werden müssen, sondern auch, und von Grund auf, die dazugehörigen Begriffe.

Mit der Berlitz-Methode ist das eine mühselige und zeitraubende Angelegenheit, praktisch gleichbedeutend mit der Verwandlung eines ungebildeten in einen gebildeten Menschen. Wenn aber der Schüler in seiner Muttersprache bereits ausreichend Bildung (in diesem Fall: Begriffs-Bildung) besitzt, ist das ein ungeheurer und völlig überflüssiger Umweg.

Wegen eines einzigen Wortes den ganzen Schulweg noch einmal zu gehen – das lohnt sich nicht

Der Arme muß die ganze lange Straße des Lernens von Begriffen, die er schon einmal abgeschritten hat, in einer fremden Sprache erneut durchwandern.

Er müßte seinen Schulweg ein zweites Mal gehen, und beim Lernen einer dritten und vierten Sprache ein drittes und viertes Mal.

Da ist es dann doch besser, wenn der Lehrer das Verfahren mit einem einzigen kurzen Satz vereinfacht: „Stockbroker heißt Börsenmakler."

Kopfgriffe zum Einprägen

Wir sehen, auch die Berlitz-Schule hat ihre Nachteile.

Wie alle Schulen taugt sie überdies vorwiegend zum Lehren, doch kaum oder gar nicht für den Alleingang im Hindernisgarten der Vergeßlichkeit, nicht als Lernmethode, nicht für die rationelle Bewältigung der nötigen Wiederholungen.

Natürlich kann man das Hindernisrennen zu zweit machen, wenn man sich, täglich für eine Stunde, einen Berlitz-Einzellehrer kommen läßt. Aber das reißt enorm ins Geld.

Doch steht uns frei, aus der Praxis der Berlitz-Familie und aus den oben geschilderten theoretischen Erkenntnissen weniger kostspieligen Nutzen zu ziehen.

Wir können dabei vor allem wieder neue Kopf-Griffe lernen.

Schriftliches Lernmaterial prägt sich besser ein, wenn es irgendwie in Bewegung gebracht wird. Dafür gibt es verschiedene Methoden

Der erste und wichtigste Kopf-Griff verschafft schriftlichem Lernmaterial, das tot und damit reiz-los vor uns liegt, durch unsere eigene Aktivität neue Bewegung und damit, psychologisch gesprochen, neuen Reiz.

Wir haben gelernt, daß Bewegung relativ ist. Um sie zu erzeugen, muß sich daher nicht unbedingt der Gegenstand, die Schrift, die Darstellung bewegen, die wir betrachten. Es genügt, wenn *wir* uns in Bewegung setzen, genauer: unsere Augen.

Wenn also die Sätze „Ich gehe zum Fenster" und „I go to the window" unbeweglich vor uns auf der Tafel stehen, dann lassen wir zunächst einmal unsere Augen zwischen beiden Wortgruppen hin und her springen.

Wir sehen zuerst den deutschen Satz an, dann den englischen. Wir wiederholen das, solange wir dazu Zeit haben – bis der Lehrer einen neuen Satz aufschreibt.

Wenn wir nicht selbst umhergehen können, dann lassen wir wenigstens die Augen wandern

Mit diesem Kopf-Griff haben wir die erste Schwierigkeit überwunden, die hier dem Lernen entgegensteht, die Unbeweglichkeit und daher Reiz-Losigkeit des dargestellten Materials.

Wir haben, obwohl er sich selbst nicht bewegt, den Stoff in Bewegung gebracht: Die beiden Elemente, die wir uns merken wollen, springen nun hintereinander ins Zentrum unserer Aufmerksamkeit, als hätten sie Eigenleben gewonnen. Sie erscheinen nun als zwei deutlich voneinander unterscheidbare Reize. Sie können sich damit besser einprägen.

Dabei kommt es wesentlich darauf an, diese beiden – nunmehr künstlich bewegten – Bilder möglichst im Abstand von einer halben Sekunde aufeinander folgen zu lassen.

Dazu ist kein besonderer Kunst- oder Kopf-Griff nötig, das ergibt sich beinahe von selbst. Menschliche Augen bewegen sich „im Augenblick", ganz ohne unser Zutun.

Ehe der Lehrer weiterlehrt, wenden wir einen weiteren Kopf-Griff an: das subvokale Memorieren

Nun aber sind Bilder, wie wir (s. Seite 131) erfahren haben, als solche schlecht und meist nur im Kürzestzeit-Gedächtnis haltbar.

Wir werden daher die Zeit, bis der Lehrer seine nächste Weisheit an die Tafel malt, zweckmäßigerweise gleich zu einem zweiten Kopf-Griff benützen.

Er besteht darin, daß wir sofort auch unser Kurzzeit-Gedächtnis laufen lassen, das subvokale Memorieren, von dem schon im vorigen Kapitel (s. Seite 133) die Rede war.

Wir sagen uns die Worte: „Ich gehe zum Fenster" und : „I go to the window" ganz schnell mehrmals hintereinander vor, je schneller, desto besser.

Es mag eingewendet werden, daß dazu schon etwas Konzentration gehört und daß unkonzentrierte Leute in diesem Stadium des Kopflernens versagen müßten.

Der Einwand gleicht der banalen Feststellung, daß Nichtschwimmer im Wasser nicht schwimmen können. Sie können es aber lernen.

Die sogenannte „Konzentration" ist eben, zumindest auf ihrer untersten Stufe, nichts anderes als lautloses und wiederholtes Beschreiben, Besprechen, Nachsprechen von Informationen; also selbst ein Kopf-Griff, sogar ein verhältnismäßig einfacher.

Freilich muß er ebenso geübt werden wie etwa die Handgriffe des Schreibens, des Krawattenknüpfens, des Autolenkens oder des Nägeleinschlagens.

Konzentration übt man am besten zunächst daheim, im stillen Kämmerlein

Bei dieser Übung kommt es, wie bei jeder anderen, zunächst einmal darauf an, daß sie der Ungeübte in Ruhe beginnt, ungestört von sachfremden Einflüssen, damit am besten daheim; und daß er mit ganz kleinen Übungsschritten anfängt, die dann allmählich zu größerer Belastung gesteigert werden können.

Auch dazu leistet die Lernkartei gute Dienste. Mehr noch: die Kartei kann erst dann richtig genützt werden, wenn „konzentriert" gelernt wird.

In unserer ersten Beschreibung des Lernens mit dieser Kartei wurde (s. Seite 64ff.) dem Schüler empfohlen, er möge nach Besehen jedes Zettels versuchen, sich die Verbindung zwischen der deutschen und der italienischen Vokabel einige Sekunden lang „einzuprägen": die Mutter = la madre; gehen = andare; ich gehe ins Kino = vado al cinema.

Dieses Wort „einprägen" erscheint uns jetzt, im Lichte neuer Lern-Erkenntnisse, wie eine nichtssagende Phrase. Es ist eben wieder eines der vielen unpräzisen Worte, die das *Ergebnis* einer geistigen Tätigkeit beschreiben, in diesem Fall: daß sich der Schüler ein Wort merken soll; nicht aber den *Kopf-Griff,* der dazu nötig ist.

Heute können wir es schon besser sagen. Der erste Kopf-Griff dieses sogenannten „Einprägens" ist das subvokale Memorieren.

Der Schüler entnimmt also der Lernkartei einen Zettel, auf dem, um bei unserem Beispiel zu bleiben, vorne das Wort „Fenster" und hinten „window" eingetragen ist.

Er sieht sich die beiden Worte an und beginnt, sie lautlos zu wiederholen: „Fenster – window – Fenster – window – Fenster – window . . ."

Eine einfache Sache.

Die Worte wiederholen sich im Kopf wie das Echo eines Rufes in einer engen Felsschlucht. Sie hallen nach, um schließlich zu verklingen.

Eine neue Vokabel prägt sich am besten ein, wenn man sie sofort wie ein Echo im Kopf nachhallen läßt

Wenn also der Schüler versucht, sich eine Vokabel „einzuprägen", dann läßt er eine Verbindung wie „Fenster – window" einige Sekunden lang in seinem Kopf nachhallen. Dabei soll er, das wissen wir jetzt auch, diese beiden Wörter in seinen Gedanken möglichst rasch aufeinander folgen lassen – so rasch, daß sie höchstens eine halbe Sekunde auseinanderliegen.

Sehen wir uns nun an, wie der Schüler die Belastung seiner „Konzentration", seines subvokalen Memorierens schrittweise steigern kann.

Er nimmt dazu aus der Lernkartei einen weiteren Zettel, in dem das Wort „window" bereits in Verbindung mit anderen Worten vorkommt. Auf der Vorderseite dieser Karteikarte steht beispielsweise „zum Fenster", auf der Rückseite „to the window". Er memoriert nun ebenso wie vorher: „zum Fenster – to the window – zum Fenster – to the window . . ."

Wieder sehen wir: Lernen ist schrittweises Erweitern von Kenntnissen

Ein dritter Zettel bringt eine noch längere Wortfolge: „ich gehe zum Fenster", und sie wird auf gleiche Weise wiederholt: „I go to the window – ich gehe zum Fenster – I go to the window . . ." und so fort.

Das ist schon etwas schwieriger, besonders für einen Menschen, der seine ersten englischen Worte lernt.

Die Übung läßt sich zu immer längeren und komplizierteren Sätzen steigern: „Ich stehe auf, gehe zum Fenster und sehe hinaus – I get up, go to the window and look out", oder: „Ich stehe auf, gehe zum Fenster, öffne es und sehe hinaus – I get up, go to the window, open it and look out" und so weiter.

So lernt man die Grenzen seines Kurzzeit-Gedächtnisses kennen

So kann jeder die unterste Stufe seiner Konzentration, den Kopf-Griff des subvokalen Memorierens, so lange üben, bis er darin eine gewisse Perfektion erreicht. Er erhöht damit die Belastung seines Kurzzeit-Gedächtnisses Schritt für Schritt, und er lernt die augenblicklichen Grenzen seiner Belastungsfähigkeit kennen.

Er sollte sie nur zögernd und versuchshalber überschreiten. Wenn der Versuch fehlschlägt, ist es besser, wenn er zurücksteckt und sich vorerst mit kleineren Portionen zufriedengibt, sonst verdirbt er sich die Freude an der Sache.

Erinnern wir uns: Jede Tätigkeit, also auch die Übung des subvokalen Memorierens, wird nur verstärkt, wenn sie erfolgreich ist. Wenn sie vorwiegend Mißerfolge bringt, wird sie geschwächt, das heißt: sie verdrießt so sehr, daß der Schüler sie aufgibt.

Eine ganze Lektion auf einmal memorien zu wollen, ist entschieden zuviel

Es ist daher sinnlos, wenn einer versucht, auf diese Weise eine ganze lange Lektion aus dem Lehrbuch zu memorieren. Er nimmt damit, ganz ohne Not, dieselbe Mühe wie ein Schauspieler auf sich, der seine Rolle lernen muß – und den meisten Schauspielern wird ihr Beruf durch das Rollenlernen verekelt.

Manche Leser werden diese lange Erörterung des subvokalen Memorierens banal und überflüssig finden. Sie halten es für natürlich, daß jedermann diesen einfachen Kopf-Griff beherrscht. Sie können ihn, durch Zufall und Glück, und sie schließen von sich auf andere.

Aber so selbstverständlich ist das gar nicht.

Sehr viele Menschen, vielleicht sogar die meisten, sind nur mit größter Mühe imstande, in einer fremden, ihnen neuen Sprache einen Satz wie „I get up and go to the window" mehrmals und schnell zu wiederholen. Sie können das einfach nicht.

Sie werden deshalb von den anderen, „gescheiteren", für „dumm" oder „gedächtnisschwach" gehalten. Aber ist ein Europäer dumm, weil er einen Turban nicht richtig binden, oder ein Beduine, weil er keine Krawatte knüpfen kann?

Ist ein Europäer dumm, nur weil er keinen Turban schlingen kann?

Bleibt noch die Frage offen, warum das Kurzzeit-Gedächtnis und damit die sogenannte Konzentration nicht dadurch am besten geübt wird, daß man die in Frage kommenden Informationen laut memoriert.

Das kann man tun, um erst einmal überhaupt ins Memorieren hineinzukommen, um den richtigen Anfang zu finden, oder zur Kontrolle, ob man auch richtig memoriert hat.

Doch sprechen zwei Gründe dafür, daß die eigentliche Übung lautlos und subvokal vollführt wird. Der eine ist lerntheoretischer Natur: lautlose Worte lassen sich schneller wiederholen als stimmhaft ausgesprochene; der optimale Abstand von einer halben Sekunde wird damit leichter eingehalten.

Der zweite Grund ergibt sich aus der Praxis des Kopf-Lernens. Dieser Lernprozeß muß oft auch dann bewältigt werden, wenn andere Menschen in Hörweite sind, und dann erst recht: gerade von ihnen kommen die meisten Informationen, die der sofortigen und energischer Wiederholung würdig sind.

Ein Mensch aber, der solche Mitteilungen in Gegenwart anderer halblaut immer wieder vor sich hinmurmelt, während seine Gesprächspartner schon zum nächsten Thema übergehen, der käme mit dem Kopf-Lernen nicht sehr weit. Der Lernvorgang würde unangenehm auffallen, wahrscheinlich alsbald durch die Einweisung in eine Klapsmühle unterbrochen werden.

Memorieren ist gut – aber tun Sie es nicht halblaut, sonst landen Sie unversehens in der Klapsmühle

Fruchtbare Störungen

Eine wesentliche Eigenschaft der Konzentration ist es, daß sie sich nicht stören läßt. Auch dazu ist Übung nötig.

Um seine Störanfälligkeit zu prüfen, wird der Schüler zunächst einmal feststellen, wie lang ein Satz ist, den er in aller Stille und Geborgenheit nach einmaligem Lesen fehlerfrei wiederholen kann. Es muß kein fremdsprachiger Satz sein. Auch das Wiederholen längerer und komplizierter deutscher Sätze ist gar nicht so einfach.

Wenn er das festgestellt hat, baut er dann in seine Konzentrationsübung ganz bewußt Störungen ein.

Auch das gehört zum Konzentrationsprogramm: wir bauen bewußt Störungen aller Art ein

Er kann, während er memoriert, beispielsweise das Radio aufdrehen, zuerst leise und später, fortschreitend, immer lauter. Er kann das Fenster öffnen, das er vorher ärgerlich geschlossen hat, weil draußen der Asphalt mit Preßlufthämmern aufgerissen wird. Oder er kann, noch besser, bei seinen gedanklichen Wiederholungsübungen den Fernsehapparat einschalten, wenn gerade ein turbulenter Western auf dem Programm steht.

Er wird dabei meßbar genau feststellen, wie sehr die Störung seine Konzentration mindert, das heißt: die Länge der Sätze verkürzt, die er lautlos vor sich hin wiederholen kann, ohne dabei gedanklich ins Stottern zu geraten.

Wenn er unverdrossen weiterübt, kann er dann auch unter solcher Belastung seine Konzentration von neuem steigern. Er wird dabei eine seltsame und wertvolle Entdeckung machen: daß der Mensch, selbst wenn er lautlos redet, mit verschiedener Intensität und „Lautstärke" zu sprechen vermag – daß er die Kraft seiner „inneren Stimme" trainieren und schließlich mit seinen Gedanken den ärgsten Lärm überschreien kann, obwohl kein Laut über seine Lippen kommt.

Lernen bei Lärm kann eine gute Übung zur Konzentration sein

Das gilt nicht nur für äußere Störungen, auch für solche, die von innen kommen. Wer erst einmal bei der Arbeit das Geschrei und Gekreische eines Beat-Musicals erträgt, den können sogar Sorgen, Angst und Ungeduld nicht mehr so leicht ablenken.

Die meisten Lehrer empfehlen ihren Schülern, in einer möglichst störungsfreien Umgebung zu lernen, weil dann ihre Konzentration besser sei.

Das mag gewiß für die ersten und schwierigsten Phasen des Lernens richtig sein. Sonst aber ist es falsch.

Ein Mensch, und besonders ein Schüler, muß selbst dann konzentriert bleiben können, wenn Störenfriede auf seinen Nerven herumtrampeln – und der Lehrer, der während einer Klassenarbeit argwöhnisch zwischen den Bankreihen umherschleicht, geht mindestens ebenso auf die Nerven wie eine plärrende Fernsehkiste.

Der Schüler muß lernen, seine Fassung in jeder Situation zu bewahren

Auch im Leben und im Beruf werden uns die entscheidenden Leistungen fast immer unter Nervenbelastung abgefordert. Wir sollten rechtzeitig lernen, in solchen Feuerproben die Fassung zu bewahren.

Aber was ist das, „die Fassung"?

Wieder nichts anderes als die Konzentration, die unausgesetzte Erinnerung daran, was wir tun müssen und erreichen wollen.

Mangel an „Fassung", an „Contenance", an „Haltung" ist somit Vergeßlichkeit – das Versagen unseres Kurzzeit-Gedächtnisses, und somit eine Unterbrechung des subvokalen Memorierens eben jener Informationen, die wir im Augenblick am nötigsten brauchen.

Wer die Fassung verliert, dessen innere Stimme hat diese Informationen zu wenig standhaft und zu wenig „laut" vor sich hergesagt.

Der Sinn macht den Witz

Wir wissen nun aber, daß Worte im Langzeit-Gedächtnis des Menschen nicht oder nur schwer halten, wenn ihnen die Begriffe fehlen. Gerade in diesem Speicher jedoch müssen jene Informationen verstaut werden, die wir längere Zeit aufbewahren wollen.

Damit sind wir beim dritten Kopf-Griff angelangt, beim schwierigsten – bei der Verknüpfung von Worten oder Zeichen mit Begriffen, Bedeutungen und Vorstellungen.

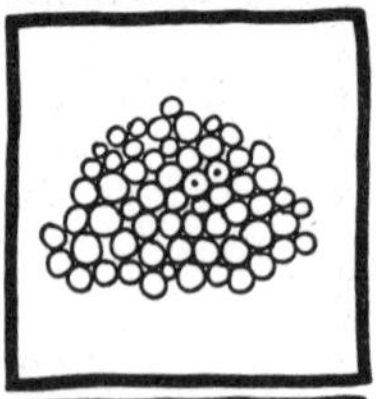

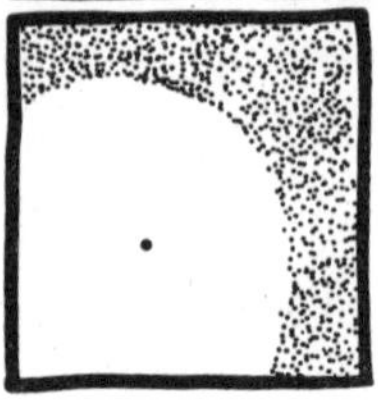

Viele Leute (nicht nur Dichter, auch Lehrer und manche Psychologen) sprechen von „Erinnerungs-Bildern“, und sie glauben, daß sich die wahrgenommene Wirklichkeit im Menschenhirn wie eine verkleinerte, aber mehr oder minder naturgetreue Kopie abbildet (s. Seite 38 und 138ff.).

Die Psychologen, die diese Meinung vertreten, nennen die Spuren der Außenwelt in unserem Gedächtnis deshalb mit einer griechischen Wortkombination „isomorph“, also „gleichgestaltet“. Der sogenannte „Isomorphismus“ nimmt an, daß Häuser in den Nervenzellen des Gehirns wie wirkliche Häuser aufgezeichnet werden, Pferde wie Pferde und die Gesichter von Menschen etwa so, wie sie auf einem Paßfoto erscheinen würden.

Diese Meinung ist sicher falsch.

Die Spuren, die das Merken und Lernen in unserem Gehirn hinterläßt, sind von der Wirklichkeit wahrscheinlich noch verschiedener als die Rillen einer Rolling-Stones-Platte von den Rolling-Stones und ihren Musikinstrumenten.

Das wird deutlich, wenn wir die seitlichen Zeichnungen betrachten, und wenn wir sie dann weglegen und versuchen, sie alle korrekt aus dem Gedächtnis zu rekonstruieren; das wird kaum jemandem gelingen.*

Diese anscheinend sinnlosen Bilder sind sogenannte „Drudels“, gezeichnete Witze, bei denen der Betrachter erraten muß, welche Bedeutung, welchen Sinn sie haben.

Die Drudels (im Ursprungsland Amerika „Droodle“ geschrieben) hier bedeuten, von oben nach unten:

1. Nackttänzerin versteckt sich unter Orangen.
2. Nudist beim Suchen eines Kragenknopfs.
3. Ehemann, wie ihn seine Gattin beim Frühstück sieht.
4. Bazillen distanzieren sich von einem Kollegen, der Penicillin erwischt hat.
5. Kamel vor einer Pyramide.

Wir wissen es jetzt – und schon ist es bei weitem leichter, diese fünf Witz-Zeichnungen sicher im Gedächtnis zu behalten.

* Die Drudels wurden mit Genehmigung des Diogenes Verlags Zürich entnommen dem Band: Roger Price „Sämtliche Drudels“. Studienausgabe in einem Band.

Was ist geschehen? Bisher sinnlose, bedeutungslose Informationen haben für uns Bedeutung gewonnen. Wir können sie deshalb besser merken: die eine oder andere dieser Zeichnungen wird uns, wenn später von Drudels die Rede ist, auch noch nach Jahren einfallen. Das ist der Beweis dafür, daß sie in unser Langzeit-Gedächtnis eingegangen sind, wo sie vielleicht verschüttet, verwechselt oder blockiert, aber nie mehr vergessen werden können.

Diese fünf Drudel sind ein interessantes und lustiges Beispiel dafür, wie scheinbar Sinnloses sinnvoll (und daher merkbar) wird

Wir sehen daraus, wie wichtig es beim Kopf-Sprung vom Kurzzeit- ins Langzeit-Gedächtnis ist, den Lernstoff möglichst sofort mit Begriffen, Bedeutungen und Sinn-Inhalten zu verknüpfen.

Nochmals aber: Was ist das, ein „Begriff", die „Bedeutung", der „Sinn" einer Sache?

Es ist das nicht nur (s. Seite 127) die Beziehung zu bereits Bekanntem und Gelerntem. Wir können einen „Begriff" erst dann richtig „begreifen", wenn wir (s. Seite 142) imstande sind, ihn zum Diener unseres Willens zu machen.

Wir dürfen die Begriffe, die in der Lern-Psychologie eine Rolle spielen, nicht etwa mit denen der Mathematik verwechseln, mit Definitionen wie: Ein Kreis ist der geometrische Ort aller Punkte, die von einem Punkt gleich weit entfernt sind.

Dergleichen merkt man sich schwer, wenn man nicht vorher schon besonders konditioniert und motiviert wurde.

Der lernpsychologisch entscheidende „Sinn" einer Information ist schließlich bei allem und jedem ihr Nutzeffekt: ob der Lernende imstande ist, damit etwas für seine Zwecke Brauchbares anzufangen.

Es genügt auch, wenn er sich das zumindest vorstellen kann.

Der persönliche Nutzwert läßt eine Information wie mit Klebstoff im Langzeit-Gedächtnis haften

Diese persönliche Beziehung allein macht den „Begriff", die „Bedeutung", den Klebstoff, durch den Informationen im Langzeit-Gedächtnis haften. Der „Sinn" im lernpsychologischen Sinn ist der Wert, den das Gelernte für die Bedürfnisse, Emotionen und Willensregungen des Lernenden besitzt.

Wie dieser Speicherungsprozeß vor sich geht, kann durch Worte nur schwer dargestellt werden, weil er kein wörtlicher Vorgang ist, und nicht durch Bilder, weil es dort auch Bilder nicht gibt.

Die „Bilder" in unserem Kopf entsprechen kaum mehr der Wirklichkeit

Wenn wir trotzdem, in einem grob bildhaften Vergleich, von den „Bildern" unserer Erinnerung sprechen, dann muß uns bewußt sein, daß die „Striche" und die „Züge", aus denen sich diese Bilder zusammensetzen, der äußeren Wirklichkeit ganz und gar unähnlich sind.

So sind die „Striche", mit denen sich eine Maschine im Kopf eines Technikers malt, andere als die auf seinem Reißbrett. Sie zeichnen nicht unmittelbar die äußere Gestalt der Maschinerie auf, sondern deren Funktion und Nutzen, und den ihrer Einzelteile. Auf die tatsächliche Form der Maschine kann aus diesen „Aufzeichnungen" im menschlichen Gehirn nur mittelbar geschlossen werden. Gerade deshalb ist es einem Nicht-Techniker kaum möglich, sich eine technische Konstruktionszeichnung zu merken.

Die Katze hängt im Gedächtnis fest, weil sie Mäuse fängt und weil sie schnurrt, wenn man sie streichelt

Der Begriff „Pferd" hängt vorwiegend daran im Gedächtnis fest, daß dieses Tier sich reiten läßt oder einen Wagen ziehen kann, eine „Katze", weil sie Mäuse fängt oder freundlich schnurrt, wenn man sie streichelt, ein „Haus", weil es vor Regen und Kälte schützt, ein bestimmter Mensch durch seine (guten oder schlechten) Taten, eine chemische Formel durch ihre Beziehung zu anderen chemischen Formeln, die insgesamt diesen oder jenen operationalen Wert besitzen – alles und jedes durch seine Verbindung zur menschlichen Motivation.

Die „Züge", mit denen sich in der Erinnerung des Alltagsmenschen der liebe Nächste abbildet, sind nicht mit der realen Form von dessen Nase, Lippen, Stirn oder Backenknochen identisch, sondern mit den durch das fremde Gesicht ausgelösten Emotionen.

Und die Punkte, mit denen das menschliche Gedächtnis die Außenwelt nachzeichnet, bestehen vor allem aus einer Fülle von Plus- und Minuszeichen, Bejahungen oder Verneinungen – um im Schuldeutsch zu bleiben: aus guten oder schlechten Noten, für den Gesamteindruck und für jedes Detail.

Ein besonders schönes Gesicht oder ein besonders häßliches ist leichter zu merken als jedes andere, und das gilt für alle Schönheiten und Häßlichkeiten der Welt. Ästhetik und Kunst, für die in der Reihe der Wissenschaften bisher kein Plätzchen frei schien, erfahren dadurch ihre lernpsychologische Rechtfertigung.

Die wichtigste Frage: Wozu?

Daraus ergibt sich der Kopf-Griff, mit dessen Hilfe wir Bilder oder Worte in unser Langzeit-Gedächtnis übertragen können. Er besteht darin, daß der Schüler jeder neuen Information automatisch mit der Frage „Wozu?" entgegentritt.

Die Anlage zu solchen Fragen scheint jedem Menschen angeboren zu sein.

Das Kind fragt zwar mit dem Wort „Warum?" – aber es meint dasselbe: eine Frage nach Zweck und Sinn. Sie treibt Erwachsene oft fast zur Verzweiflung. Aber nur „dumme" (sie haben es nicht besser gelernt) Eltern unterdrücken sie und zerstören damit eine der Grundvoraussetzungen des Lernens.

Nur dumme Eltern ärgern sich über das pausenlose „Warum?" ihrer Kinder

Freilich wäre es grundfalsch, dieses zum Langzeit-Lernen nötige „Wozu?" nur als Frage nach der Befriedigung von Primärtrieben anzusehen, beschränkt aufs Essen, Trinken und Kopulieren.

Auch trockene Informationen, wie die Definition des Kreises, haben ihren Wert, ihre Brauchbarkeit: ein Kreis ist der geometrische Ort aller Punkte, die von einem Punkt gleich weit entfernt sind. Mit diesem Satz im Kopf und mit Hilfe eines Zirkels läßt sich beispielsweise ganz einfach ein gleichschenkliges Dreieck konstruieren:

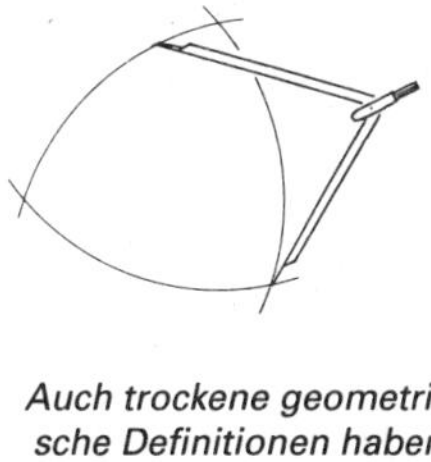

Auch trockene geometrische Definitionen haben praktischen Nutzen. Wir können ein Dreieck konstruieren

Das ist deshalb möglich, weil die Eckpunkte dieses Dreiecks gleich weit voneinander entfernt sind, somit Schnittpunkte und zugleich Mittelpunkte dreier gleich großer Kreise – eine Vorstellung, mit der die Kreisdefinition praktischen Nutzen gewinnt.

Solche „Begriffe" fördern das Merken freilich nur bei Menschen, die bereits geometisch motiviert sind, das heißt: die mit Hilfe der Geometrie etwas erreichen wollen. Wem die Geometrie

Wer sich schwer tut mit abstrakten Vorstellungen, kann sich zum Beispiel die Kreis-Definition mit Hilfe einer eingebildeten Kanone merken.

gleichgültig ist, dem nützen solche Vorstellungen lernpsychologisch nichts.

Er muß die Kreisdefinition anders „begreifen", ihr eine andere „Bedeutung" abgewinnen.

Er kann das vielleicht, indem er sich selbst zum Mittelpunkt ernennt und sich rund um seine Person einen Kreis ausmalt, der alle anderen lästigen Zeitgenossen in gleicher Entfernung abhält; oder als Besitzer eine Kanone, die im Umkreis von zehn Kilometern jeden bösen Feind erschießt; oder als Oberreiter der Spanischen Hofreitschule, um den an der Longe ein Lippizaner im Kreise trabt: dann ist jede Hufspur des stolzen Hengstes wenigstens ungefähr gleich weit von ihm entfernt.

Solche Kopf-Griffe, die Fragen nach dem „Wozu", sollten von jedem Menschen mit größter Beharrlichkeit geübt werden, Tag und Nacht, in jeder Stunde und jeder Minute seines wachen Daseins.

Die Fragen „warum" und „wozu" sind nützlich für unser Gedächtnis

Es sind Fragen der Parteinahme, der sofortigen und unausgesetzten Bewertung aller Ereignisse, Personen, Gegenstände und Informationen, die in das Bewußtsein treten – brauchbar oder nicht, gut oder böse, schön oder häßlich. Nur wer ohne Unterlaß bewertet, kann zugleich auch ein gutes Gedächtnis haben. Es ist kein Zufall, daß alle genialen Menschen zugleich auch leidenschaftlich waren. Sie haben frühzeitig den wichtigsten Kopf-Griff gelernt, das persönliche Engagement, die emotionale Stellungnahme – und sei es zu einer Streitfrage der mathematischen Logik.

Die Wertung muß deshalb nicht richtig, ja nicht einmal vernünftig sein. Sie kann vorurteilsweise geschehen, subjektiv und ungerecht, beeinflußt durch Zorn und Eifer, durch Liebe oder Haß, durch guten oder schlechten Geschmack.

Das schadet nicht. Solange diese Gefühle nicht zum vorschnellen Handeln verleiten, sind sie der beste Kitt, um Neues im Gefüge des Langzeitgedächtnisses festzumauern.

Nur nebenbei und rasch noch ein weiterer nützlicher Kopf-Griff:

Wer sich eine Information merken will, die aus mehreren verschieden schweren Einzelelementen besteht, der tut gut daran, zuallererst an das schwierigste Element zu denken und dann erst an jene, die sich leichter merken lassen.

So besteht beispielsweise eine Adresse aus zwei Elementen, aus dem Namen der Straße und aus der Hausnummer des Adressaten, etwa: Karlstraße 149.

Die „Karlstraße" ist das leichter, die Zifferngruppe „149" das schwerer zu merkende Element. Der routinierte Adressen-Merker denkt, wenn er sich diese Information ins Gedächtnis rufen will, daher zuerst an „149", dann erst an „Karlstraße".

Und hier noch schnell ein Kopf-Griff: Lernen Sie, wenn möglich, zuerst die schwierigen und dann erst die leichteren Teile einer Information

Wer umgekehrt vorgeht, erlebt oftmals die unliebsame Überraschung, daß die kleinere Anstrengung der nachfolgenden größeren gewissermaßen die Luft wegnimmt. Die Ziffer 149 fällt ihm dann nicht mehr ein.

Engländer und Amerikaner schreiben daher ihre Adressen anders und lernpsychologisch besser – 56 Oxford Street, nicht umgekehrt.

Denken in Abkürzungen

Im Jahre 1940 war er ein magerer, krankaussehender junger Mann mit Brille, und wurde doch wie ein Wundertier bestaunt. Er hieß Friedrich Nowakowski und hatte erst vor kurzem seinen Doktor gemacht. Er war Assistent an der Wiener Juristischen Fakultät und schon damals ein hervorragender Jurist, aber das hätte die Studenten, die mit ihm in Berührung kamen, nicht so sehr beeindruckt.

Ihnen imponierte vor allem seine phänomenale Beherrschung der Stenographie.

Ein flotter Stenograph macht steile Karriere

Er konnte, wie selbstverständlich, jede noch so schnelle Rede wörtlich mitschreiben. Er konnte auch, was man noch seltener antrifft, seine Stenographie ebenso mühelos und flüssig lesen, als wäre sie übersichtlich und sauber getippte Maschinenschrift.

Er war überdies imstande, und das verblüffte am meisten, seine eigenen Gedanken ebenso schnell und sogar noch schneller zu Papier zu bringen. So konnte er, binnen weniger Minuten, in stenographischen Stichworten einen Vortrag konzipieren, den er dann, eine Stunde lang, flüssig vor-„las", wenn dafür „lesen" noch der richtige Ausdruck ist.

Es schien, als bestehe zwischen diesem Tempo des Mit-sich-selbst-Mitschreiben-Könnens und der Schnelligkeit seines Denkens eine seltsame und ursächliche Wechselbeziehung – als könne er deshalb so rasch denken, weil er so rasch schrieb.

Einmal, in einem flüchtigen Gespräch zwischen Tür und Angel des Hörsaals, bestätigte er das selbst: „Natürlich, der Mensch denkt ja sehr rasch", sagte er, „nur das Schreiben hält so sehr auf ..."

Gedanken sind rasch, nur das Schreiben hält auf

Dieser Dr. Friedrich Nowakowski ist heute Ordinarius an der Juristischen Fakultät in Innsbruck, einer der angesehensten Strafrechtler Österreichs; und man darf vermuten, daß die Perfektion seiner Stenographie zu seiner wissenschaftlichen Laufbahn wesentlich beitrug.

Denn die im Zeitalter des Diktaphons auch schon von vielen Schreibfräuleins verachtete Kunst der Kürzel und der Sigel ist nicht nur eine servile und subalterne Handfertigkeit. Wenn sie wirklich beherrscht und mit Verstand gebraucht wird, ist sie ein hervorragendes Training des Denkens und damit auch des Lernens in Abkürzungen.

Die Handgriffe des Stenographierens machen nämlich nicht nur die Finger geschmeidig. Sie können ebenso den Geist üben, die Gedanken abkürzen, straffen, vereinfachen und ökonomischer machen.

Stenographie übt den Geist, strafft und kürzt auch die Gedanken

Sie können dazu beitragen, die Vorgänge im Gehirn zu rationalisieren, und vor allem darauf kommt es beim Lernen an.

Der Mensch ist ein „Kürzel"-Tier

Schon die menschliche Sprache ist ein Instrument solcher Rationalisierung.

Jedes ihrer Worte stellt selbst ein „Kürzel" dar, für an sich ungeheuer komplizierte Erscheinungen und Begebenheiten.

Jedes Wort unserer Sprache ist schon ein „Kürzel"

Da sieht jemand ein verhältnismäßig kleines, behaartes Tier mit langgestrecktem Körper und kurzen Beinen, mit weichen Pfoten und Krallen, mit dreieckigen Ohren und Reißzähnen, mit dünnen, langen und senkrecht angewachsenen Schnurrbarthaaren.

Es geht schleichend vorwärts und bewegt dabei den (gleichfalls behaarten) Schwanz wie eine

Schlange. Es schnurrt, faucht oder gibt Töne von sich, die in menschlicher Schrift durch die Buchstaben „miau" ausgedrückt werden können ...

Aber der menschliche Beobachter dieses Tiers hat es nicht notwendig, eine so langatmige Beschreibung von sich zu geben.

Er sagt einfach: „Katze", und jeder versteht ihn.

Ein einziges Wort genügt, um ein Lebewesen zu bezeichnen, dessen vollständige Beschreibung mit anderen Worten viele Seiten füllen könnte.

„Mord" setzt ein gewaltiges Wissen voraus

Oder, um bei der Wissenschaft des Dr. Nowakowski zu bleiben: Ein Jurist sagt „Mord", und er verwendet damit eine Abkürzung für den Tatbestand der absichtlichen, rechtswidrigen Tötung eines Menschen durch einen anderen.

Aber um diese Abkürzung richtig zu begreifen, muß er bereits eine Menge anderer Dinge kennen, den Unterschied zwischen Leben und Tod, die Begriffe des Rechts und der Rechtswidrigkeit; er muß ferner wissen, was unter „Absicht" zu verstehen ist – erst dann kann er, nach den Regeln seiner Kunst, den „Mord" von Totschlag oder der fahrlässigen Tötung unterscheiden.

All diese Worte, „Leben", „Tod", „Recht", „Rechtswidrigkeit", „Absicht" – sie sind gleichfalls wieder Abkürzungen für eine Summe von anderen Worten und die Erscheinungen der Wirklichkeit, die dahinter stehen.

Da gelang 1895 dem Physiker Wilhelm Röntgen die Entdeckung einer „neuen Art von Strahlen", die er selbst als „X-Strahlen" bezeichnete, die aber, nach ihm, im deutschen Sprachraum „Röntgen-Strahlen" genannt werden. Heute steht sein Name als Abkürzung für ein ganzes medizinisches Fachgebiet, für die Röntgenologie.

Da entdeckte der junge Münchner Physiker Mößbauer eine Methode, mit der die von Einstein behauptete Zeit-Dilatation erstmals experimentell bewiesen wurde. Die physikalischen Erscheinungen, die er sich dabei zunutze machte, gingen unter dem Namen „Mößbauer-Effekt" in die Wissenschaft ein – aber diese eine Abkürzung ist nur dem verständlich, der ein Labyrinth von Theorien, Berechnungen und Experimenten übersieht, die ganze moderne Physik.

Abkürzungen sollen Kurz-Beschreibungen sein.

Aber die Kürze ist wichtiger als die Beschreibung selbst. „Omnibus" heißt auf lateinisch „für alle", was immerhin noch aussagt, daß es sich um ein öffentliches Verkehrsmittel handelt. Aber die Abkürzung dieser Abkürzung, das Wort „Bus", ist nur noch eine sinnlose Endsilbe. Trotzdem wird sie verstanden.

Man sagt „Pistolenkugel", oder kürzer noch „Kugel", obwohl die Geschosse von Pistolen längst nicht mehr kugelförmig, sondern spitz zulaufende Zylinder sind. Trotzdem weiß jeder, was gemeint ist.

Wenn die Worte, die Abkürzungen der Realität, zu lange geraten, werden sie regelmäßig nochmals abgekürzt. Das biochemische Material, auf dem unsere Erbanlagen (s. Seite 41/42) aufgeprägt sind, heißt „**D**esoxyribo**n**uklein**s**äure". Doch auch peinlich korrekte Wissenschaftler verwenden dieses Wort-Monster höchstens ein einziges Mal. Dann sagen sie einfach „DNS".

Ist das nicht merkwürdig: alle verstehen, was mit einer völlig sinnlosen Endsilbe gemeint ist

Man sagt „E-Werk", um sich das lange „Elektrizitäts-Werk" zu ersparen, „USA" statt „**U**nited **S**tates of **A**merica", „UNO" statt „**U**nited **N**ations **O**rganization"; und manchmal bringt der Sprachgebrauch Abkürzungen hervor, über deren Herkunft die Sprachwissenschaftler streiten – so den amerikanischen Ausdruck „Jeep" oder „G.I.", die Abkürzung für den gemeinen amerikanischen Soldaten.

Der Mensch wird gern als „zoon politikon", als „gesellschaftliches Lebewesen", bezeichnet. Aber es gibt zahllose Rudeltiere, die in geordneter Gesellschaft mit ihren Artgenossen leben.

Es wäre treffender, den Menschen ein „Kürzel-Tier" zu nennen. Er ist als einziges Lebewesen imstande, für alles, was ihm begegnet, sofort eine Abkürzung zu finden.

Wir merken uns nicht wirkliche Dinge, sondern die dafür erdachten „Kürzel"

Nicht die wirklichen Dinge und Erscheinungen merkt es sich, dieses Kürzel-Tier, sondern die dafür selbsterdachten Kürzel – Worte oder Zeichen. Diese kann es lernen, seinem Gedächtnis einprägen, gedanklich mit ihnen arbeiten, mit ihrer Hilfe sogar, was sonst kein Lebewesen vermag, neue Dinge schaffen und die Welt verändern.

Ohne die Sprache wären Denken und Lernen unmöglich

Das alles wird ihm durch die Sprache möglich. Sie dient nicht bloß der Mitteilung, dem Sprechen, sondern zumindest ebenso dem Lernen und Merken. Ohne sie wäre jede Gedächtnisleistung und das Denken selbst undenkbar.

Auch Zahlen sind Abkürzungen

Manchmal reicht die Umgangssprache nicht aus. Sie ist dann ohne weitere Vereinfachung – also ohne weitere künstlich geschaffene Abkürzungen – außerstande, komplizierte Tatbestände überschaubar genug darzustellen.

Das zeigt sich im Umgang mit Ziffern und Zahlen.

Das Wort „Zahl" ist gleichfalls eine Abkürzung, für Kerben im Holz. Es stammt vom Urgermanischen „talo" und heißt soviel wie „Einschnitt" (auch ein „Tal" ist ein Einschnitt).

Das Zählen und Rechnen war in frühgeschichtlicher Zeit eine mühsame Sache.

Altpersische Feldherren ließen ihre Heere an Töpfen vorbeimarschieren, und jeder Mann mußte einen Stein hineinwerfen. Aus der Zahl der Töpfe, die dabei voll wurden, ließ sich in etwa die Zahl der Männer schätzen – und die Menge an Lebensmitteln, die für die Heerschar herbeigeschafft werden mußte.

Die alten Römer mit ihrem komplizierten Zahlensystem hatten es ganz schön schwer

Die Römer dürften mit ihrem Zahlensystem ebenfalls einige Schwierigkeiten gehabt haben. Das wird klar, wenn man versucht, die beiden Zahlen MDCXXXXVI und CCCXXXXI miteinander zu multiplizieren. Erst seit der Erfindung des Stellenwertes durch die Inder ist das einfacher: 1646 mal 341, das kann jeder Volksschüler.

Auch hier hat der menschliche Kürzungs-Trieb ein kleines Wunder gewirkt. Durch neue, einfachere Abkürzungen wurde das Zählen und Rechnen und damit das Denken in Zahlen enorm erleichtert.

Inzwischen sind neue Formen zählender und rechnerischer Abkürzung ersonnen worden, etwa für die Astronomie oder für die kleinsten Teile der Materie.

Astronomische Entfernungen werden beispielsweise in „Lichtjahren" angegeben. Ein Lichtjahr ist die Strecke, die das Licht in einem Jahr zurücklegt.

Lichtjahre sind nur als „Kürzel" halbwegs begreifbar

Wie viele Kilometer das sind?

Genau 9460500000000 km, eine Zahl, die in dieser Form nur schwer begriffen werden kann. Daher kürzt man sie anders ab, indem man sagt: 9,4605 mal 10^{12} Kilometer.

Der nächste Spiralnebel, im Sternbild der Andromeda, ist von unserer Milchstraße zwei Millionen Lichtjahre entfernt. Wieviel Kilometer?

Genau 18920000000000000000 km. Das kann sich kein Mensch mehr merken. Aber wenn diese Zahl mit Hilfe einer Zehner-Potenz abgekürzt wird, ist sie in ihrer neuen Form 18,92 mal 10^{18} überschaubar und merkbar.

Die Formelsprache der Mathematik ist nichts anderes als ein System von möglichst knappen und präzisen Abkürzungen. Würden mathematische Operationen statt mit solchen Zeichen mit Hilfe von Worten versucht, sie wären undurchführbar.

So scheint es das ganze Geheimnis des menschlichen Lernens, daß sich der Mensch nicht die wirklichen Dinge der Welt und des Lebens merkt, sondern Abkürzungen davon, vereinfachende Namen, und daß er diese Abkürzungen dann weiter zu neuen Kürzeln zusammenfaßt, und so fort.

Wir lernen Abkürzungen von Abkürzungen von Abkürzungen

Drastisch ausgedrückt: Er lernt Abkürzungen von Abkürzungen von Abkürzungen von realen Dingen.

Nur wenn er das fertigbringt, lernt er erfolgreich.

Die heilige Sieben

Die lernpsychologische Bedeutung dieses Denkens in Abkürzungen wurde, theoretisch und experimentell, 1954 vom amerikanischen Psychologen Sidney Smith klargelegt.

Smith ging von der Tatsache aus, daß das menschliche Kurzzeit-Gedächtnis (s. Seite 132) nur begrenzte Fassungskraft hat. Im allgemeinen kann es höchstens sieben neue Informationen zugleich behalten, das heißt: es ist normalerweise außerstande, mehr als sieben solche Informationen hintereinander vor sich hinzuflüstern, ohne daß dabei etwas vergessen wird.

Das ist freilich nur ein grob statistischer Durchschnittswert. Natürlich gibt es Leute, die acht oder sogar neun Informationen auf einmal behalten können, und andere, die nur fünf oder sechs zugleich erfassen.

Dieser Durchschnittswert von sieben zugleich überschaubaren, merkbaren Einheiten aber spielt im menschlichen Denken schon seit grauer Vorzeit eine Rolle.

In den Köpfen von Priestern, Gelehrten und Dichtern hat er magisch-mythischen Charakter angenommen. Die Sieben als „heilige Zahl" taucht immer wieder in allen möglichen Zusammenhängen auf: die sieben Meere, die sieben Weltwunder, die sieben Zwerge, die sieben Himmel, die sieben Todsünden, die sieben Säulen der Weisheit, die sieben Tage der Woche und der Schöpfung.

Die magische Sieben spielt seit grauen Vorzeiten eine wichtige Rolle

Eine siebenstellige Telefonnummer kann man sich, während man von einem Zimmer ins andere geht, zur Not noch merken. Eine acht- oder neunstellige geht oft schon auf diesem kurzen Weg verloren.

Sidney Smith versuchte nun festzustellen, ob diese verteufelt winzige Merk-Menge künstlich vergrößert werden könnte, und es gelang ihm – durch einen verblüffend einfachen Trick, den die Wissenschaft „recoding" nennt, zu deutsch: „Um-Kodieren" oder „Um-Schlüsseln".

Das Zaubermittel: ein neuer Code

„Code" heißt eigentlich „Geheimschrift", „Geheim-Schlüssel", aber ganz allgemein auch „Schrift" überhaupt. Das Wort „recoding" drückt aus, daß Informationen, die bisher in *einem* Code dargestellt waren, in einen *anderen* übersetzt werden, wie das etwa bei der Übersetzung einer

Bilderschrift in eine Lautschrift geschieht, oder bei der Übertragung von Zeichen des Morsealphabets in Buchstaben, oder bei der Übersetzung eines Textes aus einer Sprache in die andere.

In einem inzwischen berühmt gewordenen Selbstversuch bewies Smith, daß die gedankliche Um-Kodierung von Informationen die Fassungskraft des Kurzzeit-Gedächtnisses unmittelbar und beachtlich steigern kann.

Ein Versuch beweist es: man kann die Fassungskraft seines Gedächtnisses erheblich steigern

Sein Experiment setzt die Kenntnis des binären Zahlensystems voraus. Wir wollen es deshalb, ohne seinen Sinn zu verfälschen, ein wenig verändert darstellen, damit es auch für Menschen ohne mathematische Vorbildung verständlich wird.

Zuallererst stellte sich Smith die Aufgabe, eine Abfolge ganz einfacher Informationen wie die hier abgedruckte Reihe von Punkten und Strichen im Kopf zu behalten, und zwar sofort, schon nach einmaligem Durchlesen:

– – . . . – . . – – – . . – –

Versuchen Sie es doch auch einmal!

Es sind insgesamt 16 Punkte und Striche, weit mehr als sieben. Kaum ein Mensch wird fähig sein, sich diese Anhäufung von Zeichen auch nur so lange zu merken, wie er von einem Zimmer ins andere braucht.

Mr. Smith machte das Unmögliche möglich.

Zunächst einmal teilte er die ursprünglich kontinuierliche Reihe von Punkten und Strichen in Zweier-Gruppen auf:

– . / – . / . . / – . / . – / – – / . . / – –

Er formte also aus bisher sechzehn alten acht neue (diesmal zweistellige) Informationseinheiten.

Ein Code rafft Informationen zusammen

Dann überlegte er, wieviel Möglichkeiten es gäbe, um Punkte und Striche zu solchen Zweier-Gruppen zu kombinieren. Es gibt nur vier verschiedene Möglichkeiten, und Smith gab jeder einzelnen einen neuen, eindeutigen und einstelligen Namen, indem er ihr jeweils eine Ziffer von 1 bis 4 zuordnete:

. . = 1
. – = 2
– . = 3
– – = 4

Diese neuen Bezeichnungen 1, 2, 3 und 4, die Abkürzungen also für die neugebildeten Paare, setzte er jetzt anstelle der Zweier-Gruppen ein:

– . / – . / . . / – . / . – / – – / . . / – –
3 3 1 3 2 4 1 4

Er hatte damit die ursprüngliche Gruppe von 16 Punkten und Strichen „umkodiert", indem er sie in einem anderen „Code", und zwar durch Ziffern, darstellte.

Statt sechzehn muß man nur mehr acht Informationen im Kurzzeit-Gedächtnis behalten

Nun war seine Aufgabe schon wesentlich leichter geworden. Er hatte sie halbiert: er mußte nun statt 16 nur noch acht Informationen in seinem Kurzzeit-Gedächtnis behalten, nämlich die Ziffergruppe 33132414.

Wenn es ihm gelang, diese Abfolge von acht Ziffern ohne Fehler unausgesetzt vor sich her zu memorieren, dann hatte er damit zugleich auch die Reihenfolge der 16 Punkte und Striche im Kopf behalten, denn diese läßt sich durch Rückübersetzung aus den Ziffern jederzeit rekonstruieren: 3 = – . , 3 = – . , 1 = . . und so fort.

Dieselbe Methode funktioniert natürlich nicht nur beim Merken der von uns gewählten Reihe von Punkten und Strichen, sondern ebenso bei jeder anderen, so willkürlich, zufällig und verrückt die Punkte und Striche auch angeordnet sein mögen.

Zu diesem Kopf-Griff der Gedächtnis-Stärkung durch Umkodieren ist nur notwendig, daß die Versuchsperson die neuen Zeichen (hier sind es Ziffern) für die Zweier-Gruppen auswendig weiß und daß sie imstande ist, sich eine achtstellige Zifferngruppe wenigstens so lange zu merken, als sie unausgesetzt daran denkt.

Smith schaffte es, aber nicht alle Leute bringen das fertig. Die Aufgabe ist noch nicht einfach genug. Die Zahl der Elemente, die man sich (subvokal memorierend) dabei merken muß, ist noch zu groß, eben immer noch größer als die magische Sieben.

Smith vereinfachte die Aufgabe deshalb noch weiter, indem er die ursprüngliche Punkt-Strich-Reihe jetzt in Vierer-Gruppen auflöste:

– . – . / . . – . / . – – – / . . – –,

und dann, für alle möglichen Vierer-Gruppen von Punkten und Strichen, abermals neue Bezeichnungen erfand, jetzt Buchstaben:

. . . . = A	– . . . = I
. . . – = B	– . . – = J
. . – – = C	– . – – = K
. . – . = D	– . – . = L
. – – – = E	– – . . = M
. – . – = F	– – . – = N
. – – . = G	– – – . = O
. – . . = H	– – – – = P

Eine wirre Reihe von Punkten und Strichen – durch einen „Code" merkbar gemacht

Nun war Mr. Smith eine Weile beschäftigt.

Er mußte die neuen Zeichen, die Abkürzungen für seine Vierer-Gruppen, auswendig lernen. Das kostete Zeit und Mühe, aber nicht mehr, als beispielsweise zum Erlernen des Morsealphabeths nötig ist.

Dann aber, mit diesem neuen „Code" für alle möglichen Vierer-Gruppen im Kopf, war das Merken von 16 willkürlichen aufeinander folgenden Punkten und Strichen für den genialen Amerikaner nur noch ein Kinderspiel.

Er teilte schon beim ersten Lesen der Punkt-Strich-Reihe jeder Vierer-Gruppe ihren neuen Namen zu:

– . – . / . . – . / . – – – / . . – –,
L D E C

wodurch unsere 16stellige Reihe von Punkten und Strichen in eine nur vierstellige Reihe von Buchstaben verwandelt wurde.

Diese Reihe L D E C konnte er sofort und mühelos im Kopf behalten. Jeder kann das.

Ein Zahlen-Code ist nicht so leicht merkbar wie ein Buchstaben-Code

Und weil er wußte, *was* diese Buchstaben abkürzen, reproduzierte er aus ihnen, jederzeit und auf Abruf, ebenso leicht und rasch auch die 16teilige Punkt-Strich-Reihe, was *zuvor* nicht oder kaum möglich gewesen war:

L = – . – ., **D** = . . – ., **E** = . – – –, **C** = . . – –

Wiederum läßt sich, wenn man den Buchstaben-Code erst gelernt hat, dasselbe Lern-Kunststück natürlich nicht nur mit unserer Punkt-Strich-Reihe vollführen, sondern ebenso mit jeder denkbaren anderen, die in Vierer-Gruppen eingeteilt werden kann.

Der Holzkopf als Gedächtnisgenie

Wir sollten uns nicht verleiten lassen, dieses Experiment des Mr. Smith als billigen mnemotechnischen Trick abzutun, wie ihn professionelle Rechenkünstler benützen, die ein Varietépublikum in Erstaunen versetzen wollen.

Es stimmt freilich, daß solche Kopf-Gaukler bei ihren verblüffenden Vorführungen ähnliche Methoden des Umkodierens verwenden.

Aber der Psychologe Sidney Smith zeigte mit seinem Experiment viel mehr als nur einen billigen Kunstkniff. Er bewies, wenn auch vorerst nur beim kurzzeitigen Merken von Strichen und Pünktchen, daß der Mensch, und zwar *jeder* Mensch, durch eine einmalige Lernanstrengung sein „Gedächtnis" vervierfachen kann.

Jeder Mensch kann sein „Gedächtnis" durch eine einmalige Lernanstrengung vervierfachen

Dabei ging er (wie wir sein Experiment dargestellt haben) von einer besonders anspruchslosen Basis aus, von der dürftigen geistigen Kapazität eines Holzkopfes, dessen Kurzzeit-Gedächtnis nur *vier* Informationen auf einmal verkraften kann, also gewissermaßen von einem Existenzminimum des Erinnerungsvermögens.

Trotzdem kann, nach der Smith-Methode, solch ein Holzkopf plötzlich mit einer Merk-„Leistung" von 16 Einheiten prunken, während ein Gedächtnisgenie ohne diese Methode höchstens neun oder zehn Einheiten zugleich behalten könnte.

Verallgemeinert und auf andere Gebiete des Merkens und Lernens übertragen, bringt Sidney Smiths Experiment eine geradezu sensationelle Erkenntnis.

Es macht klar, daß der Holzkopf wesentlich „gescheiter" sein kann als ein Genie, wenn er seine Informationen entsprechend rationell kodiert.

Der Versuch läßt ferner ernsthafte Zweifel aufkommen, ob die landläufige Unterscheidung zwischen „Holzköpfen" und „Genies" überhaupt einen vernünftigen Sinn hat.

Wahrscheinlicher und plausibler ist es, daß der ganze Unterschied zwischen „gedächtnisstarken" und „gedächtnisschwachen" Leuten nicht oder nur ganz zuletzt in der verschiedenen Qualität ihres Schädelinhalts zu suchen ist, sondern eher in der Brauchbarkeit der Methoden, mit denen sie Informationen abkürzen und umkodieren.

Das Experiment des Amerikaners ließe sich nämlich durch einen zusätzlichen Kodierungsvorgang weiter ausdehnen, wodurch noch erstaunlichere „Gedächtnis"-Leistungen möglich würden: die Versuchsperson könnte nun auch die Buchstaben A bis P zu neuen Vierer-Kombinationen zusammenfassen und diese mit neuen Namen versehen, beispielsweise mit menschlichen Vornamen

AAAB hieße demnach etwa Adalbert, AAPI Alberich, PLAA Paula.

Für alle möglichen Vierer-Gruppen dieser Art wären dann $16^2 = 256$ Vornamen nötig – und sehr viel Zeit und Anstrengung, um sie alle auswendig zu lernen.

Auch das kann geschafft werden, sogar von einem Holzkopf. Es ist nur sehr langweilig.

Doch wäre diese Aufgabe erst einmal bewältigt, dann könnte derselbe Holzkopf, indem er beim Lesen einer beliebigen Punkt-Strich-Reihe jede Vierergruppe in einen Buchstaben und je vier Buchstaben sofort in einen Vornamen übersetzt, mit vier Vornamen nicht weniger als 64 Punkte und Striche im Kopf behalten.

Sein Publikum würde vor Bewunderung außer sich geraten.

Trotzdem ist an dieser Leistung nichts Wunderbares. Sie wird, in ganz ähnlicher Form, von jedem Funker vollbracht, der das Morsealphabet beherrscht.

Auch er faßt Pfeiftöne – Punkte und Striche in akustischer Darstellung – zu Gruppen mit Buchstabenbedeutung zusammen, ganz automatisch und ohne nachzudenken. Er hört dann nicht mehr . – , sondern **a** , nicht mehr .–.. , sondern **l** . Er hört

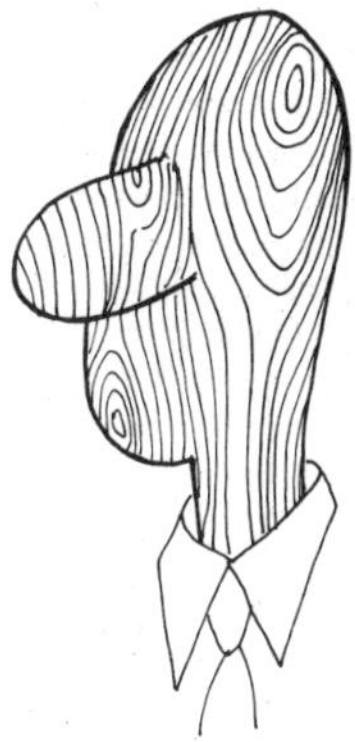

Ob Holzkopf, ob Genie – der Unterschied liegt nicht in Schädelform oder Inhalt, sondern in den Methoden, abzukürzen und umzukodieren

Funker und Arzt – sie arbeiten nach derselben Methode

schließlich, wenn er ein geübter Funker ist, nicht mehr die Buchstaben einzeln für sich, sondern ganze Worte und Wortgruppen.

Er tut, genaugenommen, nichts anderes als unser Mr. Sidney Smith.

Und natürlich kann er es ebensogut umgekehrt tun, indem er die Worte in Buchstaben auflöst und diese wieder in die Punkte und Striche des Morsealphabets. Dann sitzt er an der Taste und hämmert drauflos – es ist derselbe Vorgang.

Dasselbe tut schließlich auch ein Arzt.

Schon als Kind, lange bevor er Medizin studierte, hat er den Code der Umgangssprache gelernt. So kennt er dann die Bedeutung von Worten wie „Schmerzen", „Stecknadel", „Bläschen", „gerötet", „geschwollen", „Haut", „Inhalt" und so fort.

Er weiß, welche Erscheinungen durch diese Ausdrücke dargestellt und abgekürzt werden.

Und dann tritt ihm eines Tages in seiner Praxis ein Patient entgegen, der an folgenden Symptomen leidet:

- Neuralgische Schmerzen;
- stecknadelgroße und leicht gedellte Bläschen an einer geröteten und geschwollenen Hautstelle in den Zwischenrippenräumen;
- der Inhalt der Bläschen ist blutig gefärbt;
- die Bläschen sind streifenförmig angeordnet;
- sie machen vor der Mittellinie des Leibes halt;
- sie bilden Krusten und heilen dann ab;
- die Schmerzen halten auch noch wochenlang später an.

Das Codewort „Gürtelrose" hilft dem Arzt bei Diagnose und Therapie

Alle Worte dieser Krankheitsbeschreibung sind selbst schon „Kodierungen", Abkürzungen der Wirklichkeit. Die Gesamtbeschreibung, das „Syndrom", wie die Mediziner sagen, ist ebenso eine Abkürzung.

Aber damit wird sich der Arzt nicht zufriedengeben. Er „kodiert" nun auch alle diese Worte neu, gibt ihnen einen Sammelnamen, faßt sie in einer höher geordneten Abkürzung erneut zusammen.

Er tut das, indem er eine „Gürtelrose" diagnostiziert.

Mit diesem neuen Code-Wort im Kopf kann er nun wesentlich einfacher weiterdenken. Es wird zum Schlüsselwort, zum Stichwort für die Methoden der Heilung oder Linderung, die der Arzt gleichfalls irgendwo in seiner Erinnerung verstaut hat, ebenso unter passenden Code-Worten eingeordnet.

Ohne dieses Schlüsselwort „Gürtelrose" aber wäre das Auffinden geeigneter Therapie-Methoden im Gedächtnis des Mediziners eine ungemein komplizierte Leistung – zumindest ebenso schwierig, wie wenn jemand im Lexikon die Lebensgeschichte eines Staatsmannes sucht, dessen Namen er vergessen hat.

Ähnliche Operationen des Abkürzens und Kodierens spielen sich tagtäglich vor unser aller Augen ab.

So wäre es völlig unmöglich, all die im Fernsehen angepriesenen Waschmittel auseinanderzuhalten, hätte nicht jedes einzelne einen möglichst einprägsamen Namen. Von der Erfindung solcher Code-Worte lebt die moderne Werbung.

Ebenso schwierig wäre es, die vielfältigen Erzeugnisse der Autoindustrie voneinander zu unterscheiden, hätte nicht jedes einen eigenen Firmen- und Typennamen; und kaum jemand wäre imstande, sich unter einem ganz bestimmten Duftwässerchen irgend etwas Bestimmtes vorzustellen, hätten die Erzeuger dafür nicht vorsorglich die Abkürzung „4711" oder „Chanel Nr. 5" erfunden.

Die moderne Werbung wäre undenkbar ohne jene Code-Worte, die auch in der Lernpsychologie eine so hervorragende Rolle spielen

Das gilt ebenso für den Sport. Ein „Doppel-Axel" oder ein „Dreifacher Rittberger" – Begriffe, die uns in jedem Kommentar über Eiskunstlauf begegnen – kann rationell nur im Gedächtnis behalten werden, weil er einen Namen hat, und selbst die einfachen Regeln des Fußballspiels sind nur merkbar, weil es Ausdrücke, Code-Worte, Abkürzungen wie „Tor", „Foul", „Eckball" und „Aus" gibt.

Die Methode solchen Kodierens verbessert nämlich nicht nur die Leistungen unseres Kurzzeit-Gedächtnisses. Wenn eine Information im Kreisverkehr dieses kurzfristigen Speichers lange genug umgewälzt wurde, steigt sie schließlich auch in das Langzeit-Gedächtnis auf. Das richtige Kodieren ist somit die Voraussetzung dafür, daß wir irgend etwas für längere Zeit im Gedächtnis behalten können.

So scheint es tatsächlich, daß das Kürzeltier Mensch seine geistigen Fähigkeiten vorwiegend der Methode verdankt, reale Tatsachen durch Abkürzungen in seinem Gedächtnis festzunageln, wie auch ein Stenograph die Worte eines Redners nur mit den Zeichen seiner Kurzschrift festhalten kann.

Die meisten „vergeßlichen" und „dummen" Menschen haben es nur versäumt, die richtigen Kürzel zu lernen

Wenn ein Mensch die Abkürzungen nicht beherrscht, die dafür nötig sind, die Wirklichkeit in seiner Erinnerung niederzuschreiben, dann nennt man ihn „vergeßlich" oder gar „dumm".

In Wahrheit geht es ihm wie einem schlechten Stenographen, der seine Kürzel nicht gelernt hat.

Wortschatz ist gleich Merkschatz

Aus all dem ergibt sich eine Fülle von Hinweisen für das praktische Lernen.

Zunächst einmal der erste und wichtigste: die Sprache und ihre Worte sind das älteste und, immer noch, umfassendste System von Abkürzungen, mit deren Hilfe der Mensch Informationen erfassen und in seinem Gedächtnis speichern kann.

Daraus ergibt sich ganz allgemein, daß das Erinnerungsvermögen eines Menschen um so besser und präziser sein muß, je größer sein Sprach- und Wortschatz ist.

Leider wird hier oft die Ursache mit der Wirkung verwechselt.

Je größer der Wortschatz, desto größer das Erinnerungsvermögen

Ein gutes Gedächtnis ist nicht Ursache, nicht die Voraussetzung dafür, daß jemand viele Worte kennt, sondern umgekehrt. Der große Wortschatz ist zumeist die Ursache für das bessere Erinnerungsvermögen, für die erhöhte Fähigkeit, sich Worte oder Tatsachen zu merken.

Ein Schauspieler merkt sich seine Rollen nicht deshalb, weil er ein besseres Gedächtnis hat. Er hat ein besseres Gedächtnis, weil er so viele Rollen lernen muß. Schauspieler sind im allgemeinen sehr gute Erzähler. Ihre Sprach-Beherrschung, im Beruf erworben, erlaubt ihnen auch, ihre privaten Erlebnisse besser zu behalten als andere Leute.

Dabei kommt es allerdings nicht auf den sogenannten „passiven" Wortschatz an, also auf die Summe der Worte, die jemand versteht, wenn er sie hört oder liest.

Auf den aktiven Wortschatz kommt es an!

Entscheidend ist allein der „aktive" Wortschatz, jener Vorrat an Worten also, die dem Menschen von sich aus einfallen, wenn er irgendein reales Ereignis wahrnimmt oder wenn er irgendeinen Gedanken faßt.

Nur mit diesen ihm selbst verfügbaren Worten kann jemand seine Sinneseindrücke oder Überlegungen so kodieren, daß sie sich seiner Erinnerung einprägen.

Fremde Worte sind dafür wertlos, auch wenn er sie noch zur Not versteht. Er befindet sich, solchen nur passiv beherrschten Worten gegenüber, in der Rolle eines Feinschmeckers, der gutes Essen zu würdigen weiß – ein guter Koch ist er deshalb noch lange nicht.

Die Lehre daraus besteht leider nicht aus einem einzigen Kopf-Griff, der in einer einmaligen Anstrengung gelernt und eingeübt werden kann. Sie macht vielmehr unablässige Bemühung nötig, nimmermüden Fleiß im Erlernen neuer Worte.

Auf den ersten Blick scheint das eine endlose, aussichtslose Sisyphus-Arbeit. Aber so ungeheuer ist dieser vermeintliche Kraftakt auch wieder nicht.

Wer ihn einmal ernsthaft beginnt, dem kommt bald (s. Seite 152) der Berlitz-Effekt zu Hilfe, die herzerfrischende Tatsache, daß jedes neugelernte Wort das Lernen von zwei weiteren neuen Wörtern wesentlich erleichtert.

Der alte Maximilian Berlitz hat, dank diesem Phänomen, fünfzig Fremdsprachen erlernt.

Hier aber geht es darum, unserem aktiven Sprachschatz möglichst viel Worte der Muttersprache einzuverleiben.

Löcher im Wortschatz sind Löcher im Gedächtnis

Das halten heute leider die meisten Menschen für überflüssig. Sie können sich ausdrücken, und das genügt ihnen. Daß sie immer dieselben Worte gebrauchen und daß sie damit nur sehr ungenau sagen, was sie sagen wollen, stört fast niemanden. Sie merken es selbst kaum mehr.

Sprachliche Unbeholfenheit wird allgemein toleriert, wenn sie durch stereotype Redewendungen verschleiert werden kann; und es gilt keineswegs als außergewöhnlich dumm, wenn ein deutscher Mitbürger dem anderen seine Meinung über einen Theaterabend (oder auch nur einen Fernseh-Krimi) mit den Worten kundtut: „Mensch, das war Klasse!"

Sind Sie auch so ausdrucksarm, daß Ihnen als höchstes Lob nur „Mensch, das war Klasse" einfällt?

Der Anreiz, sich neue und möglichst viele Worte anzueignen, ist damit verlorengegangen.

So haben die meisten Zeitgenossen, auch sogenannte Gebildete, nur einen sehr beschränkten aktiven Wortschatz. Das merkt man nicht nur an der Dürftigkeit von Politikerreden, sondern beispielsweise auch an den Schwierigkeiten, mit denen manche Berufsdolmetscher zu kämpfen haben, wenn sie eine fremdsprachige Rede übersetzen sollen.

Selbst Berufsdolmetscher scheitern häufig an der Aufgabe, sich in der Muttersprache korrekt auszudrücken

Sie scheitern dann nicht daran, daß sie zu wenig Englisch, Französisch oder Italienisch können. Sie können zu wenig Deutsch. Sie geben sich zufrieden, wenn sie die fremden Ausdrücke ungefähr und sinngemäß ins Deutsche übertragen können, und nehmen sich nicht die Mühe, nach passenden Worten zu suchen, die in ihrem aktiven Sprachschatz bisher nicht vorrätig waren.

Aber gerade das Übersetzen ist, wenn es peinlich genau geschieht, ein hervorragendes Mittel zur Wortschatz-Bereicherung in der Muttersprache. Deshalb können Menschen, die berufsmäßig fremde Literatur übersetzen, sehr oft auch in ihrer eigenen Sprache Literatur produzieren, und viele Schriftsteller haben so ihre Karriere begonnen.

Ihr Beispiel zeigt uns einen praktischen Weg, wie wir unseren Wortreichtum vermehren und damit unser Erinnerungsvermögen stärken können.

Dichterfürsten als Deutschlehrer

Indem wir eine fremde Sprache lernen, zwingen wir unser Gedächtnis, zahllose deutsche Worte zu „aktivieren", die bisher ein passives Schattendasein führten; und jedes Wort, das wir so für den Eigengebrauch verfügbar machen, wird dadurch zu einem der „Kürzel", die wir zum Merken und Lernen überhaupt benötigen.

Das Lernen von Fremdsprachen ist deshalb, weil damit notgedrungen auch mehr Deutsch gelernt werden muß, direkt und unmittelbar gedächtnisfördernd.

Wer eine Fremdsprache lernt, lernt nebenbei auch mehr Deutsch

Trotzdem ist die Methode, wie sie gemeiniglich geübt wird, ziemlich ziel- und systemlos, und der Effekt hängt weitgehend vom Zufall ab.

Wir wollen deshalb überlegen, wie wir in die Sache etwas mehr System bringen können.

Nehmen wir an, einer von uns wolle sich Hermann Hesse als Deutsch-Lehrer nehmen, weil er die Vielfalt und Tiefsinnigkeit der Wortbilder dieses Dichters bewundert: dann beschaffe er sich zu einem der Werke des Meisters eine gute fremdsprachige Übersetzung, und zwar in einer Sprache, die er schon leidlich beherrscht oder zumindest lernen möchte.

Allerdings sollte man auch hier mit System arbeiten und lernen

Das ist nicht ganz leicht, aber in jeder größeren deutschen Stadt gibt es Buchhändler, die auch solche Bestellungen bewältigen.

Hat unser Schüler nun endlich den englischen, französischen oder italienischen Hesse zur Hand, dann fange er zunächst in seiner deutschen Ausgabe zu lesen an, so lange, bis er einen Satz mit Worten findet, die ihm besonders gefallen.

Nun kann er wieder einmal die Lernkartei zu Hilfe nehmen.

Auch zum Erweitern des aktiven deutschen Sprachschatzes ist unsere Lernkartei äußerst nützlich

Er schreibt den Satz, der ihm so schön dünkt, auf einen Karteizettel, nur diesmal die fremdsprachige Fassung vorne und die deutsche hinten hin: denn diesmal will er nicht englische, französische oder italienische Ausdrücke, sondern *deutsche* Worte lernen. Daß gewissermaßen als Nebenprodukt auch fremdsprachige Kenntnisse abfallen, ist zwar begrüßenswert, aber nicht die Hauptsache.

So geht er Satz für Satz seinen ganzen Hesse durch. Immer wieder sucht er nach Worten, die ihn wegen ihrer Schönheit und Ausdruckskraft reizen und die er deshalb zur eigenen, aktiven Verfügung haben möchte, und überträgt sie, zusammen mit ihrer fremdsprachigen Übersetzung, auf die Zettel seiner Lernkartei.

Wenn er genug Vorrat hat, kann er dann die eigene Sprache ebenso lernen wie eine fremde. Die fremden Worte und Sätze sind dann die Fragen, die ihm die Lernkartei stellt, und die deutschen sind die Antworten, die er auf diese Fragen geben muß.

Ich kann mir vorstellen, daß jetzt etwelche tiefsinnige Germanisten die Hände über den Kopf zusammenschlagen und einwenden, durch solch mechanische, schematische Lernanstrengung würden nur Schablonen gelernt.

Das stimmt.

Aber jedes Wort jeder Sprache, auch der des brillantesten Dichters, ist nichts als Schablone.

Der Dichter unterscheidet sich von unsereins nur dadurch, daß er für seine Vorstellungen und Gefühle unendlich mehr Wort-Schablonen besitzt als der gewöhnliche Sterbliche. Der Wortreichtum eines Dichters läßt sich ebenso lernen wie jede andere Wissenschaft. Daß seine Vorstellungen und Gefühle vielleicht nicht erlernbar sind, steht auf einem anderen Blatt.

Machen Sie Jagd auf neue Worte; selbst der Wortreichtum eines Dichters läßt sich erlernen

Alles in allem: Wer lernen, Augen und Gehör schärfen, sein Gedächtnis stärken will, der möge Jagd auf Worte machen, in trockenen Fachschriften ebenso wie in den Werken von Dichtern.

Er soll jedes neue Wort, dessen er habhaft werden kann, wie eine kostbare Beute behandeln.

Er soll es drehen und wenden und von allen Seiten besehen. Er soll es betasten, beriechen und schmecken, im Mund zerkauen und auf der Zunge zergehen lassen, bis es ganz sein geworden ist, ein körpereigenes Werkzeug wie die Zellen des Gehirns, in denen es fortan bereit liegt – als Kürzel für die Wirklichkeit, die er sonst nicht begreifen könnte, als Schlüssel zum besseren Verständnis der Welt.

Natürlich können Worte, wie jedes andere Werkzeug auch, versagen oder mißbraucht werden. Aber wer sie verachtet, setzt sich auf die Stufe des stummen Tiers herab. Ohne die gedanklichen Abkürzungen der Realität, ohne Namen und Worte gibt es weder menschliches Denken noch menschliche Erinnerungen.

Diese letzte Erkenntnis der Lernpsychologie

verleiht den für uns unbegreiflichen Bemühungen jener tibetanischen Mönche, die Generationen hindurch nach dem „wahren Namen Gottes" suchten, tiefere symbolische Bedeutung und dem ersten Satz des Johannesevangeliums neuen Sinn: „Am Anfang war das Wort . . ."

Das „Aha-Erlebnis"

Auf den Spuren kriegführender Lerntheoretiker

Seit etwa 80 Jahren ist die Welt der Psychologie in zwei gegnerische Lager gespalten. Sie bekämpfen einander, als würden sie nicht nur durch wissenschaftliche Differenzen getrennt. Ihre Abneigung ist so groß, daß sie manchmal an die Feindschaft von kriegführenden Völkern erinnert.

Sie streiten darum, auf welche Weise das menschliche Lernen und Denken am besten zu erklären, zu begreifen sei.

Das ist auch unser Thema. Der Leser wird deshalb um Geduld gebeten, wenn wir nun ein wenig den Kriegspfaden der eifernden Theoretiker folgen.

Die eine Partei wird durch die sogenannte „Gestalt-" oder „Ganzheitspsychologie" repräsentiert. Sie meint, daß jeder echt menschliche Lern- und Denkvorgang in sogenannten „Gestalten" ablaufe, in großen Einheiten, die auch als „Figuren", „Gebilde" oder „Strukturen" bezeichnet werden – in Komplexen, die mehr und andres seien als die Summe ihrer Teile.

Wie geht das Denken eigentlich vor sich?

Die Gestaltspsychologie meint, es sei unmöglich, diese gedanklichen „Gestalten" in ihre Elemente zu zerlegen. Nur deren Ganzheit könne gemerkt und gelernt werden, nicht deren Einzelteile. Solch eine „Gestalt" sei beispielsweise eine Melodie, die sogar wiedererkannt wird, wenn man jeden ihrer Töne in eine andere Tonlage versetzt: diese „Transponierbarkeit" von Melodien ist einer der beliebtesten Beweise für deren angebliche „Gestalt-Qualität".

Eine weitere Eigenschaft der „Gestalt" sei deren Überschaubarkeit. Was überschaubar ist, habe im Kopf des Menschen schon dadurch „Ganzheits-Charakter".

Die gegnerische Partei kann unter dem Sammelnamen „elementaristische Psychologie" oder „Behaviorismus" vorgestellt werden. Sie hält die Begriffe der Gestaltpsychologie für Hirngespinste und unwissenschaftliche Schaumschlägereien (s. Seite 36).

Sie glaubt, daß das menschliche und ebenso das tierische Verhalten („behavior") am besten verstanden werden kann, wenn man es in seine Elemente zerlegt und diese Stück für Stück untersucht.

Die Kriegsnamen der beiden Parteien haben sich in den letzten Jahrzehnten verändert.

Die Nachkommen der alten Gestaltlehre bezeichnen sich heute als „kognitive" Psychologen (vom lateinischen „cognitio", „Erkenntnis").

Auch der Ausdruck „Gestalt" ist nicht mehr so modern. Statt dessen spricht man, ein wenig komplizierter, von „kognitiven Strukturen".

Die Erben des elementaristischen Behaviorismus tragen nun den Namen „Reiz-Reaktions-Theoretiker".

Für uns, die wir das Lernen lernen wollen, ist diese jetzt schon uralte Fehde nur in einem einzigen Punkt wirklich interessant. Er betrifft den lange Zeit rätselhaften Vorgang, den die Psychologie als „Einsicht" bezeichnet.

Der Gestaltpsychologe Max Wertheimer nennt diese Einsicht ein „Einschnappen" oder „Ineinanderkippen", eine „Umstrukturierung" oder „Umorganisierung" von Gestalten oder Figuren.

Ein anderer Ganzheits-Lehrer, Wolfgang Köhler, demonstrierte das Zustandekommen der Einsicht in einem berühmt gewordenen Tierversuch.

Das „Einsichts"-Erlebnis eines Affen

Er legte außerhalb eines Schimpansen-Käfigs eine Banane aus, aber so weit vom Käfig entfernt, daß der Affe sie nicht mit den Händen erreichen konnte.

Im Käfig, in Griffweite des Tieres, ließ er einen Stock liegen.

Der Affe versuchte nun eine Weile vergeblich, die Banane mit ausgestrecktem Arm zu erreichen. Dann hielt er eine Weile inne, und es schien, als prüfe er denkend die Situation. Und dann, ganz plötzlich, griff er nach dem Stock und angelte die Banane zu sich heran ...

Dem Affen war, wie Köhler es nannte, in diesem Augenblick die „Einsicht" gekommen, wie er sein Problem lösen könne.

Ein dritter Gestaltpsychologe, Karl Bühler, erfand dafür einen weiteren und noch populäreren Namen. Er nannte die Einsicht „Aha-Erlebnis", den Seufzer der Beglückung festhaltend, mit dem Menschen (und vielleicht auch Tiere) die Lösung eines Problems begrüßen.

Der selige Augenblick einer neuen Erkenntnis durch Einsicht. Manche Wissenschaftler nennen es auch das „Aha-Erlebnis". Im Volksmund heißt es, daß jemandem „der Knopf aufgegangen" sei

Heute sagt man, daß es sich hier um ein „kognitives" Erlebnis handelt, um den Geburtsakt einer neuen Erkenntnis: Köhlers Schimpanse hat damit dasselbe erlebt wie weiland Archimedes, als er in der Badewanne das Archimedische Prinzip (die Menge des verdrängten Wassers = dem Rauminhalt des ins Wasser getauchten Körpers) entdeckte und darauf frohlockend sein „heureka!" sprach – „ich habe es gefunden!"

Solche Einsichts-Erlebnisse, meinen die Gestaltpsychologen, verraten den Augenblick des Entstehens einer neuen Gestalt oder, wie es heute heißt, einer neuen „kognitiven Struktur". Eben deshalb sei das Lernen durch Einsicht dem mechanischen Memorieren, dem Auswendiglernen so sehr überlegen.

Die Reiz-Reaktions-Theoretiker bestreiten, daß daran etwas Besonderes sei.

Ist „einsichtiges" Lernen dem Auswendig-Lernen überlegen?

Skinner stellt das „einsichtige Lernen" einfach als ganz besonders schnellen Lernvorgang hin. Im übrigen aber glaubt er, daß am besten in kleinen Schritten, durch „graduelle Annäherung", gelernt werde – ganz ähnlich, wie seine berühmte, durch Futterkörner verstärkte Taube lernte.

Thorndike meint, daß Einsicht am ehesten dann entstehe, wenn der Mensch möglichst viele Details kenne, die mit der problematischen Situation zusammenhängen.

So hält er beim Sprachenlernen auch nur wenig von der Grammatik. Man müsse möglichst viele Wörter und Redewendungen lernen, sagt er, das Verständnis für die allgemeinen Regeln ergebe sich dann von selbst.

Was brauchbar ist, das hält

Wir wollen uns nicht abschrecken lassen, weil ein Gelehrtenstreit eine offenbar wichtige Sache heillos verwirrt hat.

Versuchen wir deshalb, die umstrittenen Begriffe „Gestalt" oder „kognitive Struktur" von einem anderen Blickpunkt unter die Lupe zu nehmen – und erinnern wir uns dabei an Sidney Smith und sein denkwürdiges Experiment.

Dann wird uns – als wären wir selbst vom Blitz der „Einsicht" getroffen – mit einem Schlage klar, was diese bisher so gespenstischen „Gestalten" sein müssen: sie sind Denk- und Lernschablonen, Vereinfachungen, damit Abkürzungen, eben jene Kodierungen und Kürzel, mit denen der Mensch die Welt gedanklich notiert.

Von diesem Gesichtspunkt werden plötzlich auch die nebelhaften Gesetze der Gestaltpsychologie verständlich:

Nun leuchtet ein, warum der menschliche Denkvorgang in „Gestalten" abläuft – er läuft in Kürzeln ab.

Natürlich sind nur diese „Gestalten", „Figuren", diese gedanklichen „Strukturen" für den Menschen überschaubar – Abkürzungen sind leichter zu überschauen als die verwirrende Wirklichkeit, dazu sind sie gemacht.

Eine Melodie wird auch in einer anderen Tonlage wiedererkannt – richtig: die Höhe der Einzeltöne ist weggekürzt und nur das Verhältnis der Tonhöhen vermerkt worden, genauso, wie ein Mensch sich merkt, daß ein anderer größer oder kleiner ist, ohne deshalb das Zentimetermaß dieser Größe nennen zu können.

Nicht einzelne Elemente werden gelernt, sondern „Ganzheiten"? Auch das stimmt, wenn man den pompösen Ausdruck „Ganzheit" wegläßt: der Mensch lernt in Kürzeln.

So gewinnt die verschnörkelte, geheimnisumwitterte Gestaltpsychologie mit einemmal selbst neue Gestalt, wenn man ihr zentrales Wortgebilde durch einen klaren Begriff ersetzt, wenn man statt „Gestalt" einfach „Abkürzung" sagt. Nur hat sie damit auch alle Schnörkel und Geheimnisse verloren, und den quasi-metaphysischen Geruch, der ihr bis dahin anhaftete.

Und nun zum zweiten Streitpunkt im Gelehrten-Disput, zur ebenso rätselumwobenen Einsicht.

Sie muß, weil Bestandteil des menschlichen Denkens und weil dieses in Kürzeln vor sich geht, selbst ebenso eine Abkürzung sein.

Wofür wohl?

Weil er nun schon einmal als Zeuge bemüht wurde, kann darauf Köhlers Affe als erster Auskunft geben. Nachdem er sich besonnen hatte, griff er zum Stock. Ihm war aufgegangen, *wozu* dieser Stock benützt werden konnte – um die ersehnte Banane zu fischen. Das war seine „Einsicht", sonst nichts.

Und Archimedes kam zur Einsicht, *wozu* das Wasser zu brauchen sei, das über den Rand seiner Wanne schwappte – zur Messung des Rauminhalts eines Gegenstands, der seiner Unregelmäßigkeit wegen sonst unmeßbar war, und sei dieser Gegenstand ein ins Wasser getauchter griechischer Philosoph.

Wasser läuft über, wenn man sich in die volle Wanne setzt: weil diese Einsicht brauchbar war, wurde sie für Archimedes zum „Aha-Erlebnis"

Daraus ergibt sich, welche Art von Kürzel die mysteriöse Einsicht ist, und welchen Tatbestand sie abkürzt.

Sie kann nicht selbständig, nicht für sich allein existieren. Sie wäre dann sinnlos wie ein Rufzeichen ohne Satz.

Sie ist keine Abkürzung für äußere Erscheinungen, weder für Stock noch Banane, weder für die Badewanne noch für das überfließende Wasser.

Alle diese Dinge müssen, wenn sie ge-merkt werden sollen, im menschlichen Gehirn mit anderen geeigneten Abkürzungen ver-merkt werden.

Die Einsicht hingegen, das vielgerühmte „Aha", ist ein höchstpersönliches Rufzeichen, ein zusätzlicher, ganz kurzer und doch sehr bedeutungsvoller Vermerk, mit dem der Mensch bestimmte Aufzeichnungen seiner Erinnerung besonders hervorhebt.

Die Aussage dieses Kürzels läßt sich in ein einziges Wort übersetzen. Es heißt „brauchbar".

Ob brauchbar zum Essen, Trinken oder Geldverdienen, zum Lösen von Illustrierten-Rätseln oder solchen der Astrophysik, ist eine andere Sache. Das hängt von den Motiven, Bedürfnissen und Wünschen dessen ab, der dieses Kürzel verwendet.

Aber jeder wird damit die Informationen bezeichnen, welche *für ihn* brauchbar sind.

So klärt sich auch, warum das Erlebnis der Einsicht das Lernen und Merken fördert. Eine Information, die mit einem so bedeutsamen Etikett wie „brauchbar" versehen ist, kann im Gedächtnis natürlich leichter aufgefunden werden als andere.

Pech ist, wenn man vergißt, welche Information vom Gedächtnis als „brauchbar" notiert wurde

Doch wenn sich dieses Schildchen vom Rücken des Aktenordners löst, auf dem es angebracht war, und im Archiv unseres Gedächtnisses zu Boden fällt, dann ist es nutzlos geworden.

Zwar findet es der Archivar sofort, weil es so auffällig ist. Er weiß dann auch, daß er einmal etwas Brauchbares wußte.

Was aber, weiß er nicht mehr.

Lernprogramm – hausgemacht

So funktionieren Lernmaschinen

Im zweiten Kapitel dieses Buches haben wir unseren Lesern die Lern-Kartei als „Lernmaschine für jedermann" vorgestellt.

Sie hat alle Vorteile einer elektronischen Lernmaschine und einige mehr (s. Seite 64ff.).

Um das Funktionieren von Lernautomaten in allen Details darzustellen, reicht hier der Platz nicht aus.

Im wesentlichen arbeiten alle nach den gleichen Prinzipien:

Die Lernmaschine besteht aus einem Kasten mit einem Bildschirm oder einer Art Fernschreib-Rolle, auf denen Informationen gegeben oder Fragen an den Schüler gestellt werden.

Der Schüler reagiert auf die Fragen, indem er die Antworten in eine mit dem Automaten gekoppelte Schreibmaschine tippt. Diese Methode heißt „Aktiv-Antwort-Verfahren", weil der Schüler die Antwort ohne weitere Hilfe selbst aus dem Gedächtnis rekonstruieren muß.

Die Maschine fragt beispielsweise: „Was ist die Hauptstadt von Australien?" – und der Schüler muß nun die Antwort tippen: „Canberra".

Eine andere Methode des Fragens und Antwortens ist das sogenannte „Antwort-Wahl-Verfahren". Bei diesem System liefert die Maschine zugleich mit der Frage eine Reihe von Antworten mit, von denen nur eine richtig ist.

Eine Lernmaschine mit „Antwort-Wahl-Verfahren" läßt den Schüler manchmal ganz schön schwitzen

Zur Frage nach Australiens Hauptstadt würden etwa folgende Antworten mitgeliefert:

So funktioniert eine moderne, aber teure Lernmaschine ...

A) Melbourne, B) Sidney, C) Vienna, D) Canberra, E) San Francisco.

Der Schüler muß nun von fünf mit A bis E bezeichneten Tasten, die an der Maschine angebracht sind, jene Taste drücken, die der richtigen Antwort entspricht, in diesem Fall die Taste D.

Ist die Antwort richtig, dann gibt die Maschine neue Informationen und stellt weitere Fragen, und so fort.

Ist die Antwort falsch, dann wird die betreffende Information, womöglich in anderer Form, wiederholt und nachher dieselbe oder eine ähnliche Frage gestellt, so lange, bis der Schüler begriffen hat. Dann erst geht der maschinelle Unterricht mit neuen Lehrmitteilungen und dem darauf folgenden Frage-Antwort-Spiel weiter.

Wenn der Schüler wenig Fehler macht und besonders schnell fortschreitet, können moderne Unterrichtsautomaten ganze Sequenzen, die zur Vertiefung noch unsicheren Wissens gedacht sind, überspringen. Die Maschine paßt sich damit der individuellen Intelligenz des Schülers an.

... sie kann sich sogar inidviduell dem Lerntempo des Schülers anpassen ...

Von Zeit zu Zeit, nach der Bewältigung von größeren und in sich geschlossenen Abschnitten des Stoffes, wird ein umfangreicher Test eingeschaltet, also eine ganze Gruppe von Fragen gestellt, zur Probe aufs Exempel, ob dem Schüler nicht doch eine wichtige Einsicht entgangen sei.

Wenn das der Fall ist, schaltet die Lernmaschine auf Rückwärtsgang („wash back"). Der Schüler muß nun den ganzen Abschnitt wiederholen, den er nicht oder falsch verstanden hat, wobei modern programmierte Maschinen auch hier das Material möglichst in anderer Form wiederholen und mit ergänzenden Informationen versehen.

... aber unsere billige Lernkartei kann dasselbe

Unsere Lern-Kartei kann dasselbe ebensogut, wenn sie der Schüler richtig programmiert.

Sie teilt, wie die Lernmaschine, den Stoff in kleinste und leicht faßliche Teile. Sie paßt das Tempo des Lernfortschritts gleichfalls der individuellen Fassungskraft des Lernenden an. Auch sie wiederholt vergessene Informationen, bis sie sitzen. Der Schüler kann sie selbst mit den nötigen

Zusatzinformationen versehen. Ihr wesentlicher Vorteil ist es, daß sie das sture „wash back" nicht kennt, das manche Lernmaschinen an sich haben. Sie wiederholt, von Kontrollwiederholungen abgesehen, nur solche Lernschritte, bei denen der Schüler gestrauchelt ist.

Unsere Lernkartei kann, wenn sie richtig programmiert ist, stures Wiederholen sogar besser vermeiden, als eine elektronische Lernmaschine

Sie stellt sich schließlich, nach einiger Arbeit, ganz von selbst auf ihren Benützer ein. Sie hat nur einen. Die Lernmaschine, die reihum von vielen Schülern benützt wird, ist dazu nicht imstande.

Lernkartei, richtig programmiert

Ein Mangel der Lern-Kartei ist es, daß sie leichter beschwindelt werden kann als ein Computer.

Der Schüler kann ein Kärtchen, dessen Frage er falsch beantwortet hat, trotzdem ins nächstbessere Fach stecken. Die Lern-Kartei duldet das und schweigt.

Aber solch ein Schüler betrügt sich selbst. Er will in Wahrheit gar nicht lernen. Er wird deshalb, früher oder später, auf jeden Fall versagen, ob er nun vor einer elektronischen Maschine oder an einem Zettelkasten sitzt.

Der zweite und wesentlichste Nachteil der Lern-Kartei scheint die Tatsache zu sein, daß jeder Schüler sie selbst herstellen und „programmieren" muß.

Wer sein Lernprogramm selbst zusammenstellt, lernt das Lernen besser

Aber es fragt sich, ob das wirklich ein Nachteil ist.

Gerade dadurch, daß jeder sein Lernprogramm selber macht, lernt er das Lernen besser als auf andere Weise.

Er lernt vor allem, wie man gedrucktem Lehrmaterial, schwer verständlichen Traktaten und trockenen Vorlesungsskripten den Stoff entzieht, der wesentlich und lernenswert ist; wie unförmige und verschachtelte Sätze in kleinste Teile zerlegt, in kurze Fragen und klare Antworten übersetzt werden, wie man das Sinnlose vom Bedeutungsvollen trennen kann, wie man versteht.

Wenn mit Hilfe der Kartei eine fremde Sprache gelernt werden soll, ist das verhältnismäßig einfach.

Zum Programmieren unserer Lernkartei brauchen wir ein gutes Lehrbuch

Man braucht dazu erst einmal ein gutes Lehrbuch, das Lektion für Lektion vom Einfachsten zu immer Komplizierterem vorwärtsschreitet, das genügend Vokabeln und praktische Redewendungen enthält, das auch die Regeln der Grammatik durch zahlreiche praktische Beispiele erläutert.

Dazu noch ein Wörterbuch, und die Arbeit kann beginnen.

Der Schüler schlachtet nun das Lehrbuch aus, indem er die deutschen Ausdrücke auf die Vorderseite, die fremden – und allenfalls auch deren Aussprache – auf die Hinterseite seiner Kärtchen schreibt.

Dann kann er auch schon zu lernen beginnen (s. Seite 65).

Daß die Feinheiten der Aussprache nur von einem guten Lehrer oder mit Hilfe von Schallplatten oder Tonbändern gelernt werden können, versteht sich von selbst.

Zur Arbeit des „Programmierens" der Lern-Zettel: Wenn einzelne Vokabeln gelernt werden, soll jedes Kärtchen auch tatsächlich nur *eine* Vokabel enthalten. Es ist völlig sinnlos, aus Gründen der Papier-„Ersparnis" mehrere untereinander auf einen Zettel zu schreiben:

FALSCH	RICHTIG		
Vorderseite:	*Vorderseite:*	*Vorderseite:*	*Vorderseite:*
Das Feuerzeug Der Aschenbecher Die Zigarrenspitze	Das Feuerzeug	Der Aschenbecher	Die Zigarrenspitze
Rückseite:	*Rückseite:*	*Rückseite:*	*Rückseite:*
Le briquet Le cendrier Le porte-cigare	Le briquet	Le cendrier	Le porte-cigare

Hier sehen Sie, wie man die Lernkartei falsch und wie man sie richtig programmiert

Eine Häufung von verschiedenen Einzelvokabeln auf einer Karte würde den wichtigsten Vorteil der Lern-Kartei zunichte machen: daß sie unnötige Wiederholungen vermeidet.

Wenn also ein Schüler, der Französisch lernen will, auf einen einzigen Zettel drei verschiedene Vokabeln (Feuerzeug = briquet, Aschenbecher =

cendrier, Zigarrenspitze = porte-cigare) niederschreibt und dann, im Laufe des Lernvorgangs, das französische Wort für „Aschenbecher" vergißt, muß er später mit dieser Vokabel einmal mehr auch die Worte „briquet" und „porte-cigare" wiederholen, obwohl er sie behalten hat.

Hat er diese beiden anderen Vokabeln jedoch auf eigene Kärtchen geschrieben, dann wandern sie, auch wenn „cendrier" vergessen wurde, unabhängig davon nach hinten in die „besseren" Kartei-Fächer ab, wo sie vorläufig ihr wohlverdientes Nickerchen tun können.

Zwei Zettel sind besser als einer: sie helfen letzten Endes Zeit und Geld sparen

So spart der Schüler, mit dem Aufwand von zwei Zettelchen, Nerven und Zeit, und Zeit ist Geld, jedenfalls mehr Geld, als ein paar Bogen Papier kosten können.

Ausnahmen von dieser Regel sind nur sinnvoll, wenn es darum geht, beispielsweise die Konjugationen von Zeitwörtern zu lernen. Das geschieht am besten im Zusammenhang:

Vorderseite:	*Rückseite:*
ich mache du machst er macht wir machen ihr macht sie machen	Je fais tu fais il fait nous faisons vous faites ils font

Das Lernen und Üben von Konjugationen stärkt das Sprachgefühl

Das Lernen und Üben von Konjugationen stärkt das Sprachgefühl, weil es zusätzliche Assoziationsbahnen schafft, über die etwa der Einzel-Ausdruck „tu fais" oder „ils font" im Gedächtnis aufgefunden werden kann.

Trotzdem ist es zweckmäßig, ohne Rücksicht auf weiteren Papierverbrauch auch noch jeden Einzel-Ausdruck der Konjugation für sich auf einem eigenen Kärtchen festzuhalten und zu lernen:

Vorderseite:	*Vorderseite:*	*Vorderseite:*
ich mache	du machst	er macht
Rückseite:	*Rückseite:*	*Rückseite:*
je fais	tu fais	il fait

– denn im realen Leben außerhalb der Schule wird nicht verlangt, daß jemand eine Konjugation herunterleiert. Da muß jedem, der Französisch sprechen will, das richtige Wort sofort und ohne Umschweife einfallen. Die Regeln einer Konjugation können, wie alle Grammatikregeln, vielleicht das Lernen erleichtern. Das flüssige Sprechen erleichtern sie nicht.

So fängt man störrische Vokabeln

Wenn nun dem Schüler aus irgendeinem dunklen Grunde eine Vokabel nicht ums Verrecken eingeht, muß er, wie das auch gut programmierte Lernmaschinen tun, den Rückwärtsgang einschalten und eine Wiederholungs-Sequenz mit zusätzlichen Informationen beginnen.

Zusätzliche Informationen machen eine widerspenstige Vokabel leichter merkbar

Die Lernmaschinen liefern diese zusätzlichen Informationen automatisch. Der Schüler an der Lern-Kartei muß sie sich selbst zusammensuchen.

Das geht ganz einfach.

Nehmen wir wieder an, daß er sich „cendrier" nicht merkt, das französische Wort für „Aschenbecher". Kaum glaubt er, es endlich verdaut zu haben, da vergißt er es abermals, weshalb das Kärtchen mit tückischer Regelmäßigkeit immer wieder im Idiotenfach 1 auftaucht.

Wenn sich das zum dritten oder vierten Male wiederholt, schlägt der Schüler im Wörterbuch nach.

Dort findet er, in unmittelbarer Nachbarschaft von „cendrier", die Worte „cendre" (Asche), „cendré" (aschfarben) und „Cendrillon" (Aschenbrödel). Er schreibt auch diese Worte auf eigene Zettel und fügt sie seiner Kartei ein.

Jedes dieser Worte wird anfangs gleich schwer zu merken sein wie der Ausdruck „cendrier", über den er als ersten stolperte. Wenn aber der Schüler all diese Worte zugleich in sein Programm aufnimmt und damit sogar eine (vorübergehende) Ähnlichkeitshemmung riskiert (s. Seite 51), prägt er sich damit rascher ihren Stamm und schließlich auch ihre Unterscheidung ein.

Er handelt dabei wie ein Polizist, der mit einem Streich mehrere Verbrecher gefangen hat: Ein einzelner könnte ihm vielleicht entfliehen, wenn er ihn nicht ununterbrochen am Schlafittchen hält. Aber wenn er alle aneinanderfesselt, ist eine Flucht kaum noch möglich.

Eine andere Methode der Bewältigung von harten Brocken ist es, kurze Sätze zu konstruieren, in denen die widerspenstige Vokabel vorkommt.

In unserem Fall wäre das beispielsweise der Satz: „Die Zigarette liegt im Aschenbecher" („La cigarette se trouve dans le cendrier"). Dieser Satz muß dann gleichfalls auf einen eigenen Zettel in die Kartei getan werden. Auch damit wird der fluchtverdächtige Häftling „cendrier" an eine neue Kette gelegt, hier an die eines ganzen Satzes.

Ein Wort, das sich um alles in der Welt nicht merken läßt, muß wie ein fluchtverdächtiger Häftling an die Kette anderer Worte oder ganzer Sätze gelegt werden

Der Schüler muß nur aufpassen, daß so ein Satz nicht falsch gerät. Sonst lernt er zwar die hartnäckige Vokabel, aber zugleich eine falsche Konstruktion. Wer mit dem Lernen einer Sprache eben erst begonnen hat, soll sich solche Sätze lieber nicht selbst ausdenken. Am besten entnimmt er sie dem Lehrbuch. In den meisten Lehrbüchern werden Vokabeln ohnedies nur im Zusammenhang eines Satzes vorgestellt.

Lernen Sie ganze Sätze!

Überhaupt ist es enorm wichtig, nicht nur Worte oder kurze Redensarten zu memorieren, sondern auch längere Sätze. Nur so kann der Schüler zusammenhängend sprechen lernen.

Zu diesem Zweck haben früher strenge Schulmeister ganze Lektionen, die ersten hundert Verse der Ilias oder seitenweise Prosa auswendig lernen lassen.

Hundert Verse auswendig lernen – das ist überflüssig

Das ist natürlich überflüssig.

Es genügt, wenn der Schüler den Lektionen seines Lehrbuches zusammenhängende Sätze entnimmt und sie, jeden für sich, auf seine Merkzettel schreibt, wie immer vorne den deutschen und hinten den fremdsprachigen Satz:

Auch wenn die Sätze länger sind und nur mit Mühe (und kleiner Schrift) auf die Karteikärtchen gezwängt werden können, schadet das nichts. Der Schüler kann auf diese Weise mit dem Zettelkasten auch „ganzheitlich" lernen:

Vorderseite:

Die Rhone entspringt in der Schweiz, fließt an Lyon vorbei und mündet ins Mittelmeer

Rückseite;

Le Rhône sort de la Suisse, passe par Lyon, et se jette dans la Méditerranée

Dabei sollte er freilich nicht vergessen, daß „Ganzheiten" nur dann wirklich verstanden und gut gemerkt werden, wenn man die Elemente beherrscht, aus denen sie sich zusammensetzen.

Ein Beispiel: Der Schüler stößt in seinem Lehrbuch auf den Satz „Peu à peu l'apprenti devient maître par son travail" (nach und nach wird der Lehrling durch seine Arbeit Meister).

So zerlegt man einen längeren Satz

Nehmen wir an, er kennt keines der darin vorkommenden Worte; dann wäre es ein Fehler, wenn er diesen Satz *nur* als „Ganzheit" in die Zettelkartei aufnehmen und versuchen wollte, *alle* seine Worte allein in diesem Zusammenhang zu lernen.

Am besten macht er aus diesem einen Satz zehn verschiedene Lerninformationen, die er auf ebenso viele verschiedene Merkzettel schreibt:

Vorderseite:	*Vorderseite:*	*Vorderseite:*
nach und nach	(der) Meister	(die) Arbeit
Rückseite:	*Rückseite:*	*Rückseite:*
peu à peu	(le) maître	(le) travail
Vorderseite:	*Vorderseite:*	*Vorderseite:*
der Lehrling	durch	der Lehrling wird Meister
Rückseite:	*Rückseite:*	*Rückseite:*
l'apprenti	par	l'apprenti devient maître
Vorderseite:	*Vorderseite:*	*Vorderseite:*
(er) wird	sein (besitzanzeigend)	durch seine Arbeit
Rückseite:	*Rückseite:*	*Rückseite:*
devient	son	par son travail

Vorderseite:

Nach und nach wird der Lehrling durch seine Arbeit Meister

Rückseite:

Peu à peu l'apprenti devient maître par son travail

Mancher Leser wird jetzt vielleicht die Hände über dem Kopf zusammenschlagen – zehn Zettel, zehn Informationen für einen einfachen Satz! – und das für Zeitverschwendung halten.

Doch wird Zeit nur durch unsystematisches und oberflächliches Lernen vergeudet – weil das, was man flüchtig lernt, sehr rasch wieder in Vergessenheit gerät.

Wenn aber der Schüler so gründlich vorgeht, wie wir es hier getan haben, schlägt er zwei Fliegen mit einem Schlag:

- Er lernt, ohne das gesondert üben zu müssen, die fremde Sprache richtig schreiben.
- Er lernt, auf verschiedenen Zetteln *sowohl* die einzelnen Vokabeln *als auch* deren Verbindung zu kurzen Satzteilen *und* schließlich den Satz als Ganzes. Er lernt zugleich „synthetisch" und „ganzheitlich", und beide Methoden haben etwas für sich.

Besonders zu Beginn des Studiums einer Sprache wird die Mühe, so genau zu sein, reichlich und rasch belohnt. Der Schüler kann sich freuen, wenn er sieht, wie flott dann die vielen Zettelchen, die er mit den Lerninformationen eines einzigen Satzes gefüllt hat, in die besseren Fächer nach hinten abmarschieren; und er kann sicher sein, daß er sie so leicht nicht mehr vergessen wird.

Daß er etwas mehr Papier und Schreibarbeit braucht, fällt dann überhaupt nicht mehr ins Gewicht.

Wie Mathematik verdaulich wird

Die Programmierung unserer Lern-Kartei mit Informationen der Mathematik, der Physik oder Chemie ist fast ebenso einfach. Auch diese Gegenstände haben ihre Sprachen, ihre Worte (Zeichen und Symbole) und ihre Sätze (Gesetze und Formeln).

An Mathematik, Physik und Chemie scheitern die meisten Schüler wegen – Sprachschwierigkeiten!

So sind denn auch vorwiegend „Sprachschwierigkeiten" daran schuld, wenn diese Fächer auf so weitverbreiteten Unverstand stoßen. Wer in Mathematik scheitert, hat eben die Sprache, die Vokabeln und die Grammatik dieser Wissenschaft nicht gelernt. Oder: er hat sie zwar gelernt, stur und auswendig, wie ein Blinder die Namen für Farben oder Helligkeitsgrade, aber er hat ihren Sinn, ihre Bedeutung, ihre Brauchbarkeit nicht begriffen.

So kommt es in allen diesen Wissenschaften darauf an, zunächst einmal Definitionen zu lernen, also die Bedeutung von Zeichen und Symbolen, dann Formeln, und schließlich, mit Hilfe von beiden, die Lösung von Aufgaben.

Die meisten Lehrbücher, die uns für diese Gegenstände zur Verfügung stehen, sind leider recht dürr und dürftig. Immerhin enthalten sie die wichtigsten Definitionen und Formeln, und wir können diese auf unsere Kartei-Kärtchen übertragen, beispielsweise so:

Vorderseite:

Kreis Definition?

Rückseite:

. . . der geometrische Ort aller Punkte, die von einem (Mittel-)Punkt gleich weit entfernt sind.

Vorderseite:

Ellipse Definition?

Rückseite:

. . . der geometrische Ort aller Punkte, deren Abstände von zwei (Brenn-) Punkten zusammen gleich groß sind.

Vorderseite:

Kreisumfang Formel?

Rückseite:

$2r\pi$

Vorderseite:

Kreisinhalt Formel?

Rückseite:

$r^2\pi$

Dennoch ist solches Formel-Büffeln, sosehr die Lern-Kartei es erleichtert, nur unter einer Vorbedingung nützlich. In allen diesen Wissenschaften, von der Mathematik zur Chemie, kommt es nämlich mehr als sonst darauf an, daß die Zeichen, Symbole und Formeln nicht nur gemerkt, sondern auch wirklich verstanden werden. Verstehen heißt: damit etwas anfangen können. Mit dem

Hersagen einer nur auswendig gelernten Formel kann allenfalls ein Lehrer geblufft, jedoch kaum eine schwierigere Aufgabe gelöst werden.

Auch das Lernen selbst wird hier mehr als anderswo durch das Verständnis gefördert.

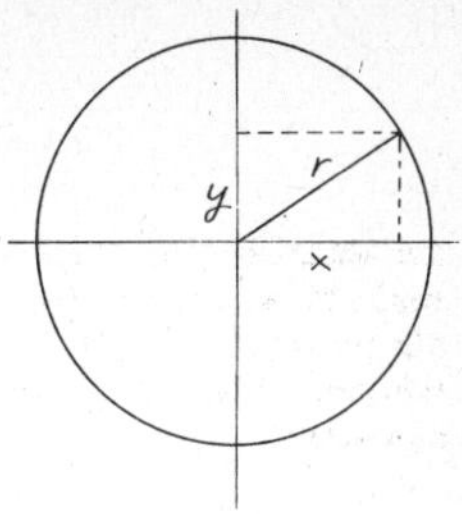

Die analytische Kreisformel ...

Wenn unser Schüler beispielsweise in die Geheimnisse der analytischen Geometrie vordringt, lernt er, unter anderem, auch die analytische Kreisformel $x^2 + y^2 = r^2$

Mit dieser Formel läßt sich jeder Punkt eines Kreises, dessen Mittelpunkt mit dem Koordinaten-Nullpunkt identisch ist, rechnerisch bestimmen, falls zwei von den drei Größen r, x und y gegeben sind.

Wenn dem Schüler die Formel neu ist, wird er sie nun in der Lern-Kartei so lange umwälzen, bis er sie sich gemerkt hat.

Doch könnte er diesen mechanischen Vorgang mit etwas Verstand beachtlich abkürzen. Dazu muß er sich die oben gezeigte Zeichnung nur ein klein wenig anders vorstellen, nämlich so:

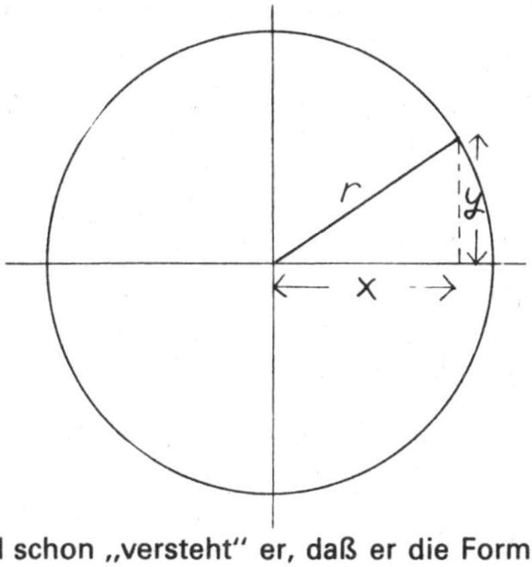

... ist eine Abwandlung des Pythagoräischen Lehrsatzes

– und schon „versteht“ er, daß er die Formel $x^2 + y^2 = r^2$ mit anderen Benennungen längst schon gelernt hat, als er von analytischer Geometrie noch keine Ahnung hatte, nämlich:

– als $a^2 + b^2 = c^2$, als „Pythagoreischen Lehrsatz“.

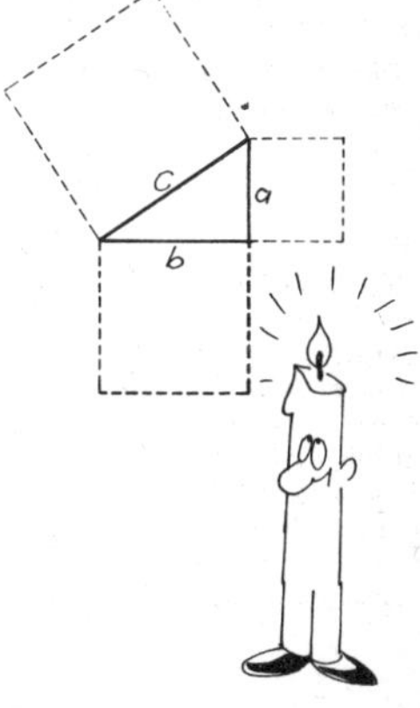

Er greift sich an den Kopf, es fällt ihm wie Schuppen von den Augen, ein Licht geht ihm auf, er zeigt alle Symptome eines „Aha-Erlebnisses“; er hat durch „Verständnis“ gelernt, eine „Einsicht“ gewonnen, die ihm bisher verschlossen war, was ihm jetzt eine Menge memorierender Wiederholungen erspart.

Dennoch sollte er dieser Einsicht nicht allzusehr vertrauen. Auch sie kann vergessen werden. Er wird deshalb die Formel $x^2 + y^2 = r^2$ trotzdem in die Lern-Kartei aufnehmen, auf dem betreffenden Kärtchen aber in Frage und Antwort einen Hinweis auf den Lehrsatz des Pythagoras anbringen:

Vorderseite:	*Rückseite:*
1.) analytische Kreisformel? 2.) wie welcher Lehrsatz?	1.) $x^2 + y^2 = r^2$ 2.) Pythagoras: $a^2 + b^2 = c^2$

Auf diese Weise ist möglichst bei jeder mathematischen, physikalischen und chemischen Lerninformation vorzugehen.

So wird der Lernstoff leichter faßbar: suchen Sie nach möglichst vielen Zusatz-Informationen

Der Schüler muß, so gut er das kann, nach Zusatz-Informationen suchen, die ihm die Sache verständlicher machen, nach Gleichheiten und Übereinstimmungen, nach Ähnlichkeiten und Verwandtschaften – aber auch nach Unterschieden, welche nur scheinbar Gleichartiges voneinander trennen.

Er muß die Gesetze kennen und verstehen, die solche Informationen zusammenhalten, weil diese sich aus jenen ableiten lassen. Er muß sie *anwenden,* das heißt: aus ihrer allgemeinen abstrakten Gestalt so umformen können, daß sie auf den konkreten Einzelfall passen.

Er muß umgekehrt den Einzelfall, die Aufgabe, die ihm gestellt ist, aus ihrer ursprünglichen Form so umgestalten können, daß er dann weiß, mit welchem dieser Gesetze sein Problem gelöst werden kann.

Verstehen und Lernen sind gleich wichtig

Bei der Lösung von Aufgaben spielt in der Mathematik und in den mit ihr versippten Disziplinen das sogenannte „exemplarische Lernen" eine besonders große Rolle.

Das geht so vor sich, daß der Lehrer oder das Lehrbuch an einem konkreten Beispiel einen bestimmten Lösungsweg demonstriert.

Intelligente Schüler sind manchmal überheblich und vergessen, was sie so leicht begriffen haben

Vom Verstand des intelligenten Schülers wird dann erwartet, daß er diesen oder einen ähnlichen Lösungsweg beschreitet, wenn ihm eine andere und dafür passende Aufgabe gestellt wird.

Das exemplarische Lernen hängt also unmittelbar mit der am Exempel gewonnenen „Einsicht" zusammen, und mit der vielfach der „Intelligenz" gleichgesetzten Fähigkeit des Schülers, das Gelernte auf andere Fälle anzuwenden.

Von der Psychologie wird das als „Generalisierung" oder als „Übungs-Übertragung" bezeichnet.

Doch überraschenderweise scheitern oft gerade Schüler, die sich auf ihre „Einsicht" und „Intelligenz" besonders viel zugute halten, bei der Lösung solcher Aufgaben.

Daran ist regelmäßig ihre leichtfertige Überheblichkeit schuld. Weil sie das Beispiel, an dem die erste Lösung gezeigt wurde, und die Lösung selbst rascher als andere verstanden haben, halten sie es unter ihrer Würde, sich den Lösungsweg nochmals besonders einzuprägen.

Bald wird er von ihnen schlicht und einfach vergessen. Aber was man vergessen hat, kann man bei bestem Willen und größter Intelligenz nicht auf andere Aufgaben „übertragen".

Deshalb sollten auch Schüler, die sonst auf ihre Brillanz vertrauen können, möglichst viele Lösungswege in ihr Karteiprogramm aufnehmen. Wie das geschehen kann, zeigen nebenstehend zwei einfache Beispiele aus der Geometrie:

ZEICHNUNG 1:

Vorderseite:

Halbierung von Winkeln?

Rückseite:

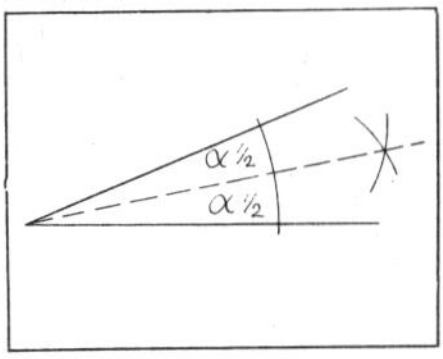

ZEICHNUNG 2:

Vorderseite:

Drittelung von Geraden?

Rückseite:

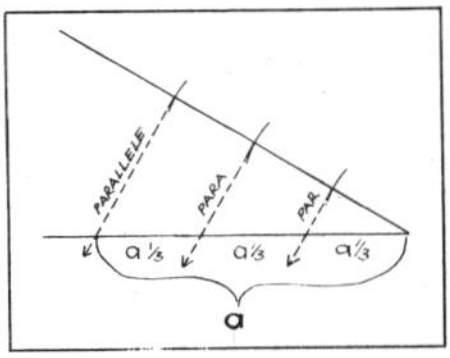

Die Rückseiten dieser beiden Merkzettel zeigen nur wenige Striche und Zeichen, die für sich allein kaum verständlich wären. Im Zusammenhang mit der Frage auf der Vorderseite aber demonstrieren sie eindeutig den Lösungsweg:

Winkel werden (Zeichnung 1) halbiert, indem man zwei vom Scheitelpunkt gleichweit entfernte Schenkelpunkte zu den Mittelpunkten zweier Kreise mit gleichgroßem Radius macht – die Gerade zwischen dem Schnittpunkt dieser Kreise und dem Scheitelpunkt des Winkels ist dann die Halbierungslinie.

Und eine Gerade wird (Zeichnung 2) gedrittelt, indem man im spitzen Winkel von einem ihrer Endpunkte eine zweite Gerade zieht. Auf dieser trägt man drei gleich große Strecken auf. Durch Parallelverschiebung zur Verbindungslinie zwischen den beiden anderen Endpunkten der beiden Geraden wird dann auch die erste, gegebene Gerade in drei gleiche Strecken geteilt.

Wenn der Schüler sie erst einmal versteht, machen unsere einfachen Zeichnungen eine langatmige verbale Erklärung wie die obige überflüssig.

Verstehen genügt nicht – man muß auch lernen

Aber verstehen genügt nicht, der Schüler muß die Lösungen auch lernen.

Beides ist wichtig, die Einsicht *und* das Lernen, die „Grammatik" *und* der „Wortschatz", die Beherrschung der Gesetze und Formeln *ebenso* wie eine möglichst reiche Fülle von Einzellösungen, die dann rückwirkend wieder dem Verständnis dienen.

Doch woher nehmen?

Wenn der Schüler noch in den Anfangsphasen des Lernens steckt (oder dort hängengeblieben ist), wenn ihm das Grundgerüst an Begriffen fehlt, die Infrastruktur des Denkens, die er zum Verständnis der Sache braucht, dann ist guter Rat teuer.

Bei der Mangelhaftigkeit der Schulbücher bleibt ihm da nichts übrig, als die Geburtswehen des Verständnisses durch eine Hebamme zu erleichtern, durch einen Lehrer. Gott helfe ihm, daß es ein guter Lehrer sei.

Es gibt keine „dummen" Fragen

Aber er kann dabei auch selbst ein wenig nachhelfen.

Legen Sie getrost einige „Schülertugenden" ab

Dazu muß er freilich eine Menge von dem ablegen, was sonst als Schülertugend gepriesen wird, die Bescheidenheit, die Zurückhaltung, das Still-Dasitzen-und-aufmerksam-Zuhören, vor allem die Angst, sich durch „dumme" Fragen zu blamieren.

Er muß seine Einsichten durch Aufdringlichkeit

erobern. Er muß dazu dem Lehrer gegenüber aggressiv werden, wenngleich nur in dieser Hinsicht. Er muß sich klarmachen, daß der Lehrer dafür bezahlt wird, Fragen zu beantworten, daß es keine „dummen" Fragen gibt (jede Frage ist unwissend, mithin „dumm", sonst müßte sie nicht gestellt werden), und daß nur die Schüler dumm sind, die Fragen unterlassen, wenn sie etwas nicht verstanden haben.

Vergessen Sie nicht: der Lehrer wird dafür bezahlt, daß er Fragen beantwortet

Nun aber ist das Thema dieses Buches nicht die Revolte gegen ein vielleicht mangelhaftes Schulsystem, nicht der Aufruhr gegen möglicherweise unzulängliche Lehrer, sondern der Weg des geringsten Widerstandes zur individuellen Lern-Rationalisierung.

Wenn also, wie das zuzeiten wohl so kommen mag, ein Lehrer für lästige Fragen kein Ohr hat, sollte der Schüler lieber einen Hauslehrer anbohren. Erfahrungsgemäß kommt das billiger als die Verärgerung eines amtlichen Schulmeisters.

Schüler, die in Schwierigkeiten geraten sind, brauchen diesen Hauslehrer ohnehin.

Er spielt dann oft die Rolle eines Zucht-Meisters und Korrepetitors, aber das wäre nicht notwendig.

Das Wiederholen und Abhören des Stoffes, womit er – und mit ihm der Schüler – überwiegend aufgehalten wird, die Übungen des Memorierens, Umwälzens und Wiederkäuens erledigt der Schüler besser für sich und mit der Lern-Kartei allein.

Vernünftigerweise hätte der Hauslehrer eine andere und weit wichtigere Funktion, nämlich bei der Programmierung des Lernstoffes zu helfen, wo diese den Schüler überfordert, genauer: bei der Formulierung all jener Informationen, die zum Verstehen der Materie gebraucht werden.

Wenn Sie einen Hauslehrer haben, soll er beim Programmieren der Lernkartei helfen

Dafür genügt freilich kein gewöhnlicher Pauker. Dazu ist ein Hauslehrer mit echtem Sachverstand und hohem didaktischem Können vonnöten.

Solche Hauslehrer sind teuer.

Aber wenn es so einem Manne gelingt, die wichtigsten Probleme einer Wissenschaft wie der Mathematik als Fragen und Antworten klar genug zu formulieren, daß der Schüler sie begreift; so kurz, daß sie auf die Zettelchen unserer Kartei passen; und so vielfältig von allen Seiten beleuchtet, daß sie nicht nur auf einer, sondern auf mehreren verschiedenen Gedankenbahnen einsichtig gemacht werden – dann ist er mehr wert als die meisten seiner kostspieligen Kollegen.

„Weiche" Wissenschaften, faßlich programmiert

Schwieriger wird die Sache, wenn wir Informationsmaterial „weicher" Wissenschaften verarbeiten wollen, wenn wir aus Lehr- und Handbüchern lernen müssen, die mehr auf Vermutungen fußen und ihre Hypothesen weitläufig erklären müssen.

Definitionen muß man wörtlich auswendig lernen, denn hier ist jedes Wort wichtig

Zunächst enthalten auch diese Lehrbücher eine Fülle von Definitionen. Sie sind die Fachworte der Wissenschaftssprache, und sie sollten ebenso gelernt werden wie Vokabeln, nämlich wörtlich.

Wenn wir uns etwa mit Psychologie beschäftigen, werden wir beispielsweise die Definitionen der Begriffe „Reiz" und „Reaktion" in unsere Kartei aufnehmen müssen (die folgenden Definitionen entstammen einem Lexikon, und nehmen wir an, sie seien die richtigen):

Vorderseite:	*Rückseite:*
Reiz Definition?	... äußere und innere Bedingungen, die den Ablauf der Lebensvorgänge zu beeinflussen vermögen.

Vorderseite:	*Rückseite:*
Reiz Arten (6)!	mechanische, chemische (Säuren, Gifte usw.) osmotische (Wasserentziehung), thermische, akustische, elektrische Reize

Vorderseite:	*Rückseite:*
Reaktion Definition?	auf innere oder äußere Reize auftretende Antwort des Lebewesens.

Je mehr solcher Worte und Begriffe wir kennen, desto besser verstehen wir die Sprache des Faches. Kennen wir sie nicht, dann bleibt die Wissenschaft für uns unverständlich wie das berüchtigte spanische Dorf.

Das Betrübliche ist, daß in „weichen" Wissenschaften wie etwa der Psychologie nicht einmal solche Grundbegriffe richtig „hart" geworden sind.

Das gilt erst recht in der Philosophie, in der Soziologie und vielfach sogar in der Juristerei, die nur äußerlich eine streng logische Wissenschaft ist. Jede Lehre, jede Schule und vielfach auch einzelne Gelehrte bezeichnen mit denselben Worten andere Dinge und Erscheinungen, und die Folge ist manchmal heillose Verwirrung.

Oft gibt es mehrere Definitionen für dasselbe Wort. Es nützt nichts: man muß sie eben alle lernen

Der Schüler muß deshalb zu den meisten dieser Worte verschiedene Definitionen lernen, und er muß wissen, von wem und in welcher Bedeutung – und mit welchen Hintergedanken – sie verwendet werden. Sonst geht es ihm wie manchem sogenannten Fachmann: er weiß dann nicht mehr, wovon er redet.

Dennoch ist das Programmieren von Definitionen noch verhältnismäßig leicht.

Ein Lehrbuch wird zerlegt

Nicht ganz so einfach ist es, den fortlaufenden Text eines Lehrbuches, eines Skriptums oder etwa eines Fernkurses für unsere Kartei auszuwerten.

Auch ein Lehrbuch läßt sich für unsere Lernkartei programmieren

Nehmen wir an, wir wären Studenten des Wiener Psychologie-Professors Dr. Hubert Rohracher. Wir wollen uns vorbereiten, von ihm geprüft zu werden, und wir haben den Verdacht, daß Rohracher uns über das Gedächtnis und das Lernen befragen könnte.

Weil wir nun gründliche Studenten sind, beschaffen wir uns deshalb das von Rohracher und seinem Schweizer Kollegen Meili herausgegebene „Lehrbuch der experimentellen Psychologie" und lesen dort über die Gedächtnisforschung folgende Sätze:

„*Die experimentelle Gedächtnisforschung wurde von drei Männern begründet, die unabhängig voneinander in der Zeit von 1880 bis 1910 die Vorgänge des Lernens, Behaltens und Reproduzierens zu untersuchen begannen: Hermann EBBINGHAUS in Deutschland, Edward Lee THORNDIKE in Amerika und Iwan PAWLOW in Rußland. Die Gesichtspunkte, unter denen sie das Gedächtnisproblem behandelten, sind eindeutiger als in jedem anderen Gebiete der Psychologie durch die Geisteshaltung und Lebenseinstellung der Völker bestimmt, denen sie entstammten; EBBINGHAUS, der Europäer, untersuchte das Einprägen und Behalten von Wissen, das heißt von verbal formulierbaren Inhalten; THORNDIKE, der Amerikaner, erforschte den Erwerb von praktischen Verhaltensweisen, und PAWLOW, der Russe, bemühte sich, die Entstehung der bleibenden Wirkungen der Umwelt, in welcher die russische Psychologie den entscheidenden Faktor der Persönlichkeitsentwicklung sieht, aufzuklären. Die Tendenz zur Bevorzugung dieser Forschungsgebiete hat sich in Europa, Amerika und Rußland durch mehr als ein halbes Jahrhundert bis auf den heutigen Tag erhalten.*"

Dieser Absatz ist eine in sich geschlossene, zusammenhängende Darstellung eines historischen Tatbestands.

Es gilt nun, die darin enthaltenen wichtigen Informationen so zu merken, daß Rohracher, auch wenn er bei der Prüfung besonders streng wird, in unserer Suppe kein Härchen finden kann.

Dazu müssen wir den Inhalt des Absatzes in kleinste Teile zerlegen und so aufarbeiten, daß diese als Fragen und Antworten auf unsere Kartei-Zettel passen.

Nehmen wir zunächst gleich einmal vorweg, wie das *nicht* geschehen darf: indem wir die Sätze willkürlich in zwei Teile zerhacken.

Das sähe dann etwa so aus, wie die nebenstehenden Kärtchen zeigen:

Vorderseite:

Die experimentelle Gedächtnisforschung wurde von drei Männern begrundet, die ...

Rückseite:

... unabhängig voneinander in der Zeit von 1880 bis 1910 die Vorgänge des Lernens, Behaltens und Reproduzierens zu untersuchen begannen: Hermann EBBINGHAUS in Deutschland, Edward Lee THORNKIKE in Amerika und Iwan PAWLOW in Rußland

ACHTUNG! Dies ist ein Beispiel, wie man den zuvor zitierten Buch-Ausschnitt völlig f a l s c h zerlegt und programmiert

Erinnern wir uns: Die Vorderseite unserer Karteikärtchen hat die Frage, die Rückseite die Antwort zu enthalten.

Hier haben wir, auf unserem Merkzettel, den Anfang des Satzes zur „Frage", seine Fortsetzung und den Satzschluß zur „Antwort" gemacht.

Das ist eine sehr dumme Methode des Fragens und Antwort-Heischens.

Ähnlich dumm hat einmal ein verzopfter Schulmeister gefragt, der deshalb auch in die Witz-Kiste des Lehrens und Lernens einging.

Eine seiner Prüfungsfragen lautete: „Was hatte Maria Theresia kaum?"

Die erwünschte Antwort war: „Maria Theresia hatte kaum den Thron bestiegen, als der Erste Schlesische Krieg ausbrach."

Was für den Schauspieler zweckmäßig sein mag, paßt noch lange nicht für den Studenten

Wenn wir unseren Lernstoff so programmieren, tun wir dasselbe wie ein Schauspieler, der seine Rolle memorieren muß. Auch er macht den letzten Satz oder Satzteil, den sein Partner *vor* ihm spricht, zum Stichwort für den Teil seiner Rolle, den er *danach* zu sprechen hat.

Für den Schauspieler ist diese Methode richtig, denn er muß seine Rolle wortwörtlich können. Für Schüler und Studenten ist sie unsinnig. Sie müssen sich nicht ganze Sätze merken, sondern nur deren wesentliche Aussagen.

Nur wesentliche Aussagen sollen gemerkt werden

Was sind diese wesentlichen Aussagen?

Wenn wir eine Wissenschaft lernen, um damit praktisch etwas anzufangen, dann sind es alle Mitteilungen mit praktischem Wert. Wenn wir vor einer Prüfung stehen, sind es alle Informationen, die uns als Prüfungsfragen entgegentreten könnten.

Bleiben wir bei der Prüfung – denn in deutschen Landen läßt sich ohne Examen, Zeugnis und Titel auch der kostbarste Wissensschatz nur zum halben Wert verkaufen, wie Diebsgut beim Hehler.

Wenn wir also den ersten Satz unseres Textes nochmals unter die Lupe nehmen, könnte er zu folgenden Prüfungsfragen führen:

Nehmen wir den ersten Satz noch einmal kritisch unter die Lupe

- Wann wurde die experimentelle Gedächtnisforschung begründet? – Antwort: In der Zeit von 1880 und 1910.

● Von wem wurde die experimentelle Gedächtnisforschung begründet? – Antwort: von Hermann Ebbinghaus in Deutschland, Eduard Lee Thorndike in Amerika, Iwan Pawlow in Rußland.

Es ist kaum zu fassen, wie viele Prüfungsfragen sich in einem einzigen Satz verstecken können

● Welcher Zweig der Psychologie wurde von Ebbinghaus, Thorndike und Pawlow begründet? – Antwort: die experimentelle Gedächtnisforschung.

● Was haben Ebbinghaus, Thorndike und Pawlow zu untersuchen begonnen? – Antwort: die Vorgänge des Lernens, Behaltens und Reproduzierens.

● Wer begann die Vorgänge des Lernens, Behaltens und Reproduzierens zu untersuchen? – Antwort: Ebbinghaus, Thorndike und Pawlow.

● Haben Ebbinghaus, Thorndike und Pawlow gemeinsam gearbeitet? – Antwort: Nein. Sie arbeiteten unabhängig voneinander.

Jede dieser Fragen und Antworten könnten wir nun auf einen unserer Lernzettel niederschreiben. Wir könnten auf diese Weise Schritt für Schritt den wesentlichen Inhalt des ganzen Lehrbuches auflösen und in unsere Kartei aufnehmen.

Das wäre eine brauchbare Methode der „Programmierung", doch ist dafür sehr viel Zeit und Gedankenarbeit nötig.

Ein einfacherer Weg, gegebene Sätze in Fragen und Antworten zu verwandeln, wird in der Psychologie beim sogenannten „Lückentest" verwendet. Man formt dabei die Sätze nicht um, sondern läßt nur jene Worte weg, nach denen gefragt werden soll. Statt des betreffenden Wortes steht dann im Text eine Lücke. Sie ist, wie man mathematisch sagen würde, gleichbedeutend mit einer „Unbekannten", mit einem Fragezeichen – der Schüler gibt die Antwort, indem er die Lücke richtig ausfüllt.

Versuchen wir nun (wie nebenstehend), nach dieser Methode unsere Karte zu beschriften:

Vorderseite:

Die experimentelle Gedächtnisforschung wurde von (.) Männern begründet, die (.) voneinander in der Zeit von (. bis .) die Vorgänge des (.), (.) und (.) zu untersuchen begannen: (. .) in (.), (. . .) in (.) und (. .) in (.).

Rückseite:

(drei) (unabhängig) (1880 bis 1910) (Lernens) (Behaltens) (Reproduzierens) (Hermann Ebbinghaus) (Deutschland) (Eduard Lee Thorndike) (Amerika) (Iwan Pawlow) (Rußland).

Wie wir sehen, enthält unser Merkzettel nun zwölf „Unbekannte", die durch Lücken (Klammern) im ursprünglichen Text dargestellt sind.

Die Zahl der Punkte innerhalb der Klammern entspricht der Zahl der weggelassenen Worte, Namen oder Zahlen.

Der Schüler kann nun, an Hand dieses Zettels, jederzeit überprüfen, ob er sich den wesentlichen Inhalt des Satzes, nach dem er bei der Prüfung gefragt werden könnte, gemerkt hat oder nicht.

Dabei bleibt ihm die Mühe erspart, den ganzen Satz auswendig zu lernen, und ebenso die manchmal komplizierte, jedenfalls aber zeitraubende Arbeit, den Satz in mehrere, anders formulierte Fragen und Antworten auflösen zu müssen.

Die vielen Fragen lassen sich in einem selbstgebastelten Lückentest spielend unterbringen

Trotzdem kann uns dieses Ergebnis nicht befriedigen. Wir haben nämlich gegen das Prinzip unserer Lernmethode verstoßen, daß jeder Merkzettel möglichst wenig Fragen und Antworten enthalten soll, damit nicht alle wiederholt werden müssen, wenn eine Antwort vergessen wird. Obwohl dieser Grundsatz beim Lernen zusammenhängender Texte, eben weil hier Zusammenhänge gelernt werden, nicht zu streng angewendet werden darf, sind zwölf Fragen auf einem Kärtchen dennoch entschieden zuviel, und das nicht nur, weil dafür der Platz knapp wird.

Dazu kommt, daß wir zu diesem mit zwölf Fragen vollgestopften Zettel noch einen weiteren anlegen müßten, auf dem gefragt wird, was Ebbinghaus, Thorndike und Pawlow begründet haben – die experimentelle Gedächtnisforschung.

Denn wenn wir auf unserem ersten Kärtchen auch noch diese Information weglassen und durch eine Leerstelle, eine „Lücke" ersetzen, dann enthält die Vorderseite des Zettels überhaupt keinen Anhaltspunkt mehr, worum es hier eigentlich geht.

Wir werden deshalb Rohrachers Satz, ohne ihn wesentlich umzuformen, zerteilt auf drei verschiedene Karteikärtchen schreiben. Hier die erste:

Vorderseite:	*Rückseite:*
Die experimentelle Gedächtnisforschung wurde von (. .) in (.), (. . .) in (.) und (. .) in (.) begründet.	(Hermann Ebbinghaus) (Deutschland) (Edward Lee Thorndike) (Amerika) (Iwan Pawlow) (Rußland)

Die Information, daß es sich um drei Männer handelte, können wir uns ersparen. Daß es soviel und nicht mehr sind, geht aus der Aufzählung ihrer Namen hervor. Nun brauchen wir eine zweite Karteikarte:

Vorderseite:	*Rückseite:*
Ebbinghaus, Thorndike und Pawlow begründeten die (. .)	(experimentelle Gedächtnisforschung)

Dieser Zettel, praktisch eine verkürzte Umkehrung des ersten, ist notwendig; auch diese Frage kann bei der Prüfung gestellt werden. Die dritte Karte sieht dann so aus!

Vorderseite:	*Rückseite:*
Ebbinghaus, Thorndike und Pawlow begannen (.) voneinander in der Zeit von (. bis .) die Vorgänge des (. , . und .) zu untersuchen.	(unabhängig) (1880 bis 1910) (Lernens, Behaltens und Reproduzierens

Da haben wir nun, auf drei verschiedenen Kärtchen, die Informationen des ersten Satzes, die allenfalls bei der Prüfung verlangt werden können. Wir stecken die Zettel in Fach 1 unserer Kartei und besehen uns den nächsten Satz.

Seine Mitteilung – daß die Gesichtspunkte der drei Forscher von der Geisteshaltung ihrer Völker bestimmt waren – dient vorwiegend dem Verständnis der Sache. Wenn wir uns Namen und Nationalität von Ebbinghaus, Thorndike und Pawlow merken können, stellt sich dieses Verständnis von selbst ein, und wir erinnern uns auch an die Mentalität ihrer Nationen. Deshalb muß dieser Satz nicht in unser Programm aufgenommen werden.

Weiter zu den nächsten Sätzen. Sie sind leicht zu programmieren:

Vorderseite:	*Rückseite:*
Ebbinghaus, der (.), untersuchte das (.) und (.) von Wissen, das heißt von (. .) Inhalten.	(Europäer) (Einprägen) (Behalten) (verbal formulierbaren)

Vorderseite:

Thorndike, der (.), erforschte den Erwerb von (.) Verhaltensweisen

Rückseite:

(Amerikaner) (praktischen)

Vorderseite:

Pawlow, der (.), bemühte sich, die Entstehung der bleibenden Wirkungen der (.), in welcher die (.) Psychologie den entscheidenden Faktor der Persönlichkeitsentwicklung sieht, aufzuklären.

Rückseite:

(Russe) (Umwelt) (russische)

Besehen wir uns nun diesen letzten Satz und die Art, wie wir ihn mit „Unbekannten", also mit Fragen nach bestimmten Worten und Begriffen programmiert haben, genauer.

Er wurde ins Programm aufgenommen, weil er nach dem Faktor „Umwelt" fragt, und das ist eine sehr wichtige Frage.

Gleich wichtig ist, daß gerade die Russen, mehr als die Wissenschaftler anderer Nationen, der Umwelt besondere Bedeutung zumessen. Deshalb auch die beiden anderen „Unbekannten": die nochmalige Erwähnung, daß Pawlow „Russe" ist und daß die „russische" Psychologie die Umwelt für persönlichkeitsformend hält.

Weil wir aber übervorsichtige Studenten und unserer nicht ganz sicher sind, müssen wir argwöhnen, daß Rohracher bei der Prüfung auch andersherum fragen könnte: *worauf* die Umwelt, nach russischer Psychologen-Ansicht, Wirkungen habe (auf die Persönlichkeitsentwicklung), und *welche* (bleibende).

Die Tücken einer Prüfung: der Professor kann auch andersherum fragen. Auch dafür können wir uns rüsten

Wir werden diese Prüfungsangst am besten dadurch beruhigen, daß wir Rohrachers Satz über Pawlows Forschungsziel noch ein weiteres Kärtchen widmen:

Vorderseite:	*Rückseite:*
Der Russe Pawlow bemühte sich, die Entstehung der (. .) der Umwelt, in welcher die russische Psychologie den entscheidenden Faktor der (.) sieht, aufzuklären.	(bleibenden Wirkungen) (Persönlichkeitsentwicklung)

Nun bleibt noch der letzte Satz unseres Textteils: „Die Tendenz zur Bevorzugung dieser Forschungsgebiete hat sich in Europa, Amerika und Rußland durch mehr als ein halbes Jahrhundert bis auf den heutigen Tag erhalten."

Ihn können wir uns schenken. Er dient der Illustration, er soll die Einsicht fördern. Aber wenn wir uns die harten Informationen unseres Textes merken, wird auch diese Einsicht nicht mehr verlorengehen.

Wir haben damit einen Absatz aus Rohrachers Buch in sechs Karteikärtchen untergebracht. Wenn wir erst einmal alle wesentlichen Informationen des Lehrbuchs ebenso verarbeitet und lernend verdaut haben, brauchen wir keine Prüfung mehr zu scheuen.

Schreck laß nach! Das Programmieren eines Lehrbuch-Inhalts ist bei weitem nicht so kompliziert, wie es auf den ersten Blick scheinen mag

Anstreichen will gekonnt sein

Dem ungeübten Anfänger wird das alles, weil scheinbar mit viel Denkarbeit verbunden, immer noch abschreckend kompliziert vorkommen.

In Wirklichkeit ist die Sache nur halb so schlimm. Das Auffinden der Worte, die vorne auf den Merkzetteln als „Unbekannte" weggelassen und dafür hinten eingetragen werden müssen, läßt sich leicht so „mechanisieren", daß dafür kaum noch Mühe nötig ist.

Zu diesem Zweck müssen wir nur das tun, was jeder Student ohne besondere Überlegung fertigbringt: nämlich zunächst einmal die wichtigen Worte des Textes, den wir lernen wollen, mit einem Bleistift anstreichen.

Nehmen wir das Ergebnis vorweg, sehen wir uns an, wie unser Absatz aus Rohrachers Lehrbuch nachher aussehen müßte:

„*Die experimentelle Gedächtnisforschung wurde von drei Männern begründet, die unabhängig voneinander in der Zeit von 1880 bis 1910 die Vorgänge des Lernens, Behaltens und Reproduzierens zu untersuchen begannen: Hermann EBBINGHAUS in Deutschland, Eduard Lee THORNDIKE in Amerika und Iwan PAWLOW in Rußland. Die Gesichtspunkte, unter denen sie das Gedächtnisproblem behandelten, sind eindeutiger als in jedem anderen Gebiete der Psychologie durch die Geisteshaltung und Lebenseinstellung der Völker bestimmt, denen sie entstammen: EBBINGHAUS, der Europäer, untersuchte das Einprägen und Behalten von Wissen, das heißt, von verbal formulierbaren Inhalten; THORNDIKE, der Amerikaner, erforschte den Erwerb von praktischen Verhaltensweisen, und PAWLOW, der Russe, bemühte sich, die Entstehung der bleibenden Wirkungen der Umwelt, in welcher die russische Psychologie den entscheidenden Faktor der Persönlichkeitsentwicklung sieht, aufzuklären. Die Tendenz zur Bevorzugung dieser Forschungsgebiete hat sich in Europa, in Amerika und Rußland durch mehr als ein halbes Jahrhundert bis auf den heutigen Tag erhalten.*"

So sieht der Buchtext nach unserer ersten Überarbeitung aus; wir haben weniger angestrichen als sonst üblich

Wenn wir nun diesen Text nochmals aufmerksam durchlesen und dabei besonders auf die Unterstreichungen achten, wird uns auffallen, daß darin *weniger* Worte unterstrichen sind, als prüfungsängstliche Studenten normalerweise anzustreichen pflegen.

Solch ein Studiosus hätte beispielsweise, in der vierten Zeile, auch das Wort „Vorgänge" unterstrichen, in der 14. ebenso das Wort „Wissen", in der 15. und 16. die Worte „Inhalten" und „Erwerb", in der 16. das Wort „Verhaltensweisen" in der 20. auch die „Psychologie" und den „entscheidenden Faktor".

Worte, die nicht wirklich Konkretes aussagen, brauchen nicht unterstrichen zu werden

Wir haben das mit Absicht nicht getan.

Denn „Vorgänge" ist ein sehr nichtssagendes Wort. „Vorgänge" gibt es unendlich viele, Vorgänge des Lernens, Behaltens und Reproduzierens jedoch bedeutend weniger, und nur auf diese kommt es hier an.

Ebenso kann mit „Wissen" unglaublich viel gesagt und getan werden. Doch ist für uns, in diesem Zusammenhang, nur das Einprägen und Behalten von Wissen interessant.

Auch können millionenfach „Verhaltensweisen" gedacht werden, und ebenso deren „Erwerb", aber hier sind nur die praktischen Verhaltensweisen bedeutsam.

Weiter geht es, gegen Ende unseres Textes, dem Autor nicht um die „Psychologie" im allgemeinen, sondern nur noch um die russische. Schließlich wimmelt es in dieser Welt von „entscheidenden Faktoren", aber hier sind nur jene wichtig, welche die Persönlichkeitsentwicklung beeinflussen.

Damit wird nun auch die Methode, das Schema sichtbar, das unseren Bleistift beim Anstreichen einzelner Worte geführt hat: wir haben immer nur jene Worte angestrichen, die begrifflich den engsten und konkretesten Teil der jeweils gemachten Aussage darstellen, die allgemeineren, weniger präzisen Worte hingegen nicht.

Hier sind die drei guten Gründe für unsere Sparsamkeit beim Unterstreichen

Wir haben dafür drei gute Gründe. Zunächst einen lerntheoretischen – wer sich das Konkrete merkt, dem fällt das Allgemeine zumeist von selber ein; und dann zwei praktische:

Wir brauchen, auf der Vorderseite unserer Merkzettel, Anhaltspunkte dafür, wonach gefragt wird. Solche Anhaltspunkte werden uns am besten durch die allgemeinen, fast schon nichtssagenden Worte geliefert, die wir *nicht* unterstreichen, denn das ist schließlich die Eigenschaft jeder Fragestellung: man fragt *allgemein*, um *Konkretes* zu erfahren.

Der zweite praktische Grund, weshalb jeweils immer nur der konkrete Aussageteil unterstrichen wurde: handeln wir anders, streichen wir das Allgemeine *und* das Konkrete an, das „Wissen" ebenso wie das „Einprägen" und „Behalten", die „Vorgänge" ebenso wie das „Lernen" und „Reproduzieren", dann fallen wir in den Urfehler des Lernens zurück, den gerade unsere Lern-Kartei verhindern soll: wir lernen dann praktisch wieder den ganzen Text auswendig, statt uns auf das Wichtigste zu konzentrieren.

Konzentration auf das Wichtigste – dazu zwingt uns die Lernkartei

So ist das richtige Anstreichen eines Textes der erste Schritt, mit dem wir die scheinbar so komplizierte Arbeit des Programmierens unserer Merkzettel rationalisieren, mechanisieren, ja schablonisieren können. Dabei hat als oberstes Prinzip zu gelten, daß von jeder wichtigen Aussage immer nur die konkretesten Worte angestrichen werden sollen.

Wie man selbst schwierige Texte durch Rationalisierung und Mechanisierung leicht programmiert

Der zweite Programmierungs-Schritt ist die Übertragung der Sätze, die angestrichene Informationen enthalten, auf unsere Kartei-Kärtchen. Auch das kann weitgehend mechanisch geschehen, nach folgenden Grundsätzen:

- Die Sätze werden gekürzt, soweit dadurch nicht ihre Verständlichkeit leidet.
- Sätze, die trotzdem zu lang sind, um auf einen Merkzettel zu passen, werden geteilt und auf zwei oder mehr Kartei-Kärtchen übergetragen.
- Das muß so geschehen, daß jeder Merkzettel möglichst wenig „Unbekannte", also durch Lükken ausgedrückte Fragen, enthält. Mehr als fünf „Unbekannte" auf einem Zettel hemmen den Lernfortschritt.

Routine macht alles leichter

Der Einwand wird nicht ausbleiben, daß es trotz allem sehr mühevoll sei, auf diese Weise ein ganzes dickes Lehrbuch durchzuackern.

Ein ganzes Lehrbuch in den kleinen Finger zu bekommen, ist ebenso mühevoll wie das Erlernen einer fremden Sprache

Der Vorwurf richtet sich an die falsche Adresse. Das Lernen ist eben überhaupt mit Mühe verbunden, und das erst recht, wenn der Inhalt eines ganzen dicken Lehrbuches gelernt werden soll.

Um alle in Rohrachers „Experimenteller Psychologie" enthaltenen Informationen in den kleinen Finger zu bekommen, ist sicherlich ebensoviel Anstrengung nötig wie zum Erlernen der mittelmäßigen Beherrschung einer fremden Sprache.

Wer glaubt, eine solche Aufgabe mit genialem Darüber-hin-Lesen oder durch etwa vierzehntägiges, wenngleich angestrengtes Büffeln meistern zu können, erliegt einer Selbsttäuschung.

Die Lern-Kartei, die Umsetzung des Buch-Inhaltes auf Merkzettel, die Verwandlung seines Textes in kleinste Lernschritte macht diesen Irrtum offenbar. Der Schüler sieht nun die Aufgabe, die er sich stellt, in ihrer ganzen Größe vor sich.

Zugleich aber wird sie überschaubar. Bis dahin hat er sich vielleicht euphorischem Optimismus hingeben können. Jetzt läßt sich schon nach der Programmierung der ersten Buchseiten, und anscheinend ziemlich genau, abschätzen, wie viele Wochen und vielleicht Monate er sitzen, schreiben und lernen muß, um die von ihm für wesentlich gehaltenen Informationen zu beherrschen, und wieviel Stunden täglich er dafür braucht.

Es kann sein, daß ihn dabei das kalte Grausen packt, daß er den Mut verliert und vor der Menge der Arbeit, die er vor sich sieht, zurückschreckt.

Dazu ist kein Grund vorhanden.

Wenn er seinen Lernstoff unverdrossen weiter programmiert, wird sehr bald auch ihm, wie dem Sprachen-lernenden Schüler, der „Berlitz-Effekt" zunutze kommen, die Tatsache, daß jede einmal gelernte Information das Tempo des Lernfortschritts gewaltig beschleunigt.

Kein Grund zum kalten Grausen: Schritt für Schritt wird die Arbeit immer leichter

Das betrifft zunächst einmal die Routine, mit der er die Sätze und Absätze seines Materials aufarbeitet. Sie wird von Seite zu Seite größer werden, bis er schließlich die Aussagen, die er ausschlachtet, kaum noch bewußt analysiert, sondern fast nur noch mechanisch schreibt.

Die damit anscheinend verbundene Gefahr, daß der Schüler den Blick für das Wesentliche verlieren und auf seine Merkzettel zuviel Unwichtiges übertragen könnte, ist nicht ernsthaft bedrohlich.

Menschliche Faulheit, Ungeduld und der Wunsch, möglichst rasch vorwärts und zum Ende zu kommen, werden immer wieder obsiegen. Sie werden selbst beim fleißigsten und stursten Studenten soviel kritische Überlegung wachhalten, daß er versucht, unwichtige Informationen zu übergehen – denn diese muß er dann nicht abschreiben.

Faulheit und Ungeduld können bei diesem Lernprozeß sogar nützlich sein; gefährlicher ist Flüchtigkeit

Gefährlicher ist es, daß unserem Studenten Flüchtigkeitsfehler unterlaufen, daß er in der Eile solcher Fließbandarbeit beim Abschreiben wichtige Worte ausläßt oder verwechselt.

Das fällt ihm erst nachher auf, wenn er die übertragenen Informationen lernen will. Sie ergeben plötzlich keinen Sinn mehr oder offenkundigen Unsinn.

Dann sitzt er verzweifelt da und muß versuchen, irgendwo in seinen Unterlagen, im Lehrbuch oder im Skriptum die Stelle zu finden, die diesen Unsinn aufklären könnte.

Deshalb ist es gut, wenn er schon beim Übertragen seiner Informationen auf dem Merkzettel die Quelle und die Seitenzahl notiert, in unserem Fall: „Ro 115", was hier, „Rohracher, Seite 115" heißt. Dann findet er die Stelle rasch und muß sich nicht soviel ärgern.

Nicht vergessen: Seitenzahlen notieren!

Mit wachsender Routine und mit der durch die Angst vor zuviel Schreibarbeit wachgehaltenen Überlegung tritt dann beim Programmieren ein weiterer arbeitssparender Effekt auf, der zugleich schon die erste Frucht systematischen Lernens ist: das Unterscheidungsvermögen des Schülers schärft sich; je weiter er im Stoff fortschreitet, desto weniger von den darin enthaltenen Informationen dünken ihm wirklich merkenswert, und das mit Recht.

Das Unterscheidungsvermögen schärft sich von Seite zu Seite

Auf den ersten Seiten des Lehrbuchs hat er noch jeden, oder fast jeden, Satz des Textes wie ein Heiligtum gewendet und gedreht, auseinandergenommen und ehrfürchtig auf einen Merkzettel geschrieben. Mit der Zeit wird er mehr und mehr respektlos. Schließlich überträgt er von jeder Buchseite im groben Durchschnitt nur noch vier oder fünf Informationen in seine Kartei, und von vielen Seiten überhaupt keine mehr. Er ist dennoch, wenn er diese gelernt hat, glänzend informiert.

Er lernt es, „redundante" Mitteilungen fortzulassen – so heißen in der Informationstheorie Zeichen, Worte, Aussagen, die ohne Informationsverlust weggekürzt werden können.

Schließlich wird nur noch das Wesentliche in die Lernkartei aufgenommen

Er lernt schließlich auch, was hier aus Platzmangel nicht näher erklärt oder gar vorgeführt werden kann: die wesentlichen Mitteilungen von ganzen Seiten und Abschnitten so zu raffen, daß er sich von den Formulierungen des Lehrbuch-Autors lösen kann und, in eigenen und kürzeren Worten, nur noch deren Sinn in die Lern-Kartei aufnimmt.

Rohrachers „Experimentelle Psychologie" ist 461 Seiten lang.

Zum Ausfüllen eines einzelnen Lernzettels braucht man ungefähr drei Minuten. Wenn wir annehmen, daß die wesentlichen Informationen einer Lehrbuchseite im Durchschnitt fünf Merkzettel füllen, können wir demnach in 15 Minuten eine Seite und in zwei Stunden acht Lehrbuchseiten für unsere Kartei „programmieren". Dazu kommt etwa eine Stunde dafür, was schon vorher gemacht werden muß – für das aufmerksame Durchlesen und Anstreichen dieser acht Seiten.

Drei Stunden also für Vorarbeit und Zettel-Schreiben; wenn wir dazu täglich weitere drei Stunden für das eigentliche Lernen aufwenden, können wir bei täglich sechsstündiger Anstrengung ein Buch wie das Rohrachers in etwas mehr als 100 Tagen geistig verarbeiten – und zwar so gründlich, daß dem Herrn Professor bei der Prüfung die Augen aus dem Kopf fallen.

Wenn Sie nach unserer Methode studiert haben, werden dem Professor bei der Prüfung die Augen aus dem Kopf fallen

Sechs Stunden täglich, durch hundert Tage – das ist viel Zeit, ist sehr viel Arbeit!

Natürlich. Niemand hat behauptet, daß die Lern-Kartei das Lernen und Arbeiten überflüssig mache. Sie macht es nur überhaupt erst möglich, systematisch und mit todsicherem Erfolg zu arbeiten. Wer dasselbe Lehrbuch und seine Informationen ebensogut lernen und merken will, wird das mit den herkömmlichen Methoden des Lesens und nochmals Lesens, des Anstarrens und vor sich Hinmurmelns von Sätzen und Zeilen, des Büffelns mit dem Zeigefinger am Papier auch in einem Jahr nicht schaffen.

Wenn er aber glaubt, es dennoch geschafft zu haben, wird er später vielleicht voll Reue – und zu spät – feststellen, daß er doch das meiste vergessen hat.

Schnellkurs fürs Examen

Viele Studenten werden jetzt überlegen lächeln.

Sie wissen aus Erfahrung, daß es nicht nötig ist, für eine Prüfung so genau zu sein. Die Professoren haben es heutzutage fast allenthalben aufgegeben, nach allzu vielen Einzelheiten zu fragen. Sie sind schon zufrieden, wenn ihre Prüflinge etwas von der Sache wissen, wenn wenigstens *angenommen* werden kann, daß sie den Lehrstoff berochen hätten.

Darauf vertrauend, lassen manche Studiker den Herrgott einen guten Mann sein und fangen erst drei Wochen vor der Prüfung zu lernen an.

Wie man nach Notizen lernt, die nach Skripten verfaßt wurden, in denen die wesentlichsten Punkte eines Lehrbuches zusammengefaßt wurden

Dazu benützen sie natürlich kein Lehrbuch, denn das hat, für so wenige Tage, entschieden zu viele Seiten. Sie lernen aus dem Skriptum eines Pauk-Kurses oder, weil solche Skripten teuer sind, aus Notizen, die sie aus den Skripten anderer Studenten abgeschrieben haben; weshalb es zweckmäßig wäre, den Begriff „Lehrbuch" in diesem Zusammenhang neu zu definieren: ein Lehrbuch ist ein Buch, das der Professor schreibt, damit professionelle Pauker daraus ein Skriptum verfertigen, aus welchem sich Studenten Notizen machen, von denen sie dann einige wenige lernen . . .

Wenn wir zeitgemäß bleiben wollen, müssen wir uns auch diesen modernen Gepflogenheiten der Prüfungsvorbereitung anpassen. Wir müssen die fast schon legitimen Interessen jenes Teils der studierenden Jugend wahrnehmen, der sich immer erst im letzten Augenblick auf das Studieren besinnt.

Tips für Studenten, die 5 Minuten vor 12 zu büffeln beginnen

Auch dieser Gruppe kann die Lern-Kartei nützliche Dienste leisten. Die Kartei muß dazu nur mit voller Absicht „oberflächlich" programmiert werden.

Nehmen wir an, so ein Student müsse in zwei Wochen oder gar schon in einer Woche zu einer Prüfung über das deutsche Arbeitsrecht antreten. Dann ist es tatsächlich sinnlos, wenn er sich nun zu diesem Thema ein dickes Lehrbuch kauft. Das magere Skriptum eines Fernkurses mit nur etwa 70 Seiten genügt vollauf.

Für den 7-Tage-Schnellkochkurs: ein Skriptum von 70 Seiten – und sechs Studen täglich

Wenn der Student in der kurzen Zeit bis zur Prüfung auch nur einigermaßen zurechtkommen will, wird er jedoch auch diese 70 Seiten nicht Satz für Satz, Information für Information, nicht von vorne nach hinten durcharbeiten und auf die Zettel seiner Lern-Kartei übertragen.

Er wird zunächst einmal das ganze Heft durchlesen und nur die aller-aller-allerwichtigsten Informationen auf Kartei-Kärtchen schreiben, etwa nur eine Information pro Seite.

Diese ersten 70 Informationen müßte er bei einiger Anstrengung schon am ersten Tag im Kasten haben. Dann beginnt er sofort, sie lernend in der Kartei umzuwälzen, genauso, wie wir es gewöhnt sind.

Wenn er auf diese Weise drei Stunden lang täglich lernt, genügt das vollauf. Die restliche Zeit, die ihm übrigbleibt, verwendet er dazu, die 70 Seiten des Fernkurs-Skriptums nach weiteren wissenswerten Informationen zu durchstöbern, die er gleichfalls laufend in sein Kartei-Programm aufnimmt.

Im Studien-Notfall kann man sogar von den Soldaten im Schützengraben lernen

Auch dabei geht er nicht von vorn nach hinten, nicht „gründlich" und mit Tiefgang vor, sondern schwerpunkt- und schichtweise, wie eine Kompanie Soldaten, die im feindlichen Feuer einen Schützengraben aushebt: Soldaten sind nicht so dumm, in einer solchen Situation an einer Stelle sofort zwei Meter tief in die Erde zu gehen, während sie überall sonst noch durch freies Gelände laufen müssen. Sie werden zunächst einmal, und überall zugleich, nur 20 oder 30 Zentimeter tief graben, damit sie notdürftig Deckung haben, selbst wenn sie in der schmalen Rinne auf dem Bauch kriechen müssen. Erst später werden sie die Rinne vertiefen, damit sie aufrecht gehen können.

So wird auch der kluge Student seine Informationen nicht in der Reihenfolge verarbeiten, wie sie im Skriptum hintereinanderstehen, sondern nach ihrer Wichtigkeit: zuerst die wichtigsten, dann die weniger bedeutsamen, und dann erst jene, die er kennen sollte, aber nicht unbedingt wissen muß.

Wenn er diese Methode Tag für Tag systematisch fortsetzt, verwandelt sich sein Wissenschatz schrittweise vom puren Nichts-Können über den berühmten „blauen Dunst" und „blassen Schimmer" zur „schwachen Ahnung" und schließlich zu jener durch bruchstückweise Informiertheit gemäßigten Unkenntnis, die zum Bestehen der gefürchteten Prüfung gerade noch ausreichen mag.

Vom Gelernten wird nach solch einem Eil-Studium nicht allzuviel und auch nicht sehr lange im Gedächtnis hängen bleiben; fürs Examen mag das Wissen indes ausreichen

Dieser Effekt läßt sich, mit Hilfe der Lern-Kartei, überraschenderweise schon in wenigen Tagen erreichen. Der Student darf freilich nicht der Illusion erliegen, daß solcherart gelernte Informationen in seinem Kopf längere Zeiträume überdauern könnten.

In so kurzer Zeit ist es unmöglich, daß auch nur eines seiner Kartei-Kärtchen weiter vorwärtskommt als in Fach 3 des Lern-Kastens. Doch hat er zumindest die Chance, bei Examen durchzukommen, und auch das ist schon ein Erfolg.

Intelligenz-Probleme

Ein Ungeheuer namens „I.Q."

Zur Losung großer und wichtiger Aufgaben ist schöpferische Intelligenz vonnöten.

Auch manche Wissenschaftler, insbesondere Psychologen, betätigen sich „schöpferisch", wenn sie mit einem Problem konfrontiert sind. Sie setzen Begriffe in die Welt, die sie mit schillernden Hauptworten prächtig aufputzen, am besten mit lateinischen und griechischen Namen.

Das Problem wird dadurch nicht immer gelöst.

Die Hauptworte aber, die es umranken, beginnen alsbald ein geisterhaftes Eigenleben zu führen. Sie können als Wort- und Begriffsgespenster die Menschheit mehr und beharrlicher plagen als alle schottischen Ahnfrauen zusammengenommen, ganze Erdteile terrorisieren, Kinder unglücklich machen, erwachsenen Menschen Beruf, Hoffnung und Zukunft nehmen.

„Intelligenz-Quotienten" terrorisieren ganze Erdteile, machen Kinder unglücklich und Erwachsene hoffnungslos

Das wissenschaftliche Problem, das uns hier beschäftigt, ist das des Lösens von Problemen; und eines der Gespenster, die in diesem Zusammenhang die Welt verunsichern, heißt „Intelligenz-Quotient".

Dieses Ungeheuer, aus zwei bis drei Ziffern zusammengesetzt, wird immer dann geboren, wenn sich ein argloser, ahnungsloser Mensch einem sogenannten „Intelligenz-Test" unterwirft.

Er muß dabei Fragen beantworten, eine Reihe von Aufgaben lösen. Für jede richtige Antwort bekommt er einen Punkt. Falsche Antworten oder unbeantwortete Fragen zählen nicht.

Die Punkte werden addiert und ergeben, wie das in der Psychologensprache heißt, den „Score", die Punktezahl. Mit ihr wird dann errechnet, in welchem prozentuellen Verhältnis die Leistung des Prüflings zur Durchschnittsleistung der Gesamtbevölkerung oder, bei Jugendlichen und Kindern, der jeweiligen Altersgruppe steht.

Der „I.Q." stempelt manche zu Genies und manche zu Schwachköpfen; und das Urteil lautet „lebenslänglich"

Dieses Prozentverhältnis ist dann der Intelligenz-Quotient, abgekürzt „I.Q.".

Wenn der Getestete 50% mehr Punkte erreicht als der Durchschnitt, dann hat er einen I.Q. von 150 und wird manchmal einem „Genie" gleichgesetzt.

Hat er jedoch nur die Hälfte der Punktezahl gewonnen, die der Durchschnitt erreicht, dann ist sein I.Q. gleich 50, und er selbst gilt als Schwachkopf an der Grenze der Debilität.

Das könnte noch hingehen, wenn solche Intelligenz-Tests bloß zum Spaß veranstaltet würden, wie das manchmal in Illustrierten geschieht, nur zum Privatvergnügen der Beteiligten. Doch leider sind sie todernst gemeint. Die dabei ermittelten Intelligenz-Quotienten schleichen sich in die Schul- und Personalakten der Betroffenen ein. Dort wirken sie oft wie Auszüge aus dem Strafregister, mit einem Unterschied: Vorstrafen können getilgt werden, ein schlechter I.Q. aber kann sein Opfer bis ans Lebensende verfolgen.

Dabei hat alles eigentlich ganz harmlos begonnen.

Es ist eine unbestreitbare Tatsache, daß es intelligente und weniger intelligente Menschen gibt. Auch ist allgemein bekannt, daß manche Kinder in der Schule besser mitkommen als andere. Diese anderen brauchen dann besondere, ihnen angepaßte Ausbildung.

Das Malheur begann vor rund 70 Jahren in Frankreich

Um die Jahrhundertwende kam nun die französische Unterrichtsverwaltung auf die fortschrittliche und lobenswerte Idee, es ganz genau wissen zu wollen, *welche* Kinder solcher Nachhilfe bedürften.

Sie beauftragte den Psychologen Alfred Binet, einen Test zu entwerfen, der mit wissenschaftlicher Präzision feststellen könnte, ob ein Kind für die normale Schule geeignet sei oder ob es an eine Sonderschule müsse.

Der erste Intelligenz-Test wollte etwas Gutes, aber ...

So entstand der erste Intelligenz-Test, und mit ihm der „Intelligenz-Quotient", zu an sich segensreichem Zweck. Doch leider wurde die Menschheit den Unfug, der sich daraus entwickelt hat, seither nicht mehr los.

Die Ursache der Misere ist eine willkürliche, ganz und gar unbewiesene Annahme, ein fundamentaler Konstruktionsfehler.

So tausendfältig die Intelligenz-Tests, die seit Monsieur Binet die Welt heimsuchen, inzwischen verfeinert wurden, sie haben mit seiner Urkonstruktion fast alle eines gemeinsam: den Anspruch auf lebenslange Gültigkeit.

Sie wollen die „Spreu" vom „Weizen" trennen, und das für immerdar. Sie wollen, wie ein Sieb, die Intelligenten von den Unintelligenten scheiden, ein für allemal. Denn Alfred Binet, Direktor am psychologischen Institut der Sorbonne, hielt die Intelligenz für eine naturgegebene und unveränderliche Größe, für ein Schicksal, mit dem der Mensch ebenso leben müsse wie mit der Farbe seiner Augen, dem Bau seiner Knochen und der angeborenen Pigmentierung seiner Haut. Unintelligenz war demnach eine gewissermaßen unheilbare Erbkrankheit – gegen Dummheit ist kein Kraut gewachsen.

Intelligenz-Tests wollen die geistige Spreu vom Weizen trennen. Sie richten damit oft erheblichen Schaden an

Das ist, auch heute noch, die Grundlage der meisten Intelligenz-Theorien, ihr oberstes und felsenfestes Axiom. Aber bereits diese erste Annahme war damals schon so offenkundig falsch, daß Vater Binet das berücksichtigen mußte – denn auch vor siebzig Jahren wurden Kinder von Jahr zu Jahr zusehends intelligenter.

Macht nichts, meinte Monsieur Binet.

Er hatte auch dafür eine „Erklärung" parat. Er verglich, reichlich naiv, das geistige Wachstum des Menschen mit dem körperlichen. Solange Kinder körperlich in die Höhe schießen, glaubte er ihnen dasselbe auch in geistiger Hinsicht verstatten zu können.

Damit jedoch die Theorie, sein Dogma von der Unveränderlichkeit angeborener Geistesgaben, dadurch nicht Schaden leide, zog er durch einen Rechentrick auch das Lebensalter der Testpersonen mit ins Kalkül. Auf diese Weise blieb der errechnete I.Q. konstant, das wissenschaftliche Vorurteil außer Gefahr.

Dabei ließ Binet die Bäume nicht in den Himmel wachsen.

Er dekretierte, daß dieses kindische, den „Gesetzen" von der Konstanz menschlicher Intelligenz widersprechende Gescheiter-Werden mit fünfzehn Lebensjahren für immer ein Ende haben müsse.

Monsieur Binet verordnete: nach 15 Jahren gibt's kein Intelligenzwachstum mehr

Von da an, verordnete der Franzose, habe der Mensch auch ohne rechnerische Manipulation gleich intelligent oder gleich dumm zu bleiben, bis an sein Lebensende. Die Formel zur Berechnung des Intelligenz-Quotienten wurde dementsprechend modifiziert: Ab fünfzehn ist Schluß – rien ne va plus.

Daß die meisten Menschen, zumindest in Frankreich, etwa bis zu diesem Alter in die Schule gingen, fiel Binet dabei nicht auf. So kam ihm auch nicht in den Sinn, daß der Intelligenz-Zuwachs bis fünfzehn etwas mit der Schulbildung und dem Lernen zu tun haben könnte.

Monsieur Binet beging alle diese wissenschaftlichen Missetaten natürlich nicht mit Absicht.

Er war einer der ersten Pioniere der Intelligenz-Forschung. Er hat, was die geordnete Überweisung geistig zurückgebliebener Kinder in Sonderschulen anbelangt, zweifellos Brauchbares geleistet. Nur beging er dabei, das kommt vor, einen grundlegenden Fehler. Aber das sollte nicht ihm, sondern seinen Nachfolgern und Nachbetern angelastet werden, die diesen Irrtum über Jahrzehnte und Generationen kritiklos weiterschleppten, zum Unglück für Abertausende von Betroffenen.

Generationen von Gelehrten beteten Binets Unsinn nach – zum Unglück ungezählter Menschen

Erst jetzt, ganz langsam, zögernd und verschämt, beginnt die Wissenschaft zu begreifen, wie ungeheuerlich dieser Irrtum war. Daß er so lange hartnäckig verborgen blieb, ist interessanterweise einem der Probleme des Problem-Lösens zuzuschreiben: richtige Lösungen werden, in den Köpfen von Menschen, sehr oft dadurch blockiert, daß dort der blinde Glaube an althergebrachte, stereotyp eingeübte, aber falsche Lösungsversuche wie Rost eingefressen ist.

Die wissenschaftliche Psychologie hat dieses Phänomen schon vor vielen Jahrzehnten erkannt. Der deutsche Psychologe Karl Duncker nannte es 1930 „funktionale Fixierung". Der Volksmund nennt es „Betriebsblindheit".

Betriebsblinde Psychologen

Aber das hinderte nicht, daß dieselbe Psychologie, weil einmal auf die „Unveränderlichkeit" der Intelligenz eingeschworen, fast bis zum heutigen Tag derselben Betriebsblindheit anheimfiel.

„Intelligenz" – was ist das?

Ein Intelligenz-Test soll die Intelligenz messen.

Aber was ist das, „Intelligenz"?

Die Definitionen des Begriffes „Intelligenz" bestehen vornehmlich aus Gemeinplätzen

Wenn wir die psychologische Literatur nach einer Definition für dieses geheimnisvolle, fast metaphysisch anmutende Etwas durchsuchen, stoßen wir nur auf sehr dürftige Gemeinplätze.

Da heißt es etwa, daß Intelligenz mit der Anpassungsfähigkeit an neue Umstände gleichzusetzen sei, oder mit der Fähigkeit, mit abstraktem Material umzugehen, oder mit der Lernfähigkeit überhaupt.

Aber was sind die „Umstände", auf die es hier ankommt, und was kann, und unter welchen Umständen, als „abstrakt" bezeichnet werden, und was heißt „umgehen"?

Eine andere Definition (David Krech, „Elements of Psychology"): „Intelligenz ist eine Anpassungsfähigkeit, die sich bei der wirkungsvollen Bewältigung gemeinsamer Aufgaben des sozialen Lebens zeigt."

Aber was heißt „wirkungsvoll", und warum können nur „gemeinsame" Aufgaben intelligent bewältigt werden, und warum nur solche des „sozialen" Lebens?

Die psychologische Wissenschaft ist über diese „Definitionen" selbst nicht recht glücklich. Sie tröstet sich mit dem Gedanken, daß die anscheinend ungreifbare, undefinierbare Größe „Intelligenz" doch recht genau gemessen werden kann – und daß es anderen Wissenschaftlern früher nicht besser ging: die Physiker vergangener Jahrhunderte konnten Temperaturen messen, obwohl sie noch lange nicht wußten, was Kälte oder Hitze sei.

Das Meßinstrument für die Intelligenz ist der Intelligenz-Test.

Wir werden, wenn wir der Sache näher kommen wollen, daher am besten solch ein Meßinstrument unter die Lupe nehmen und uns einen der in Deutschland gebräuchlichsten Intelligenz-Tests ansehen.

In der Gebrauchsanweisung dazu lesen wir zunächst einmal eine weitere Intelligenz-Definition.

Der Intelligenz-Begriff eines gebräuchlichen deutschen Tests erweist sich als makabre Ansammlung von Wortgespenstern

Darin heißt es, daß die Testautoren die Intelligenz „als eine Sonderstruktur im Gesamt der Persönlichkeitsstruktur des Menschen" auffassen. Und weiter: „Intelligenz ist eine strukturierte Ganzheit von seelisch-geistigen Fähigkeiten, die in Leistungen wirksam werden und den Menschen befähigen, als Handelnder in seiner Welt bestehen zu können ..."

Was das wohl sein mag, eine „Struktur", wenigstens in diesem Zusammenhang?

Die Testautoren geben Auskunft: „... eine Struktur nämlich, in der die Glieder hierarchisch geordnet sind. Wie in einer Hierarchie der dominante Bereich alle übrigen mehr oder weniger beeinflußt, so werden die Glieder solcher hierarchischer Strukturen von den dominanten Schwerpunkten her beeinflußt oder geprägt ..."

Wir sehen uns abermals einer Versammlung von Wort-Gespenstern gegenüber, die sich sehr weise gebärden, deren Aussagekraft die des Delphischen Orakels freilich nicht nennenswert überschreitet.

Das Wissen entscheidet

Wenden wir uns daher lieber den konkreten Aufgaben zu, mit denen der Test die Intelligenz zu messen versucht, wobei wir hier nur die Beispiele der Testanweisung berücksichtigen, damit die eigentlichen Testaufgaben nicht verraten und wertlos gemacht werden.

Da lesen wir in der „Aufgabengruppe 1" folgende Fragen an die Testperson:

Ein Kaninchen hat am meisten Ähnlichkeit mit einem (einer)?
a) Katze b) Eichhörnchen c) Hasen d) Fuchs e) Igel
Das Gegenteil von Hoffnung ist . . .?
a) Trauer b) Verzweiflung c) Elend d) Liebe e) Haß

Der Prüfling hat diese Fragen nun so zu beantworten, daß er von den fünf mitgelieferten Alternativen das richtige Wort anstreicht. Gelingt ihm das, dann hat er einen Punkt gewonnen.

Doch welche Weisheit gewinnt der Tester, der Psychologe, der Lehrer, der dem Prüfling die Fragen vorlegt, aus diesen Antworten?

Kann tatsächlich ernsthaft behauptet werden, daß solche Fragen nur von Personen beantwortet werden können, die eine mysteriös „strukturierte Ganzheit" beseelt, und nicht auch von anderen Menschen?

Der Intelligenz-Test ergründet, ob der Schüler den Unterschied zwischen Igel und Hasen kennt; über die Intelligenz des Prüflings sagt er nichts

Eine solche Behauptung wäre blanker Unsinn.

Die richtige Beantwortung der ersten Test-Frage hängt zunächst nicht von irgendeiner „Struktur", sondern von ganz bestimmten Einzelkenntnissen ab – davon, ob die Testperson Katzen, Eichhörnchen, Hasen, Füchse, Igel und Kaninchen schon öfters gesehen hat, oder zumindest deren Abbildungen. Dann und nur dann kann der Prüfling sagen, daß ein Kaninchen am ehesten einem Hasen gleicht.

Die zweite Voraussetzung für eine richtige Antwort ist, daß die Testperson die Namen dieser Tierarten kennt, die deutschen Worte, mit denen sie bezeichnet werden.

Der Test würde auf der Stelle sinnlos, wenn die darin verwendeten Worte einer fremden Sprache angehören, die dem Prüfling unbekannt ist – wenn im Testformular also statt Kaninchen „rabbit" stünde, statt Eichhörnchen „squirrel", statt Hase „hare", statt Fuchs „fox" und statt Igel „hedgehog".

Die zweite Aufgabe verlangt vom Prüfling, daß er unter den Worten „Trauer", „Verzweiflung",

„Elend", „Liebe" und „Haß" das Gegenteil von „Hoffnung" anstreiche.

Auch hier wird vom Prüfling eine gewisse Sachkenntnis gefordert. Man verlangt, daß er die zur Auswahl angegebenen Gefühle zumindest vom Hörensagen kennt.

Auch Gefühle muß man wenigstens vom Hörensagen kennen; aber das hat mit „Intelligenz" wohl kaum etwas zu tun

Und wieder ist die zweite Vorbedingung für die richtige Antwort, daß die Testperson die Worte gelernt hat, die diese Gefühle benennen, und daß er die Bedeutung des Wortes „Gegenteil" weiß. Dann und nur dann kann er richtig antworten, indem er „Verzweiflung" anstreicht.

Geprüft werden also ganz konkrete Sach- und Sprachkenntnisse.

Geprüft wird, ob der Prüfling gewisse Tierarten und Gefühle und bestimmte deutsche Worte kennt.

Auch Abstraktionen sind lernbar

Die zweite Aufgabengruppe desselben Tests gibt dem Prüfling fünf Worte vor, von denen vier einander „in gewisser Weise" ähnlich sind.

Die Testperson soll das fünfte Wort finden, das den anderen in dieser Weise *nicht* ähnlich ist.

Die fünf Worte der ersten Aufgabe lauten:

a) Tisch b) Stuhl c) Vogel d) Schrank e) Bett

Die nächste Aufgabe derselben Gruppe, auf dieselbe Weise zu lösen, gibt folgende Worte an:

Diese beiden Aufgaben testen nur scheinbar die Intelligenz

a) sitzen b) liegen c) stehen d) gehen e) knien

Auf den ersten Blick sieht es so aus, als wäre zur richtigen Beantwortung dieser Fragen schon eher jene angeblich eingeborene, unveränderliche Geistesgröße vonnöten, welche die Intelligenz-Tester zu erforschen trachten.

Aber auch dieser Anschein täuscht.

Die beiden oben zitierten Aufgaben können gleichfalls nur mit Hilfe ausreichender Wort- und Sachkenntnisse gelöst werden. Der Prüfling muß die Einzel-Merkmale der Begriffe kennen, die hinter diesen Worten stehen, er muß sich die Realitäten vorstellen können, die durch sie bezeichnet werden.

Wenn er diese Wirklichkeiten miteinander vergleicht, ergibt sich die Lösung von selbst:

Tisch, Stuhl, Schrank und Bett sind tote Gegenstände, ein Vogel lebt.

„Sitzen", „liegen", „stehen" und „knien" stellen Körperhaltungen dar, die ohne Bewegung möglich sind, „gehen" bezeichnet eine Bewegung.

Die Testautoren könnten nun bestreiten, daß es hier nur auf Sach- und Wortkenntnisse ankommt. Sie könnten vorbringen, daß der Prüfling nicht nur wissen müsse, was mit Tisch, Stuhl, Schrank, Bett und Vogel oder mit „sitzen", „liegen", „stehen", „knien" und „gehen" gemeint sei.

Sie könnten sagen, daß der Prüfling darüber hinaus Ähnlichkeiten und Unterschiede erkennen müsse und daß eben an dieser Fähigkeit seine Intelligenz erkennbar sei, jener rätselhafte Teil seiner Persönlichkeit, die es zu messen gelte.

Die meisten „Intelligenz"-Tests prüfen fast nur das Sprach- und Sachwissen

Doch auch das ist ein Trugschluß. In Wirklichkeit geht es hier ebenfalls um Sprach- und Sachwissen, nämlich darum, ob die Testperson die Bedeutung der Worte „ähnlich" und „nicht ähnlich" kennt. Nur dann, wenn der Prüfling diese Ausdrücke versteht und richtig gebrauchen kann, vermag er die Aufgabe zu lösen. Das wird sofort deutlich, wenn man sich vorstellt, daß in der Lösungs-Anweisung statt „ähnlich" etwa „similar" und statt „nicht ähnlich" „dissimilar" eingesetzt wäre, obwohl die Testperson nicht Englisch versteht – aus einer „Intelligenz"-Aufgabe wäre ein unlösbares Rätsel geworden.

Weiter, zur dritten Aufgabengruppe des Tests.

Da werden in jeder Aufgabe drei Worte vorgegeben. Zwischen dem ersten und dem zweiten besteht „eine gewisse Beziehung". Zwischen dem dritten und einem der fünf Wahlwörter besteht „eine ähnliche Beziehung". Der Prüfling soll dieses dritte Wort finden:

Wald : Bäume = Wiese : ?
a) Gräser b) Heu c) Futter d) Grün e) Weide

dunkel : hell = naß : ?
a) Regen b) Tag c) feucht d) Wind e) trocken

Die richtige Lösung der ersten Aufgabe heißt „Gräser", die der zweiten „trocken" – und wieder scheint es, als ob durch diese Fragen nicht Erfahrungen und Lern-Erlebnisse, sondern die davon unabhängige und gewissermaßen von Anbeginn vorhandene Fähigkeit geprüft würde, in Abstraktionen und Relationen zu denken.

Aber ist diese Fähigkeit tatsächlich eine, die nicht verändert, nicht gelernt werden kann?

Natürlich ebenfalls nicht. Das abstrahierende Denken ist kein Gottesgeschenk, das wie Manna nur besonders begnadeten Menschen auf und in die Köpfe fällt. Die „Abstraktion" hat nichts Metaphysisches an sich. Sie ist nichts weiter als der logische, sprachliche Umgang mit jeweils nur einer *einzigen* Eigenschaft (oder Gruppe von Eigenschaften) eines realen Gegenstandes, wobei von allen *anderen* Eigenschaften „abstrahiert", also abgesehen wird. Sie kann geübt und erlernt werden.

Das abstrahierende Denken ist keine Gabe, die nur besonders begnadeten Menschen eigen ist; es kann gelernt und geübt werden

Es ist eine der unendlich vielen Eigenschaften von Bäumen, daß sie unter anderem im Walde wachsen, der bekanntlich aus Bäumen besteht. Was aber hat die Eigenschaft, auf einer Wiese zu wachsen, und woraus besteht eine Wiese?

Der Zustand „dunkel" hat die Eigenschaft, daß er zugleich nicht „hell" sein kann. „Dunkel" ist also das Gegenteil von „hell". Was aber hat die Eigenschaft, nicht „naß" sein zu können, was ist – von „naß" – das Gegenteil?

Wiederum zeigt sich, daß dieser Test nicht irgendeine mysteriöse Gottesgabe prüft, sondern die Begriffs-Bildung des Prüflings, die Frage, ob und wie gut er die Merkmale der Begriffe „Wald", „Baum", „Wiese" usw. gelernt hat, und ob er ausreichend Übung darin besitzt, Ähnlichkeiten und Unterschiede zwischen solchen Merkmalen zu erkennen.

Kein Test für Buschneger

Unser Verdacht wird durch die Test-Fragen der nächsten Aufgabengruppen bestätigt.

Da werden beispielsweise einfache Schlußrechnungen verlangt. Da werden Zahlenreihen vorgegeben, die nach bestimmten Regeln aufgebaut sind – der Prüfling soll sie fortsetzen. Da werden geometrische Figuren dargestellt, und darunter Bruchstücke dieser Figuren – die Testperson soll angeben, zu welcher Figur sich diese Bruchstücke zusammensetzen lassen.

Wiederum handelt es sich um Dinge, die sich üben und lernen lassen, zum Teil sogar um Schulwissen, letzten Endes um den Bildungsschatz einer Wort- und Zahlenkultur wie der unseren.

Einige der Testaufgaben sind zwar nicht Schulstoff im engeren Sinne. Was von ihnen gefordert wird, haben die Prüflinge also wahrscheinlich *nicht* in der Schule gelernt.

Aber das schließt nicht aus, daß sie es *anderswo* lernten, von den Eltern, im Spiel, bei kindlichem Rätselraten, aus Neugier, durch Zufall.

Sie müssen es gelernt haben, sonst könnten sie es nicht.

Der Test mißt nicht die Größe der Intelligenz, sondern die Höhe des Bildungsgrades

Wenn dieselben Prüflinge nicht in einer Zivilisation der Worte und Begriffe, der Zahlen und geometrischen Figuren aufgewachsen wären, sondern in den Urwäldern des Amazonas oder bei den Eingeborenen Australiens, dann könnten sie vielleicht vortrefflich Spuren lesen oder den Bumerang handhaben: an diesem Intelligenztest müßten sie, trotz angeblich eingeborener Intelligenz, kläglich scheitern.

Fassen wir also zusammen, was uns von der Definition der Testanweisung verschwiegen, von den Testaufgaben selbst aber verraten wurde:

Dieser Test, und ebenso alle anderen dieser Art, prüft nichts, was unveränderlich, naturgegeben, von allem Anfang an im Kopf oder in der Seele des Prüflings säße.

Er prüft nur, was der Prüfling bisher gelernt hat.

Die geheimnisvolle „Struktur im Gesamt der Persönlichkeit", die der Test zu messen imstande sein will, entpuppt sich somit als das Gefüge des von der Testperson erworbenen Wissens. So kann solch ein Test vielleicht die Gegenwart messen, den augenblicklichen Stand des Lernfortschritts, die geistige Verfassung des Prüflings zum Zeitpunkt der Prüfung. Doch daraus weitere oder gar in die Zukunft reichende Schlüsse zu ziehen ist pure Anmaßung.

Aus den Ergebnissen eines I-Tests läßt sich nur der gegenwärtige Wissensstand des Prüflings ersehen

Darüber haben sich bisher nur sehr wenige Psychologen ernsthaft Gedanken gemacht.

Einer davon war der Kanadier Donald Hebb, der 1949 ergrimmt feststellte, daß die sogenannten Intelligenz-Tests im wesentlichen nur gelerntes Wissen prüfen, die angeborene Intelligenz, wenn es so etwas gäbe, jedoch nicht.

Ein I-Test kann jedoch nicht sagen, wie sich der Prüfling in der Zukunft entwickeln wird

Die Test-Praxis jedoch hat sich dadurch bis heute nicht beirren lassen.

Die vier Phasen des Problem-Lösens

Wenn Intelligenz lernbar ist, müßte sich auch das Lösen von Problemen lernen lassen. Die Lösung der Aufgaben des oben behandelten Intelligenz-Tests ist ohne Zweifel lernbar. Doch hat die experimentelle Psychologie eine Reihe anderer und komplizierterer Probleme ausgeheckt, die anscheinend etwas mehr verlangen.

Kann man das Lösen von Problemen lernen?

Sie fordern Lösungen, die für den Prüfling völlig neu sein sollen, weil sonst kein „Problem" mehr vorliege, sondern nur eine Wiederholungs- und Gedächtnisaufgabe.

Die Kennzeichen eines echten Problems sind also:

Dies sind die Merkmale eines echten Problems

- Das Problem stellt dem Prüfling, dem Problem-Löser, eine Frage.
- Die Antwort darauf ist ihm, wenn er mit der Lösung des Problems beginnt, noch unbekannt.
- Trotzdem soll er die Antwort finden.
- Die Antwort muß richtig sein.

Die Gelehrten der Psychologie und anderer Wissenschaften, die sich bisher der Problematik des Problem-Lösens bemächtigten, haben bei dieser Gelegenheit natürlich abermals eine Heerschar von Wort- und Begriffsgespenstern in Umlauf gesetzt.

Die Wissenschaft macht schon aus den Bezeichnungen des Problem-Lösens ein Problem

Allein die Definitionen des Problem-Begriffes könnten Bände füllen. Weil Unterteilungen nicht fehlen dürfen, werden dabei Probleme in solche eingeteilt, die durch „Erklärung", durch „Voraussage" und durch „Erfindung" gelöst werden. Und als Denkungs-Arten, die zur Lösung führen, werden wechselweise und von verschiedenen Gesichtspunkten das „intuitive", „produktive", „kreative", „zielgerichtete", „originelle", aber auch das „rationale", „abstrakte" und „logische" Denken angeführt.

Denkungs-Arten und Denk-Phasen beim Problem-Lösen

Auch die Phasen, die das Denken bis zur Lösung durchschreiten muß, sind eingeteilt und mit eigenen Namen versehen worden.

Die erste Phase wird als die der „Vorbereitung" bezeichnet. Sie umfaßt jenen Zeitraum, die der Problem-Löser braucht, um sich mit dem Problem und seinen Einzelheiten bekannt zu machen.

Das zweite Stadium heißt „Inkubations-Phase". Es ist jene Spanne Zeit, in welcher der Problem-Löser zwar schon das Problem kennt, aber noch keine blasse Ahnung hat, wie er ihm beikommen könnte; ein unbefriedigender Zustand, weshalb der Forscher Hutchinson diese Etappe die „Frustrations-Phase" nennt.

Es ist ein weiter Weg bis zur „Illumination", bis zur Erleuchtung

Das dritte und entscheidende Stadium führt den Namen „kreative Phase", weil dann – wenn überhaupt – die Lösung gefunden wird. Sie heißt deshalb auch Phase der „Illumination", der „Erleuchtung". Hier kommt es, wenn es soweit kommt, zur vielgerühmten (s. Seite 192) „Einsicht", durch welche die Frage des Problems beantwortet wird, und allenfalls zu dem uns gleichfalls schon bekannten (s. Seite 193) „Aha-Erlebnis".

Die vierte und letzte Phase ist die der „Verifikation", gewissermaßen der Gegenprobe, die feststellen muß, ob die gefundene Lösung richtig oder nur ein unbrauchbares Hirngespinst ist.

Die Anatomie eines Problems

Wir könnten nun, wie das etwa braven Psychologie-Studenten geziemt, mühevoll, selbstlos und unverdrossen durch den Dschungel der Worte und Begriffe vorwärtsschreiten, den die Gelehrten in der Landschaft des Problem-Lösens angepflanzt haben.

Doch besser halten wir inne, versuchen uns zu besinnen – das soll beim Umgang mit Problemen nicht unwichtig sein.

Hier machen wir Sie in allen Einzelheiten mit einem klassischen Problem bekannt; Sie können eine ganze Menge daraus lernen

Ein echtes Problem, haben wir gelesen, liegt dann und nur dann vor, wenn die Lösung für den Prüfling neu, das heißt ihm unbekannt ist.

Überlegen wir einmal, ob das auch wirklich stimmt, und inwieweit – und sehen wir uns zu diesem Zweck eines der klassischen Probleme an, an denen die Psychologie den Ablauf des Lösungsvorganges zu demonstrieren versucht:

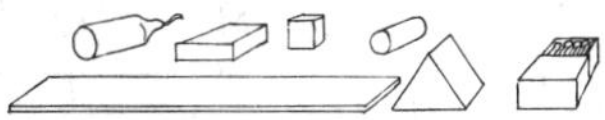

Dieses Problem ist vom Stockholmer Psychologen Székely entworfen worden.

Es verlangt vom Prüfling, er solle das hölzerne Brettchen auf dem oben dargestellten Holzkeil so balancieren, daß das eine Ende des Brettchens nach einigen Minuten ganz von selbst nach unten sinkt, während das andere Ende sich hebt:

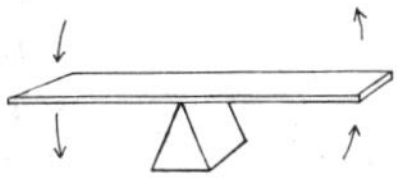

Das Problem des Professor Székely: der Waagebalken soll nach einigen Minuten von selbst nach links kippen

Zu diesem Zweck dürfen aber nur die Gegenstände verwendet werden, die Székely seinen Prüflingen zur Verfügung stellte, also jene, die in der ersten Zeichnung abgebildet sind: neben dem Keil und dem Brettchen ein kleiner Holzzylinder, eine Kerze, zwei kubische Holzstückchen und eine Schachtel mit Streichhölzern.

Versuchen wir nun, den Gedankenbahnen zu folgen, die der Prüfling bei der Lösung dieses Problems zu gehen hat.

Zunächst muß er wissen, daß das auf der Spitze des Keils balancierende Brettchen ein Art Waage darstellt, deren beide Arme sich im Gleichgewicht befinden.

Solange dieses Gleichgewicht erhalten bleibt, kann sich auch an der Stellung des Waagebalkens, unseres Brettchens also, nichts ändern.

Der Prüfling muß sich weiter darüber im klaren sein, was unter „Gleichgewicht“ zu verstehen ist: daß das Gewicht der einen Seite des Waagebalkens das der anderen Seite ausgleicht.

Wenn unser Problem-Löser die Sachlage erst einmal soweit erfaßt hat, wird ihm aufdämmern, was geschehen muß, falls der ursprünglich ausbalancierte, im Gleichgewicht befindliche Waagebalken plötzlich sein Gleichgewicht verlieren und sich nach einer Seite neigen soll, ohne daß der Prüfling – was ihm ausdrücklich verboten ist – das Brettchen anbläst, mit dem Finger dagegen drückt oder am Tisch rüttelt: das Gewicht, das auf der einen Seite des Waagebalkens lastet, muß ganz von selbst schwerer oder das auf der anderen Seite leichter werden.

Berühren, Drücken, Blasen, Rütteln – streng verboten!

Kann eine der beiden Seiten des Brettchens von selbst, ohne weiteres Zutun der Versuchsperon, Gewicht verlieren?

Der Prüfling entschließt sich, diese Frage zu verneinen.

Aber er weiß, daß eine auf beiden Seiten beschwerte Waage ihr Gleichgewicht verlieren kann, wenn die Gewichte sich verändern oder verschieben.

Als Gewichte könnten die übrigen von Herrn Székely zur Verfügung gestellten Gegenstände dienen, denkt er weiter – und in Gedanken, oder vielleicht auch mit den Fingern herumprobierend, verteilt er diese Gegenstände nun in allen möglichen Variationen auf beide Hälften des Waagebalkens – etwa so:

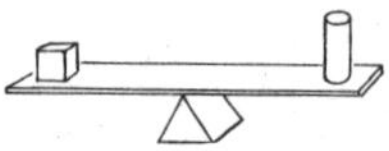

Rechts sehen Sie eine Reihe von Möglichkeiten, die aber alle n i c h t zur Lösung des gestellten Problems führen. Sie müssen sich etwas Besseres (sprich: Originelleres) einfallen lassen

oder so:

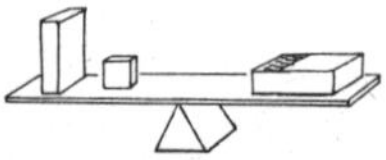

oder so:

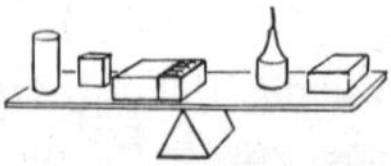

Doch das alles wird unseren tiefsinnigen Denker nicht weiterbringen.

Er wird jeweils mehr oder weniger Mühe aufwenden müssen, das Brettchen mit den Requisiten des Herrn Székely auszubalancieren, und manchmal wird das ebenso schwierig sein wie der Bau eines besonders komplizierten Kartenhauses. Aber wenn ihm das einmal gelungen ist, dann bleibt die Konstruktion stabil, und die ersehnte Gewichtsverlagerung tritt höchstens ein, wenn der Versuchsleiter nießt.

Falls dem Prüfling außer Niesen nichts mehr einfällt, muß er jetzt aufgeben

Falls dem Prüfling nun kein weiterer Gedankensprung gelingt, muß er aufgeben.

Zur richtigen Lösung kann er nur kommen, wenn er die einzelnen Gegenstände, die ihm dafür zur Verfügung stehen, hinsichtlich ihrer Merkmale und Eigenschaften genauer untersucht:

⟶ Streichhölzer kann man anzünden ...

⟶ Mit einem Streichholz kann man eine Kerze anzünden ...

⟶ Eine angezündete Kerze brennt ...

⟶ Eine brennende Kerze wird kleiner und damit leichter!

Damit hat der Prüfling unter den Requisiten des Versuches einen Gegenstand gefunden, der sein Gewicht von selbst verändert, und damit ist die Lösung des Problems ein Kinderspiel geworden:

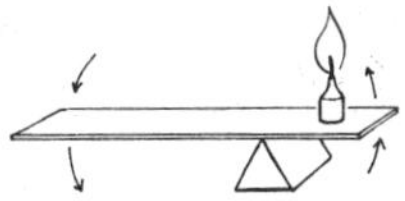

Die Kerze muß brennen! Das ist des Pudels Kern

Er balanciert den Waagebalken so aus, daß das Gewicht des längeren Endes gerade imstande ist, das Gewicht der am kürzeren Ende stehenden Kerze zu tragen. Dann braucht er nur noch die Streichhölzer, um die Kerze anzuzünden. Wenn sie einige Minuten gebrannt hat, wird sie so viel von ihrer Substanz, von ihrem Gewicht verloren haben, daß die andere Seite des Brettchens schwerer wird und zu Boden sinkt.

Das ist die Lösung, die Székely von seinen Versuchspersonen erwartete. Es handelte sich um Studenten, und der Stockholmer Psychologe berichtet, daß die Mehrzahl davon mehrere Minuten und beachtliche geistige Anstrengung brauchte, um zum gewünschten Ergebnis zu kommen.

Und hier noch einige Lösungen, die möglicherweise den Herrn Professor selbst überraschen würden

Allerdings sind, für dasselbe Problem, noch einige andere Lösungen denkbar, die möglicherweise auch Székely selbst überrascht hätten.

Eine davon ist der oben gezeigten, klassischen Lösung im Prinzip sehr ähnlich.

Auch sie geht von dem Grundgedanken aus, daß sich, wenn einer der Waage-Arme „von selbst" zu Boden sinken solle, das Gleichgewicht beider Seiten verändert werden müsse. Auch sie zieht ins Kalkül, daß brennendes Material an Gewicht verliert.

Aber von da an verläuft der Lösungsweg anders, und zwar so:

→ Brennendes Material verliert Gewicht ...

→ Holz ist brennbares Material ...

→ Der Waagebalken, der auf dem Keil ruht, ist ein Brettchen aus Holz ...

→ Wenn die eine Seite dieses Brettchens in Brand gesteckt wird, muß sie an Gewicht verlieren, wodurch das Gleichgewicht gestört wird und die andere Seite herabsinkt ...

→ Ein Waage-Arm könnte vielleicht mit Hilfe der Zündhölzer angezündet werden, die Székely zur Verfügung gestellt hat. Aber massives Holz fängt nicht so rasch Feuer ...

→ Das Holz des Waagebalkens muß daher einer Flamme ausgesetzt werden, die länger brennen kann ...

→ Eine Kerze brennt natürlich länger als ein Streichholz ...

Wieder ist die Lösung klar:

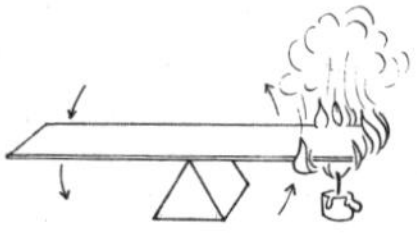

Auch brennendes Holz wird leichter ...

Die brennende Kerze wird nicht auf, sondern unter eine Seite des ausbalancierten Waagebalkens gestellt. Das Holz beginnt nach einer Weile zu brennen, und der Gewichtsverlust bewirkt, daß die andere Seite schwerer wird.

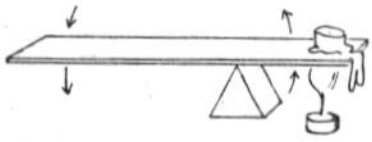

... und schmelzendes Wachs tropft ab

Eine weitere Variation derselben Lösung wäre es, wenn unser Problem-Löser die Kerze in zwei Teile bricht, einen davon auf das eine Ende des Waagebalkens klebt und den anderen Teil brennend darunter stellt.

Durch die Hitze schmilzt das Wachs auf dem Brettchen und tropft herunter, wodurch auf dieser Seite abermals ein Gewichtsverlust eintritt und der Waagebalken auf die andere Seite zu kippen beginnt.

Ferner bietet sich, auf demselben Prinzip beruhend, noch eine Lösung an: der Prüfling klebt mit geschmolzenem Wachs von der brennenden Kerze eines der bisher überschüssigen Holzstücke so am Waagebalken fest, daß es ohne diesen Klebstoff herunterfallen müßte:

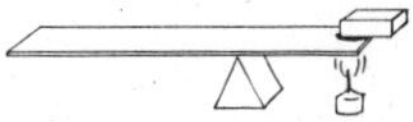

Dann stellt er die brennende Kerze unter die Klebe-Stelle:

Das Wachs schmilzt, das Holzstückchen löst sich, der Waagebalken verliert das Gleichgewicht.

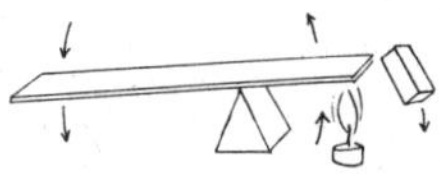

Auch mit einem festgeklebten Holzstückchen kann man zum Ziel kommen

Die nächsten Lösungen hingegen beruhen auf einem völlig anderen Grundgedanken.

Gehen wir doch einmal von einem völlig neuen Grundgedanken aus

Der Prüfling geht dabei *nicht* von der Vorstellung aus, daß sich die Gewichtsverteilung auf den Waage-Armen ändern müsse.

Er beginnt damit, daß er über das Verbot des Versuchsleiters nachdenkt, das Gleichgewicht des Brettchens durch Anblasen zu stören.

→ Dieses Verbot, denkt er, bezieht sich offenbar nur auf Luftbewegungen, die direkt von der Testperson verursacht werden ...

→ Dagegen ist es zweifellos erlaubt, eines der zur Verfügung stehenden Requisiten in einen selbsttätig funktionierenden Blasbalg zu verwandeln ...

→ Luft- oder Gasbewegungen entstehen auch bei Explosionen ...

→ Volle Streichholzschachteln brennen, wenn sie angezündet werden, so rasch ab, daß das einer Explosion gleichkommt!

Wieder hat der Prüfling den Schlüssel zur Lösung gefunden.

Sie kann mehrfach variiert werden, wir zeigen hier nur zwei Möglichkeiten:

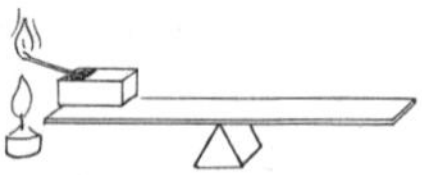

Der Prüfling hat die Kerze angezündet. Anschließend balanciert er unseren Waagebalken so aus, daß die Streichholzschachtel auf dem einen Ende des Brettchens liegt. Die Schachtel ist so weit geöffnet, daß die Streichholzköpfchen hervorsehen. Aus der Öffnung ragt ein Streichholz, dessen Köpfchen bereits abgebrannt ist, über den Rand des Brettchens. Dann stellt der Prüfling die brennende Kerze so darunter, daß dieses Streichholz Feuer fängt.

Dieses Hölzchen dient als Lunte. Wenn es so weit abgebrannt ist, daß die Flamme die Öffnung der Streichholzschachtel erreicht, dann entzünden sich alle Streichholzköpfe zugleich. Der Explosionsdruck der Stichflamme preßt nun die Streichholzschachtel und die Seite des Waagebalkens, auf der sie liegt, nach unten.

Bei einer zweiten Variation derselben Grundidee ist nicht einmal mehr die Kerze nötig.

Der Prüfling muß dabei nur den Waagebalken ausbalancieren. Dann zündet er ein Streichholz an und steckt dieses (wie oben) in die einen Spalt weit geöffnete Streichholzschachtel. Die Schachtel mit dem herausragenden, brennenden Streichholz legt er unter die eine Seite des Brettchens:

Wieder wirkt das einzelne, brennende Streichholz wie eine Lunte, wieder entzünden sich nach einer Weile alle Köpfe der Streichhölzer in der Schachtel. Der Explosionsdruck preßt diesmal die rechte Seite des Waagebalkens hoch.

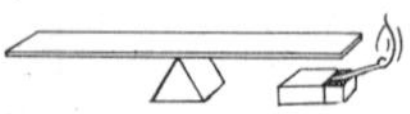

Jeder dieser Lösungsvorschläge geht von der Erkenntnis aus, daß Steichholzschachteln explodieren können

Versuchen wir nun, uns die Wege, die von Székelys Aufgabe zu all diesen Lösungen führen, durch eine schematische Skizze zu verdeutlichen.

Wir sehen dann, daß der Gedankengang des Prüflings an bestimmten Stellen wie durch versperrte Türen gehemmt wird. Er kann dort nur weiterkommen, wenn er den richtigen Schlüssel findet:

Überall dort, wo solche Sperren auftauchen, haben wir in diesem Schema ein Schlüsselloch

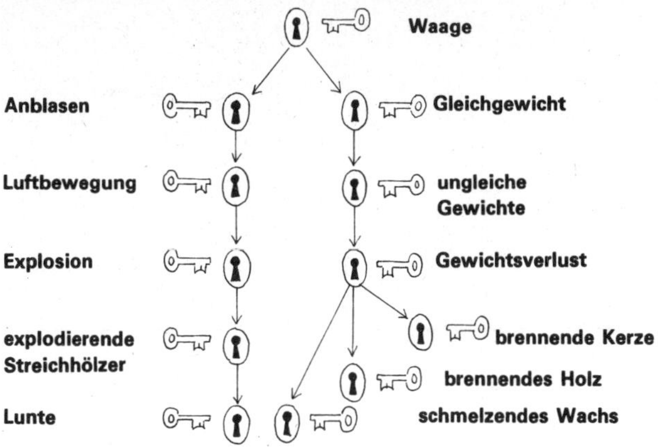

Jedes Problem hat seine versperrten Gedanken-„Gänge". Man muß die Schlüssel zu den Schlössern finden, um es lösen zu können

eingezeichnet und daneben den Schlüssel, mit dem das Schloß geöffnet werden kann.

Es stellt sich heraus, daß es keinen Universalschlüssel für alle diese Schlösser gibt. Auch mit der sogenannten „Intelligenz", sofern sie eine „Sonderstruktur im Gesamt der Persönlichkeit" wäre, läßt sich hier nichts aufsperren.

„Intelligenz" genügt nicht zum Lösen eines Problems: man muß auch eine ganze Menge wissen

Die Schlüssel, mit denen die verschlossenen Türen geöffnet werden können, bestehen vielmehr aus ganz bestimmten und sehr konkreten Einzelkenntnissen: der Problem-Löser muß wissen, was eine Waage und was Gleichgewicht ist, und daß der Waagebalken nur dann zu kippen beginnt, wenn die Gewichte auf beiden Seiten ungleich werden; er muß wissen, daß eine brennende Kerze an Gewicht verliert, und ebenso brennendes Holz, oder daß schmelzendes Wachs zu Boden tropft, oder daß eine Explosion eine Luftbewegung verursacht, und daß Streichhölzer explodieren können, und so fort.

Ohne diese Kenntnisse ist ihm unmöglich, auch nur eine einzige der vielen möglichen Lösungen des Problems zu finden.

Andererseits: je häufiger und intensiver sich der Prüfling mit Waagen und Gewichten, mit brennenden Kerzen, schmelzendem Wachs und explodierenden Streichhölzern beschäftigt hat, desto leichter wird er auf die Idee kommen, die dabei gemachten Erfahrungen auf das Problem anzuwenden.

So zeigt sich abermals, daß die Voraussetzungen für die Bewältigung solcher „Intelligenz"-Aufgaben vor allem darin liegen, was der Mensch, der sie lösen soll, bis dahin gelernt hat.

Der beste und „intelligenteste" Problem-Löser ist demnach jener, der am meisten weiß.

Drei Selbstversuche

Verfolgen wir die neue Fährte weiter.

Überprüfen wir, ob es tatsächlich immer das Wissen, die Information, das bisher Gelernte und Geübte ist, was zur Lösung gebraucht wird, und sehen wir uns zu diesem Zweck noch einige andere Probleme an:

PROBLEM 1

Diese sechs Stäbchen sind so zusammenzufügen, daß jedes einzelne mit jedem Ende die Enden von zwei und nur zwei anderen Stäbchen berührt.

Problem 1

PROBLEM 2

Alle diese neun Punkte sind durch vier gerade Linien miteinander zu verbinden. Der Prüfling hat diese vier Linien so zu ziehen, daß er dabei nicht absetzen muß.

Problem 2

PROBLEM 3

Ein Bauer kommt mit einem Wolf, einer Ziege und einem Kohlkopf an einen Fluß. Er muß ihn mit einem Boot überqueren, das so klein ist, daß es außer den Bauern nur noch eines der beiden Tiere oder den Kohlkopf tragen kann. In seiner Gegen-

wart sind beide Tiere folgsam. In seiner Abwesenheit aber würde die Ziege den Kohlkopf und der Wolf die Ziege fressen. – Wie stellt es der Bauer an, alle drei heil über den Fluß zu bringen?

Problem 3: Der Bauer am Fluß

Problem 4: Zwei Bindfäden an der Decke

PROBLEM 4

Der Prüfling befindet sich in einem Zimmer, von dessen Decke zwei Bindfäden herunterhängen. Er soll sie am unteren Ende zusammenbinden. Sosehr er sich streckt, ist er jedoch außerstande, beide zugleich mit den Händen zu erreichen. Das einzige Werkzeug, das er zur Lösung der Aufgabe verwenden darf, ist eine Schere.

PROBLEM 5

In der sengenden Hitze der Wüste steht ein Lagerhaus aus Beton. Es ist leer, seine Wände sind innen und außen vollkommen glatt. Von einem Dachbalken hängt an einem Strick die Leiche eines Mannes. Der Strick ist zu kurz, als daß der Mann daran hinaufgeklettert sein könnte. Trotzdem baumeln seine Beine zwei Meter über den Erdboden. Die einzige Öffnung, durch die das Lagerhaus betreten oder verlassen werden kann, ist ein ei-

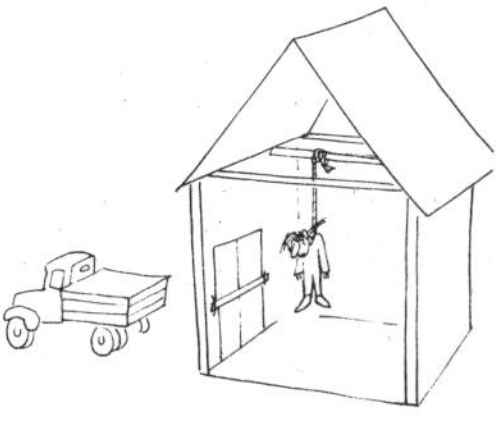

Problem 5: Der Tote im Lagerhaus

sernes Tor, aber dieses ist von innen verriegelt. Es ist unmöglich, den Riegel von außen zu betätigen. Vor dem Tor steht ein leerer Lastwagen. Sonst gibt es keine Spuren. – Was ist hier geschehen?

Machen Sie mit beim Problem-Lösen! Sie haben fünf Minuten Zeit

Um sich in die Situation des Prüflings hineindenken zu können, versuchen Sie diese Probleme am besten zuerst selbst zu lösen.

Bitte nehmen Sie Bleistift und Papier, und versuchen Sie es. Für jede Aufgabe haben Sie fünf Minuten Zeit.

Fertig? Los! ...

Jetzt erst sehen Sie sich auf den Seiten 255 bis 257 auch die Lösungen an.

Brechen Sie mit alten Denk-Gewohnheiten

Sie werden bemerkt haben, daß manche dieser Aufgaben gar nicht so einfach sind. Sie haben wahrscheinlich auch festgestellt, was Ihnen in dem einen oder anderen Fall die Lösung schwer oder gar unmöglich machte: es war, wie Ihnen vielleicht scheinen mag, die „Neuheit", die „Fremdheit" des für die Lösung entscheidenden Gedankens.

Auf die Gedankensprünge kommt es an

Beim Problem 1 war dieser „neue" Gedanke, daß die sechs Holzstäbchen nicht nur auf einer ebenen Fläche, also etwa auf einer Tischplatte zusammengefügt werden könnten, sondern auch zu einem räumlichen dreidimensionalen Körper, den die Geometrie „Tetraeder" nennt.

Der entscheidende Gedankensprung war hier der von der Ebene in den Raum.

Bei Problem 2 führt ein ähnlicher Gedankensprung zur Lösung. Der Prüfling muß sich, um das Problem zu bewältigen, von der Vorstellung frei machen, daß die vier Geraden nicht nur *innerhalb* des Quadrats gezogen werden dürfen, das die neun gegebenen Punkte umschließt.

Auch dazu muß er mit einer Art Gewohnheit brechen: die neun Punkte dieser Aufgabe sind so angeordnet, daß sie an ein Schach- oder Dame-Brett erinnern, somit an ein „Spielfeld", außerhalb dessen nicht gespielt werden dürfe. Erst wenn sich der Prüfling daran erinnert, daß eine solche Begrenzung *nicht* vorgeschrieben ist, kann er die Lösung finden.

Wagen Sie sich ruhig an scheinbar absurde Ideen

Das Problem 3 wird gleichfalls nur gelöst, wenn sich der damit beschäftigte Denksportler zu einer ungewöhnlichen und normalerweise „absurd" und „unwirtschaftlich" scheinenden Operation entschließt. Er muß, was bei Transporten über einen Fluß sonst nie geschieht, den Bauern eines der Transportgüter, nämlich die Ziege, nochmals über das Wasser zurückbefördern lassen, unter gewohnten Verhältnissen eine Verschwendung von Zeit und Kraft.

Auch hier also findet man den Schlüssel zur Lösung nur, wenn man mit alten Denkgewohnheiten bricht.

Das Problem 4 wird von vielen Prüflingen deshalb nicht durchschaut, weil sie sich nicht denken können, daß eine Schere, und das gar im Zusammenhang mit Bindfäden, auch als Gewicht für ein Pendel dienen könnte. Abermals wird die Lösung von der Gewohnheit blockiert, in diesem Fall von der Vorstellung, eine Schere sei zum Schneiden da.

Dasselbe gilt für Problem 5. Der Prüfling, der an dieser Aufgabe scheitert, sucht vergeblich nach festen, unveränderlichen Gegenständen oder nach Tricks, mit deren Hilfe der Selbstmörder die für seine Tat erforderliche Standhöhe erreicht haben könnte.

Auf den zugegebenermaßen abseitigen und ungewöhnlichen Gedanken, daß der Mann auf dem Lastwagen Eis herangebracht und dieses zu einer Pyramide angehäuft haben könnte, kommt er nicht.

Nun aber zur Frage, die wir hier untersuchen wollen: Sind all diese Gedanken, die in all diesen Fällen zur Lösung führten, tatsächlich „neu", „fremd" oder dem Prüfling „unbekannt"?

Geben Sie es zu: keiner der Gedanken, die zur Lösung führten, war Ihnen im Grunde fremd, neu oder unbekannt

Natürlich ebenfalls nicht.

Selbstverständlich weiß jeder, der solch eine Aufgabe lesen und verstehen kann, daß Holzstäbchen nicht nur ebene Flächen, sondern auch Körper einschließen können, daß man gerade Linien beliebig lang fortsetzen kann, daß ein Boot seine Last nach beiden Richtungen über den Fluß zu führen vermag, daß eine Schere Gewicht hat, daß Eis schmilzt und daß Wasser verdunstet.

Keine einzige der Informationen, die zur Lösung dieser Probleme nötig sind, kann also ernsthaft als „neu" oder „unbekannt" bezeichnet werden.

Wer die eben gezeigten Probleme nicht lösen konnte, wußte nicht zu wenig – er vermochte nur nichts mit seinem Wissen anzufangen

Auch der denkbar unintelligenteste Prüfling muß diese Informationen irgendwann einmal gelernt, gemerkt, gespeichert haben. Wenn er trotzdem versagt hat, dann nicht aus Mangel an Wissen, sondern weil er unfähig war, vorhandenes Wissen zu mobilisieren.

Konkreter gesagt: Wer an diesen Problemen gescheitert ist, war nicht imstande, sich aus dem Trott eingefressener Gewohnheiten zu lösen und außergewöhnliche Gedankengänge einzuschlagen.

Also haben die Prüflinge, die diese Probleme lösen können, den anderen dennoch das „gewisse Etwas" voraus, die geheimnisvolle „Struktur", die magische Befähigung des Märchenprinzen, der auf Turandots Rätselfragen richtig Antwort gab, jene seltsame, angeborene und unbeschreibliche Gottesgabe, die wir „Intelligenz" nennen?

Die Frage kann nicht glattweg verneint werden.

Die erfolgreichen Problem-Löser haben tatsächlich etwas, wovon die Versager nichts oder zu wenig besitzen. Aber es besteht kein Grund, dieses „Etwas" in Anführungszeichen zu setzen und wie ein Wesen eigener Art zu verehren oder zu fürchten.

Wenn Sie erfolgreich sein wollen, sollten Sie neue, ungewohnte Gedanken haben

Es ist eine Gewohnheit wie jede andere, wenngleich sie in unseren Tagen recht ungewöhnlich ist – die Gewohnheit, neue, fremde und ungewohnte Gedanken zu haben, von den stereotypen Mustern gebräuchlicher Auffassungen und Meinungen abzuweichen und die Dinge dieser Welt anders zu sehen, als das andere tun.

Diese Gewohnheit kann gelernt und systematisch trainiert werden. Nur wird sie, wenigstens hierzulande, nicht systematisch gelehrt.

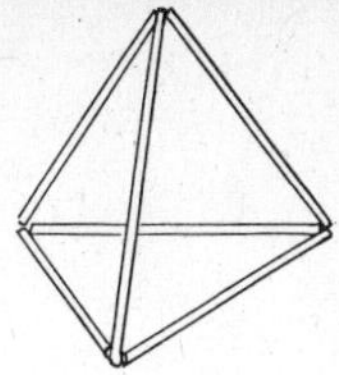

Lösung Problem 1: Ein Tetraeder Holzstäbchen

Die Aufgabe wird gelöst, indem man die Holzstäbchen zu einem sogenannten „Tetraeder" zusammenfügt, zu einer Pyramide aus vier gleichseitigen Dreiecken. Alle Versuche, die Stäbchen auf einer ebenen Fläche zusammenzulegen, also etwa auf einer Tischplatte, müssen scheitern.

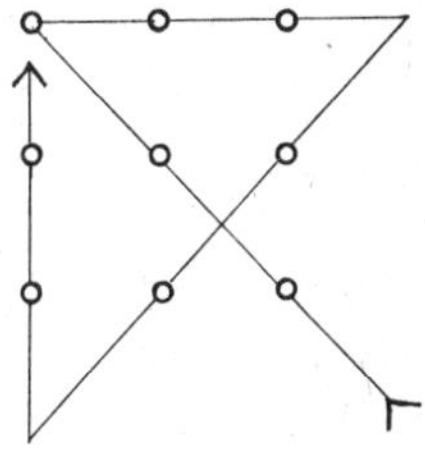

Lösung Problem 2: Verbindungslinie außerhalb des Punkte-Quadrates

Die Lösung wird erst gefunden, wenn sich der Prüfling von der Vorstellung frei machen kann, daß die vier geraden Linien *innerhalb* des von den neun Punkten gebildeten Quadrates verlaufen müssen.

Lösung Problem 5: Eisblöcke zur Selbstmordhilfe

Der Mann beging Selbstmord. Er hat, wahrscheinlich um der Polizei ein Rätsel aufzugeben, mit einem Lastwagen Eis herangeschafft, dieses im Lagerhaus zu einer Pyramide geschichtet, dann das Tor von innen verriegelt, die Eispyramide erklettert, den Strick am Balken befestigt und sich daran erhängt. Das Eis schmolz, das Wasser verdunstete in der Hitze.

Problem 3
Lösung

Lösung Problem 3: Die Ziege muß einmal zurückfahren

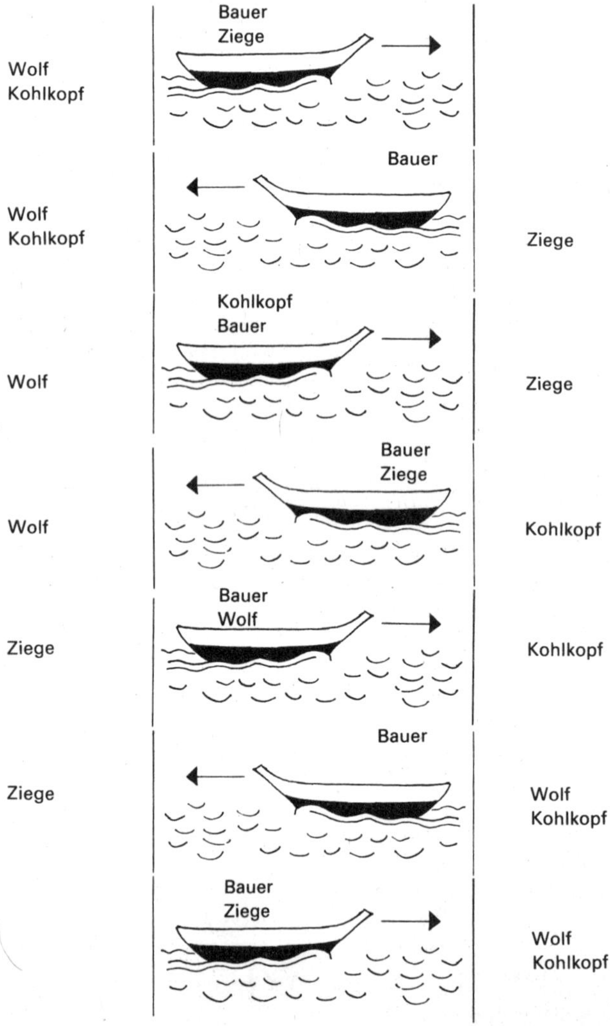

Der Bauer muß den Fluß siebenmal überqueren: hinüber mit der Ziege, zurück allein, hinüber mit dem Kohlkopf, zurück mit der Ziege, hinüber mit dem Wolf, zurück allein, hinüber mit der Ziege. Der Prüfling findet die Lösung, wenn er sich entschließt, den Bauern etwas wieder über den Fluß zurückbringen zu lassen, was er schon hinübergebracht hat – ein Gedanke, der dem normalen Ablauf von Transportgewohnheiten widerspricht.

Problem 4

Lösung

Die Schere wird als Gewicht an das Ende des einen Fadens gebunden. Diesen läßt der Prüfling dann wie ein Pendel hin- und herschwingen. Wenn er sich nun mit dem Ende des anderen Fadens in der einen Hand dem Pendel nähert, kann er es mit der zweiten Hand abfangen und die Fäden zusammenbinden. Wie Versuche ergeben haben, ist die Lösung leichter zu finden, wenn statt

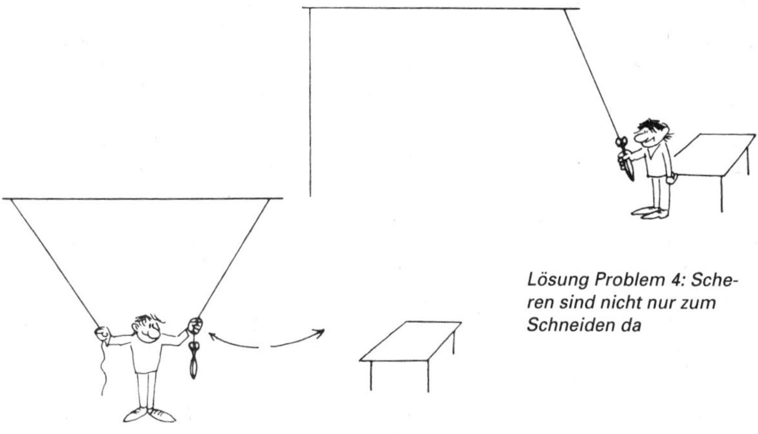

Lösung Problem 4: Scheren sind nicht nur zum Schneiden da

einer Schere ein Gewicht zur Verfügung gestellt wird. Die Schere, normalerweise zum Zerschneiden von Gegenständen gebraucht, verleitet viele Versuchspersonen, an den Fäden herumzuschneiden, natürlich ohne Erfolg.

Der schöpferische Funke

Eine besondere Art der Denk-Gewohnheit

Intelligenz ist eine Sonderform des Wissens, der gelernten Information, der Übung und des dazu nötigen Fleißes.

Der Intelligente Mensch trainiert pausenlos: Phantasie, Vorstellung, Vermutung, Wachträume, Annahmen und Ahnungen

Sie ist eine besondere Art der Denk-Gewohnheit. Der intelligente Mensch übt beim Denken, was andere, nicht intelligente, nie zu üben versuchen. Er übt vor allem Phantasie und Intuition, die Vorstellung, die Vermutung und die Einbildung, die Gedankenspielerei und das Wachträumen.

Er übt sich von früh bis spät in Annahmen und Ahnungen, die er, zumindest vorerst, nicht beweisen kann und deren übergroße Zahl sich nachher als falsch erweisen wird.

Er ist, und gerade das macht den Großteil seiner „Intelligenz" aus, ein Wanderer in fremder Wildnis, auf unbekannten Pfaden. Er verläßt die vertrauten Straßen, auf denen die Heerscharen seiner Mitmenschen dahintrotten, und folgt außer seinen Gedanken keinem Kompaß. So darf er sich nicht grämen, wenn er zumeist in die Irre geht. Die Hypothese und der Irrtum sind, zu Anfang des Weges, seine einzigen Gefährten.

„Hypothese" ist ein griechisches Wort. Es heißt auf deutsch „Unterstellung". Der englische Physiker und Mathematiker Isaac Newton hat die Hypothese auch „causa ficta" genannt, eine eingebildete Sache, die vielleicht, aber keineswegs sicher, der Wirklichkeit entspricht.

Die im vorhergehenden Kapitel gezeigten Probleme haben uns klargemacht, daß der Prüfling zur Lösung außer ganz bestimmten Kenntnissen noch ein weiteres braucht. Er muß imstande sein, Hypothesen aufzustellen, das heißt: sich Dinge vorstellen können, die außer in seinem Kopf zu diesem Zeitpunkt noch nicht existieren, eingebildete Dinge eben, Newtons „causae fictae".

Man muß sich noch nicht existierende, also eingebildete Dinge vorstellen können

Er muß sich vorstellen können, auf welche verschiedene Weise sechs Holzstäbchen zusammenpassen, gerade Linien ein quadratisches System von neun Punkten durchlaufen, obwohl sie das noch nicht tun; wie Wolf, Ziege und Kohlkopf getrennt werden könnten, damit sie einander nicht auffressen, wie ein von der Decke hängender Bindfaden bewegt werden, wie Material zum Verschwinden gebracht werden mag, auf dem man zu einem Dachbalken emporklettern kann.

Er muß sich Möglichkeiten vorstellen können, nicht nur Wirklichkeiten.

Somit ist „Intelligenz" zu einem wesentlichen Teil die Fähigkeit zur Hypothese, zur Vorstellung von unwirklichen oder noch nicht wirklichen Dingen. Sie setzt, an die Stelle sicheren Wissens, die Annahme, die Vermutung, den Verdacht, eine Ahnung, eine Fiktion, das Rätseln und das Erraten-Wollen.

Intelligenz ist zum Großteil die Fähigkeit zur Hypothese

Die professionellen Intelligenz-Tester, die vor der Unwandelbarkeit ihrer Quotienten auf dem Bauche liegen, werden das vielleicht als Wortklauberei abtun.

Wenn man, werden sie sagen, „Intelligenz" partout als Befähigung zur Hypothese definieren will, dann sei eben diese Fähigkeit die angeborene und unveränderliche Gnade, die intelligente von weniger intelligenten Menschen trennt.

Sie haben recht, aber nur zum verschwindenden Teil.

Die Begabung, aus dürftigen Daten mehr oder minder weitreichende Hypothesen zu bilden, ist tatsächlich angeboren. Daß er sich in der Welt mit Hilfe von Vermutungen zurechtfindet, ist Erbgut des Menschen. Daß er annehmen und ahnen kann, nicht nur wahrnehmen, ist ein Geschenk der Natur.

Aber diese Gnade ist allen gegeben, nicht nur einigen wenigen.

Jeder Säugling hat sie, jedes Kind macht davon Gebrauch, und oft mehr als die meisten Erwachsenen. Sie ist, wie unsere fünf Sinne, Bestandteil jeder gesunden menschlichen Existenz.

Mehr noch: ohne die fortgesetzte Bildung unzähliger und rasch aufeinanderfolgender Hypothesen wäre kein menschliches Gehirn imstande, auch nur die einfachsten und unmittelbarsten Sinneseindrücke zu verarbeiten. Unsere fünf Sinne können nur funktionieren, weil sie in unserem Kopf unausgesetzt eine Fülle mehr oder minder richtiger Vermutungen hervorrufen. Auch die anscheinend sicherste Wahrnehmung ist in Wahrheit nichts als eine hochwahrscheinliche Hypothese auf Grund verhältnismäßig spärlicher Anhaltspunkte.

Auch die scheinbar sicherste Wahrnehmung ist nichts als eine hochwahrscheinliche Hypothese

Was Araber besser können

Was, zum Kuckuck, ist mit diesem Satz passiert, daß er so fürchterlich verstümmelt wurde?

Fr Mnschn, d lsn nd schrbn knnn, st dsr Przss stndgr nd nmmrmdr Hpthsn-Bldng schn s slbstvrstndlch gwrdn, dss s hn nrmlrws gr ncht mr bchtn.

Dieser Satz ist verstümmelt.

Der Setzer ist daran schuldlos. Es handelt sich hier um eine vom Autor des Buches absichtlich vorgenommene Selbstverstümmelung.

Sehen Sie sich den Satz trotzdem genau an. Versuchen Sie dahinter zu kommen, was mit ihm geschehen ist und was er bedeutet ...

In unserem Satz sind alle Vokale ausgelassen. Um ihn zu verstehen, mußten Sie die Selbstlaute wieder einfügen, wenngleich nur in Gedanken. Dabei mußten Sie bei jedem Wort hin- und herraten, verschiedene Möglichkeiten annehmen und wieder verwerfen, bis Sie schließlich die richtige fanden.

Haben sie es bemerkt? Wir gaben Ihnen ein Problem zu lösen

Sie hatten ein Problem zu lösen. Sie haben, vielleicht sogar ärgerlich, am eigenen Leibe verspürt, wieviel Vermutungen, Hypothesen dazu nötig waren. Jetzt ist Ihnen die Lösung gelungen – vielleicht.

Der Satz lautet ausgeschrieben:

„Für Menschen, die lesen und schreiben können, ist dieser Prozeß ständiger und nimmermüder Hypothesen-Bildung schon so selbstverständlich geworden, daß sie ihn normalerweise gar nicht mehr beachten."

Daß dieser Satz in seiner verstümmelten Form für uns ein Problem war, beweist zugleich auch seine Richtigkeit.

Er beweist weiter überraschend gut, daß das Lösen von Problemen eine Sache des Lernens und der Übung ist. Denn wäre derselbe Satz, gleichfalls ohne Vokale, in arabischer Sprache und Schrift hingeschrieben, dann könnte ihn jeder des Lesens kundige Araber flüssig, ohne Mühe und sofort begreifen.

Der verstümmelte Satz beweist, daß man das Problem-Lösen sehr wohl erlernen und üben kann

Was denn – Araber können das besser? Sind Araber daher von Natur aus intelligentere Menschen als wir?

Natürlich nicht.

Dennoch wird jeder Araber, der nicht gerade ein Analphabet ist, mit einem solchen Problem im Handumdrehen fertig. Er löst dieselbe Aufgabe tagtäglich Dutzende und Hunderte Male. Er muß dabei, nur eben in seiner Sprache, dieselben Hypothesen stellen und gegeneinander abwägen, bis er die richtige findet. Aber das geht so rasch und selbstverständlich, daß er nicht mehr darauf achtet.

Arabische Gehirne funktionieren kein bißchen besser als europäische

Das alles aber dankt er nicht einer mysteriösen, seinem arabischen Gehirn angeborenen und uns Europäern versagten „Sonderstruktur", sondern ausschließlich der Schule, die ihm Lesen und Schreiben lehrte – und der Tatsache, daß die arabische Schrift *nur* Konsonanten und *keine* Vokale kennt . . .

Der Feuerwächter von Rzeszów

Der Prozeß des Aufstellens von Hypothesen beginnt bereits bei der direkten Wahrnehmung. Jeder wahrgenommene Gegenstand ist zunächst eine Hypothese, die auf Grund sensorischer Daten aufgestellt und dann überprüft wird.

Bei oft gesehenen und gut bekannten Gegenständen haben Erwachsene, aber auch schon Kinder von drei oder vier Jahren diesen Vorgang so häufig ablaufen lassen, daß eine Überprüfung kaum noch nötig ist.

Daß es sich dennoch immer wieder um Hypothesen handelt, kommt uns nicht mehr zu Bewußtsein – sowenig wie dem Araber, der seine Zeitung liest.

Dennoch kann, was wir so sicher zu sehen glauben, sehr leicht ein Fehlschluß sein.

Wir sehen einen uniformierten Mann, der auf der Kreuzung steht und den Verkehr regelt.

Natürlich ein Polizist . . .

Natürlich? Es kann ebenso auch ein Briefträger oder ein Nachtwächter sein. Aber an diese Möglichkeit denken wir wahrscheinlich erst, wenn wir den Mann und seine Uniform bewußt kritisch ins Auge fassen.

Wir denken in eingefahrenen Schablonen: darum verblüfft uns ein „Mädchen" mit Bart und Pfeife

Vor uns auf der Straße schlendert ein Mädchen in schwarzen Hosen, in weitem, schwarzem Pulli, mit blondem, schulterlangem Haar. Ein Mädchen? Sie wendet den Kopf, „sie" hat Bartstoppeln und einen wildwuchernden Schnurrbart – es ist ein Hippie . . .

Jetzt sind wir an solche Zeiterscheinungen schon gewöhnt. Aber noch vor zehn Jahren hat wohl jeder einmal die Überraschung erlebt, daß sich eine „Frau" bei genauerem Hinsehen als Mann entpuppte.

Wir glauben, von ferne einen Menschen wiederzuerkennen. Wir sind ganz sicher, daß es ein alter Bekannter ist. Er tritt näher, wir wollen schon die Hand ausstrecken, aber es ist ein Fremder: wieder eine Hypothese, auf die wir einen Augenblick lang felsenfest vertraut haben und die dann trotzdem falsch war.

Solche Erlebnisse sind nur deshalb selten, weil wir an unsere Umgebung, deren Erscheinungen und Sinneseindrücke so sehr gewöhnt sind, daß unsere Alltags-Hypothesen nur noch selten trügen. In fremder und un-„heimlicher" Umgebung wird das schlagartig anders.

Ein Autofahrer, der sonst nur bei Tageslicht unterwegs ist, wird auf ungewohnten nächtlichen

Überlandfahrten fast immer zum Geisterseher. Er hält Flecken auf der Fahrbahn für menschliche Körper, dunkle Sträucher für Straßenabzweigungen und die Katzenaugen von Begrenzungssteinen für Schlußlichter.

Ein Stadtmensch, der nachts allein durch den Wald geht, sieht Hexen und Kobolde und lauernde Mörder. Das Rascheln des Windes im Laub läßt ihn ein Raubtier vermuten, das sich zum Sprunge duckt: falsche Hypothesen, die dem geübten Nachtwandler nur ein Lächeln ablocken können.

Der Vorgang der Hypothesen-Bildung beim Sehen wird am besten durch den jüdischen Witz vom Feuerwächter verdeutlicht:

Ein jüdischer Witz erhellt, wie Hypothesen gebildet werden

Der Feuerwächter von Rzeszów sitzt nachts auf seinem Turm. Er schaut umher. Kein Feuer.

Plötzlich sieht er, auf dem Hügel des Dorfes Bukowicz, einen hellen Schein.

– A heller Schein auf dem Hügel von Bukowicz ... – klärt der Feuerwächter. – No was soll schon sein; der Chaimowicz wird's sein, wie er nachhaus geht vom Wirtshaus und sich leucht' mit seiner Latern' ... – Der Chaimowicz? Wieso der Chaimowicz? Der ist doch heute eingeliefert worden ins Spital ...

Erste Hypothese – sie stimmt nicht

Der Feuerwächter klärt weiter.

– Der letzte Autobus wird's sein ... Der Autobus? Für den Autobus ist ihnen doch das Benzin ausgegangen ...

Zweite Hypothes – auch sie muß verworfen werden

– Der Herschel wird's sein, wie er Licht macht in seinem Stall. ... Hat er nicht gesagt, der Herschel, daß jetzt bald seine große Sau wirft?

– Der Herschel? Wieso der Herschel? Hab' ich nicht heut' die Sarah getroffen, die Frau vom Herschel? Und hat mir die nicht gesagt, daß die Sau schon gestern geworfen hat, zwölf Ferkel ...? –

– Der Mond wird's sein, klärt der Feuerwächter, der Mond über Bukowicz ... Der Mond? Aber heut' ist doch Neumond!

Auch die dritte, vierte und fünfte Hypothese werden durch gewußte Tatsachen oder Wahrnehmungen widerlegt und scheiden damit aus

– A Stern wird's sein, klärt er, a Stern über Bukowicz ...

Er hält die Hand aus dem Turmfenster. Die Hand wird naß.

– Wenn ich die Hand hinaushalt', klärt der

Feuerwächter von Rzeszów, und die Hand wird naß, dann regnet's. Und wenn's regnet, dann ist der Himmel bedeckt. Und wenn der Himmel bedeckt ist, kann da kein Stern sein...

Der Feuerwächter kratzt sich am Kopf und klärt und klärt. – Kein Stern ... Auch nicht der Mond ... Auch nicht der Autobus ... Auch nicht der Herschel ... Auch nicht der Chaimowitz ...

Endlich – die letzte Hypothese stimmt

Da springt der Feuerwächter von Rzeszów auf und bläst in sein Horn und rennt und schreit und schreit: „Feuer!! Feuer in Bukowicz!!!"

„Klären" ist der jiddische Ausdruck für nachdenken, somit für das Aufstellen von Hypothesen, die dann verifiziert oder verworfen werden.

Was beim jüdischen Feuerwächter ein langsamer Denkprozeß ist, spielt sich in den meisten Gehirnen blitzschnell ab

Der Witz der Geschichte vom Feuerwächter liegt darin, daß der Ablauf dieses Prozesses im Zeitlupentempo und bei vollem Bewußtsein durchgespielt wird.

Aber derselbe Vorgang des Erkennens einer Erscheinung durch die Wahl zwischen alternativen Vermutungen läuft bei anderen Sinneseindrücken und anderen Menschen oft ganz ähnlich ab, wenngleich unbewußt und sekundenschnell.

Auch das macht die Anekdote zum Witz – daß sich jeder von uns im Feuerwächter von Rzeszów selbst wiedererkennen kann.

Trugschlüsse des Gehirns

Daß wir Gegenstände und Figuren, Größen, Entfernungen und Relationen sehend erkennen können, ist nicht nur Augen-Arbeit. Dabei wirkt ebensoviel meist unbewußte Hirn-Arbeit mit. Wenige Linien sind alles, was das Auge braucht, das Gehirn tut das übrige. Es stellt Hypothesen auf, es löst Probleme, die sich aus den vom Auge erfaßten Linien ergeben – und das geschieht unablässig, in jedem Augenblick unseres wachen Daseins.

Das Auge braucht nur wenige Anhaltspunkte; den Rest besorgt das Gehirn

Wir aber merken es erst, wenn die Probleme mehrdeutig werden und verschiedene Lösungen zulassen oder wenn wir unser Gehirn bei offenkundig falschen Hypothesen ertappen.

Solch ein mehrdeutiges Problem ist beispielsweise nebenstehende Figur, der sogenannte „Necker-Würfel":

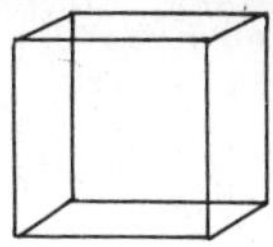

Wer diesen Würfel länger betrachtet, erlebt die seltsame „Erscheinung", daß er plötzlich, ohne daß sich auch nur eine Linie bewegt, seine Gestalt und seine Lage verändert.

Die Tiefenwahrnehmung springt um, und wir sehen den Würfel, den wir eben noch von rechts oben betrachtet haben, von links und von der Unterseite:

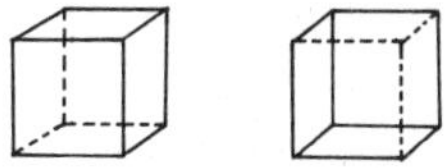

Sehen Sie den Würfel ganz genau an: plötzlich wird er sich bewegen

Wir wissen jetzt schon, was hier geschieht. Das Auge sieht bestimmte Linien, das Gehirn verarbeitet sie zu Hypothesen.

Schon die Tatsache, daß die abgebildete Figur überhaupt als „Würfel" angesehen wird, ist eine solche Hypothese, und eigentlich eine recht gewagte. Wirklich zu sehen sind eigentlich nur zwei auf eine ebene Fläche gezeichnete Quadrate, deren Ecken durch bestimmte Geraden verbunden sind.

Obwohl diese „Würfel"-Hypothese unbewußt, vollkommen automatisch und in Sekundenbruchteilen entsteht, ist sie (und die damit verbundene problemlösende Intelligenz-Leistung) unserer Natur oder der Struktur unseres Gehirns ganz bestimmt nicht angeboren.

Sie ist natürlich erlernt, durch Übung, durch den unausgesetzten Umgang mit Zeichnungen, auf denen Würfel gemeiniglich durch solche Linien dargestellt werden.

Das Gehirn entscheidet voreilig: eine Hypothese folgt blitzschnell der anderen

Dieser ersten Hypothese, es handele sich um einen Würfel, folgt sogleich und ebenso blitzschnell eine zweite, den Standpunkt betreffend, von welchem dieser hypothetische Würfel aus gesehen und gezeichnet sei.

Die Linien, die unser Auge erfaßt, geben darüber nicht eindeutig Auskunft, aber das Gehirn entscheidet sich voreilig und sofort für eine der beiden Möglichkeiten, die es dann aber, ganz von selbst weiter-hypothetisierend, zugunsten der anderen wieder verwirft – das alles, bevor unser Bewußtsein, unser langsamer, bewußt denkender Verstand die Verwirrung aufklärt.

Und hier noch drei Beispiele, die beweisen, wie leicht wir uns durch eingefahrene Gewohnheiten täuschen lassen

Daß diese automatischen Hypothesen des Gehirns völlig falsch sein können, beweisen die sogenannten optischen Täuschungen. In Wahrheit sind sie nicht „optisch“, das Auge ist daran schuldlos. Die Schuld trägt der unbewußt funktionierende Denkapparat, der in diesen Fällen falsche Problemlösungen hervorbringt.

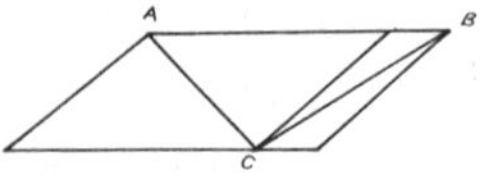

Welche Linie ist länger, die von A nach C oder die von B nach C?

Bitte sehen Sie sich diese Zeichnung an, und beantworten Sie möglichst rasch die Frage: welche Linie ist länger, die von A nach C oder die von B nach C?

Die meisten Personen, mit denen dieser Versuch gemacht wird, halten die Linie von A nach C für die längere. Aber das stimmt nicht. Unsere Zeichnung, von der Psychologie „Sandersche Figur“ genannt, ist eine von den klassischen optischen Täuschungen, denn beide Linien, die von A nach C und die von B nach C, sind in Wirklichkeit genau gleich lang.

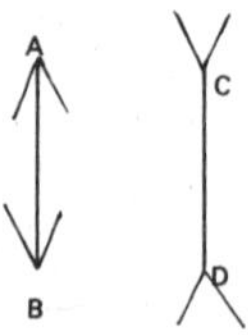

Und welche Linie ist hier länger – die zwischen den Pfeilen in der linken oder in der rechten Zeichnung?

Ein anderes Beispiel:

Welche von beiden Linien ist länger, die von A nach B oder die von C nach D?

Wenn wir nicht schon vorsichtig und selbstkritisch geworden wären, würden wir abermals hineinfallen. Wieder sind beide Linien gleich lang, wenn es auch anders aussieht.

Ein letztes Exempel:

Wer ist auf dieser Zeichnung größer abgebildet, der Junge mit den Kniehosen oder der Mann?

Bitte lassen Sie sich nicht nochmals verwirren. Der Mann und der Junge sind gleich groß gezeichnet. Die Hypothese, die Problem-Lösung, für die sich unser Gehirn blitzschnell (und vorschnell) entschieden hat, ist auch hier falsch.

Wer ist größer? Mann oder Kind?

Die Ursachen dieser Fehlschlüsse sind in allen drei Fällen ähnlich.

Unser Gehirn hat sich auf Grund langjähriger praktischer Erfahrung, also durch einen fortgesetzten und langandauernden Lernvorgang, daran gewöhnt, daß Linien innerhalb einer kleineren Figur *im allgemeinen* auch kleiner sind als solche, die zu einer größeren gehören.

Die „Sandersche Figur" besteht aus zwei Parallelogrammen, das linke ist größer als das rechte: daher folgert die Denkmaschine unter unserem Schädeldach, daß auch die Diagonale im linken Parallelogramm länger sein müsse als die im rechten; die Figur links in der nächsten Zeichnung ist insgesamt kürzer als die rechts: daraus schließt das Gehirn, daß auch die Verbindungslinie zwischen den beiden Pfeilspitzen kürzer sein müsse als die entsprechende Linie in der danebenstehenden Figur.

Der Irrtum mit Mann und Kind wäre einem vorchristlichen Ägypter nicht passiert: er kannte die Perspektive noch nicht

Der Irrtum, daß der im nächsten Bild dargestellte Mann im Hintergrund des Korridors größer gezeichnet sei als der Knabe im Vordergrund, wäre beispielsweise einem Ägypter aus der Zeit des Pharao Cheops nicht so leicht unterlaufen.

Dieser Fehlschluß entsteht, weil wir uns daran gewöhnt haben, daß die Dinge unserer Welt, einschließlich Männer, Schulknaben und Bürokorridore, in richtiger Perspektive gezeichnet werden.

In unserem Bild stimmt zwar die Perspektive, nur der Mann im Hintergrund ist unperspektivisch gezeichnet. Doch seine tatsächliche Größe wird, durch eine automatisch vollzogene Hypothese, von unserem Gehirn sofort in das perspektivische System der Zeichnung eingeordnet, wodurch er – obwohl sich beide nicht einmal durch einen Millimeter unterscheiden – größer als der Knabe erscheint. Einem Untertanen des Königs Cheops wäre das kaum passiert – die alten Ägypter kannten die Perspektive noch nicht.

Ein Mensch mit zwei Nasenspitzen

Es gibt nicht nur optische Täuschungen. Auch die Empfindungen aller übrigen Sinne können zu falschen Hypothesen führen, die unterhalb der Schwelle des Bewußtseins zustande kommen – und dann irrt wiederum nicht das Sinnesorgan, sondern das Gehirn.

Es gibt viele Arten von Selbsttäuschung – alle beruhen auf falschen Hypothesen

Ein Beispiel solcher Selbsttäuschung ist die Sache mit der doppelten Nase.

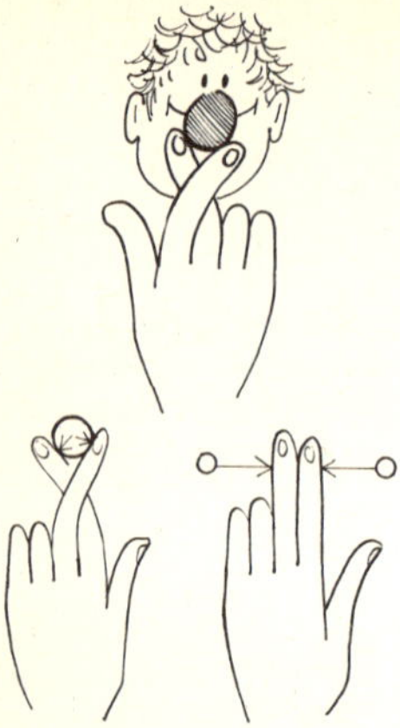

Sie werden sich wundern, was passiert, wenn Sie Ihre Nase mit gekreuzten Fingerspitzen berühren

Kreuzen Sie den Mittel- und den Zeigefinger der rechten Hand, und setzen Sie dann die vorstehenden Fingerspitzen so an ihre Nase, daß die Nasenspitze zwischen beiden Fingern liegt.

Sie werden zu ihrer Überraschung „feststellen", daß Sie mit einemmal *zwei* Nasenspitzen haben.

Natürlich wissen Sie, daß das ein Irrtum sein muß und daß Sie in Wirklichkeit nur eine besitzen.

Wieder war es ihr Gehirn, das hier eine falsche Problem-Lösung produzierte: es weiß aus jahrelangen Versuchen, daß normalerweise die Außenseiten der beiden ausgestreckten Schwurfinger *zugleich* nur von zwei *verschiedenen* Gegenständen berührt werden können:

Daß diese Außenseiten, wenn man die Finger kreuzt, zu Innenseiten werden und dann zugleich einen einzigen Gegenstand anfassen können, ist eine durch keinerlei Erfahrung gedeckte und daher sehr fernliegende Hypothese. Das Gehirn entscheidet sich daher für die näherliegende, aber falsche Annahme der Existenz zweier Nasenspitzen in ein und demselben Menschenantlitz.

Das alles gilt nicht nur für die direkte, unmittelbare Wahrnehmung, sondern erst recht für die Leistungen des Merkens, des Lernens, der Erinnerung, der Reproduktion aus dem Gedächtnis.

Auch die „Erinnerung" ist eine Folge von Problemlösungen

Die menschliche Erinnerung, so sicher sie uns scheinen mag, ist in Wahrheit gleichfalls ein ununterbrochener Vorgang des Lösens von Problemen. Von der Fülle der beim Merken und Lernen aufgenommenen Information werden nur einige wenige Bruchstücke im Gehirn gespeichert. Beim späteren Wiedererinnern muß dann das Problem gelöst werden, wie diese Bruchstücke zusammengesetzt und die fehlenden Teile durch einigermaßen brauchbare Hypothesen ersetzt werden können – durch Vermutungen, wie sich die Sache wohl tatsächlich verhalten haben mag.

Mit Recht vergleicht deshalb der Psychologe Ulric Neisser jeden Erinnerungsvorgang mit der Arbeit eines Paläontologen, „der aus ein paar

Knochensplittern schließt, wie ein Dinosaurier ausgesehen haben muß".

Die moderne Sprachwissenschaft nimmt sich seit neuestem der Sprache an, die Kleinkinder gebrauchen, also Menschen, die das Sprechen eben erst zu lernen beginnen.

Die „Grammatik" dieser Kleinkinder-Sprache ist keineswegs pure Nachahmung. Sie ist, wie zahllose Versuche zu beweisen scheinen, ebenfalls das Ergebnis von Hypothesen. Das Kind versucht in diesem Alter, aus eigenem und ohne besondere Anleitung das Problem zu lösen, nach welchen Gesetzen die Grammatik der Erwachsenen konstruiert sein könnte.

Wenn Kinder sprechen lernen, lösen sie dabei auf ihre Art eine ununterbrochene Kette von Problemen

So baut es sich, auf Grund weniger bereits verstandener Worte und Sätze, seine eigene hypothetische Grammatik, wobei es mit fortschreitenden Sprachkenntnissen eine Hypothese nach der anderen verwirft und neue an ihre Stelle setzt – so lange, bis das Problem einigermaßen richtig gelöst ist.

Das alles beweist, was zu beweisen war.

Die Begabung zur Hypothese, zur schöpferischen Vermutung, zum Puzzle-Spiel der Phantasie, des Denkens und des Ahnens ist kein Privileg für wenige Auserkorene.

Sie ist eine allgemeinmenschliche Eigenschaft, ein ordinäres und jedem mitgegebenes Talent, gewissermaßen ein Körperteil unserer Art, wie Augen, Ohren, Arme, Beine.

Damit ist auch die Frage beantwortet, ob Intelligenz erblich sei.

Sie ist es. Sie ist eine Erbschaft, die jedem bei seiner Geburt in die Wiege gelegt wird.

Intelligenz ist eine Erbschaft, die jeder von uns mitbekommt

„Spinner" sind nützliche Leute

Die Frage ist nur, was wir mit dieser Erbschaft anfangen, ob wir sie nützen und erhalten, vermehren oder geringschätzig vertun.

Wenn die Fähigkeit zur Hypothese einen wesentlichen Teil unserer Intelligenz ausmacht, müßte sie bewußt, systematisch gepflegt und angespornt werden.

Im Anfang steht die kindliche „Lüge" – der unbeholfene Versuch, die Realität durch Vermutungen zu ergänzen

Wenn aber kleine Kinder frei erfundene Geschichten erzählen, werden sie immer noch als „Lügner" zurechtgewiesen und entmutigt. Jeder halbwegs vernünftige Jugendpsychologe beklagt diese Verfemung der kindlichen Phantasie, der ersten und notgedrungen unbeholfenen Versuche, die Realität durch Gedankenspielerei und Vermutung zu ergänzen.

Doch die schwersten Sünden gegen den Geist werden in der Schule begangen, vom ersten Schultag bis zum letzten, wenn ein neuer Doktor sein Diplom erhält.

Phantasie, ein schöpferischer Denkvorgang, wird von den Lehrplänen leider meist unterdrückt

Die Lehrpläne und die Vorlesungsverzeichnisse sind eine einzige Kriegserklärung an die schöpferische Phantasie. Das beschworene Lehrziel aller Fächer, die von Schülern und Schulmeistern auch nur halbwegs ernst genommen werden, ist die möglichst perfekte Beherrschung des lehrplanmäßig vorgekauten Stoffes.

Phantasie wird als Phantasterei, die Abweichung von der Norm als ver-rückt, die unabhängige Überlegung als Wichtigmacherei abgewertet. Kritische Fragen sind verdächtig, außerplanmäßige Geistesblitze werden als Gefahr für die Sicherungen des schulischen Leistungsnetzes angesehen.

Wer zuviel denkt, wird als „Spinner" verspottet.

Dabei sind „Spinner", in des Wortes ursprünglichem Sinn, Leute, die neue Fäden fabrizieren: nützliche Menschen. Der übertragene Sprachgebrauch aber macht den Ausdruck zu einer Pauschal-Beleidigung, indem er die „Spinner" den Geisteskranken zuordnet.

Was einem Schüler einfällt, ohne ihm vorher eingetrichtert worden zu sein, wird bestenfalls als unbequeme, streberische und prahlerische Fleißaufgabe hingenommen, aber selbstverständlich nur dann, wenn es zweifelsfrei und unbestreitbar richtig ist.

Wer zuviel denkt, wird oft als „Spinner" verspottet

Doch irrt sich der Schüler, ist sein Einfall falsch, dann kann er nur noch den Kopf einziehen und in volle Deckung gehen. Er hat sich der Frechheit schuldig gemacht, etwas wissen zu wollen, was ihm noch nicht Rechtens zugeteilt, zugemessen, zugestanden wurde. Er wird wie ein Küchendieb behandelt, der ungeschickt am Topf der Weisheit naschen wollte, statt brav auf seine Portion zu warten, wie der legendäre Hund, der dem Koch ein Ei stahl und sich dabei erwischen ließ.

Er wird zumindest mit Spott bestraft: Da hat sich einer was gedacht, ha ha – das Denken überlassen Sie den Pferden, die haben den größeren Kopf! Dabei hat er nur eine ungeschickte und falsche Hypothese aufgestellt. Er hat zu denken versucht – und es liegt in der Natur der Gedanken, daß die meisten davon falsch sind . . .

Die meisten Gedanken sind leider falsch; daher die hochmütige Abneigung vieler Zeitgenossen gegen das „Spintisieren" und „Herumraten".

Das beginnt beim jüngsten Schulanfänger, das endet beim Universitätsprofessor.

Ein Schüler, ein Student, ein Gelehrter hat nicht zu raten, er hat zu wissen. Die hochmütige Abneigung gegen das „dumme Herumraten", das „Wachträumen" und „Spintisieren", das schon in den ersten Schuljahren zutage tritt, geht später nahtlos in die Verachtung über, mit der die seriöse Gelehrtenwelt unbewiesene Hypothesen zu bestrafen pflegt.

Daß jeder Gedanke, auch der beste und treffendste, zunächst nur geahnt, geraten und spekulativ ist, leuchtet diesen Denkern nicht ein.

Sie wollen Wissen, Wissenschaft und Lehre um jeden Preis als reine, ewige und unwiderlegbare Wahrheit sehen, aus einem ehrenhaften Motiv: weil sie den Irrtum hassen.

Aber damit verfallen sie einer besonderen Art von Schizophrenie: ohne Irrtümer gibt es keine Hypothesen, ohne Hypothesen keine Lösung, und auf jede richtige kommen hundert falsche.

Nur durch Irrtümer und immer neue Hypothesen, neue Denkläufe, kann man zu Lösungen kommen

Ohne Irrtümer keine Lösung

Das läßt sich auch umgekehrt sagen: ob die richtige Lösung gefunden wird, hängt nicht nur von der Schwierigkeit des Problems und der Findigkeit der Problem-Löser ab, sondern ebenso von der Zahl der Fehler, die dabei riskiert und in Kauf genommen werden.

Nur aus Fehlern kann man lernen

Wer nicht wagt, gewinnt nicht, das gilt auch für das Denken.

Die NASA, Amerikas Weltraumbehörde, vertraut Entwicklungsaufgaben hoher Priorität sicherheitshalber nicht nur einem Institut oder einer Firma an, sondern jeweils mehreren zugleich.

Allein dadurch schon wird der Grundsatz verletzt, daß es wissenschaftlich nur Wahrheiten und keine Irrtümer geben darf. Denn wozu mehrere Kontrahenten, wenn nicht von vornherein angenommen wird, daß einige sich irren und Nieten ziehen müßten?

Diese Praxis wird nun schon lange geübt. Sie erlaubt nachträgliche Vergleiche, welche Firmen die besten Forschungs-Erfolge erzielten und mit welchen Methoden.

Das ist erfolgversprechend: ohne Ehrfurcht und ohne Hemmung möglichst viele Gedanken zu produzieren

Dabei zeigt sich, daß die Methode des „brain storming" allen anderen weit überlegen ist.

Sie besteht darin, daß möglichst viele Leute zusammengerufen werden, auch solche, die nur am Rande qualifiziert scheinen, und daß jeder von ihnen, ohne Ehrfurcht und Hemmung, möglichst viele eigene Gedanken vorbringt, selbst wenn sie halbfertig, unausgegoren und vorschnell sind.

Diese Methode des „Sturmangriffs der Gehirne" verzichtet darauf, von der Wissenschaft Unfehlbarkeit zu verlangen. Sie zieht Fehler, Irrtum, ja auch Dummheit bewußt ins Kalkül. Sie produziert so viele Hypothesen wie möglich und schert sich nicht darum, wenn neunundneunzig von hundert verbogen und verdreht sind. Eine richtige genügt.

Jeder echte Wissenschaftler tut tagtäglich dasselbe. Nur tut er es für sich und insgeheim, damit er sich nicht als „unseriös" blamiert. Er faßt Hunderte, Tausende Vermutungen, routinehaft und beinahe schon unbewußt. Die meisten sind falsch, wenige brauchbar, und ganz selten, vielleicht nur einmal in seinem Leben, ist eine Königsidee darunter.

Vielleicht bekommt er dafür fünfzig Jahre später den Nobelpreis. Was er sich aber sonst gedacht hat, wird nicht zur Preisverteilung eingeladen.

„Kindliche Neugier" wird manchmal sogar mit dem Nobelpreis belohnt

Nobelpreisträger gelten als intelligent, weil sie bewiesen haben, daß sie Probleme lösen können. Wenn sie gefragt werden, wie sie das fertigbringen, geben sie oft die absonderlichsten Auskünfte: eine Art „kindlicher Neugier" habe sie bewegt, ein geistiger „Spieltrieb", die Lust am „Sich-wundern-Können".

Es klingt seltsam, daß infantile Charakterzüge große geistige Leistungen ermöglichen sollten.

Es ist dennoch so. Nur sind diese Neigungen nicht infantil. Sie sind allen Menschen, allen Kindern eigen. Doch nur wenige Kinder können sie ins Erwachsenenalter hinwegretten. Das systematische Kreativitäts-Training, das unsere Schulen bieten müßten, steht auf keinem Lehrplan. Die Schule wirkt nur zufällig und wider Willen phantasiefördernd, indem sie den Schülern Prüfungen aufzwingt. Auf diese sind nur die wenigsten richtig vorbereitet. So müssen sie raten, was sie nicht wissen – und auch das ist eine Art von Intelligenz-Übung.

Ein schweres Manko unserer Schulen: es gibt kein systematisches Kreativitätstraining

Immerhin gibt es Lehrer, die von sich aus etwas für die Intelligenz ihrer Schüler tun.

Einige davon lassen die Klasse Intelligenz-Aufgaben üben, vorwiegend solche, wie sie die Intelligenz-Tests verlangen, von denen in deutschen Landen nun schon fast alle Schüler heimgesucht werden. Nicht dieselben Aufgaben natürlich, das wäre Geheimnis-, Schul- und Landesverrat. Aber doch recht ähnliche, die sich die Lehrer an Hand der vorgedruckten Tests selbst zurechtbasteln.

Solche Intelligenz-Aktivität wird von den Test-Autoren mit wütender Entrüstung bekämpft. Sie sehen darin einen unlauteren, heimtückischen Versuch der Falschmünzerei und des Betruges. Sie behaupten, daß derartige Vorübungen die Testergebnisse zugunsten der Schüler verzerren.

Sie haben damit sogar recht, wenngleich anders, als sie meinen.

Tatsächlich kann ein Lehrer, der mit seinen Schülern auch nur einige Stunden systematisch ähnliche Aufgaben wie die des Intelligenztests übt, beim Test selbst bis zu 20 Prozent bessere Leistungen erwarten.

Fortschrittliche Lehrer können durchaus die Intelligenz ihrer Schüler trainieren

Das Ergebnis ist trotzdem keine Schiebung. Es ist echt wie eh und je. Das Meßinstrument ist unbestechlich geblieben.

Daß es dennoch veränderte Werte angibt, ist einer ganz anderen (für dogmatische Test-Apostel unvorstellbaren) Ursache zuzuschreiben: die wenigen und kurzen Übungen, mit denen der Lehrer, vielleicht selbst von schlechtem Gewissen geplagt, den Test manipulieren wollte – sie haben die Intelligenz manipuliert, verbessert und vergrößert; wenigstens innerhalb der engen Grenzen, in denen derartige Tests Gültigkeit haben.

„Manipulierte" Intelligenz

Die Empörung der Test-Fetischisten gegen die „verräterischen" Lehrer ist ein weiteres und sehr gutes Argument dafür, daß Intelligenz gelehrt und gelernt werden kann.

Phantasie läßt sich drillen

Andere Beweise sind inzwischen durch die Wissenschaft geliefert worden.

So zeigten die englischen Forscher Dempster, James, Vernon und Wiseman eindeutig, daß systematisches Training im Lösen von Problemen zu hohem und langfristig nachweisbarem Übungsgewinn führt – und der hier sogenannte „Übungsgewinn" ist ebenfalls nichts anderes als ein direktes Anwachsen der vom Test gemessenen Intelligenzen.

Selbst geistesschwachen Kindern hilft das Training der Phantasie

In einem von S. T. Rouse beschriebenen Trainingsprogramm wurden zu Anfang der sechziger Jahre geistig zurückgebliebene, mongoloide Kinder im produktiven Denken geübt. Eine der dabei verwendeten Methoden war dasselbe „brain storming", das der amerikanischen Weltraumfahrt zu so raschem Erfolg verhalf.

Für diese „brain storming"-Übungen galten unter anderen folgende Regeln:

- Jede unmittelbare Kritik an den Lösungsvorschlägen der Kinder war strikt verboten.
- Die Kinder wurden angespornt, möglichst viele Vorschläge zu machen.
- Sie wurden ermutigt, ihre Vorschläge – auch die unsinnigen – miteinander zu kombinieren.
- Beurteilung und Kritik der Einfälle folgten erst ganz zum Schluß.

Welch himmelweiter Unterschied zu unseren althergebrachten Schulmethoden! Das Trainingsprogramm brachte den mongoloiden Kindern meßbare und signifikante Fortschritte, und wieder einmal war bewiesen, daß Phantasietraining Intelligenzübung ist.

Die Schlußfolgerung liegt auf der Hand. Sie ist für Schule und Pädagogik, für die Zukunft von ungeheurer Bedeutung. Sie ist von fortschrittlichen Lehrern schon vor Generationen geahnt, zumeist aber falsch verstanden worden.

Sie besteht nicht darin, das Lernen und Merken möglichst vieler nützlicher Informationen zugunsten einer vagen und oft nur oberflächlichen „Einsicht" zu verdrängen. Nach wie vor muß gleichviel und mehr gelernt werden, wenn auch mit rationelleren Methoden.

Aber neben dem Lehr- und Lernstoff im engeren Sinn, neben Vokabeln, Formeln, Regeln, Daten, Begriffen, Einteilungen, neben Vorgetragenem und Vorgezeigtem und Vorgekautem muß noch ein weiteres gelernt und gedrillt werden, und es läßt sich drillen: die Phantasie, die Vorstellung, der freie und neue Einfall, der Mut, tausend Irrtümer zu denken und auszusprechen, damit zehnmal oder nur einmal das Richtige getan werden kann.

Anders und wissenschaftlicher gesagt: der Mut zur Hypothese, wenn sie auch falsch sein mag.

Die Schule müßte, beginnend in den untersten Stufen, das Lösen von Problemen zum Hauptfach machen, zum *wichtigsten* Hauptgegenstand von allen, der höher bewertet und, bei Erfolg, auch besser belohnt wird als Deutsch, Rechnen, Latein, Mathematik und Gemeinschaftskunde.

Dazu müßte sie Noten geben, Gutpunkte, Lob, Auszeichnung – nicht nur wie jetzt für papageienhaftes Nachplappern, sondern für originelle Gedanken, aber auch für den fehlgegangenen Versuch, sofern er ehrlich war, sogar für den Irrtum, wenn er nicht eindeutig absurd ist.

Das wird unendlich schwer sein.

Der gute Wille gilt längst nicht mehr fürs Werk. Den Irrtum und das Risiko des mißlungenen Versuchs zu belohnen, widerspricht einer Grundeinstellung unserer Kultur, die überall sicher gehen und nichts riskieren will und die sich, falls die Prämie erschwinglich wäre, ihr Überleben am liebsten bei Lloyds versichern ließe.

Die Schule der Zukunft braucht den Drill des Einfalls und den Mut, 1000 Irrtümer zu denken

Diese Wanderung durch den Dschungel der Intelligenzforschung war notwendig. Es lohnt sich zu wissen, daß die Intelligenz, eine anscheinend mysteriöse und unwandelbare Größe, gar nicht so sehr geheimnisvoll ist, daß sie verbessert und erweitert werden kann.

Aber wie? Was sind die „Kopfgriffe", die wir üben müssen, um „intelligenter" zu werden, konkreter gesagt: um Probleme lösen zu können?

An den Problem-Beispielen im Kapitel VIII sehen wir, daß der größte Teil der sogenannten „Intelligenz" aus Wissen besteht, aus Informationen, ohne deren Kenntnis das Problem nicht gelöst werden kann.

Wir werden deshalb mehr und möglichst viel Informationen lernen müssen, die mit den Problemen unserer Wahl, unseres Berufes und unseres Lebens zusammenhängen. Das ist einfach. Wir wissen jetzt, wie das gemacht wird.

Aber das allein genügt nicht.

Der intelligente Problem-Löser bemerkt Zusammenhänge, die von anderen übersehen werden

Wenn ein Problem, das diesen Namen verdient, mit den zur Verfügung stehenden Informationen überhaupt gelöst werden kann, dann nur, wenn der Problem-Löser Bestandteile, Elemente und Zusammenhänge dieser Informationen zu sehen vermag, die sonst übersehen werden.

Eben darin besteht die Findigkeit, das Talent, die „Intelligenz" des Prüflings, daß er diese zwar allseits bekannten, von weniger „intelligenten" Leuten aber nicht beachteten Informations-Elemente erkennt und ausnützt. Wären sie unbekannt, dann wäre das Problem unlösbar. Wären sie gewohnt und deshalb für jedermann sichtbar, dann würde das „Problem" auch mühelos von jedermann bewältigt, und es wäre keines.

Sehen wir uns, in diesem Zusammenhang, nochmals die Probleme an, mit denen wir uns im vorigen Kapitel beschäftigt haben.

Alle Informationen, die zur Lösung dieser Aufgaben benötigt werden, waren sicherlich allen Lesern bekannt: daß eine brennende Kerze Gewicht verliert, daß Holzstäbchen auch im Raum zusammengefügt, daß gerade Linien endlos weit fortgesetzt werden können, daß eine Ziege nicht nur in einer, sondern auch in der anderen Richtung über den Fluß befördert werden kann, daß ein Bindfaden mit einer Schere daran wie ein Pendel schwingt, daß Eis schmilzt und Wasser verdunstet.

In allen Fällen aber war der Gedanke an *diese* Eigenschaften der Problem-Gegenstände in *diesem* Zusammenhang ungewohnt, fernliegend, bisher nicht eingeübt.

Die Gedanken des „unintelligenten" Prüflings wurden statt dessen von gewohnten, naheliegenden und schon oft wiederholten Vorstellungen beherrscht: daß eine Kerze zu leuchten, eine Schere zu schneiden hat, daß Holzstäbchen flach auf einer Ebene liegen, Transportbewegungen zweckmäßigerweise nur in einer Richtung stattfinden, daß normalerweise ein „Spielfeld" durch seine Eckpunkte begrenzt wird und daß Leitern oder Pyramiden, auf denen man in die Höhe klettern kann, zumeist aus unveränderlich haltbarem Material bestehen.

Mit den Worten „normalerweise" und „zumeist" ist eigentlich alles gesagt.

Wichtig ist, daß man nicht nur die „normalen" Eigenschaften eines Dinges bemerkt, sondern auch nach allen „abnormen" sucht

„Intelligent" und „problemlösend" können demnach nur solche Gedanken sein, die außerhalb der gewohnten Norm und der alltäglichen Übung liegen.

Daraus ergibt sich, womit (unter anderem) Intelligenz trainiert und gedrillt werden kann: durch die fortgesetzte und nie erlahmende Mühe, jederzeit an jedem Ding nicht nur einige wenige, normale, gewohnte und alltägliche Eigenschaften zu sehen, sondern möglichst *alle*, die überhaupt vorstellbar sind.

Ein Ding – und tausend Gedanken

Um ein Beispiel zu geben, ein ganz grobes und unvollständiges, weil geistige Vorgänge dieser Art sich durch Worte kaum darstellen lassen: Ein Mensch sieht einen Hammer.

Der „normale", also innerhalb der alltäglichen Normen denkende Mensch sieht diesen Hammer einfach und eindeutig, als Werkzeug zu bestimm-

Hätten *Sie* daran gedacht, was alles in einem gewöhnlichen Hammer verborgen sein kann?

tem Zweck – um Nägel ins Holz zu treiben, harte Gegenstände zu zerschlagen, verbeultes Blech geradezuklopfen, oder als Ding, das allenfalls einen Daumen verletzen kann.

Der „intelligente" Mensch sieht denselben Hammer unendlich vielfältiger und, wenn er sich ernsthaft darauf konzentriert, in tausendfach verschiedenen Verwendungen und Funktionen, etwa als Wurfgeschoß, als Waffe, als Stemmeisen, denn mit der flachen Seite des Kopfes kann man eine Tür aufbrechen, als brennbaren Gegenstand, denn der Stiel ist aus Holz, als Haken, den man in die Astgabel eines Baumes hängen und daran eine Wäscheleine befestigen kann, als Schüreisen zum Heizen eines Ofens (wozu der Stiel vorher besser naß gemacht wird), als Schuhlöffel, wenn der Stiel flach genug ist, als Zeltpflock, wenn er mit einem anderen Hammer oder einem Stein in die Erde getrieben wird, als Hebel, wenn man ihn richtig einsetzt, als Briefbeschwerer, als Teil eines schwingenden Pendels, als Senkblei, mit dem man die Tiefe eines Wassers ausloten kann, als Keil, wenn er in eine Spalte gezwängt wird, als Gewicht, das mit Fallbeschleunigung zur Erde fällt . . .

Beim Anblick eines Apfels sollte man nicht nur ans Essen denken. Diese Binsenwahrheit verhalf schon Isaac Newton zu einer wichtigen Einsicht

Hätte Isaac Newton beim Anblick des fallenden Apfels nur ans Apfel-Essen gedacht, die Gesetze der Gravitation wären ihm verschlossen geblieben.

Derselbe Hammer kann, in einem „intelligenten" Kopf, natürlich auch unzählige symbolhafte Gedanken auslösen – als Hammer des Donnergottes Thor, als Trini Lopez' „hammer of freedom", als die gekreuzten Hämmer, die den Bergbau versinnbildlichen, als Sichel und Hammer, als jener Holzhammer, mit dem sich angelsächsische Richter Gehör und Ruhe verschaffen, als Holzhammer-Methode des Argumentierens, als Teil des österreichischen Staatswappens und so fort.

Dasselbe gilt nicht nur für den Verwendungszweck eines körperlichen Gegenstandes, sondern ebenso für alle Begriffe mit allen ihren Merkmalen, für Ursachen und Wirkungen und Relationen, Zusammenhänge, Ähnlichkeiten und Unterschiede.

Die Worte „normal" und „intelligent" sind oben in Anführungszeichen gesetzt, weil sie vorerst kein Werturteil ausdrücken. Sie sollen zunächst nur zwei verschiedene Denk- und damit Verhaltensweisen bezeichnen. Die Psychologie spricht in diesem Zusammenhang von „konvergierenden" (zusammenlaufenden) und „divergierenden" (auseinanderlaufenden), die gewohnten Bahnen verlassenden Denkspuren.

Aber schon jetzt ist klar, daß „divergierendes" und damit „intelligentes" Denken unendlich komplizierter, vielschichtiger und auch quantitativ umfangreicher sein muß.

Solch eine Denkungsart kann, wenn sie wirklich beherrscht werden soll, nicht nur gelegentlich geübt werden, wenn alle heiligen Zeiten einmal ein Problem auftaucht, das ausnahmsweise ein wenig Interesse wachruft.

Intelligentes Denken ist kein Freizeit-Hobby, kein Sonntagsvergnügen, kein Sport für Amateure. Es muß ganztägig trainiert werden, so lange, bis es zu einer allgegenwärtigen Haltung wird, zur Mentalität, zum Charaktermerkmal, sonst weicht es dem Druck der Trägheit und verschwindet – auf Nimmerwiedersehen.

Intelligentes Denken muß so lange geübt werden, bis es zum Charaktermerkmal wird

„Abwegige" Denker haben es schwer

Das bringt, besonders in den Anfangsstadien, beachtliche Unbequemlichkeiten mit sich.

Wer immerzu versuchen muß, „divergierend" und damit gewohnheitsfeindlich zu denken, anders als die Anderen, kann diese Gewohnheit dann nicht gleich willkürlich in die Ecke stellen, weil sie im Augenblick fehl am Platze ist.

Es geht ihm wie Goethes Zauberlehrling. Er wird die Geister, die er rief, die divergierenden Gedanken nicht mehr los, wenn sie sich einmal in seinem Kopf häuslich niedergelassen haben.

Er muß fortan auch bei einfacher, primitiv-geradliniger Arbeit, bei der selbstverständlichsten und stursten Routine „abwegige" (das Wort „divergierend" sagt nichts anderes) Vorstellungen entwickeln.

Genieren Sie sich nicht: entwickeln sie ruhig „abwegige" Vorstellungen

Wenn er eine mechanische, körperliche Arbeit tut, macht das vielleicht nichts aus. Er kann dann automatisch und gedankenlos seine Handgriffe tun und trotzdem, unabhängig davon, das Wachträumen üben – die normwidrigen Kopfgriffe des intelligenten Denkens und Problem-Lösens. Seine Umgebung wird ihn als einen versponnenen Kauz belächeln. Aber das muß ihm noch keine Feinde machen.

Wesentlich anders verhält sich die Sache, wenn die Tagesarbeit des Intelligenz-Lehrlings geistiger Natur ist, was wir eben so leichthin „geistig" nennen – Kopfarbeit, Hirnarbeit, die bis ins letzte Detail verordnet, vorgeschrieben und dementsprechend öde ist.

Ein guter Rat an alle frisch gebackenen Denk-Schüler: behalten Sie Ihre 1001 Gedanken zunächst für sich, sonst geraten Sie leicht in die Rolle des verspotteten Störenfrieds und Außenseiters

Unser Zauber-Schüler wird dann, bei jedem dazu nötigen Kopfgriff, Dutzende Alternativen erdenken, Arbeits-Hypothesen, wie man's wohl anders und besser machen könnte; und nach der Natur der Dinge wird ein Großteil davon falsch sein müssen.

Wes das Herz voll ist, des geht der Mund über.

Er wird seinen Gedanken Luft machen. Er wird seine Ideen, die vielen falschen und die wenigen guten, freimütig in die Welt seines Arbeitsplatzes und seines Freundeskreises posaunen. Er wird damit der (gleichfalls falschen) Hypothese folgen, solch seltene geistige Regsamkeit müsse allen Menschen guten Willens willkommen sein.

Dann findet er sich plötzlich, und schmerzhaft überrascht, in der Rolle des angefeindeten Außenseiters.

Aus dem stillen Kauz ist ein gefährlicher Spinner geworden, ein unverträglicher Sonderling, ein Störenfried, ein Eigenbrötler (nebenbei ein sehr aufschlußreiches Wort: einer, der sein eigenes Brot bäckt, statt geistige Nahrung aus dem Eintopf der Gemeinschaft zu beziehen).

Das alles kann der Eigenbrötler von seinen Mitmenschen erfahren

Er wird alsbald, und an sich selbst, zumindest die linderen jener fünf gegen Außenseiter gerichteten Aggressivitätsstufen erleben, die der Mainzer Psychologe und Verhaltensforscher Rudolf Bilz wie folgt gliedert:

* Verstohlenes Mißtrauen
* Maliziöses Lächeln, offener Spott

* Verachtung, Hohn, Lächerlichkeit, böse Witze
* Anwendung körperlicher Gewalt, vom Fenster-Einwerfen bis zu Ohrfeigen und Prügel
* Physische Vernichtung, Lynchjustiz, Pogrom.

Seine wenigen (am Anfang *müssen* es wenige sein) guten Gedanken wird man übersehen und mißachten, seine mißglückten Ideen (in diesem Experimentier-Stadium notgedrungen sehr viele) schlägt man ihm wie nasse Fetzen um die Ohren.

Was bei einem Kind als „Übermut" zur Not durchgehen mag, stempelt einen Erwachsenen mit dem Brandmal der „asozialen Einstellung".

Er wird bestenfalls als Narr dastehen, in schlimmeren Fällen als bösartiger Intrigant, als Saboteur und Aufwiegler.

Wer das nicht glaubt, der sollte es versuchen.

Er wird dann sehen, wie es wirkt, wenn er dem Chef, den Kollegen, Bekannten und Freunden oder auch nur der eigenen Familie tagtäglich „die Wahrheit" sagt, genauer: die richtigen und falschen Hypothesen, die er sich von der Wahrheit macht und die mit logischer Notwendigkeit anders aussehen müssen als die herrschende Meinung; sonst wären sie keine neuen Lösungsversuche und damit auch nicht Ausdruck intelligenten Denkens.

Hüten Sie sich, Ihrem Chef die Wahrheit zu sagen – oder was Sie augenblicklich dafür halten

Wer erst im Mannesalter Intelligenz zu entwickeln versucht, wird eher das Fürchten als divergierendes Denken lernen, wenn er nicht sofort in eine „höhere" und nicht ganz sympathische Form der Intelligenz flüchtet: in die des Schweigens und Dissimulierens, der Heuchelei, der Lüge und des Zynismus.

Dann geht es ihm wie einer intelligenten Frau, die dummen Männern Beschränktheit und Naivität vorspielt. Er wird ein zwielichtiger Mensch, der so denkt und anders redet, und es muß auffallen, wie viele intelligente Persönlichkeiten, weit mehr als dumme, dieses Los gewählt haben – auf den Höhen der Macht, der Politik, der Ämter und der Wirtschaft, der Wissenschaft und Lehre.

Die abgrundtiefe Frage „Warum?"

Weitere Tips für Menschen, die unseren Warnungen zum Trotz noch immer intelligenter werden wollen

Lieber Leser, Sie sind gewarnt worden.

Wer jetzt noch Lust hat, die dornenvollen Pfade der Intelligenz und des Problem-Lösens weiterzugehen, braucht weitere praktische Ratschläge.

Der Hinweis, daß divergierendes Denken „neu" und „andersartig" verlaufen müsse, genügt nur für die primitivsten Anfangsübungen. Neue und unkonventionelle Gedanken lassen sich nämlich zu jedem beliebigen Thema in fast unendlich großer Zahl konstruieren. Doch sind sie dann, wenn sie ziel- und zwecklos bleiben, nicht mehr als eine ebenso zahllose Anhäufung unbrauchbarer Hirngespinste, Meditationen über die Unsterblichkeit der Maikäfer.

Wir brauchen also Methoden und Kopfgriffe, die sinnlose Phantasterei möglichst einschränken. Wir finden sie, wenn wir auf Seite 242 zurückblättern, wo dargelegt wurde, in welche drei Untergruppen die Psychologie den Begriff des Problems einteilt: die erste Gruppe von Problemen kann durch „Erklärung", die zweite durch „Voraussage", die dritte durch „Erfindung" gelöst werden.

Das sind nun auch wieder recht billige Hauptworte. Trotzdem helfen sie uns weiter. Sie lassen sich nämlich in Fragen verwandeln – und diese Fragen können dem noch ungeübten Intelligenz-Lehrling wie Funkfeuer im Nebel den Weg weisen.

Die erste Frage lautet: „warum?"

Das kann eine abgrundtiefe Frage sein.

Warum hat der Hund vier Beine?

Warum hat ein Hund vier Gliedmaßen? Hier wird nach dem entwicklungsgeschichtlichen Zusammenhang gefragt, nach der Abstammung einer Tierart bis hinunter zur Urzelle im Urmeer, und man kann fragend noch tiefer gehen.

Warum fällt dieser Stein zu Boden?

Warum fällt ein Stein, wenn man ihn losläßt?

Bei dieser Frage steht nicht die Geschichte, nicht die Entwicklung im Vordergrund. Wenn wir sie genau überlegen, sehen wir, daß hier das Wort „warum" in anderer Bedeutung verwendet wird. Jetzt fragt es nach den Gesetzen der Schwerkraft, nach einer naturgesetzlichen Erklärung.

Warum ist *dieser* Stein zu Boden gefallen?

Die Antwort kann sein, daß ihn jemand hochgehoben und losgelassen habe, und wieder fragt das Wörtchen „warum" nach einem anderen Tatbestand, in diesem Fall nach einer ganz konkreten Ursache, die dann freilich, naturgesetzlich, bestimmte Folgen haben muß.

Warum wird der Mörder bestraft?

Warum wird ein Mörder mit Zuchthaus bestraft? Die Antwort kann lauten, daß das Gesetz diese Bestrafung befiehlt. Aber das ist nicht erschöpfend. Wer tiefer geht, deckt Schicht um Schicht ab und stößt stets auf neue Fragen, die sich immer wieder mit dem Wort „warum" formulieren lassen. Er gerät in den Streit um die Todesstrafe, an das Problem, ob Strafe bessernd oder auch nur abschreckend wirken kann, an die Auseinandersetzung zwischen naturrechtlichen, positivistischen und soziologischen Rechtsauffassungen, an das Recht (oder Unrecht) staatlicher Macht und menschlicher Vergeltung, an die Gerechtigkeit – und woher ist diese zu beziehen?

Warum liebst du mich?

„Warum liebst du mich?"

Wieder ein „Warum", diesmal ein besonders verwirrendes. Was soll die Antwort sein – ein Kompliment? Eine Aufzählung körperlicher oder geistiger Vorzüge? Eine Vorlesung über menschliche Motivationen, Triebe, Bedürfnisse und Fixierungen? Eine Entwicklungsgeschichte dieser einen Liebe? Oder die Antwort des Professors Higgins: „Ich hab' mich so an dich gewöhnt" – was gleichbedeutend mit der (in einem Buch über das Lernen nicht unpassenden) Auskunft wäre, daß Liebe auch als Gewöhnungs- und Konditionierungsvorgang, somit als Lernprozeß angesehen werden könnte . . .

Wer sich diese Frage, dieses „Warum" zur Gewohnheit macht, hat wahrlich zum Denken genug, Probleme bis an sein Lebensende. Doch wirkt diese Tätigkeit nur dann intelligenzfördernd, wenn er sie nicht bloß als Bücherwurm betreibt.

„Warum" – eine Frage, die zu den letzten Dingen führt

Er muß sich eigene, neue, von den alten abweichende, „divergierende" Lösungen einfallen lassen. Und wieder darf er den Irrtum nicht fürchten.

Wer diese Angst abstreift, den führt die Frage „Warum"? sehr rasch bis zu den letzten Dingen. Ihnen wird jeder, seinem Charakter und seinem

Schicksal entsprechend, verschieden begegnen, als Weltverächter oder Philanthrop, als Philosoph oder Zyniker, als Missionar oder Rebell – doch immer, falls er seine Intelligenz gelernt hat, zumindest ein wenig anders als die professionellen und konventionellen Philosophen, Zyniker, Missionare und Rebellen.

Er wird deshalb stets auch unbequem und unbeliebt sein.

Die vielzitierte Gedankenfreiheit – eine erlernte Kunst

Aber er wird dafür die so oft beschworene und nie recht verstandene Gedankenfreiheit erkauft haben, die in Wahrheit eine erlernte Kunst ist – die Fähigkeit des intelligenten Menschen, eigene und neue Ideen zu haben.

„Was wäre, wenn?"

Eine zweite Gruppe von Problemen kann, wie oben gesagt, durch „Voraussage" gelöst werden.

Die dazugehörige Frage lautet: „Was wäre, wenn . . .?"

Nehmen wir nochmals das klassische Problem des Stockholmer Psychologen Székely (s. Seite 243ff.) her, allerdings ein wenig verändert.

Stellen wir uns vor, Székely hätte den Waagebalken mit der Kerze darauf bereits so ausbalanciert, daß beide Seiten im Gleichgewicht sind.

Nur die Kerze hätte er noch nicht angezündet.

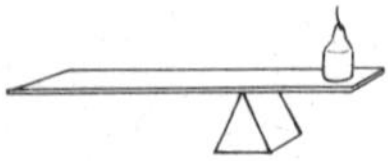

Altes Problem in neuer Frage-Fassung: „Was wäre, wenn ich die Kerze anzündete?"

Und nun fragt Székely seine Studenten: „Was wäre, wenn ich die Kerze da anzünde?"

Verlangt wird also, daß der Prüfling Erfahrungen der Vergangenheit auf eine unbekannte und zukünftige Situation überträgt, im vorliegenden Fall: daß er prophezeit, der Waagearm mit der brennenden Kerze werde nach einer Weile von selbst nach oben steigen.

Aber auch diese Weissagung verrät kein angeborenes Talent zur Hellseherei. Der Transfer von Erfahrungen kann auch hier geübt werden, und er muß geübt werden, und am besten wird er tagtäglich tausendmal geübt, an allen kleinen und banalen wie an allen großen Problemen, die rings um uns auftauchen.

Was wäre, wenn ich dieses Auto jetzt noch überhole?

Wenn das Küchenmesser, das so nah am Tischrand liegt, herunterfällt? Wenn die Schneewächte abbricht, die dort am Dach hängt? Wenn ich jetzt hingehe und meinem Chef die Meinung sage? Wenn ich krank werde und meinen Posten verliere? Wenn ich dem Rüpel, der meine Frau angepöbelt hat, eine herunterhaue? Wenn mir im Urlaub mein Geld gestohlen wird?

Was wird sein, wenn ich alt bin und nicht mehr arbeiten kann?

Bitte geraten Sie nun nicht in Angst und Pessimismus ...

Wie wir sehen, kann die hartnäckige Übung solcher Fragen jene Mentalität erzeugen, die wir Pessimismus nennen – ein anderes Wort für eine ganz bestimmte Art, zukünftige (und zumeist mißliche) Ereignisse vorauszusagen. Dann erzeugt sie Angst, Lähmung und einen Hang zum Defätismus.

Wir sollten deshalb bei dieser Art von Kopfgriff-Übung die negativen Aspekte des Lebens nicht über Gebühr strapazieren. Vorsicht ist gut und manchmal lebenerhaltend, doch kann man sie übertreiben. Es gibt Leute, die ihrer Vorsicht wegen das ganze Leben versäumen. Wenn sie dann trotzdem sterben, kommen sie uns nicht mehr so intelligent vor.

Wir brauchen daher, für unser tägliches Intelligenz-Training im Voraussagen der Zukunft, eine zusätzliche Entscheidungsregel.

... schlechte Prognosen sollten Sie nur in den dringendsten Fällen berücksichtigen

Sie lautet: schlechte Prognosen werden nur in dringendsten Fällen berücksichtigt und weiter ausgesponnen. Sie sind kein Exerzierfeld für den Geist, der vorwärtskommen will. Daß sie uns einfallen, kann und darf nicht verhindert werden. Sie haben ihre Warn-Funktion. Wenn diese erfüllt ist, sollten wir sie rasch und energisch beiseite schieben.

Das könnte ins Auge gehen?

Gut, daß ich das weiß – jetzt aber weg mit dem Gedanken!

Denken Sie lieber an positive Zukunftsvorstellungen

Andererseits sollten wir, und ebenso entschlossen, positive Zukunftsvorstellungen weiterverfolgen: Hier könnte etwas zu erben sein? – Bravo! Was denn, wie, wann, von wem?

Dieser geistige Entscheidungs-Mechanismus,

der dem Erfolg nacheilt und dem Unglück ausweicht, auch wenn beide erst in Gedanken existieren, hat nicht nur intellektuelle Bedeutung. Er unterscheidet, mehr als Geld oder äußere Umstände, den glücklichen vom unglücklichen Menschen (sogar das „Glück" kann geübt und gelernt werden, aber das gehört nicht mehr in dieses Buch). Auf jeden Fall unterscheidet er den Menschen, der Interessen hat, von jenem, den nur Sorgen plagen.

Was den glücklichen vom ewig unglücklichen Menschen unterscheidet

Dieses Wort „Interesse" drückt vielleicht am besten aus, worum es hier geht. Interessen können künstlerischer, kultureller, sportlicher, kommerzieller, technischer Natur sein – intelligent und wirklich interessant sind sie nur dann, wenn sie Probleme stellen und zu lösen versuchen.

Die Frage „Warum?" kann allenfalls bloße Wißbegier ausdrücken, die durch fremde Antworten gestillt wird.

Die Frage „Was wäre?" braucht schon weit mehr eigene Phantasie, und ihr stetes Training verspricht mehr Intelligenzgewinn; denn sie erzieht zur geistigen Konsequenz, zur bewußten, aktiven Verfolgung von Einfällen und Intuitionen, die sonst spurlos an uns vorübergingen.

Eine Frage, die zur geistigen Konsequenz erzieht

„Was muß ich tun, damit?"

Eine dritte Gruppe von Problemen ist durch „Erfindung" zu lösen.

Die dazugehörige Frage heißt: „Was muß ich tun, damit . . .?" Auch sie wird nur dann „intelligent" beantwortet, wenn die Antwort neu ist.

Aber das allein genügt hier nicht. Die „Erfindung" unterscheidet sich von andersartigem Problem-Lösen dadurch, daß sie Scheinlösungen unmöglich macht. Die Idee, die Lösung, muß nun nicht nur neu sein. Sie muß beweisen, daß sie auch *brauchbar* ist, und zwar zu einem ganz bestimmten Zweck.

Man muß die Phantasie manchmal auch an die Leine legen

Die Phantasie wird an die Leine genommen und zum erstenmal unbarmherzig überprüft.

Die Fragen „Warum?" und „Was wäre?" können mehr oder weniger platonisch beantwortet werden, und mancher Problem-Löser ist sehr leicht zufriedenzustellen, auch mit ein paar schönen und nichtssagenden Worten.

- Warum verdiene ich sowenig? – Weil mein Chef ein Geizkragen ist.
- Was wäre, wenn ich genug Geld hätte? – Ich würde mir ein Haus bauen.
- Warum springt mein Auto nicht an? – Der Vergaser ist kaputt.
- Warum werde ich so dick? – Ich esse zuviel.
- Was wäre, wenn ich fünf Sprachen sprechen könnte; – Ich wäre Hoteldirektor, das hab' ich mir schon immer gewünscht.

Das sind sehr banale und primitive Beispiele des Problem-Lösens durch Erklärung und Voraussage. Aber sie zeigen, daß Erklärung wie Voraussage reine Einbildung sein kann, ohne jede reale Folge. Ob sie „richtig" oder „falsch" genannt wird, bleibt weitgehend dem Geschmack und dem Belieben anheimgestellt.

Der „Erfinder" jedoch stellt sich der Wirklichkeit, weil er sie verändern will. Er nimmt sich etwas vor. Er muß Methoden er-finden, wie er zum Ziel kommen kann. Er muß sie anwenden – und dann sieht er den praktischen Erfolg: ob seine Erfindung funktioniert.

Eine besondere „Masche" beim „Trompetenblasen", auch das ist eine Erfindung

Er bringt nicht nur Gedanken hervor, sondern Leistungen und Werke. Sie müssen nicht technisch, nicht patentfähig sein. Ein Zeitungsartikel, eine besondere „Masche" beim Trompetenblasen, eine ungewöhnliche Methode, Zahnpasta zu verkaufen, auch ein Liebesbrief kann eine „Erfindung" sein.

Es genügt jede originelle Handlung, wenn sie die Wirklichkeit oder auch nur einen Menschen ein wenig im gewünschten Sinn verändert, wenn sie erreicht, was erreicht werden sollte.

Aber die Erfindung muß getan werden, nicht nur gedacht; die Tat überprüft den Gedanken. So ist die stete und nimmermüde Übung im Erfinden das beste Training und zugleich der Prüfstein der Intelligenz.

Kritik und Zweifel

Nun bleibt noch eine wichtige Frage: woher in aller Welt nimmt der potentielle Problem-Löser die Unzahl von Problemen her, an denen er sich üben muß?

Er soll nach Erklärungen, Voraussagen und Erfindungen suchen – das ist leicht gesagt. Ohne weitere Gebrauchsanweisung für diese Kopfgriffe besteht die Gefahr, daß unser Intelligenz-Lehrling sich fortan fruchtlosen Reflexionen ergibt und, frei vor sich hin sinnierend, ein weltfremder Träumer wird; oder daß er sich etwa dem Denksport ergibt, jener lebensfernen Sportart, die nur abwegige Rätsel-Löser erzeugt, nicht praktische Intelligenzen.

Aus diesem Dilemma gibt es nur einen Ausweg. Die einzige wirklichkeitsnahe und jederzeit wirksame Methode zur Produktion echter Probleme ist die der unablässigen Kritik.

Unermüdliche Kritik an allem, was selbstverständlich und unumstößlich scheint, verhilft zur praktischen Intelligenz. Allerdings: diese Kritik muß fruchtbar und nicht nur destruktiv sein

Doch auch das vielgerühmte kritische Denken ist kein Kopfgriff, der gelegentlich getan und nach Belieben unterlassen werden kann. Es muß, wenn es überhaupt wirken soll, zur eingefleischten Gewohnheit werden, zu einer Art Weltanschauung allgegenwärtigen Zweifels.

Dieser unermüdliche Zweifel an bestehenden und anerkannten Lösungen, an althergebrachten und gewohnheitsmäßig geglaubten Ansichten, an der Richtigkeit angeblich selbstverständlicher Behauptungen allein kann den schöpferischen Funken neuer und fruchtbarer Ideen entzünden.

Ein besserer Wasserhahn kann, wie eine neue Gesellschaft, nur dann entstehen, wenn zuerst die Güte des alten Modells angezweifelt wurde.

Und wer stets davon überzeugt ist, daß alles Alte immer gut sein muß, der kann niemals, auch nicht in einem einzigen Punkte, etwas Neues denken und tun.

So hat der Geist, der stets verneint, nichts Teuflisches an sich, mit einer Einschränkung. Die Kritik an bestehenden Lösungen muß, will sie fruchtbar bleiben und nicht nur destruktiv wirken, auch Selbstkritik üben, das heißt: unser Intelligenz-

Lehrling sollte die eigenen neuen Ideen demselben ätzenden Zweifel aussetzen wie die fremden und alten, an denen er seine junge Intelligenz erprobt.

Mit diesem Hinweis auf die notwendige Selbstkritik dürfte wohl auch jede Sorge entfallen, daß mit dieser Aufforderung zu ständiger Kritik eventuell einem geistigen Radikalismus Vorschub geleistet werde. Denn unsere Ermunterung zu Kritik hat immer eine positive, konstruktive Kritik vor Augen, die zudem noch durch die ebenso wichtige Selbstkritik kontrolliert wird.

Dann und nur dann kann er Hoffnung haben, daß er im Glücksspiel der Hypothesen neben vielen Nieten manchmal auch einen Treffer zieht.

Mut und Hoffnung

Ist Intelligenz lernbar?

Viele von unseren Lesern werden hoffentlich, noch bevor sie dieses Buch zu Ende gelesen, eine Lernkartei gebastelt und mit dem Lernen begonnen haben – von Vokabeln und Formeln, Daten oder Definitionen.

Eine weitverbreitete uns sehr bequeme Ausrede: „Ich bin eben zu dumm zum Lernen"

Andere finden, so gern sie lernen wollten, nicht den Mut dazu. Sie halten, trotz aller in den beiden letzten Kapiteln gegebenen Beweise, Intelligenz und Dummheit nach wie vor für angeborene, ererbte und deshalb unveränderliche Persönlichkeitsmerkmale, um daraus bequemes Mißtrauen gegen die eigene Leistungsfähigkeit zu schöpfen: „Dazu bin ich zu dumm!"

Bei ihrer nimmermüden Suche nach Gründen, die sie der Anstrengung des Lernens entheben, haben manche vielleicht ein weiteres und hier noch nicht behandeltes Zweigfach entdeckt, das Faulheit, Feigheit und Resignation ausreichend zu rechtfertigen scheint.

Erkenntnisse aus der Zwillingsforschung

Es ist die Zwillingsforschung – und ihre Ergebnisse erwecken beim ersten Hinsehen tatsächlich den Eindruck, daß Dummgeborene an Intelligenz nichts dazulernen können.

Zwillinge werden zur selben Zeit empfangen und daher auch zugleich geboren, wenn von zwei verschiedenen Spermen zwei Eier befruchtet wurden. In diesem Fall sind Zwillinge nichts anderes als normale Geschwister mit ähnlichen, in vielen Details jedoch verschiedenen Erbanlagen.

Zwillinge entstehen aber auch, wenn sich ein einzelnes Ei nach der Befruchtung teilt. Die Erbanlagen solcher „eineiiger" oder „identischer Zwillinge" sind dann bis ins letzte und winzigste Detail haargleich; also müßten, wenn es solche gäbe, die Erbanlagen des Talents, der Begabung und der Intelligenz bei solchen Zwillingen ebenso übereinstimmen.

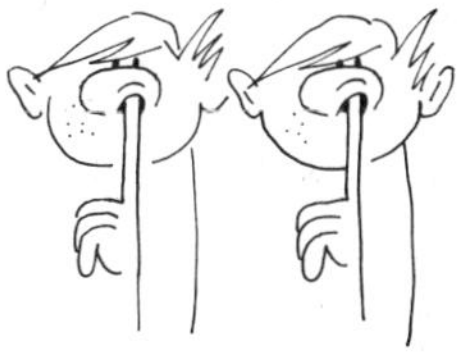

Zwillingsforschung im Dienste der Lernpsychologie

Was geschieht nun, wenn solche Zwillinge nach der Geburt getrennt und in verschiedener Umgebung aufgezogen werden?

Kann einer davon, durch bessere Erziehung und vorteilhafteres Milieu, gescheiter, intelligenter, begabter werden als der andere, oder ist das unmöglich? Das eine würde beweisen, daß Intelligenz erlernbar ist; das zweite, daß sie nicht gelernt, sondern nur ererbt werden kann.

Die Zwillingsforschung serviert uns nun eine Fülle von Untersuchungs- und Testergebnissen, welche die Vererbung wichtiger erscheinen lassen als das Milieu. Sie zeigen unter anderem, daß die Intelligenz-Quotienten von eineiigen Zwillingen *fast immer* näher beisammenliegen als die von normalen Geschwistern. Das ist auch dann der Fall, wenn die Zwillinge frühzeitig getrennt und in völlig verschiedener Umgebung aufgezogen, die normalen Geschwister jedoch mitsammen im selben Elternhaus groß wurden.

Ist damit die Hoffnung vertan, die Mühe sinnlos geworden, die geistige Kapazität des Menschen von vornherein unabänderlich festgelegt? Hat also der Versager recht, der sich zerknirscht des „Zu-dumm-Seins" bezichtigt?

Erstaunlich, wie gelehrte Leute voreilige Schlüsse ziehen

Es ist erstaunlich, mit welcher Leichtfertigkeit gelehrte und sonst hochintelligente Leute, in diesem Fall manche Zwillingsforscher, ihre Schlüsse zienen.

Ihr Schluß lautet hier, daß die Intelligenz des Menschen von seiner Erbmasse abhänge und nicht, oder unendlich weniger, von seinem Milieu, seiner Schulung, seinem Denk-Training.

Sie schließen auf Grund ihrer statistischen Daten.

Die Statistik kann auch falsche Auskünfte geben – weil sie falsch befragt wurde

Aber zur Klärung der Frage, ob Intelligenz lernbar sei, ist die Statistik das allerungeeignetste Mittel. Sie kann nur feststellen, was tatsächlich geschieht, doch niemals, was geschehen könnte.

Sie zeigt die gegenwärtig herrschende Norm, die Regel, den Durchschnitt.

Dummheit wird heilbar

Sie zeigt nicht die Ausnahmen, die in Zukunft die Regel sein werden. Sie hätte beispielsweise vor hundert Jahren „bewiesen“, daß Tuberkulose unheilbar sei, wenigstens durch ärztliche Kunst. Heute ist sie heilbar, aber die Statistik hat nichts dazu beigetragen.

Morgen wird auch die Dummheit heilbar sein. Ein menschliches und gesundes Gehirn vorausgesetzt, wird Intelligenz gelehrt und gelernt werden können wie heute das Lesen und Schreiben.

Das zeigt sich schon jetzt, zwar nicht im statistischen Durchschnitt, wohl aber an Ausnahmen, die manchmal aus den Statistiken hervorlugen.

Amerikanische Zwillingsschwestern tanzten aus der Reihe

Eine solche Ausnahme kam in einer Zwillingsstudie zum Vorschein, die 1937 von den Forschern Newman, Freeman und Holzinger an der Universität Chicago veröffentlicht wurde.

Sie testeten 19 eineiige Zwillingspaare, die bald nach ihrer Geburt getrennt wurden und in verschiedenem Milieu aufwuchsen.

Der Intelligenz-Quotient dieser Zwillingspaare unterschied sich im Durchschnitt nur um neun Punkte. Das ist keine sehr auffällige Diskrepanz, eher eine Bestätigung der Annahme, daß identische Zwillinge auch in verschiedener Umgebung ähnlich intelligent bleiben.

Ein Zwillingspaar jedoch fiel völlig aus dem Rahmen. Es waren zwei Mädchen, deren Lebenswege nach 18 Monaten auseinandergingen.

Eine der Schwestern landete im finstersten amerikanischen Hinterwald und ging nur zwei Jahre zur Schule. Die zweite wuchs, wie der Untersuchungsbericht sagt „in a good farming community“, also „in einer guten Farmer-Gemeinde“, auf und ging schließlich ans College.

Als beide im Alter von 35 Jahren getestet wurden, war der Intelligenz-Quotient der zweiten um 24 Punkte höher. Wenn man bedenkt, daß der höchste überhaupt erreichbare I.Q. etwa bei 200 liegt, ist das schon ein sehr wesentlicher Unterschied.

Wie kam es zu solchen Unterschieden?

Dieser Unterschied, diese auffallenden Intelligenzerhöhung bei völlig gleicher Anlage, ist offenbar dem Milieu und der Schulbildung dieser zweiten Schwester zuzuschreiben.

Aber *welcher* Schulbildung?

Sind diesem Mädchen, zum Unterschied vom hinterwäldlerischen Schwesterlein, die Probleme des Problem-Lösens systematisch nahegebracht worden?

Gab es an ihrer „high school" oder an ihrem College ein Hauptfach für Hypothesenbildung, für Phantasie, für divergierendes und kreatives Denk-Training?

Sicherlich nicht. Gewisse Ansätze dazu sind vielleicht heute schon an manchen amerikanischen Schulen zu finden. Vor dem ersten Weltkrieg aber, als dieses Zwillingskind die Schule besuchte, kann solch ein überraschender Intelligenz-Sprung nur durch die Begegnung mit einem besonders aufgeschlossenen Lehrer oder durch Zufall ausgelöst worden sein.

Solche Zufälle sind auch heute noch seltene Ausnahmen. Für die Intelligenz-Forschung aber wäre es ungemein fruchtbar, gerade diese Ausnahmefälle, wo immer man sie trifft, mit größter Genauigkeit zu untersuchen. Schon ihre Existenz beweist, daß die Wissenschaft auf dem falschen Dampfer reist, wenn sie sich nur vom gleichförmigen Strom des statistischen Durchschnitts dahintreiben läßt.

Die Existenz von Ausnahmen beweist, daß die Wissenschaft mitsamt ihren Statistiken auf dem falschen Dampfer reist

Die Ausnahmen von heute sind die Regel von morgen.

Wie ein Talent entsteht

Die bedingungslose Kapitulation, mit der sich der Lern-Versager des „Zu-dumm-Seins" bezichtigt, kann auch in milderen Spezialformen auftreten:

„Für Mathematik habe ich keinen Kopf", „ich habe kein Sprachentalent" oder, wenn motorische Fertigkeiten gelernt werden sollen, „ich habe zwei linke Hände".

Mit solch faulen Ausreden kann sich jeder um jede Anstrengung drücken

Mit solchen Argumenten kann sich, zum eigenen Schaden, jedermann vor jeder Anstrengung drücken. Sie sind Abwandlungen des volkstümlichen und leider oft auch wissenschaftlichen Vorurteils, daß Talente und Begabungen nur ererbt und nicht erworben werden können.

Korrekte Wissenschaftler drücken sich nun freilich schon etwas vorsichtiger aus. Sie sprechen nur noch von angeborenen „Lernprädispositionen".

Damit aber ist das rätselhafte Ding, das da ererbt und angeboren sein soll, nur mit einem anderen Namen benannt und in der Kausalkette um ein Glied weiter nach hinten verschoben. Als „angeboren" gilt, nach dieser Terminologie, nunmehr nicht länger die Fähigkeit selbst, etwa das mathematische oder musikalische Talent, sondern die Fähigkeit, mathematische oder musikalische Fähigkeiten zu entwickeln.

Das klingt sehr schön, ist aber wenig plausibel. Man kann nämlich diese Rückverschiebung x-beliebig weit fortsetzen, bis schließlich nur noch die Fähigkeit angeboren wäre, Fähigkeiten zu entwikkeln, welche den Erwerb von Fähigkeiten erlauben, durch die mathematische Fähigkeiten entstehen können.

Talent, ein rätselhaftes Ding, das ererbt und abgeboren sein soll, entpuppt sich als „Fähigkeit zur Fähigkeit zur Fähigkeit ..." und so weiter

Doch wenn man schon, mangels an Beweisen, mit Hypothesen operieren muß, dann sollten bessere Annahmen vorgezogen werden.

So ließe sich beispielsweise annehmen, daß Talente und Begabungen im frühkindlichen Stadium durch einen Prozeß entstehen, der bei bestimmten Tierarten, besonders bei Vögeln, als „Prägung" bekannt ist.

Solche Prägung liegt beispielsweise vor, wenn aus dem Ei geschlüpfte Graugänse sich dem Muttertier anschließen. Diese Verbindung ist dann ein für allemal „geprägt". Die Tiere folgen fortan keiner anderen Mutter mehr.

Doch kann die Prägung auch danebengehen. So sind die Experimente, mit denen der Tierforscher

Konrad Lorenz den Prägungsvorgang seiner Graugänse in die Irre leitete, inzwischen weltberühmt geworden. Er ließ kleine Gänschen fern von jedem Muttertier im Brutkasten ausschlüpfen. Dann konfrontierte er sie mit einem Kissen, einem Fußball oder einem Luftballon, der an einem Bindfaden bewegt wurde, oder einfach mit sich selbst: die kleinen Gänschen akzeptierten den bewegten Gegenstand, und ebenso den auf Händen und Knien kriechenden Lorenz, als Mutterfigur, und folgten künftig nur noch ihm.

Bei Säugetieren sind derartige Prägungsprozesse nicht zweifelsfrei zu beweisen. Dennoch wäre es vorstellbar, daß auch der Mensch, wenngleich auf kompliziertere Weise, schon bald nach der Geburt bestimmte Vorlieben und Abneigungen faßt – daß in der Infrastruktur seines Gehirns schon im Frühkindesalter die Schaltbahnen vorgeprägt werden, auf denen er sich dann etwa zum Musiker oder Mathematiker weiterentwickelt.

Vorerst noch eine Hypothese, aber eine, die plausibel klingt: in den ersten Lebensmonaten eines Menschen werden die Weichen für zukünftige Begabungen gestellt

Eine solche Annahme kann natürlich nur hypothetisch sein. Doch ist sie entschieden wahrscheinlicher als die Hypothese, daß es eine erbliche mathematische Veranlagung gäbe. Der Mensch ist viele hunderttausend Jahre ohne Mathematik ausgekommen, und selbst die einfachsten Rechenoperationen sind viel zu jung, als daß sich ein Talent dafür ins menschliche Erbgut hätte eingraben können.

„Abergläubische" Tauben

Eine andere und noch plausiblere Erklärung für das Entstehen von Talenten und Begabungen wird durch die Konditionierungs-Experimente des amerikanischen Psychologen Skinner nahegelegt.

Können Talent und Begabung durch Übungen geweckt werden?

Wir kennen (s. Seite 89) Skinners sensationelle Versuche, bei denen er seinen Tauben binnen weniger Minuten das Kunststück beibrachte, mit dem Schnabel auf einen einzelnen Kopf in einem Gruppen-Foto hinzupicken; wir kennen seine Methoden der positiven Verstärkung, der schrittweisen Annäherung und der dadurch bewirkten Verhaltensformung („shaping").

Noch ein wichtiges und aufschlußreiches Tauben-Experiment im Dienste der Lern-Forschung

Derselbe Burrhus F. Skinner aber dachte sich, gewissermaßen als Gegenprobe, auch noch ein anderes und besonders interessantes Experiment aus.

Normalerweise steuerte er das Verhalten seiner Tauben, indem er jede erwünschte Bewegung des Tieres durch einen Druck auf den Futterhebel und durch ein Körnchen belohnte.

Zugleich aber wollte er wissen, was wohl geschähe, wenn der Futtermechanismus der Taube ohne Rücksicht auf deren jeweilige Bewegung in regelmäßigen Abständen Körner liefert.

Wird dann die zufällige, gerade in diesen Augenblicken auftretende Bewegung des Tieres verstärkt? Heben sich diese Zufälligkeiten im Laufe der Zeit wieder auf? Bleibt deshalb das Verhalten der Taube auf die Dauer dasselbe, oder ändert es sich, und wie?

Um das zu erfahren, koppelte Skinner den Futterhebel seines Experimentierkäfigs mit einer Uhr, und fortan gab es für die Taube unbestechlich genau alle zwanzig Sekunden ein Körnchen, was immer das Tier auch tun mochte.

Die Ergebnisse dieses Versuches sind staunenswert und für die Lern-Forschung vielleicht ebenso wichtig wie Skinners „shaping". Schon nach ganz kurzer Zeit entwickelten die Tauben, durch die regelmäßigen Futtergaben rätselhaft angereizt, ganz bestimmte, auffallende und stereotyp wiederholte Verhaltensweisen – groteske Verrenkungen des Halses und des Körpers, und immer wiederkehrende, beinahe rhythmisch anmutende Bewegungen der Beine und Flügel ...

Skinner löste das Rätsel. Die stereotypen Bewegungen sind, bei jeder Taube verschieden, Produkte des Zufalls. Doch einmal eingeübt, wurden sie für das Tier zur verhaltenspsychologischen Notwendigkeit.

Im einzelnen geht das so vor sich:

Die Taube macht irgendeine Bewegung. Sie nickt beispielsweise mit dem Kopf. In diesem Augenblick spuckt der Futter-Mechanismus ein Körnchen aus.

Dadurch wird diese erste Bewegung, das Kopfnicken, „verstärkt", das heißt: die Taube wiederholt sie von nun an häufiger als bisher. Damit erhöht sich die Wahrscheinlichkeit, daß die nächste Futtergabe abermals mit dieser Bewegung zusammentrifft.

Doch das ist vorerst noch nicht der Fall. Die nächste für die Verhaltensänderung des Tieres entscheidende Bewegung ist ein Zucken mit dem rechten Flügel; sie wird wiederum, und ebenso zufällig, von einem Futterkörnchen gefolgt und verstärkt.

Die Taube wiederholt nun schon zwei Bewegungen häufiger – das Kopfnicken und das Flügelzucken.

Eine dritte und vierte und abermals zufällig verstärkte Bewegung gesellt sich dazu, etwa die, daß die Taube das rechte Bein hebt und daß sie den ganzen Körper ruckartig aufrichtet.

Alle diese Bewegungen und noch einige andere mehr verdichten sich zu einem geschlossenen Handlungsablauf, der naturgemäß immer häufiger mit den regelmäßigen Futtergaben zusammentrifft und auf diese Weise immer mehr verstärkt wird – bis das Tier schließlich nur noch diese eine Bewegungsfolge macht: Kopfnicken, Flügelzucken, Beinheben, Aufrichten, Kopfnicken, Flügelzucken, Beinheben, Aufrichten . . .

Durch verstärkte Glücksgefühle lernen Tauben richtig „tanzen"

Skinner nennt diese sonderbare Erscheinung das „abergläubische Verhalten" einer Taube; „abergläubisch" deshalb, weil auch der menschliche Aberglaube dem Zusammentreffen von Glück oder Unglück mit rein zufälligen Begleiterscheinungen eine Bedeutung gibt, die in Wirklichkeit nicht vorhanden ist: „Das hat mir Glück gebracht!"

Ebenso „vermutet" die Taube, daß ihr kleines Glückserlebnis, das Futterkörnchen, von der unmittelbar vorangegangenen Bewegung „verursacht" wird, daß also das Kopfnicken, Flügelzukken, Beinheben „Glück bringt", weshalb sie diese Bewegungen stets von neuem wiederholt.

Diese „abergläubische" Schlußfolgerung geht im Taubenhirn allerdings unbewußt vor sich, als automatische Verknüpfung zwischen Reaktion und verstärkendem Reiz.

Auch sehr viele, wahrscheinlich die meisten

menschlichen Eigenheiten entstehen zweifelsohne außerhalb oder unterhalb des bewußten Denkens. Selbst der brillanteste Verstand ist oft nur ihr Gefolgsmann und Handlanger. Das gilt besonders für Bedürfnisse und Gefühle, für Zuneigung und Abneigung. Gerade in diesen Persönlichkeitsmerkmalen aber steckt die treibende Kraft, die Faszination, der Fleiß, die Freude am Erfolg und die Lust zum Handeln, die beispielsweise aus einem begeisterten Musiker ein musikalisches Talent oder sogar Genie machen können.

Viele menschlichen Eigenheiten entstehen außerhalb unseres Bewußtseins

Geometrie – lustvoll verstärkt

Wie entstehen solche Motivationen?

Natürlich kann man sagen, sie seien ererbt.

Doch läßt sich ebensogut und besser vermuten, daß sie ähnlich entstehen wie das „abergläubische Verhalten" von Skinners Tauben – durch eine, wie Skinner sagt, „zufällige Programmierung von Verstärkungszusammenhängen".

Die ersten Weichen dazu werden wahrscheinlich schon in früher Kindheit gelegt.

Zahllose Fälle, in denen einmalige Kindheitserlebnisse zu dauernden psychischen Störungen führten, sind einwandfrei nachgewiesen. Eine einzige Katze, die ein einziges Mal überraschend ein kleines Kind anspringt, kann diesen Menschen für immer mit panischer Angst vor allen Katzen vergiften. Manche fürchten die Nacht noch als Erwachsene, weil sie als Kinder im Dunkeln erschreckt wurden.

Psychische Störungen, aber höchstwahrscheinlich auch positive Eigenschaften und Talente, entstehen in der Kindheit

Der amerikanische Psychologe J. B. Watson hat ähnliche Dauerfolgen eines einzigen Schocks in einem berühmt-berüchtigten Versuch künstlich herbeigeführt. Er ließ ein kleines Kind mit einer Puppe spielen, die dann plötzlich furchterregende Geräusche von sich gab. Das Kind wurde die Angst vor Puppen nicht mehr los.

Nun besteht kein vernünftiger Grund, warum derselbe irrationale Mechanismus nicht auch positiv wirken sollte.

Da spielt ein Kind mit einem ebenmäßigen und streng geometrisch geformten Gegenstand – und just in diesem Augenblick kommt die Mutter mit der Flasche: die Begegnung mit „der Geometrie" wird dadurch zufällig, aber lustvoll und positiv verstärkt, das Kind wird sie fortan häufiger suchen. Wenn weitere Verstärkungen gleicher Art hinzukommen, kann so das erste emotionelle Grundgerüst einer geometrischen und mathematischen Begabung entstehen.

So können sich mathematische und musikalsiche Begabungen entfalten

Oder die Eltern spielen jedesmal, wenn sie das Kind zur Ruhe gelegt haben, im Nebenzimmer Schallplatten mit schöner Musik. Das Kind hört das noch eine Weile, bis seinen damit verbundenen akustischen Wahrnehmungen und Vorstellungen die angenehme Gelöstheit, die süße Schwere des Einschlafens folgt – ein positiv verstärkender Reiz.

Das Kind wird alsbald Musik mit „angenehm" gleichsetzen. Damit kann der Grundstein zu einer musikalischen Begabung gelegt werden, auch wenn die Eltern an diese Möglichkeit überhaupt nicht gedacht haben.

„Manipulation" ist nicht immer böse

Es ist fast mit Sicherheit anzunehmen, daß ein Großteil unserer Motivationen, im gutem wie im schlechten Sinne, durch solche zufällige Verstärkungen im frühkindlichen Stadium gesät werden.

Wir wissen alles über Tauben – aber fast nichts über Kinder

Die Wissenschaft, die lieber mit Tauben experimentiert als mit Kindern, weiß leider noch sehr wenig, wie diese Mechanismen im einzelnen funktionieren. Sonst könnten sie bewußt gesteuert, Talente und Begabungen künstlich hervorgerufen werden.

Diese Vorstellung hat für manche und oft sehr wohlmeinende Leute etwas Erschreckendes. Sie fürchten die Manipulation des Menschen durch den Menschen, die willkürliche Veränderung von Persönlichkeit und Seele durch finstere Mächte.

Auch Schule und Erziehung sind „Manipulation"

Aber das ist kein Einwand. Auch Schule und Erziehung sind „Manipulation", nur wird dabei manchmal so ungeschickt manipuliert, daß nichts Gescheites herauskommt.

Die Annahme, daß Motivationen, Talente und,

umgekehrt, auch „Anti-Talente" aus zufälligen Verstärkungszusammenhängen entstehen, hilft uns auch sonst weiter. Sie löst Widersprüche, die bisher weder von der Vererbungs- noch von der Milieu-Theorie geklärt werden konnten.

Durch „Zufall" kann man Krimineller werden – oder ein hochgeachteter Universitätsprofessor

Und wieder sind es die Ausnahmefälle, die hier der Klärung bedürfen: Ein Sproß aus piekfeiner Familie, dessen zahlreiche Geschwister durch die Bank angesehene Bürger wurden, entwickelt sich zu einem kriminellen Hochstapler. Oder umgekehrt: Ein Kind aus primitivsten Verhältnissen, dessen Brüder und Schwestern auf dem Niveau von Hilfsarbeitern hängenbleiben, wird ein berühmter Arzt oder ein Universitätsprofessor.

Solche Ausnahmen sind häufiger, als man glaubt.

Sie beweisen, daß weder Erbgut noch Milieu allein den Ausschlag geben. Sie zeigen, daß der Zufall, die zufällige Verstärkung von Verhaltensweisen, die zufällig im rechten Augenblick wiederholt werden, eine ebenso große Rolle spielen kann.

Die Versuchung liegt nahe, auch in diesen Vorgängen eine Art „Prägung" zu sehen. Manche Pädagogen und Jugendpsychologen tun das sogar. Sie sprechen dann davon, ein Charakter sei durch diese oder jene Kindheitserlebnisse „geprägt" worden, und sie halten ihn dann für ebenso unveränderlich wie die Prägung einer Münze.

Ein Trost: der Mensch ist keine Graugans, seine Gewohnheiten lassen sich verändern

Trotzdem geht hier beim Menschen etwas anderes vor sich als etwa bei Graugänsen, die einen Fußball als Mutterfigur annehmen. Die „Prägung" bei Tieren ist ein zur Gänze instinktgesteuertes, einmaliges und irreversibles Ereignis, das nur in einem ganz bestimmten Entwicklungsstadium eintritt. Der Mensch aber wird von Lernprozessen „geprägt", auch wenn diese unbewußt ablaufen.

Das Ergebnis ist kein unwiderrufliches Schicksal. Es sind mehr oder minder stark verankerte Gewohnheiten, gute oder schlechte. Wann und wie immer sie erworben sein mögen, sie lassen sich verändern, ab-gewöhnen, durch neue und vielleicht bessere ersetzen.

Der Mensch kann sich selbst helfen, indem er lernt

Manchmal geht das nicht ohne fremde Hilfe. In vielen Fällen kann sich der Mensch auch selbst helfen.

Die Heilung des Schüchterlings

Das führt uns zu einem weiteren und ebenfalls sehr häufigen Argument, mit dem Lernversager ihr Versagen vor sich und ihrer Umwelt begründen: „Ich bin zu willensschwach."

Hinter sogenannten „Willensschwäche" verbirgt sich meist nichts anderes als Angst

Diese sogenannte „Willensschwäche" ist in Wahrheit zumeist nichts anderes als Angst, offene oder verkappte.

Nun gibt es eine Menge von Angstgefühlen, die durchaus reale Bedeutung haben und für das Überleben notwendig sind – die Angst, beim Autofahren verletzt zu werden, an schwerer Krankheit zu sterben, durch Leichtsinn die Existenz zu riskieren, durch unziemliches Gerede Freundschaften zu verderben und so fort.

Solche Angst ist, wie der körperliche Schmerz, ein Warnsignal. Wer diese Warnanlage nicht hat, begibt sich leicht in Gefahr und kann darin zugrunde gehen.

Die Angst vor der Arbeit und dem Lernen gehört nicht dazu. Sie schadet nur, sie nützt nichts. Sie hat sehr viel mit der Schüchternheit eines jungen Mannes gemeinsam, der sich an kein Mädchen herantraut, und sie kann ähnlich behandelt werden.

Angst vor dem Lernen läßt sich heilen wie die Schüchternheit manches Jünglings

Ein Experiment des amerikanischen Psychologen J. Wolpe zeigt sehr anschaulich, wie solche Schüchternheit sich beseitigen läßt.

Sein menschliches Versuchskaninchen war ein College-Student, der es nie fertig brachte, eine seiner Kolleginnen zu einem Rendezvous einzuladen. Schon bei der Annäherung an ein weibliches Wesen überfiel ihn die Angst. Er wurde vor Aufregung blaß oder rot. Er fing zu zittern und zu stottern an. Dann flüchtete er und das Mädchen lachte ihn aus.

Wolpe begann die Heilung des Schüchterlings, indem er gemeinsam mit ihm das Manuskript zu einem ganz kurzen „Theaterstück" schrieb, in dem nur zwei Personen und ein Handlungsablauf vorkamen: ein Mann, der ein Mädchen telefonisch um ein Stelldichein bittet.

Dann wurde der ängstliche Junge an ein Telefon gesetzt. Er mußte seine Rolle lesen, während

Wolpes Assistentin, in einem anderen Zimmer und am anderen Apparat, die Rolle des Mädchens spielte.

Das wurde so lange geübt, bis der Student den vorgeschriebenen Text einigermaßen flüssig sprechen konnte. Dann begann die Assistentin immer mehr vom Manuskript abzuweichen, wodurch der Jüngling zum Extemporieren gezwungen wurde. Als auch das einigermaßen reibungslos vonstatten ging, mußte der Student ähnliche Zwiegespräche Aug' in Aug' mit der jungen Dame trainieren.

Schließlich zeigte man ihm vom Fenster andere Mädchen, die im Instituts-Park umherspazierten und gleichfalls zu Wolpes weiblichem Hilfspersonal gehörten. Er mußte hinuntergehen und sie ansprechen.

Auch das gibt es: ein Lernprogramm gegen die Schüchternheit

Eine dieser „Assistentinnen" hatte von Wolpe noch nie in ihrem Leben gehört. Trotzdem klappte die Sache.

Der junge Mann soll danach gar nicht mehr schüchtern gewesen sein.

Wir sehen, mit welchen Methoden (sie sind inzwischen tausendfach wiederholt und erprobt worden) Wolpe sein Ziel erreichte:

- durch schrittweise Annäherung; der schüchterne Student wurde nicht gezwungen, seine „Willensschwäche" durch eine einzige, gewaltige Anstrengung zu überwinden – er wurde langsam an immer schwierigere Aufgaben gewöhnt;
- durch einen Vorgang, den ein abscheuliches Fachwort „Desensibilisierung" nennt, das heißt: der Student wurde mit jedem Annäherungsschritt daran gewöhnt, mehr Angst auszuhalten, zuerst in kleinen und dann in größeren Dosen – wie die Innenflächen der Hände unempfindlich werden, wenn sie durch Arbeit Schwielen bekommen;
- und schließlich ganz einfach durch ausreichendes Training jener Worte und Gesten, mit denen man am besten Mädchen fischt – somit durch das Lernen von Informationen und Aktionen, die er zuvor nicht beherrschte; auch die Kunst der Verführung will gelernt sein.

Die Scheu vor dem anderen Geschlecht ist nun

freilich – auch wenn es sich ebenfalls um „Lernen" handelt – nicht Thema dieses Buches.

Läßt sich auch die „Willensschwäche", die sich in Angst vor dem Lernen äußert, beseitigen? Hier ein paar Vorschläge:

Doch lassen sich Wolpes Methoden in modifizierter Form auch zur Beseitigung der Arbeits-Scheu anwenden, die sogenannte „willensschwache" Personen am Lernen hindern.

Freilich werden wir nicht warten können, bis uns ein deutscher Wolpe „desensibilisierend" an die Arbeit herangängelt. Wir müssen das schon selber tun. Dafür ist unsere Lernkartei auch keine hochnäsige Person, die mit Körben um sich schmeißt, sondern ein williges und fügsames Mädchen.

Bitte bedenken Sie: die Lernkartei ist kein hochnäsiges, sondern ein recht williges Mädchen

Sie haben noch immer Angst? Sie fühlen noch immer Willensschwäche?

Gut denn, dann nehmen Sie sich nicht zuviel vor.

Nehmen Sie sich ja nicht zuviel vor!

Natürlich wollen sie *keine* fremde Sprache lernen, das wäre entschieden zu langwierig und zu schwer. Das verlangt auch niemand.

Basteln Sie – nur mal zur Probe – eine Lernkartei ...

Sie nehmen sich nur vor, ins nächste Papiergeschäft zu gehen und einen passenden Pappkarton zu kaufen.

Dann wollen Sie aus diesem Karton eine Lernkartei basteln – nur um zu sehen, ob das überhaupt geht.

... und schreiben Sie einige Lernkarten ...

Dann wollen sie ein paar Zettel mit englischen und deutschen Worten vollschreiben, nur ganz wenige, und wirklich nur, um festzustellen, ob auch das funktioniert.

... und probieren Sie mal. Nur so aus Neugier!

Und wenn die Zettel da sind, und wenn die Kartei da ist, dann probieren Sie eben einmal, ob man damit auch lernen kann – nur aus Neugier . . .

Das gilt gleichermaßen bei den Mädchen wie beim Lernen: Anschleichen ist besser

Die Methode der kleinen Schritte wirkt nicht nur bei Mädchen. Das Lernen verliert viel von seinem Schrecken, wenn man es nicht, vor Angst schlotternd, in einer großen heroischen Anstrengung zu überwältigen versucht; Anschleichen ist besser.

Lohnt sich denn das alles?

Diese destruktive Frage kann jede energische Lernanstrengung vereiteln. Natürlich weiß jeder, daß sich das Lernen auf die Dauer immer lohnt.

Andererseits aber wissen wir (s. Seite 90ff.) auch, daß fernliegende Erfolgsaussichten, wie bestandene Prüfungen, gute Zeugnisse und berufliches Fortkommen, zu spät kommen, um wirksame „positive Nacheffekte" bieten zu können.

Freude am Erfolg ist die beste „Verstärkung"

Wir wissen ebenso, daß die Freude am Erfolg, an der Bewältigung jedes einzelnen Lern-Zettels, die beste „Verstärkung" ist – aber leider wirkt auch sie nur bei Menschen, die solchen Erfolg bereits erlebt und eingeübt haben.

Die anderen brauchen, zumindest am Anfang, zusätzliche Belohnungen, stärkeren Anreiz, der gleichfalls *sofort* wirken muß; und wieder taucht die Frage auf, wie sich einer ohne fremde Hilfe solche Belohnungen, „Verstärkungen" selbst verabreichen kann.

Ein heute sehr beliebter deutscher Bestseller-Autor entwickelte vor etwa zwanzig Jahren, damals noch in den ersten Wehen seiner Schriftstellerkarriere, eine ebenso skurrile wie wirkungsvolle Methode, seine Schreibarbeit durch Eigen-Verstärkung anzuspornen.

Er setzte sich, das Konzept seines neuen Romans im Kopfe und auf einigen Notizblättern, an die Schreibmaschine.

Immer wenn er Rotwein trank: so belohnte sich ein Schriftsteller und wurde weltberühmt

Daneben stellte er, deutlich sichtbar und wie Soldaten in einer Linie ausgerichtet, zehn Gläser voll Rotwein.

Dann fing er zu schreiben an – und nach jeder fertigen Manuskript-Seite vergönnte er sich ein Glas.

Der Effekt war anfangs eine ungeheure Steigerung seiner Produktivität. Der gute Mann brachte täglich so zehn bis zwanzig Seiten fertig – und jeder professionelle Buchschreiber weiß, welche Leistung das ist. Weil er ehrlich blieb und sein Glas erst dann nahm, wenn die Arbeit ihn zufriedenstellte, waren die Seiten sogar gut. So wurde er ein Musterbeispiel für die Wirksamkeit von positiven, der erwünschten Reaktion nachfolgenden Verstärkern, und Burrhus F. Skinner wäre von ihm begeistert gewesen.

Seine Schaffenskraft erlahmte erst Jahre später, als er am Alkohol fast zugrunde ging. Er wurde ihn nur mit Mühe wieder los.

Sein Fall ist trotzdem lehrreich. Er zeigt, wie effektvoll schnelle Selbst-Belohnung sein kann, zugleich aber auch, daß Alkohol dafür denkbar ungeeignet ist.

Das Essen von Lieblingsspeisen nach jedem Lernschritt ist gleichfalls kein passendes Verstärkungsmittel, weil es zu krankhafter Fettsucht führt.

Eigenlob nützt nur bei Fortgeschrittenen

Eine probate und ungefährliche Methode der Eigenbelohnung ist das Eigenlob. Jeder kann sich, das kostet nichts, bei jedem kleinen Erfolg ein wenig selbst auf die Schulter klopfen. Aber auch dieses Mittel hilft nicht bei allen, nur bei Fortgeschrittenen, die schon Lernstolz entwickelt haben.

Bleibt nur noch eines – das liebe Geld.

Der oben erwähnte Schriftsteller hätte sich entsetzliches Leid erspart, hätte er statt Wein zur Eigenverstärkung D-Mark-Stücke verwendet.

Bezahlen Sie sich selbst!

Es wird jetzt Leute geben, welche die Nase rümpfen und meinen, das alles sei nicht mehr recht ernst zu nehmen.

Sich selbst bezahlen, damit man etwas lernt!

Sich selbst bestechen, damit man seine Arbeit tut!?

Sich selbst verlocken, verführen, beschwindeln und überlisten, nur um die eigenen, armseligen Entschlüsse ausführen zu können!?!

Wer das nötig habe, werden diese Leute meinen, der solle es doch lieber gleich bleiben lassen. Der sei dann eine so kraftlose und impotente Witzfigur, daß um ihn nicht weiter schade wäre . . .

Wenn Sie hochmütig sind, dann ist es höchste Zeit, daß Sie mit der Lektüre dieses Buches aufhören

Wirklich nicht?

Aus der Verachtung dieser Leute spricht wieder einmal das gleiche alte Vorurteil, der Hochmut des Besitzes gegen die Besitzlosen, der Aberglaube, daß man Fleiß hat oder nicht hat und daß Mangel an Lerneifer angeborene Charakterschwäche sei.

Sie müssen ja nicht weiterlesen, diese Leute. Wenn ihnen die Tricks und Kniffe zu billig sind, mit denen auch „Faule" fleißig werden, wenn sie das alles nicht nötig haben, können sie sich getrost zurücklehnen und ausruhen.

Die Frage bleibt offen, ob sie wirklich so vollkommen sind, wie sie tun, und warum sie dann, wenn man's genau nimmt, doch eigentlich so wenig können, oder nur auf einem Geleise, in ihrem Beruf, in einem engeren Fachgebiet – aber das ist ihre Sache.

Uns anderen aber sollte zum Lernen jedes Mittel recht sein, sogar das Geld, das wir uns selbst dafür bezahlen.

Es ist immer vorhanden, und sei es noch so spärlich. Es gibt niemanden, der nicht zumindest ein paar Mark Taschen- oder Zigarettengeld hätte. Selbst kleine Beträge reichen aus, um das Lernen zu motivieren.

Für den Anfang genügen 30 DM Selbstbelohnung

Setzen wir also voraus, Sie seien ein armer Mann, von der Steuer, von Frau und Kindern und anderen Verpflichtungen ausgepowert, und Sie können für ihre persönlichen Bedürfnisse nur ganz wenig Geld ausgeben – sagen wir, monatlich 30 Mark.

Dann nehmen Sie die dreißig und sperren Sie sie weg.

Nun überlegen Sie, was Sie lernen, und wieviel Zeit Sie täglich dafür aufwenden wollen.

Englisch, und täglich eine halbe Stunde? Dann nehmen Sie eine alte Zigarrenkiste und stellen Sie diese auf Ihren Arbeitstisch – und jedes Mal, wenn Sie eine Viertelstunde lang Englisch gelernt haben, tun Sie sich 50 Pfennig in das Kistchen.

Die Zigarrenkiste gehört fortan zu Ihrem Arbeitsgerät, und sie ist ebenso wichtig wie die Bücher, die Lernkartei, wie Bleistift und Papier – und erst das Geld in dieser Kiste ist *Ihr* Geld, das Sie nach Gutdünken ausgeben und verbrauchen dürfen.

Das andere Geld, das sie weggesperrt haben, das gehört noch nicht Ihnen. Das ist geborgtes Geschäftskapital, fremdes Geld, das erst arbeiten muß, um in Ihr Eigentum überzugehen.

Wenn Sie demnach ein paar Mark brauchen, etwa für Zigaretten, werden Sie gefälligst ein paar Viertelstündchen lernen müssen. Und wenn Sie einige Viertelstunden gelernt haben, werden Sie die Genugtuung des Kaufmannes verspüren, dessen Kasse klingelt.

Das ist eines der Geheimnisse des gewerblichen Fleißes: unzählige kleine Gewerbetreibende, die als angestellte Lohnempfänger wahrscheinlich besser wegkommen würden, bleiben nur dieses Klingelns, dieser häufigen „positiven Verstärkung" wegen in den Sielen ihres ansonsten unrentablen Geschäftes. Die Kasse klingelt mehrmals täglich, wenngleich nur leise; Löhne und Gehälter aber kommen nur wöchentlich oder monatlich einmal.

Je öfter „die Kasse klingelt", desto mehr Spaß macht es

Mit der Zigarrenkiste am Schreibtisch sind Sie fortan ihr eigener Unternehmer und Lohnzahler, und Sie müssen Ihr Lern-Unternehmen mit kapitalistischen Methoden betreiben.

Wenn also, durch Akkordlohn angestachelt, Ihr Arbeitseifer und die Leistung rascher steigen als Ihr verfügbares Taschengeld, kürzen Sie rücksichtslos die Akkordsätze.

Sie müssen die Akkordsätze unbarmherzig kürzen, wenn Ihr Arbeitseifer und damit Ihr Akkordlohn zu rasch steigen

Doch sollte, was immerhin geschehen mag, die Gewerkschaftssektion in Ihrer Seele dagegen mit Streikdrohungen revoltieren, dann helfen Sie sich, ebenso kapitalistisch, durch Schuldenmachen.

Greifen Sie Ihrem Taschengeld vor. Borgen Sie sich Geld – bei Ihrer Frau, bei Freunden, notfalls auch bei der Bank. Aber zahlen Sie den Lern-Sklaven, der für Ihre Zukunft arbeitet.

Schuldenmachen ist unmoralisch?

Sicher ist es das. Doch gibt es unzählige Industrielle und Kaufleute, die sich in Schulden stürzen, um ihre Investitionen decken zu können – und Lernen ist die beste Investition. Wenn sie zum Erfolg führt, kann es auch kaum eine edlere geben.

Schulden machen ist in diesem speziellen Falle nicht unmoralisch

Startsignale zum Lernen

Alle Aktionen und Reaktionen, auch die des Lernens, können nur dann belohnt und verstärkt werden, wenn sie erst einmal aufgetreten sind. Hier haben wir einen weiteren Aspekt der sogenannten „Willensschwäche", die so oft dem Lernen im Wege steht: der Lern-Anfänger braucht einen auslösenden Reiz, ein deutliches Signal, das ihn jetzt und auf der Stelle zum Lernen ruft. Der Entschluß allein genügt nicht.

Solange er noch Kind und Schüler ist, wird dieser Reiz zumeist von außen geliefert, etwa durch die barsche Aufforderung von Eltern oder Erziehungsberechtigten, sich endlich auf die vier Buchstaben zu setzen.

Aber schon der Hochschüler kann nicht mehr so gegängelt werden. Er muß die Auslöser-Reize, die Startsignale zum Lernen mit sich selbst „vereinbaren" und aus eigenem produzieren. Das gilt erst recht für den nebenberuflichen Lerner. Wenn so einer schlecht, zuwenig oder gar nicht lernt, ist das in den meisten Fällen ein Zeichen dafür, daß dieses Signalsystem nicht funktioniert.

Tips für nebenberufliche Lerner: das Signalsystem muß funktionieren

Auch dieser Mangel läßt sich durch Lernen und Üben beheben. Gelernt werden dann freilich nicht Informationen, Formeln oder Vokabeln, sondern Handlungsabläufe.

Im wesentlichen aber geht da wie dort dasselbe vor sich. Das deutsche Wort im Vokabelheft oder auf dem Lern-Zettel ist das Signal dafür, eine fremdsprachige Vokabel auszusprechen. Der Ausdruck „Pythagoräischer Lehrsatz" ist das Stichwort, auf das der Schüler „$a^2 + b^2 = c^2$" an die Tafel schreibt. Die Schulglocke ruft die Schüler nach der Pause in die Klasse zurück, sonst kämen sie nicht oder zu spät.

Wenn wir frei, ohne äußeren Zwang und nebenberuflich lernen, brauchen wir solche Signale, Zeichen und „Lern-Glocken" ebenfalls, und wir müssen uns daran gewöhnen, ihnen immer, sofort und widerspruchslos zu folgen.

Ein gutes Lernsignal: Täglich zur gleichen Zeit mit dem Lernen beginnen!

Auch das ist schon ein Lernprozeß und damit eine Sache der Übung und Wiederholung. Wir nehmen uns also vor, an jedem Tag zu einer bestimmten Stunde mit dem Lernen anzufangen – in diesem Fall ist der Uhrzeiger, die Tageszeit das auslösende Startsignal, zu dem wir uns, ein für allemal, entschlossen haben.

Besorgen Sie sich einen Küchenwecker: er kann ruhig ganz billig sein – nur recht viel Krach muß er machen

Nun wird ein so schwaches und lautloses Signal wie das Dahinschleichen des Uhrzeigers über eine bestimmte Marke nicht gleich bei allen die gewünschte Wirkung haben. Wir können es lauter, deutlicher machen, indem wir den dicken Küchenwecker benützen. Aber auch dann muß die Abfolge Reiz – Reaktion, Weckerläuten – Lernbeginn, einige Male geübt werden, bis sie wirklich fest sitzt.

Wenn das zu Anfang nicht gleich klappt, ist das noch kein Zeichen charakterlich verwerflicher „Willensschwäche“: auch eine fremde Vokabel wird beim ersten, zweiten, dritten Lernen noch nicht sicher im Gedächtnis hängenbleiben. Deshalb ist der Schüler noch lange nicht willensschwach, er muß nur noch üben und wiederholen.

Der gute Vorsatz ist schon ein erster Lern-Versuch

So ist auch der gute Vorsatz nichts als ein erster Lern-Versuch. Er muß, wie die fremde Vokabel, mehrmals wiederholt werden, bis er gelingt, und noch einige Male, bis er richtig eingeübt ist.

Es gibt keinen vernünftigen Grund für die Annahme, daß Handlungsabläufe grundsätzlich anders gelernt werden als reine Gedächtnis-Informationen, und daß ausgerechnet dabei Wiederholungen überflüssig wären.

Selbst Fleiß läßt sich lernen

Wieder ist das Gegenteil wahr. Sogar Charakter und Fleiß lassen sich lernen, wenn man fleißig übt und sich durch unvermeidliche Anfangsverluste des Vergessens (hier „Versagen“ genannt) nicht beirren läßt.

Zuflucht in der Stadtbibliothek

Eine andere Form lernfeindlicher „Willensschwäche“ ist die Empfänglichkeit für Ablenkungen aller Art.

Da läutet das Telefon.

Da steckt die Mutter, der Bruder, die Frau den Kopf zur Tür herein für ein Schwätzchen.

Was einen armen Menschen so alles vom Lernen abhält ...

Da fällt, unruhig umherschweifend, der Blick des Lernenden auf die Nachttischlampe an seinem Bett, die – fällt ihm ein – er schon lange reparieren lassen wollte.

Da entsinnt er sich, daß er noch einen dringenden Brief zu schreiben habe. Da kommt ihm in den Kopf, daß er just heute ins Kino gehen sollte, um sich ein neues, herrliches, preisgekröntes Breit-Wand-Meisterwerk anzusehen. Da erinnert er sich, daß er noch nicht den „Spiegel“ gelesen hat – man muß doch informiert bleiben . . .

Er versucht, gegen derlei Anfechtungen in einen

Die Flucht in den Park nützt nichts, solange dort hübsche Mädchen herumsitzen

öffentlichen Park zu flüchten, wo er auf einer Bank weiterlernen möchte. Doch dort wieder lenken ihn die Beine eines Mädchens, zwei raufende Hunde oder ein fröhlich-arbeitsloser Freund ab, der zufällig vorüberkommt.

Für Willensschwächlinge, die solchen Versuchungen unterliegen, gibt es einen fast idealen Zufluchtsort. Der Aufenthalt dort kostet praktisch nichts, höchstens einige Pfennige. Es herrscht klösterliche Stille. Kein Ton dringt von draußen herein. Drinnen gehen die Menschen auf den Zehenspitzen und räuspern sich nur halblaut. Es wird nicht gesprochen, jede Störung ist unerwünscht, die Tische sind groß und leer. Es gibt keinen besseren Platz zum Lernen.

Diese Zufluchtsorte sind die öffentlichen Bibliotheken.

Wenn Sie sich dorthin zurückziehen, werden Sie zwar eine winzige Gebühr zahlen und ein Buch nehmen müssen. Doch niemand wird Ihnen verbieten, die Lernkartei mitzunehmen und darin zu blättern.

Das Buch können Sie aufgeschlagen daneben hinlegen, als läsen Sie auch. So wird kein mißtrauischer Bibliothekar Verdacht schöpfen, daß Sie in Wirklichkeit kein Leser, sondern gewissermaßen ein blinder Passagier sind, der seine Institution zweckentfremdet. Genaugenommen begehen Sie einen Betrug, weil Sie die Bücher nicht brauchen, sondern nur den stillen Platz. Aber es ist ein Betrug, der niemandem schadet.

Suchen Sie sich die richtigen Freunde, die wie Sie selbst lernen wollen

Nun noch ein Ratschlag: Wenn Sie lernen wollen, suchen sie Freunde – solche, die selbst gern lernen oder schon viel gelernt haben.

Diese Freunde müssen keine schillernden Intelligenzbestien sein, keine wandelnden Enzyklopädien, keine Fässer voll Wissen und Weisheit, nicht einmal besonders gescheite, nur ehrlich lernbegierige Menschen.

Sie sollen von ihnen nicht das Viele oder das Wenige lernen, was sie bereits in ihre Köpfe aufgenommen haben – nur ihre Mentalität, ihre Ausdauer, ihre moralische Haltung. Moral und Haltung lernt der Mensch, besser als alles andere, am lebendigen Beispiel.

Und falls Sie jung, „progressiv", rebellisch und deshalb allen Moralpredigten abhold sein sollten, stoßen Sie sich bitte nicht daran, daß hier „die Moral" ins Treffen geführt wurde: wenn es irgendeine Moral gibt, dann ist die des Lernen-Wollens die beste und die erste, die Voraussetzung für jede andere.

Ein Irrtum mit schrecklichen Folgen

Eines der albernsten Vorurteile: „Ich bin zum Lernen zu alt!"

Nun zur letzten und bittersten Ausflucht vor dem Lernen, die zugleich das schlimmste Unheil anrichtet: „Ich bin zu alt" oder, sprichwörtlich gesagt: „Was Hänschen nicht lernt, lernt Hans nimmermehr."

Diese Ausrede wird oft schon von Fünfundzwanzig- und Dreißigjährigen vorgebracht – und sogar selbst geglaubt.

Die sogenannte Wissenschaft hat dem volkstümlichen Aberglauben vom erwachsenen Hans, der nicht mehr lernen kann, durch Generationen mit frevlerischer Leichtfertigkeit Vorschub und Beihilfe geleistet.

Einer der ersten Helfershelfer war Monsieur Binet, dessen Test-Formeln dem Wachstum der menschlichen Intelligenz schon mit 15 Jahren Einhalt geboten.

Der letzte angeblich wissenschaftliche Beitrag zu dieser verhängnisvollen „Hänschen-Theorie" stammt aus den Dreißiger Jahren.

Werden wir ab 30 wieder dümmer? – Natürlich nicht!

Damals hatten die Forscher Jones und Conrad in einem umfangreichen Querschnitts-Test die Intelligenz verschiedener Altersschichten der amerikanischen Bevölkerung überprüft. Die Ergebnisse kamen einer geistigen Pauschalverurteilung aller älteren Menschen gleich: die Intelligenz, sagten die Zahlen von Jones und Conrad, erreicht mit dreißig ihren Höhepunkt, dann fällt sie rapid ab, wobei der „Verfall" dann besonders stark ist, wenn von den Versuchspersonen schnelle und einsichtige Antworten verlangt werden.

Die Folgen dieser „Erkenntnisse" im wissenschaftsgläubigen Amerika waren grausam und barbarisch. Zu Hunderttausenden wurden Vierzig-

Vierzig- bis Fünfzigjährige werden auch heute noch wegen eines abenteuerlichen Irrtums zum alten Eisen gezählt und nur zu oft ins Unglück gestürzt

und Fünfzigjährige auf die Straße gesetzt, ohne Rücksicht auf Erfahrung und Fleiß, auf die materielle Not und die geistige Degradierung, die ihnen bevorstand.

Der Jugend-Kult, der heute noch ein faltenloses Gesicht und dichten Haarwuchs mit geistiger Potenz gleichsetzt, nahm damals seinen Anfang, und seinen Götzen werden auch jetzt noch Opfer dargebracht: „Never trust anybody over thirty" – „trau niemandem über dreißig".

Heute weiß man, daß die damaligen Testergebnisse durch einen geradezu abenteuerlichen Irrtum falsch ausgelegt wurden.

Die Herren Jones und Conrad hatten nämlich zur *selben* Zeit, im *selben* Jahre 1933, *verschiedene* Altersgruppen zugleich getestet, wobei die Dreißigjährigen am besten, die Älteren aber fortschreitend schlechter abschnitten.

Wer älter wird, wird also dümmer?

Die damalige Psychologie hielt das, auf Grund dieser Untersuchung, für einwandfrei bewiesen, für eine unumstößliche und wissenschaftlich gesicherte Tatsache.

Falsch geraten. Es war nur eine Hypothese. Heute ist sie widerlegt.

Der Trugschluß kam zustande, weil Jones und Conrad die Intelligenz *verschiedener* Personen *verschiedenen* Alters maß, nicht aber, worauf es angekommen wäre, die Intelligenz-Entwicklung *derselben* Personen in verschiedenen Altersstufen.

Das wäre innerhalb eines Jahres auch unmöglich gewesen; in zwölf Monaten wird niemand um zwanzig oder dreißig Jahre älter.

Ein exakt durchgeführtes Experiment brachte die Wahrheit ans Tageslicht: mit zunehmendem Alter wird man intelligenter

Zwei Jahrzehnte später nahm sich Owens, ein anderer amerikanischer Psychologe, dieses Problems nochmals an, nur jetzt mit tauglicheren Mitteln.

Er unterwarf 127 Männer, die dreißig Jahre zuvor einen Intelligenztest der US Army mitgemacht hatten, derselben Prüfung von neuem.

Das Ergebnis seiner Untersuchung war erstaunlich. Es widersprach allem, was die Wissenschaft bisher zu wissen glaubte – dem Glauben an die Unveränderlichkeit menschlicher Intelligenz ebenso wie der (angeblich zweifelsfrei bewiesenen) Meinung, daß Menschen vom dreißigsten Lebensjahr an fortschreitend unintelligenter werden müßten: die überwiegende Anzahl der 127 Männer, die nun neuerlich getestet worden waren, schnitten drei Jahrzehnte nach dem ersten Test bedeutend besser ab als damals!

Die Intelligenz kann mit dem Alter wachsen

Zwei andere Forscher, Bayley und Oden, wiederholten zwei Jahre später die Langzeit-Studie ihres Kollegen Owens auf breiterer Basis.

Aus verstaubten Archiven förderten sie alte Testformulare ans Tageslicht, von Männern und Frauen, die vor vielen Jahren bei einem Intelligenz-Test als „hochbegabt" eingestuft worden waren. Dann versuchten sie, die dazugehörigen Menschen zu finden.

Sie spürten 422 Männer und 346 Frauen auf. Sie prüften diese nochmals, mit ähnlichen, gleich schweren, aber anderen Aufgaben.

Die Resultate müssen den Dogmatikern der Intelligenz-Forschung, die immer noch an die Unveränderlichkeit ihrer Quotienten glaubten, Tränen in die Augen getrieben haben: die Prüflinge hatten, unabhängig von ihrem Alter, in zehn bis fünfzehn Lebensjahren durchschnittlich zehn bis fünfzehn Intelligenz-Punkte dazugewonnen.

Pro Lebensjahr einen Intelligenz-Punkt hinzugewonnen!

Ein Großteil dieses Intelligenz-Gewinns, noch dazu ein besonders markanter, wurde von Versuchspersonen erzielt, die beim ersten Test 40 und beim Kontrolltest 50 Jahre zählten. Der älteste Prüfling, ein Mann, war bei der ersten Prüfung 57 gewesen. Bei der zweiten war er 70; er gewann dennoch fünf Punkte mehr als vor 13 Jahren.

„Diese Ergebnisse können nicht leicht erklärt werden", klagt der amerikanische Wissenschaftler David Krech in seinem (ansonsten hervorragenden) Werk „Elements of Psychology".

Als eine der möglichen „Erklärungen" führt er an, daß das „Gesetz", wonach ab 30 die Intelligenz in die Binsen geht, vielleicht nur für den ordinären

Durchschnitt gültig sei, gewissermaßen für das gemeine Volk, nicht aber für Leute, deren Geistesgaben die der großen Masse von vornherein übersteigen:

Bei der Intelligenz gibt es keine „biologischen Unterschiede" ...

„Dieser Gegensatz mag vielleicht", schreibt Krech, „auf einen biologischen Unterschied zwischen geistig überlegenen oder weniger überlegenen Menschen hindeuten oder verschiedene Lebenserfahrungen beider Gruppen widerspiegeln. Der überlegene junge Mann führt ein anregenderes Leben als sein stumpfer Mitbürger, und die fortgesetzte Anregung könnte sich in späterem Alter durch bessere Testergebnisse auswirken . . .

Ein „biologischer" Unterschied?

Für eine derart lahme Begründung gibt es keinen vernünftigen Grund.

Die Resultate sind „nicht leicht zu erklären"?

Sie sind *sehr* leicht zu erklären. Derselbe David Krech sagt eine Buchseite vorher, *warum* Jones und Conrad geirrt haben könnten, als sie den Dreißigjährigen höhere Intelligenz als den Fünfzigern zugemessen haben: zwischen der Schulzeit beider Gruppen lagen immerhin zwanzig Jahre, weshalb der festgestellte Intelligenz-Unterschied „auch eine Veränderung im Bildungsstandard" widerspiegeln könnte".

... sondern nur eine Verbesserung im Schulsystem kann den Wissensstandard verändern

So zitiert Krech ebendort auch eine andere Untersuchung, bei der der Intelligenz-Grad von Soldaten des Ersten und des Zweiten Weltkrieges verglichen wird.

Beide wurden von Psychologen derselben US-Armee, nach denselben Prinzipien *und im selben Alter* getestet. Dennoch erzielten die Rekruten des zweiten Krieges beträchtlich höhere Intelligenz-Quotienten.

Rekruten des Zweiten Weltkrieges waren „gescheiter" als Soldaten des Ersten Weltkrieges, weil sie länger zur Schule gegangen waren

Ist da etwa, durch Wunder oder sprunghafte Mutation, von einer Generation zur anderen ein ganzes großes Volk mit neuen und besseren Hirn-Modellen versehen worden?

Das nicht, meint Krech. Auch diese Differenz könnte, meint er, „auf Generationsunterschiede im Bildungsniveau hindeuten".

Er könnte es einfacher sagen: die einen sind länger in die Schule gegangen als die anderen, und in bessere Schulen, und sie haben mehr gelernt.

Und was den überraschenden Intelligenz-Zuwachs von hochbegabten älteren Menschen betrifft, könnte er sagen: Sie haben, aus welchen Gründen immer, schon als junge Leute mehr gelernt, und besser – und weil es ihnen Freude machte, haben sie das Lernen auch nach der Schule nicht aufgegeben, sondern fortgesetzt, bis in ihre alten Tage . . .

Aber Krech sagt „könnte", er sagt „hindeuten". Er redet, als tanze er zwischen Eiern. Er ist wohl deshalb so vorsichtig, weil er Papa Binets Tabu nicht antasten will, den Aberglauben von der Unveränderlichkeit der Intelligenz, und weil er nicht offen aussprechen möchte, daß Intelligenz lernbar sei.

Er sagt es trotzdem, aber flüsternd, wie hinter vorgehaltener Hand, wenn er (s. oben) von „Lebenserfahrungen", von „anregendem Leben", vom „Bildungsstandard" spricht.

All das ist längst nicht mehr nur ein Hinweis, ein Verdacht, eine hypothetische Möglichkeit. Wenn wirklich gelernt wird, dann hemmt das Alter weder das Lernen noch den Intelligenz-Zuwachs.

Alter hemmt weder das Lernen noch den Intelligenz-Zuwachs. Wer freilich mit 70 noch Kasperl-Geschichten liest, der ist selbst schuld

Jeder kann eine Ausnahme sein

Es gibt noch andere Untersuchungen, die der „Hänschen-Theorie" Vorschub leisten.

Sie scheinen zu beweisen, daß ab 30 nicht nur die körperliche, sondern auch die geistige Leistungsgeschwindigkeit sinkt. Ältere Leute können demnach zwar ebensogut wie junge lernen, nur brauchen sie dazu länger.

Doch hat eine Überfülle von Experimenten eine andere, höchst interessante Tatsache ans Licht gebracht: Ältere Menschen bewältigen neue Aufgaben zwar langsamer als jüngere, dafür aber um so genauer. Ab dem 40. Lebensjahr nimmt die zum Lernen nötige Zeit zu, die beim Lernen gemachten Fehler jedoch nehmen ebenso ab.

Ab 40 Jahren lernt man ein wenig langsamer, macht dafür aber weniger Fehler

Alle diese Versuche zeigten ein weiteres Faktum, das besonders die Statistiker beunruhigte:

die sogenannte „Variabilität“ der Leistungen nimmt bei älteren Personen fortschreitend zu.

Diese Variabilität, auch „Streuung“ genannt, ist ausnahmsweise ein Wortgespenst, dessen Schleier man leicht durchschauen kann. Es sagt hier nicht mehr und nicht weniger, daß mit zunehmendem Alter die Einzelfälle, aus denen dann der statistische Durchschnitt gezogen wird, in ihren Leistungen immer weiter auseinanderliegen.

Viele Menschen lernen im höheren Alter aber auch rascher – auch sie beweisen, daß die Behauptung von der Lernunfähigkeit im Alter ein Unsinn ist

Das heißt, anders und konkreter ausgedrückt: in höherem Alter gibt es immer mehr Menschen, die den für ihre Altersgruppe charakteristischen Leistungsabfall *nicht* mitmachen, die rascher lernen, als es ihren Jahren zustünde, und vielfach sogar rascher als die Jungen.

Sie sind gewiß in der Minderzahl. Aber ihre Gruppe ist immerhin so groß, daß sie das angebliche Gesetz von der fortschreitenden Lernunfähigkeit des Alters Lügen straft.

Das heißt jedoch auch, daß die „Regel“, die da aus der Statistik abgeleitet wird, nur noch in der Einbildung der Statistiker existiert, daß die Ausnahmen zu überwiegen beginnen.

Der Nutzwert solcher statistischen „Aussagen“ über Intelligenz und geistige Leistung im Alter ist daher am besten mit der Prognose eines Wetterpropheten zu vergleichen, der da „voraussagt“, daß nächstes Jahr die Durchschnittstemperatur in Deutschland so zwischen 10 und 15 Grad Celsius liegen dürfte, weil das schon immer so gewesen sei.

Dieser Umstand der immer größer werdenden Streuung ist schon in den dreißiger Jahren vom Altmeister der Lern-Psychologie Eward Lee Thorndike festgestellt worden. Er wies bereits damals nach, daß die individuellen Differenzen *innerhalb* der Altersgruppen die Differenzen *zwischen* den Altersgruppen übertreffen.

Vor dem einzig logischen Schluß, der sich daraus ergibt, schreckt ein Großteil der Wissenschaft immer noch zurück, mit wenigen Ausnahmen.

Entscheidend ist nicht wie alt ein Mensch ist, sondern was er bis dahin gelernt hat

Dabei liegt er klar: Geistige Spannkraft, Kombinationsgabe, Intelligenz und Lernfähigkeit sind *nicht* die zwangsläufigen Ergebnisse der bisherigen Lebensdauer, sondern selbst Produkte des Lernens; und entscheidend ist nicht, wieviel Jahre ein Mensch hinter sich gebracht, sondern was er in diesen Jahren getan, geübt und gelernt hat.

Daher auch die Leistungs-Differenzen, welche die Statistiker so sehr verwirren.

Die schlechten Leistungen, die zugegebenermaßen überwiegen mögen, sind dadurch leicht zu erklären. Die meisten Menschen glauben, sie hätten ausgelernt, wenn sie die Schule hinter sich haben. Sie lernen nichts mehr dazu, oder höchstens in ihrem engsten Fachgebiet. Sie entwickeln sich bestenfalls zu „Fachidioten" weiter, sonst aber versumpft und atrophiert ihre Intelligenz auf allen Linien.

Am Nachlassen der intelligenz ist nicht das Alter schuld, sondern Bequemlichkeit und mangelnde Übung des Gehirns

Ihr Alter kann nichts dafür. Schuld ist allein der Mangel an Übung, die Bequemlichkeit, daß sie alle viere von sich strecken und den Herrgott einen guten Mann sein lassen.

Für die guten und statistisch vielleicht selteneren Leistungen gilt ähnliches. Hier haben sich Menschen aus eigener Kraft, durch ihr persönliches Interesse, wach und lebendig erhalten. Sie haben ihre Wißbegier und ihr Interesse weiter geübt, sich nicht nur in der Einbahn ihrer Berufsroutine fortbewegt, sich nicht das Hirn mit Brettern vernageln lassen.

Sie haben dem Sprichwort getrotzt, daß Hans nichts mehr lernen kann.

Der amerikanische Erfinder Thomas Alva Edison, der als Zeitungsjunge begann, hat noch mit 70 Jahren eine Zementfabrik aufgebaut und eine Reihe wichtiger Erfindungen gemacht, z. B. die eines Betongießverfahrens.

Der italienische Maler Tiziano Vecelli, der Welt als „Tizian" bekannt, malte mit 85 sein Meisterstück „Pietà".

Johann Wolfgang von Goethe war über 80, als er den zweiten Teil seines „Faust" vollendete.

Ausnahmen? – Gewiß. Aber dieses Schicksal liegt in der Hand jedes einzelnen Menschen. Jeder kann eine Ausnahme sein, und keiner muß, wenn er nicht will, im großen Topf der statistischen Regel verkommen.

Das Alter macht nicht dumm. Es kann nur krank

machen. Auch das menschliche Gehirn ist, wie des Menschen Herz, seine Nieren oder Leber, nicht gegen Krankheiten und Verfall gefeit. Aber alles spricht dafür, daß die Verfallserscheinungen des Gehirns durch kein anderes Mittel besser aufgehalten werden als durch unablässiges Lernen.

Dieses Buch könnte nun mit der Weisheit enden, daß es zum Lernen nie zu spät sei. Aber diese Weisheit läßt sich auch anders sagen: Zu spät ist es erst, wenn einer mit dem Lernen aufhört.

Eine sehr tröstliche Erkenntnis: das Alter macht nicht dumm. Zum Lernen ist es daher nie zu spät!